OS SERTÕES PAULISTAS

medicina, saúde pública e a invenção do território

André Mota (org.)

OS SERTÕES PAULISTAS

medicina, saúde pública e a invenção do território

alameda

Grafia atualizada segundo o Acordo Ortográfico da Língua Portuguesa de 1990, que entrou em vigor no Brasil em 2009.

Edição: Haroldo Ceravolo Sereza e Joana Monteleone
Editora assistente: Danielly de Jesus Teles
Projeto gráfico, diagramação e capa: Mari Ra Chacon Massler
Assistente acadêmica: Tamara Santos
Revisão: Alexandra Colontini
Arte de capa: Luisa Amoroso

CIP-BRASIL. CATALOGAÇÃO-NA-FONTE
SINDICATO NACIONAL DOS EDITORES DE LIVROS, RJ

S512

Os sertões paulistas : medicina, saúde pública e a invenção do território / organização André Mota. - 1. ed. - São Paulo : Alameda, 2021.
468 p. ; 23 cm.

Inclui bibliografia e índice
ISBN 978-65-5966-035-3

1. Saúde pública - São Paulo (Estado) - História. 2. Política pública - São Paulo (Estado). I. Mota, André. II. Título.

21-71430 CDD: 362.1098161
CDU: 614(815.6)

Alameda Casa Editorial
Rua 13 de Maio, 353 – Bela Vista
CEP 01327-000 – São Paulo, SP
Tel. (11) 3012-2403
www.alamedaeditorial.com.br

Para Nísia Trindade Lima.
Pelo o que fez, pelo o que faz.

Sumário

Prefácio 11
Maria Alice Rosa Ribeiro

Apresentação da coletânea 31

Parte I. Sanear os sertões, interiorizar a metrópole

"Má região": o sertão do oeste paulista 53
Claudio Bertolli Filho

A medicina nos sertões do Brasil: o encontro de Samuel Pessoa com os médicos de Goiás 77
Gilberto Hochman
Tamara R. Vieira

Quem sai aos seus não degenera: "paulistas, avante ao Sertão!" Paulistanidade, dilemas sanitários e interesses capitalistas na criação da Delegacia de Saúde de Botucatu, 1917-1918 97
Anna Cristina Rodopiano de Carvalho Ribeiro
Maria Cristina da Costa Marques

Destroçar Canudos, povoar a terra roxa: a deontologia médica paulista entre o bandeirantismo e o saneamento (1897-1930) 125
Bruno de Oliveira Mastrantonio

"Propaganda activa e segura, em prol do saneamento do Brasil": ações médico-sanitárias e educativas nas zonas rurais paulistas e o combate ao tracoma 145
Angélica Pall Oriani
Ariadne Lopes Ecar

O feijão na cultura alimentar caipira e nos discursos médicos em São Paulo na Primeira República (1890-1920) 167
Leopoldo Fernandes da Silva

Desterritorialização e expropriação cultural dos caiçaras do Litoral Norte Paulista 189
Patricia Teixeira Tavano

O estudo do processo de interiorização do profissionalismo médico e o desenvolvimento 215
Fábio de Oliveira Almeida

PARTE II. DOS VELHOS MALES ÀS NOVAS DOENÇAS

Procura-se o barbeiro: a doença de Chagas e a caça aos triatomíneos pelo interior de São Paulo, 1910-1918 237
Ewerton Luiz Figueiredo Moura da Silva

A questão do câncer no interior paulista: entre a tradição e a cancerologia 257
Elder Al Kondari Messora

Tracoma no século XIX: uma doença do sertão paulista 277
Soraya Lodola
Cristina de Campos

"O mal invasor" ou as doenças que vêm do sertão: as epidemias de febre amarela em Sorocaba e Itapetininga (1897-1900) 301
João Paulo D'allava
Gustavo Vargas Laprovitera Boechat

O Pênfigo Tropical: uma doença da nossa dermatologia 321
Jorge Augusto Carreta

O caramujo, o homem e São Paulo rural: a fotografia da esquistossomose nos documentos da Divisão do Serviço do Interior 341
Maria Talib Assad
Maria Cristina da Costa Marques

Campos do Jordão: de povoado à estância climática 373
Ana Enedi Prince

Perícias e peritos entre a capital e a boca do sertão paulista: limites da Medicina Legal Positivista, em 1920 393
João Denardi Machado

A loucura, a disciplina e o sertão: o campo como mecanismo terapêutico e de controle social: O Hospital de Juquery (1892 - 1923) 419
Daniela Uga
Gustavo Tarelow

A leishmaniose pelos sertões paulistas: uma longa endemia 439
André Mota
Lilia Blima Schraiber

Prefácio

Maria Alice Rosa Ribeiro

Centro de Memória - Universidade Estadual de Campinas

Universidade Estadual Paulista - Araraquara

Foi com grande satisfação que recebi o convite do professor e amigo André Mota para fazer o prefácio do livro *Os Sertões Paulistas: medicina, saúde pública e a invenção do território*. E maior foi minha satisfação, quando André confessou que este era o projeto que acalentava há muitos anos. Enfim, foi duplo meu contentamento ao ver o sonho do amigo realizado.

O livro nos alcança no momento em que atravessamos uma das piores crises sanitárias jamais vividas em nosso país. Desde fevereiro de 2020 vivemos sob o domínio da pandemia de covid-19, que registrou, até o presente, mais de cinco milhões de casos e mais de 160 mil óbitos (03/11/2020). À pandemia se junta o acirramento da crise econômica, com as perdas dos direitos trabalhistas, do emprego e da renda e o aumento da miséria e da fome. Adiciona-se à crise sanitária e econômica a crise política, que se expressa na condução irresponsável do governo federal no cumprimento de normas mínimas necessárias para mitigar a propagação da doença. A irresponsabilidade é exibida continuadamente na prática de negar a ciência, de militarizar o ministério da saúde, de desmontar o Serviço Único de Saúde, SUS, de destruir instituições públicas centenárias, como Fundação Oswaldo Cruz, Fiocruz, Instituto Butantan, e as universidades públicas. E, por fim, mais recentemente, de negar o direito da população brasileira à vacina que se encontra ainda em fase de testes.

Diante dessa triste situação em que nos encontramos, quero saudar a chegada dos *Os Sertões Paulistas...* por seu enorme potencial em provocar a reflexão sobre a história da saúde pública e os males que afligiram nossa população. A obra reúne pela primeira vez um conjunto de autores que se dedicaram à pesquisa e ao estudo das ações médico sanitárias, do controle de doenças e do combate de epidemias. Isso me faz lembrar um ensinamento, que me é muito caro, transmitido por um médico sanitarista: a saúde pública é uma das poucas áreas do conhecimento em que o passado nos ensina a não cometer os mesmos erros.

> Quem quer que se tenha dedicado a esta tão ingrata quanto fascinante atividade vive sob a permanente impressão do *déjà vu*; e pior, aquilo que foi visto, e que é visto, não é agradável. A cíclica volta das pestilências ao Brasil, ainda que em circunstâncias sempre variáveis, é uma prova disto (MOACYR SCLIAR, 1993).

A leitura dos *Os Sertões Paulistas...* é um convite à reflexão do momento presente, da pandemia de covid-19 causada pelo novo coronavírus SARS-CoV-2, à luz da história da saúde pública, das práticas sanitárias, da geografia médica e da eterna busca pela saúde da população.

O Brasil de vários sertões

No percurso das duas partes que compõem a obra, a leitura dos capítulos faz aflorar questões que nos instigam a pensar, ainda que brevemente, sobre os sertões, seus lugares, suas temporalidades e sobre os vários sertões que povoam o Brasil.

Começo pelo sertão fora do território e da fronteira paulista: o sertão visto por Arthur Neiva e Belisário Penna,[1] que influenciou o trabalho seminal de Nísia Trindade,[2] que, por sua vez, influenciou uma geração de

1 NEIVA, Arthur; PENA, Belisário. *Viagem cientifica: pelo norte da Bahia, sudoeste de Pernambuco, sul do Piauí e de norte a sul de Goiás.* Ed. fac-sim. Brasília: Senado Federal, 1999. Edição original publicada em Memórias do Instituto Oswaldo Cruz. Rio de Janeiro, tomo 8, 1916. Disponível em https://www.scielo.br/pdf/mioc/v8n3/tomo08(f3)_74-224.pdf Acessado em 17 out. 2020.

2 LIMA, Nísia Trindade. *Um sertão chamado Brasil.* 2ª ed. São Paulo: Hucitec, 2013.

outros trabalhos e a este, como nos conta André Mota na apresentação. Apelo na sequência a Celso Furtado para nos ajudar a entender, por meio da Operação Nordeste (1959), o sertão dos anos de 1950. Encerro essa primeira parte com João Cabral de Mello Neto em *Morte e Vida Severina* (1955), poema que mostra a dura realidade do sertão e a fuga do retirante. Penso que esses autores nos fornecem os elementos estruturantes daquele sertão de lá, do sertão fora daqui.

A expedição científica de Neiva e Penna pelo sertão nordestino foi realizada em atenção à solicitação feita pela Inspetoria de Obras contra as Secas, órgão subordinado ao Ministério da Viação e Obras Públicas, criado em 1909.[3] Em 1912, quando foram requisitados os estudos sobre endemias rurais na região de responsabilidade do IOCS ao Instituto Oswaldo Cruz, a inspetoria era dirigida pelo engenheiro Miguel Arrojado Lisboa, que imprimia à repartição uma orientação baseada na pesquisa e na ciência sobre a região considerada a mais atingida pelas secas. Durante sete meses, Neiva e Penna percorreram o norte da Bahia, o sudoeste de Pernambuco, o sul do Piauí e o norte e o sul de Goiás, levantaram dados e informações e coletaram de materiais relativos à "medicina, higiene e história natural". Na zona percorrida, uma das mais flageladas pelas secas do sertão semiárido, os cientistas encontraram milhares de pessoas doentes, bócio, doença de chagas, mal do engasgo, impaludismo, tuberculose, difteria, disenteria, conjuntivites, sífilis e outras tantas. Observaram a ausência de vacinação contra a varíola, porém, não encontraram sinais da presença da doença, apenas de uma possível forma atenuada ou benigna, o alastrim.[4] Constataram uma enorme mortalidade infantil mesmo nas grandes

3 A inspetoria foi um dos primeiros órgãos da administração federal republicana a tratar de forma sistemática os problemas das secas. Foi criada no governo do fluminense Nilo Peçanha, que desejava imprimir características distintas à gestão federal dominada pela alternância de governantes paulistas e mineiros. A direção da inspetoria por Arrojado Lisboa foi marcada pelos estudos sobre as secas encomendados a técnicos especializados e a cientistas estrangeiros e do Instituto Oswaldo Cruz. Em1945, a inspetoria passou a chamar-se Departamento Nacional de Obras contra as Secas (DNOCS). Disponível em: http://cpdoc.fgv.br/sites/default/files/verbetes/primeira-republica/INSPETORIA. Acessado em: 21 out. 2020.

4 No relato os cientistas lembram que a epidemia de varíola de 1908 no Rio de Janeiro registrou uma percentagem de letalidade de 60% (NEIVA; PENNA, 1999.

povoações. Em casais que tiveram 14 a 16 filhos era normal perderem metade em tenra idade para o impaludismo, as infecções intestinais e, sobretudo a ausência de qualquer preceito mínimo de higiene (NEIVA; PENNA, 1999. p. 151-152). Os cientistas não se preocuparam em apenas descrever as doenças e os males encontrados naquela população, estendendo as observações à ausência das condições materiais mínimas de sobrevivência.

> (...) Juazeiro com seis mil habitantes, apesar de rotulado de "Princeza do Sertão" não passa de um amontoado de gente habitando uma povoação sem esgoto, iluminação, água encanada, pavimentação; compare-se núcleo de população igual, mesmo no Brasil meridional, a diferença é patente e, se porventura o cotejo for feito com o estado de São Paulo é completamente desfavorável para as povoações nortistas (NEIVA; PENNA, 1999. p. 179).

Juazeiro foi tomada como exemplo por ser a cidade em melhor situação entre as visitadas. Possuía elementos do "progresso moderno" no transporte e na comunicação: os trilhos da estrada de ferro que ligava à capital, Salvador terminavam ali e, no mesmo espaço urbano e portuário, começava a comunicação fluvial pelo Rio São Francisco. Para surpresa dos cientistas, pouco proveito era extraído desses elementos do progresso e a cidade mostrava a crueza do "sertão em toda sua primitividade".

O sertão descrito por Neiva e Penna expandia-se por vastos territórios abandonados pelos "dirigentes" em todos os níveis, local, estadual e federal. As populações vegetavam na miséria, na doença e no obscurantismo.[5] Por anos, essa população sentia o flagelo das secas e das moléstias aniquiladoras e deprimentes. A doença de chagas atingia proporções alarmantes e levava à perda do raciocínio. Eram doenças evitáveis por meio de assistência médica continuada. Contudo, os cientistas perceberam que as coisas transcendiam o que era visto e arriscaram uma explicação para a existência de milhares de pessoas "vivendo ao Deus dará". Constataram que, à medida que se afastavam da cidade, as fazendas

p. 150). Se no Rio de Janeiro a epidemia matou tanta gente, imagina-se que se a epidemia ocorresse no sertão não restaria uma viva alma.

5 Neiva e Penna calcularam o analfabetismo entre 80% e 95% da população da região visitada (NEIVA; PENNA, 1999. p. 170).

tornavam-se latifúndios de dimensões sempre crescentes; a pequena propriedade quase não existia. Os trabalhadores viviam com seus pequenos roçados de alimentos nas franjas das grandes propriedades, submetidos aos mandos e desmandos dos donos das terras (NEIVA; PENNA. p. 150,180).

> Os sertões, que conhecemos, quer os do extremo norte quer os centrais, quer os do norte de Minas são pedaços do purgatório, como nol'o pintam os padres, onde se purgam os pecados em vida, sem outra compensação que a inconsciência em que cae o desgraçado que nele se afunda(NEIVA; PENA, 1999. p. 222).

O quadro denunciado por Neiva e Penna - grandes extensões de terras pertencentes a um único proprietário e consequente dependência dos moradores do sertão ao dono da terra como elementos centrais para a miséria e doenças encontradas na região - permanece como explicação para miséria e fuga em massa da população nordestina nas épocas de seca de 1951 e 1958.

Se dermos um salto para os anos finais do governo Juscelino Kubitschek, "os anos dourados" dos "50 anos em 5" e da construção da nova capital, Brasília, encontraremos na severa seca de 1958 quase o mesmo sertão descrito pelos pesquisadores de Manguinhos em 1912.

A Inspetoria de Obras contra Secas não mais existia e em seu lugar funcionava o Departamento Nacional de Obras contra as Secas, DNOCS, cuja ação mostrou-se inócua, sendo a prova cabal o elevado contingente de retirantes provocado pela seca de 1958.

Diante da grave crise, o governo lançou o programa formulado por Celso Furtado (2014) intitulado Operação Nordeste, uma nova política de desenvolvimento do Nordeste.[6] No diagnóstico feito por Furtado, as ações do DNOCS eram condenadas por apoiarem-se em obras públicas dispendiosas que acaba-

---

6 A Operação Nordeste foi oficialmente lançada em março de 1959, sendo prevista a criação da Superintendência de Desenvolvimento do Nordeste, SUDENE. Uma vez criada a superintendência, os trabalhos da Operação Nordeste passariam à SUDENE. Isso ocorreu em 15 de dezembro de 1959. O DNOCS ficou subordinado à SUDENE. Os políticos nordestinos ligados aos interesses latifundiários votaram contra a criação da SUDENE (p. 270-273). Ver FURTADO, Celso. *Obra autobiográfica*. São Paulo: Cia das Letras, 2014.

vam por reforçar a estrutura econômica e social perversa apoiada em uma enorme desigualdade social.[7] O DNOCS agia por meio da construção de grandes açudes, reservatórios de água, estradas vicinais e rodovias que pouco afetava a produção de alimentos pelos trabalhadores e suas famílias. O ponto fraco da estrutura econômica e social do nordeste estava justamente na produção de alimentos realizada em roçados pela família de pequenos agricultores e localizada na região mais afetada pelas secas. Frequentemente, essa região interiorana ou sertão passava um, dois e até mais anos sem chuva, o que tornava inviável o cultivo anual de alimentos milho, arroz, feijão, mandioca. À seca seguia-se a ameaça da fome e a emigração para outras regiões. A ação do governo, ao promover a solução hidráulica, com a construção de grandes açudes, beneficiava apenas os grandes proprietários de terras e a pecuária extensiva, menos afetada pela irregularidade das chuvas. O governo federal por meio do DNOCS promovia "as frentes de trabalho", nas quais se empregava mão de obra paga pelo governo para construir barreiras, açudes e estradas vicinais para os grandes proprietários de terras (FURTADO, 2014. p. 216). Essa política reforçou o poder dos proprietários de terra e, ao mesmo tempo, aprofundava a dependência dos trabalhadores rurais e de suas famílias aos políticos e donos das terras.

Segundo Furtado, a política praticada pelos sucessivos governos não se preocupou em investir no trabalhador, no "capital humano", perpetuando a estagnação secular. As sociedades que até o início do século XX não investiram no fator humano, educação, saúde, alimentação, moradia, "foram condenadas às piores formas de subdesenvolvimento" (p. 217). A ausência de políticas sociais,[8] o abandono "ao Deus dará", reproduziu uma população

---

7 DNOCS era visto como uma instituição que se aproveitava das secas para manipular verbas públicas de forma corrupta, favorecendo o enriquecimento ilícito de políticos e fazendeiros da região, realizando obras "fantasmas" e forjando pagamentos a trabalhadores inexistentes. Furtado menciona uma série de reportagens feitas por Antonio Callado sobre a "indústria das secas", termo cunhado pelo jornalista (FURTADO, 2014. p. 242).

8 Com isso não quero minimizar a importância da política de saúde pública dos anos vinte e tão bem analisada por Gilberto Hochman em *A era do Saneamento* (1998), apenas quero dizer que aquela política mal arranhou as causas das endemias rurais, das doenças e das precárias condições de saneamento descritos por Neiva e Penna. Os recursos aplicados no Departamento Nacional de Saúde eram

passiva, doente, sem aptidão para se associar em defesa de direitos, insegura e que buscava a proteção nos poderosos, ou seja, nas duas ou três famílias dos grandes proprietários de terras, os verdadeiros donos do poder. A Operação Nordeste prosseguiu através da SUDENE dirigida por Furtado e que teve como companheiro na empreitada, encarregado dos programas sanitários, Mário Magalhães da Silveira, médico sanitarista do Departamento Nacional de Saúde do Ministério de Educação e Saúde.[9]

Quem melhor sintetizou as características deste sertão de lá e de seus sentidos amplos e abrangentes foi o poeta pernambucano João Cabral de Mello Neto no poema *Morte e vida severina* (1955), que conta a história dura porque severina da população do sertão fugitiva da morte.

> E se somos Severinos/ iguais em tudo na vida,/ morremos de morte igual,/ mesma morte Severina:/que é a morte de que se morre/de velhice antes dos trinta,/ de emboscada antes dos vinte/de fome um pouco por dia/de fraqueza e de doença/é que a morte Severina /
> ataca em qualquer idade,/e até gente não nascida.
> ...
> Finado Severino, /quando passares em Jordão/
> e os demônios te atalharem/ perguntando o que é que levas/
> Dize que levas somente coisas de não:/ fome, sede, privação.
> ...

píficos frente aos gastos, com o dinheiro público, realizados pelo DNOCS e transferidos para os grandes proprietários. Não ignoro e nem jogo na lata do lixo as ações e a luta sincera e comprometida de muitos sanitaristas, higienistas de quem guardo enorme respeito; apenas quero dizer que eles enxugaram gelo, infelizmente.

9 Mario Magalhães da Silveira desenvolveu os programas sanitários da SUDENE, tendo dado prioridade ao abastecimento de água e o tratamento de esgotos, ao invés de construir hospitais. Foi um dos principais mentores do pensamento "sanitarismo desenvolvimentista". O golpe militar de 1964 perseguiu e retirou os direitos políticos de Furtado e Mario Magalhães (FURTADO, 2014. p. 361-389). Ver também ESCOREL, Sarah. Mário Magalhães: Desenvolvimento é Saúde. *Ciência & Saúde Coletiva*, 20(8). p. 2453-2460, 2015.

O sertão de lá reproduz as coisas do não: fome, sede, doença, fraqueza. Reproduz a gente privada do alimento, da água, da saúde, da vida bem vivida.

O sertão daqui. Os sertões paulistas

A obra *Os Sertões Paulistas medicina, saúde pública e a invenção do território* nos transporta para as entranhas das terras dos bandeirantes. O título no plural indica ao leitor que os autores admitem vários sertões na paulistânia. O contraponto com o sertão nordestino possibilita refletir sobre as diferenças e semelhanças e conceber comparações iluminadoras.

O sertão daqui não é o mesmo do sertão de lá. As diferenças podem ser notadas no clima, no regime pluviométrico, nos diversos solos, na flora, na fauna e no movimento dos sucessivos e contínuos deslocamentos da fronteira agrícola. Mas, também, o sertão daqui traz muita privação.

Ao longo dos séculos XIX e XX, a fronteira agrícola do território paulista foi empurrada cada vez mais para o oeste, noroeste, sudoeste. Há semelhança com os bandeirantes, que na caça ao índio e aos metais preciosos empurraram a linha de Tordesilhas, com a distinção de que aqueles não buscavam a ocupação das terras, apenas a extração, a espoliação e o aprisionamento dos nativos. Nas últimas décadas do século XIX e primeiras do século XX, o deslocamento era comandado pelo café, o "ouro verde", sedento por mais terras virgens e por ocupar novas terras roxas. Com o deslocamento da fronteira agrícola seguiam as estradas de ferro, a população, a agricultura de alimentos e a pecuária de corte. Em determinado momento, a ferrovia tomou a dianteira e empurrava a linha da fronteira agrícola para dentro do que era então denominado "sertão" ou "as terras desconhecidas", as terras ocupadas por tribos indígenas. Mesmo a ferrovia tendo se antecipado, assegura Milliet: "Tudo gira em torno do ouro verde, dele tudo emana e a ele tudo se destina: homens, animais, máquinas" (MILLIET, 1982. p. 11).[10]

Por meio dos estudos de Milliet (1982) e Monbeig (1984)[11] podemos acompanhar a expansão cafeeira e seguir o deslocamento do café das regiões Central e Mogiana à zona de fronteira – Araraquarense, Douradense e Paulista, Noroeste

10 Milliet, Sérgio. *Roteiro do café e outros ensaios*. São Paulo. Hucitec/Pró-Memória; Instituto Nacional do Livro. 1982

11 MONBEIG, Pierre. *Pioneiros e fazendeiros de São Paulo*. São Paulo: Polis/ Hucitec, 1984.

e Alta Paulista, Alta Sorocabana. Em 1940, a fronteira agrícola estava totalmente ocupada. Não restavam mais "as terras desconhecidas", "inexploradas", não restava mais o sertão e nem mais os Caingangues, finalmente exterminados.

Em pouco mais de 15 anos, a montagem da rede ferroviária impulsionou o café pelos sertões longínquos. O capital estrangeiro investiu na construção na São Paulo Railway (1868), que ligava Santos a Jundiaí, e o capital dos cafeicultores paulistas investiu nas estradas de ferro Paulista, Mogiana, Ituana e Sorocabana. Assim, uma vez solucionado o problema do transporte, a expansão territorial do café adequou-se à crescente distância ao porto de Santos.

Antes do término do regime escravista, a elite paulista, que disputava a posição de maior produtora e exportadora de café do país, engendrou a política de subsídio à imigração de trabalhadores para a lavoura de café. Quando a Lei Áurea extinguiu a escravidão, não houve interrupções nos trabalhos das fazendas. Entre 1880 e 1930 a política de subsídio à formação do mercado de trabalho livre trouxe dois milhões de trabalhadores europeus expulsos pela miséria e pelas distorções do avanço do capitalismo nos seus países.

Restava aos cafeicultores paulistas um único problema a ser solucionado: a centralização do poder imperial. No império, as províncias não tinham autonomia política para escolher o presidente da província, indicado pelo imperador, e dispunham de restrita autonomia financeira e administrativa. Para a elite cafeeira, em especial a que aderiu às ideias republicanas, a centralização do poder pela monarquia era um entrave ao progresso. São Paulo gerava maiores recursos para o poder central do que o Tesouro Imperial lhe repassava.[12]

O Partido Republicano Paulista, PRP, fundado em 1873, defendia o federalismo para estancar a sangria dos recursos gerados na província e gastos na Corte. A República e a Federação eram inseparáveis,[13] representavam

12 Luna e Klein (2018. p. 106) mostraram que São Paulo atuou como uma fonte líquida de fundos para o império, gerando 5,3% da receita imperial e recebendo em troca 1,8% das despesas efetuadas pelo poder imperial na província. LUNA, Francisco Vidal; KLEIN, Herbert S. *História econômica e social do Estado de São Paulo 1850-1950*. São Paulo: Imprensa Oficial, 2018.

13 "Federação não se harmoniza com a monarquia, porque ela é uma correlata da República", afirmava Alberto Salles, o ideólogo do PRP, na conferência: "Quem quer Federação quer a República?" em 3 de maio de 1887. Ver: RIBEIRO, Maria Alice Rosa. *Adolpho Affonso da Silva Gordo. O homem e seu tempo*. Catálogo da

autonomia fiscal, econômica e política para as províncias. A proclamação da República e a primeira Constituição Republicana de 1891 chancelaram o princípio federalista, ou seja, autonomia plena dos entes federados. Aos estados foi permitido organizarem uma estrutura tributária autônoma, um sistema judiciário forte, uma força policial independente e um complexo sistema de instituições nas áreas da educação, saúde e pesquisa científica e tecnológica.

São Paulo, por ser o estado exportador do principal produto da pauta de exportação, foi o que mais frutos extraiu do federalismo republicano, uma vez que a principal receita estadual era o imposto sobre exportações, que, graças à expansão cafeeira, atingiu 71% de todas as receitas geradas. Entretanto, o avanço das plantações de café e a ocupação da fronteira agrícola foram acompanhados pela concentração de terras nas mãos de poucos. Reproduzia-se a concentração agrária secular. O acesso à propriedade de terras era restrito, como se pode constatar pelo índice de concentração para proprietários que, de 0,86 em 1817, permanece estável em 0,80 no século XXI (LUNA; KLEIN, 2018. p. 178). O censo agrícola de 1905 mostrou um quadro complexo da economia cafeeira – altamente concentrada, porém, ao invés da grande propriedade monocultora evidenciou a *plantation* associada à produção de alimentos. Contudo, o que o censo indicou de mais relevante e desalentador foi a baixa utilização da terra. Essa foi e é a lógica de ocupação da fronteira: a concentração da propriedade por poucas famílias, a baixa utilização produtiva da terra e a disseminação da desigualdade social.

Os Sertões Paulistas medicina, saúde pública e a invenção do território. O que nos contam os autores da obra

Nesta parte vamos fazer anotações sobre os temas dos 18 capítulos que compõem o livro. Não segui a ordem em que eles aparecem, e sim a ordem comandada por minha leitura e entendimento, em busca de associações e conexões entre e história econômica e social e a história da saúde pública.

A construção da estrada de ferro noroeste do Brasil começou em 1905, partindo de Bauru até Corumbá (1914). Correspondeu a uma das últimas investidas no sertão paulista nas terras ditas "despovoadas", por serem na ver-

Exposição Virtual. CMU, 2019. Disponível em:https://issuu.com/centrodememoriaunicamp/docs/catalogo_expo_gordo_22102019. Acessado em: 21 out. 2020.

dade ocupadas por tribos indígenas. Representava também a realização de um grandioso e ousado projeto de ligação ferroviária entre São Paulo e Mato Grosso (Bauru-Corumbá) e do Brasil com a Bolívia e Paraguai. Com os trilhos de ferro se construía o sonho de uma ligação continental entre três países, e se desenhava o futuro com a ligação "Atlântico ao Pacífico". Em 1908 Arthur Neiva, médico sanitarista do Instituto Oswaldo Cruz, foi contratado pelo governo federal e pela empresa de capitais privados construtores da estrada de ferro noroeste do Brasil,[14] para realizar profilaxia de malária entre os trabalhadores. Neiva permaneceu nos acampamentos da estrada de ferro por dez meses e identificou a úlcera de Bauru ou leishmaniose entre os trabalhadores, patologia não constante, até então, dos anuários demográficos. De acordo com Neiva, a invasão do sertão pela civilização era acompanhada pela "malária, o guarantã dos índios Kaingangs e a úlcera de Bauru".

No período da construção e após a entrada em operação da ferrovia foram elaboradas duas geografias médicas por inspetores sanitários alocados no Serviço Sanitário (SS). As geografias médicas foram objeto de discussão do primeiro capítulo da obra *Os Sertões Paulistas...*, intitulado *"Má região": o sertão do oeste paulista*. As geografias médicas tinham por objetivo conhecer as doenças provocadas pelo meio e as estatísticas consolidadas pela seção demógrafo-sanitário do SS. Uma das críticas feitas à administração da saúde pública do estado de São Paulo pelos monarquistas ressentidos com a mudança de regime era de que a administração federalista era "uma comédia" e que reinava "a anarquia por toda parte", tendo inclusive as taxas de "mortes por doenças" se elevado. As taxas só poderiam se elevar, pois só depois de instituído o Serviço Sanitário os dados de mortalidade, morbidade, nascimento e óbitos por *causa mortis* começaram a ser consolidados pela seção de estatística demográfo-sanitária do SS. Até então, essas informações estavam dispersas pelos cartórios e paróquias. A primeira geografia médica (1910) foi bastante importante por registrar uma nova morbidade, a úlcera de Bauru (leishma-

14 A partir de 1908, o governo federal começou a participar da construção do trecho Itapura–Corumbá e, em 1913, concluiu sozinho o trecho sem a participação da empresa privada Cia Noroeste. Em 1917, a união encampou a estrada de ferro Noroeste do Brasil (NOB). Ver: QUEIROZ, Paulo Roberto Cimó. Uma ferrovia em xeque: E. F. Noroeste do Brasil (1918-1956). Disponível em: http://www.abphe.org.br/arquivos/paulo-roberto-cimo-queiroz_1.pdf. Acessado em 03 nov. 2020.

niose tegumentar), de ocorrência estritamente local – região da Noroeste. Em decorrência de novas críticas à atuação do SS vindas das autoridades espanholas da imigração, em 1917, o SS decidiu fazer nova geografia médica superior à primeira. Os dois encarregados na elaboração eram funcionários da seção de estatística demográfo-sanitária e buscaram seguir a orientação de relacionar os óbitos às condições climáticas e, até mesmo, à pobreza e à falta de educação higiênica e às deficiências do aparelhamento sanitário. *Má região*, o nome dado ao capítulo, é uma alusão ao nome cunhado por um engenheiro na época da construção da estrada. O capítulo revela a importância dos relatórios dos inspetores sanitários, Victor Godinho, Alberto Seabra e Xavier Silveira e do próprio diretor interino do SS, Guilherme Álvaro, para recuperar as condições sanitárias enfrentadas pelos trabalhadores da ferrovia e pelos primeiros moradores de Bauru e arredores.

A úlcera de Bauru reaparece no último capítulo da segunda parte *A leishmaniose pelos sertões paulistas: uma longa endemia, 1895-2018*, que encerra a obra. Seus autores trazem aos leitores um estudo minucioso sobre a identificação do agente infeccioso responsável pela doença, investigação realizada em conjunto pelo Instituto Pasteur, Instituto Bacteriológico e Instituto Oswaldo Cruz, em 1909. A leitura é extremamente instigante e o leitor vai acompanhando com crescente curiosidade até chegar ao final. E o final foi exitoso – a ciência venceu o desconhecido. O mesmo não pode ser dito do combate à moléstia. A patologia avançou sem encontrar obstáculos; melhor dizendo, as ações e o cumprimento de práticas básicas de higiene foram insuficientes diante das formas predatórias de exploração econômica que submetiam os trabalhadores rurais às piores condições de trabalho, moradia e saneamento. Em 1976, último ano analisado no capítulo, os estudos apontavam que a leishmaniose se tornara uma endemia na região do Oeste Paulista. Isso nos faz pensar nos dias de hoje, 2020, com a extinção da Superintendência de Controle de Endemias, SUCEN, sobre os impactos da política de desmonte da saúde pública nas populações mais vulneráveis.

Em dois momentos a obra faz jus à figura ímpar do médico Samuel Barnsley Pessoa. No capítulo *A leishmaniose pelos sertões paulistas...* Samuel Pessoa aparece, quando, em 1940, na qualidade de docente do Departamento de Parasitologia da Faculdade de Medicina da Universidade de São Paulo, lidera um inquérito epidemiológico sobre leishmaniose tegumentar americana realizado junto aos Centros de Saúde. Esse inquérito demarcou a principal área infectada e já apontava para a sua natureza endêmica na Noroeste, desde Araçatuba; na Alta Paulista, desde Marília; na Alta Sorocabana, de Presidente Prudente para adiante. Nessas regiões o estudo apontou que 10 a 20% dos habitantes da zona rural provavelmente estariam infectados. Pessoa dedicou-se a dois campos de atuação: saúde pública e ensino médico voltado para a medicina preventiva. Considerava a saúde pública e o saneamento como elementos chaves para a formação "de uma gente saudável e em condições de se apresentar como cidadãos de uma nação moderna". Em síntese, combinava saúde pública, saneamento e investimento público para a "formação de quadros de cientistas especializados, em sintonia com as práticas da ciência moderna".

No capítulo, *A medicina nos sertões do Brasil: O encontro de Samuel Pessoa com os médicos de Goiás*, os autores enfatizam a atuação de Pessoa, já reconhecido mundialmente e aposentado da USP, no ensino médico em novas escolas de ciências médicas fundadas no Nordeste e no Centro-Oeste e em campanhas contra endemias rurais. O encontro relatado é a entrega do título de Professor *Honoris Causa* da Universidade Federal de Goiás a Samuel Pessoa, em 1969. Essa homenagem ao "grande mestre da parasitologia brasileira" serviu de mote para os autores do capítulo analisarem a contribuição de Pessoa à saúde pública e ao ensino de medicina, em especial da medicina preventiva, aquela que cuida ininterruptamente dos sadios para não adoecerem. O estudo, a pesquisa e o ensino das doenças do Brasil rural e a luta por modificar as condições endêmicas marcaram indelevelmente a trajetória de Pessoa. A homenagem enche-se de significações, pois nos anos de 1968 e 1969 a ditadura militar entrava em rota de recrudescimento e perseguições contra todos os que pensassem de forma diversa dos ditadores militares e de seus aliados civis. Um dos perseguidos foi Pessoa, bem como seus discípulos, que foram obrigados a deixar a docência na USP e migrar para o exterior.

Para os dias de hoje, os valores e princípios defendidos por Samuel Pessoa ao longo de trajetória e rememorados pelos autores são profundamente importantes e jamais deveriam ser esquecidos. Independentemente da ideologia e da militância política, os jovens médicos de Goiás mostraram o reconhecimento à dedicação que Pessoa depositou à formação de "gerações de médicos por meio de suas aulas, conferências, livros, artigos e de seu manual de parasitologia médica...". Os jovens médicos mantiveram intacta a concepção dos sertões cunhada pelo velho mestre – aquele espaço territorial marcado "pelas endemias rurais e pelo abandono da vida do homem do interior".

Em 1917, na qualidade de Diretor do Serviço Sanitário, Arthur Neiva elaborou o Código Sanitário Rural. A experiência de Neiva como responsável pela profilaxia da malária na estrada de ferro Noroeste do Brasil, em 1908, e como um dos cientistas da viagem científica pelos estados do nordeste, em 1910, tornou o então diretor do serviço sanitário uma das pessoas mais credenciadas para propor a organização de um aparato e um conjunto de medidas e recomendações para identificar, dimensionar e controlar as endemias rurais. É dentro do contexto do código sanitário rural que foi proposta a criação da delegacia estadual de saúde de Botucatu, objeto de estudo do capítulo *Quem sai aos seus não degenera: paulistas, avante ao Sertão! Paulistanidade, dilemas sanitários e interesses capitalistas na criação da Delegacia de Saúde de Botucatu, 1917-1918.* Essa delegacia ganhou muita importância por ser mais extensa, abarcando 21 comarcas, 52 municípios e 97 distritos. Em termos populacionais, a delegacia era responsável por quase 600 mil habitantes, aproximadamente 16,4% da população do estado de São Paulo em 1920. Botucatu ocupava uma posição estratégica, pois ligava dois importantes eixos ferroviários, a estrada de ferro Sorocabana e a Noroeste do Brasil; portanto, constituía um centro de referência das principais doenças que se alastravam pela vasta região: malária, ancilostomíase, leishmaniose e tracoma. Afora as delegacias de Botucatu e da capital foram instaladas outras cinco: Guaratinguetá, no Vale do Paraíba, tributária do eixo ferroviário que ligava São Paulo à capital federal; Santos, litoral, tributária do porto e ferrovia Santos–Jundiaí; Campinas, entroncamento ferroviário Paulista e Mogiana; São Carlos, eixo ferroviário da Paulista e Araraquarense; Ribeirão Preto, tributária da ferrovia Mogiana. No capítulo vamos encontrar as tensões entre políticos locais e o serviço sanitário e a atuação da poderosa família Cardoso de Almeida. A reforma sanitária de 1925, feita por Paula Souza, extinguiu a delegacia, interrompendo os serviços prestados e comprovando mais uma vez a frase cunhada por Neiva: "No Brasil, a ciência acampa!".[15]

15 Ver em RIBEIRO, Maria Alice Rosa. *História, Ciência e Tecnologia*: 70 anos do Instituto Biológico de São Paulo na defesa da Agricultura 1927-1997. São Paulo: Instituto Biológico, 1997.

Em dois momentos o tracoma foi objeto de estudo nos *Os Sertões paulistas...* No capítulo *Propaganda activa e segura, em prol do saneamento do Brasil: ações médico-sanitárias e educativas nas zonas rurais paulistas e o combate ao tracoma* o tema é abordado com base na análise da Diretoria Geral de Ensino e da Inspetoria médico-escolar, e dos programas educativos para o treinamento de diretores e professores das escolas normais. O tracoma é uma doença infectocontagiosa que apresentava alta transmissibilidade e grande incidência entre as crianças. O capítulo analisa a ação conjunta da Diretoria do Serviço Sanitário e do Departamento Geral de Ensino na organização de cursos para professores, os quais eram ministrados por inspetores sanitários e pesquisadores do Instituto Butantan e do Instituto Bacteriológico, com o propósito de instruir os professores na identificação e procedimentos dos alunos com a doença. A experiência foi extremamente exitosa e levou a uma cooperação mais estreita entre as delegacias regionais de ensino, as escolas primárias, os professores rurais e os postos de higiene no município, promovendo uma ação integrada de ensino e saúde pública. A cooperação ampliou-se para outras doenças, como verminoses, e no auxílio na vacinação contra varíola.

No capítulo *Tracoma no século XIX: uma doença do sertão paulista*, a abordagem privilegia a origem do tracoma em São Paulo e caracteriza o surgimento da doença em São Paulo como distinto de outros estados brasileiros. Em São Paulo, o tracoma veio com a grande imigração subsidiada, principalmente com os trabalhadores italianos, que aqui chegaram infectados. As autoras analisam as intermitentes comissões criadas para debelar a doença que se transformou em uma moléstia endêmica. Em 1917, com o Código Sanitário Rural, uma nova campanha foi criada, porém, interrompida em 1925, com a reforma sanitária de Paula Souza. Nos anos 1930, nova iniciativa foi tomada por meio da rede especializada em tracoma. Com a redução das ocorrências, o tracoma foi dado como erradicado. Qual não foi a surpresa geral quando, nos anos 1990, o tracoma voltou em vários municípios paulistas.

"Afinal, havia casos de infecção parasitária pelo estado?" "E os triatomíneos identificados em São Paulo eram portadores do *Trypanosoma cruzi*?" são as perguntas iniciais do capítulo *Procura-se o barbeiro: a doença de Chagas e a caça aos triatomíneos pelo interior de São Paulo, 1910-1918*, que analisa o desafio lançado por médicos da capital em 1916. Preocupados com a doença de chagas, médicos da capital tomaram a iniciativa de realizar uma pesquisa na busca por barbeiros e doentes nos municípios cafeeiros. Dos 185 municípios paulistas, 62 remeteram barbeiros aos institutos sediados na capital e, destes, 29 enviaram insetos portadores do *Trypanosoma cruzi*. Logo, 47% dos vetores (barbeiros) enviados eram portadores do agente infeccioso. O inquérito realizado sobre a doença de chagas em São Paulo foi reconhecido por Neiva, em 1923, como o estudo mais completo sobre a distribuição geográfica dos triatomíneos realizado no Brasil nas primeiras décadas do século XX.

A febre amarela grassou nas cidades paulistas a partir de 1889. Foi a epidemia da transição do Império para a República e Campinas foi sua porta de entrada para as cidades do Oeste Paulista. As epidemias espalharam-se pelas cidades dos eixos ferroviários da Paulista e da Mogiana, por onde seguiam os imigrantes para as lavouras de café. Por 15 anos, invariavelmente no verão, a epidemia eclodia mais forte ou mais fraca em alguma cidade ou em várias ao mesmo tempo, dependendo do fluxo de imigrantes, da renovação da população, das temperaturas, do clima úmido e quente. As últimas epidemias ocorreram em São Simão e Ribeirão Preto em 1904. No capítulo *O mal invasor" ou as doenças que vêm do sertão: as epidemias de febre amarela em Sorocaba e Itapetininga (1897-1900)*, a abordagem traz uma novidade: a febre amarela vinda das cidades cafeeiras do Oeste Paulista invadiu as cidades de Sorocaba e Itapetininga. As duas cidades, segundo os autores, buscavam um "ideal de "civilização", "progresso" e "salubridade", não se reconhecendo, portanto, como integrantes dos chamados *sertões paulistas* pestilentos. Como as cidades lidaram com as epidemias de febre amarela? – é a pergunta chave do capítulo da história da epidemia de febre amarela que eclodira fora do roteiro do café na baixa Sorocabana.

No capítulo *O caramujo, o homem e São Paulo rural: a fotografia da esquistossomose nos documentos da divisão do serviço do interior*, as autoras trazem o tema do combate da esquistossomose, porém analisam a campanha desenvolvida por meio da fotografia. Nos anos de 1950, a antiga Divisão do Serviço do Interior da Secretaria da Saúde Pública e da Assistência Social, ao promover as ações de combate à doença parasitária, conhecida popularmente como "xistose", "barriga d'água" e "doença dos caramujos", produziu séries fotográficas que registravam o desenrolar da campanha. Os documentos fotográficos constituem o objeto de análise do artigo, que conta como se processou a implementação do combate à esquistossomose, sem perder de vista questões como migração, saneamento, desenvolvimento científico, ações profiláticas e educação sanitária.

No capitulo *O Pênfigo Tropical: uma doença da nossa dermatologia*, o autor aborda uma doença que entre os anos de 1930 e 1950 esteve na agenda da dermatologia paulista e foi alvo de sérias preocupações dos médicos ligados à clínica particular, bem como dos da saúde pública. A moléstia, denominada de "pênfigo foliáceo" ou "pênfigo tropical" ou "fogo selvagem" grassou nas áreas rurais ou no "sertão" e os atingidos passavam por dolorosas deformações. Por quase 20 anos, a etiologia e tratamento da doença ocupou as discussões da Sociedade de Dermatologia e Sifiligrafia, que passou a editar um boletim destinado a estudos específicos: Boletim do Serviço do Pênfigo Foliáceo. Nos anos de 1938 a 1941, no governo do interventor Adhemar Pereira de Barros foi criado o Serviço do Pênfigo Foliáceo, que assumiu a publicação do boletim da Sociedade de Dermatologia e Sifiligrafia. A moléstia atingia principalmente trabalhadores rurais, mais mulheres do que homens, com idade entre de 10 a 30 anos.

A "peste da civilização", a "peste branca", a tuberculose aparece na obra *Os Sertões paulistas...* no capítulo *Campos do Jordão: de povoado à estância climática*. A autora aborda o tema sob a perspectiva dos locais de tratamento para tuberculosos, no caso Campos de Jordão. No Brasil, a enfermidade era responsável por quase 70% das mortes totais por causa conhecida. Não se dispunha de remédios ou vacina para tratamento, o qual se restringia ao isolamento, repouso, alimentação e ar saudáveis. O capítulo conta a evolução da terapia, em especial, da climatoterapia. Desde 1870, Campos de Jordão, localizada na região da Serra da Mantiqueira em meio a uma vegetação abundante, era procurado para tratamento de tuberculosos. À medida que a doença se espalhou entre classes mais abastadas, a cidade especializa-se, foi classificada como Estância Climática; empresários, empreiteiros e médicos construíram uma rede hoteleira, pousadas e casas para atender à crescente procura por tratamento. Nos anos trinta, os anúncios inundaram as revistas e jornais: *Quereis Saúde? Ide a Estância Climática de Campos do Jordão.*

O capítulo, *A questão do câncer no interior paulista: Entre a tradição e a cancerologia*, o autor desenvolve a evolução da tecnologia no diagnóstico e do tratamento do câncer, cotejando a tradição e a nova área do conhecimento médico especializado: a cancerologia. O capítulo faz um longo percurso, da magia, no século XVIII, até à inauguração do Instituto do Radium na cidade de São Paulo em 1920.

Na reunião de trabalhos sobre *Os Sertões Paulistas* ... não poderia faltar o "pão nosso de cada dia". É o que nos traz o capitulo *O feijão na cultura alimentar caipira e nos discursos médicos em São Paulo na Primeira República (1890-1920)*. O autor nos leva à mesa do caipira para refletir sobre a comida e a fome. Vai além, para debater a disputa entre a "perspectiva científica da nutrição humana" e "os hábitos arraigados na cultura popular". Saber popular versus saber científico. Para cumprir o desiderato, o autor nos conta a história do feijão, seu papel na alimentação do caipira nos primeiros anos da República e o lugar reservado ao feijão pelos médicos, de acordo com os princípios da nova disciplina: Higiene Alimentar.

Se nos sertões do planalto a marcha para o oeste exterminou os Kaingangues, o que aconteceu no litoral? A resposta a essa questão encontra-se no capítulo *Desterritorialização e expropriação cultural dos caiçaras do Litoral Norte Paulista*. A autora analisa a marcha sobre as terras ocupadas por caiçaras. A frente de invasão não foi liderada pela estrada de ferro, mas pela Rodovia BR 101, que cortou as terras dos caiçaras; seguem na tropa de ocupação o turismo e a especulação imobiliária. O artigo evidencia o extermínio aos poucos da cultura e das formas de vida dessa comunidade que ocupa a faixa do litoral do sul fluminense até o norte paranaense.

Por algum tempo, o fantasma de Antonio Conselheiro assombrava a elite republicana paulista. Essa é a ideia-força do capítulo "Destroçar Canudos, povoar a terra roxa: a deontologia médica paulista entre o bandeirantismo e o saneamento (1897-1930)". O autor discute as repercussões do aniquilamento de Canudos e como as elites políticas e médicas direcionaram seus "olhares" para seus próprios sertões, temendo a repetição. O discurso médico-sanitarista nascia com essa missão e, nos parece, com o objetivo também de evitar, na "terra roxa" a fatalidade eclodida na Bahia. Um dos próceres republicanos, o senador Manoel de Moraes Barros, irmão de Prudente de Moraes, em discurso explicita o temor das repetições: "Essa origem, senhores, é a ignorância. Portanto, o primeiro ensinamento que podemos deduzir da victoria de Canudos é a necessidade de instruir o nosso povo (...) É somente quando a maioria deste povo souber ler e escrever é que estaremos livres de novas seitas, de novos Canudos". Infelizmente, o temor não era tão grande, porque o povo continuou analfabeto.

No capítulo, "O estudo do processo de interiorização do profissionalismo médico e o desenvolvimento", o autor se debruça sobre o processo de interiorização dos profissionais médicos ou do "profissionalismo médico". No processo são caracterizadas três fases ou ondas de interiorização, nas quais um conjunto de variáveis é combinado, tais como os movimentos de centralização e descentralização dos serviços públicos de saúde, e a realidade e as transformações econômicas e sociais das localidades e dos municípios interioranos.

O mote do capítulo "Perícias e peritos entre a capital e a boca do sertão paulista: limites da Medicina Legal Positivista, em 1920" é composto por duas perguntas: é possível que o "olhar" do legista positivista sobre o corpo, praticado em São Paulo, tenha sido "difundido" também para os territórios interioranos do Estado? Em outras palavras, prossegue o autor: averiguação médica dos corpos em processos penais foi praticada seguindo os mesmos protocolos nas fronteiras dos sertões paulistas no início do XX? Para responder as indagações, o autor analisou a produção de documentos periciais em processos crimes na cidade de Araraquara, no ano de 1922, e os compara formal e qualitativamente a laudos escritos por Oscar Freire de Carvalho, médico legista na capital no mesmo ano.

Os autores do capítulo A loucura, a disciplina e o sertão: o campo como mecanismo terapêutico e de controle social - O Hospital de Juquery (1892 - 1923), trazem aos leitores um ressignificado dos "sertões paulistas" à luz da história do hospital Juquery. Inaugurado em 1898, o Hospital de Juquery representou o projeto modernizante dos republicanos paulistas no campo do saber médico-psiquiátrico e na estruturação do maior manicômio do país. O projeto republicano da "loucura" era tão poderoso que o diretor do hospital não respondia à diretoria da saúde púbica, mas diretamente ao secretário e ao presidente do estado. O diretor da instituição manicomial gozava de total autonomia e independência. A instituição concebeu *os sertões* "bucolicamente" como espaço privilegiado para a regeneração moral das pessoas com transtornos mentais ou criminosos. Ao longo de duas décadas a instituição transformou-se no lugar da "exclusão", "reclusão" e "abandono". A ida para os "sertões de Juquery" era o caminho sem retorno.

O prefácio encerra-se aqui. Espero que as breves notas escritas sobre os trabalhos reunidos nos *Os Sertões Paulistas medicina, saúde pública e a invenção do território* despertem a curiosidade para ler e aprender um pouco mais nossa história.

Referências bibliográficas

Departamento Nacional de Obras contra as Secas (DNOCS). Disponível em: http://cpdoc.fgv.br/sites/default/files/verbetes/primeira-republica/INSPETORIA. Acessado em: 21 out. 2020.

ESCOREL, Sarah. *Mário Magalhães:* Desenvolvimento é Saúde. Ciência & Saúde Coletiva, 20(8): 2453-2460, 2015.

FURTADO, Celso. *Obra autobiográfica*. São Paulo: Cia das Letras, 2014.

HOCHMAN, Gilberto. *A era do Saneamento.* São Paulo: Hucitec/ANPOCS, 1998.

LIMA, Nísia Trindade. Um sertão chamado Brasil. 2ª ed. São Paulo: Hucitec, 2013.

LUNA, Francisco Vidal; KLEIN, Herbert S. *História econômica e social do Estado de São Paulo 1850-1950.* São Paulo: Imprensa Oficial, 2018.

MILLIET, Sérgio. *Roteiro do café e outros ensaios.* São Paulo. Hucitec/Pró-Memória; Instituto Nacional do Livro. 1982.

MONBEIG, Pierre. *Pioneiros e fazendeiros de São Paulo.* São Paulo: Polis/ Hucitec, 1984.

NEIVA, Arthur; PENA, Belisário. *Viagem cientifica:* pelo norte da Bahia, sudoeste de Pernambuco, sul do Piauí e de norte a sul de Goiás. Ed. fac-sim. Brasília: Senado Federal, 1999. Edição original publicada em Memórias do Instituto Oswaldo Cruz. Rio de Janeiro, tomo 8, 1916. Disponível em https://www.scielo.br/pdf/mioc/v8n3/tomo08(f3)_74-224.pdf Acessado em 17 out. 2020.

QUEIROZ, Paulo Roberto Cimó. *Uma ferrovia em xeque:* E. F. Noroeste do Brasil (1918-1956). Disponível em: http://www.abphe.org.br/arquivos/paulo-roberto-cimo-queiroz_1.pdf. Acessado em 03 nov. 2020.

RIBEIRO, Maria Alice Rosa. *Adolpho Affonso da Silva Gordo.* O homem e seu tempo. Catálogo da Exposição Virtual. CMU, 2019. Disponível em: https://issuu.com/centrodememoriaunicamp/docs/catalogo_expo_gordo_22102019. Acessado em: 21 out. 2020.

Apresentação da coletânea

O tema dos sertões no Brasil vem sendo objeto de análise de diversas áreas do conhecimento e em diversos momentos. No entanto, foi por influência do trabalho empreendido por Nísia Trindade Lima[1] que se iniciaram mais intensamente os estudos que passaram a vincular os chamados sertões brasileiros e os órgãos médicos e de saúde pública, abrindo espaço para estudos convergentes e influenciando várias gerações até os dias atuais. Da ida aos interiores do Brasil ou da identificação desse sertão ali, do outro lado da avenida, inaugurava-se sob a bandeira do saneamento algo bastante novo entre os estudiosos, que não só capturavam as relações entre rural e urbano ou entre o que consideravam selvagem e civilizado, mas abriram espaço para se identificar e representar um lugar marcado, a partir do século XIX, por três significados do termo *sertão*. O primeiro:

> [...] o identificava às áreas despovoadas do interior do Brasil. Duas outras conotações podem ser identificadas no mesmo período. Um, mais próximo ao uso atual do termo, que o associa à área semi-árida do Nordeste brasileiro, e outro, também muito presente entre autores contemporâneos, que prioriza a atividade econômica e os padrões de sociabilidade, aproximando sertão à civilização do couro.[2]

1 LIMA, Nísia Trindade. *Um sertão chamado Brasil*. 2ª ed. São Paulo: Hucitec, 2013.

2 Idem. p. 104.

Desse modo, a ideia de que o "sertão está em toda parte" ganha consistência, exatamente, por não possuir uma realidade material e específica que o configure, não sendo nem um tipo de meio natural singular e nem uma modalidade própria da paisagem humana, impedindo caracterizações precisas do ponto de vista geográfico:

> [...] na verdade, o sertão não é um lugar, mas uma condição atribuída a variados e diferenciados lugares. Trata-se de um símbolo imposto – em certos contextos históricos – a determinadas condições locacionais, que acaba por atuar como qualificativo básico no processo de sua valoração. Enfim, o sertão não é uma materialidade da superfície terrestre, mas uma realidade simbólica: uma ideologia geográfica. Trata-se de um discurso valorativo referente ao espaço, que qualifica os lugares segundo a mentalidade reinante e os interesses vigentes nesse processo.[3]

Foram as expedições organizadas pelo Instituto Oswaldo Cruz nos anos de 1910 que o chamado sertão brasileiro seria reconsiderado, compreendido, em larga medida, como espaço abandonado pelo Estado com seus sertanejos doentes, mas que poderiam ser salvos pelas mãos do saneamento:

> O ano de 1916 marca talvez o ponto de inflexão na evolução do movimento de saúde pública brasileira. É o ano de publicação, pelo Instituto Oswaldo Cruz, dos cadernos de viagem dos médicos Artur Neiva e Belizário Pena através de vários estados do nordeste e Goiás. A missão do Instituto, realizada em 1912, denunciou as péssimas condições de vida no interior do país. A partir da publicação do Relatório Neiva-Pena, o movimento sanitarista superou sua fase urbana, com a nova bandeira do "saneamento dos sertões". Ressalte-se que o Relatório era o resultado de expedição solicitada por um organismo federal a outra instituição também federal, para atuar em municípios em que o coronelismo alcançava sua expressão máxima no país. A missão

3 MORAES, Antonio Carlos Robert. *Geografia histórica do Brasil*: capitalismo, território e periferia. São Paulo: AnnaBlume, 2011. p. 100.

> do Instituto Oswaldo Cruz plantou a semente da ação do poder central nos estados do nordeste.[4]

Nesse sentido, o debate sobre uma definição do sertanejo granjearia centralidade na cena intelectual brasileira entre os séculos XIX e XX, envolvendo as pendências de ordem política, regional e racial do período da pós-abolição. Doente pelo diágnostico sanitário, mas também considerado, pelas fímbrias dos discursos regionais, um "não branco", o sertanejo seria representado como um:

> [...] figurante no grande espetáculo civilizacional brasileiro, mas nunca o posto de protagonista [...] a imagem que os esquemas interpretativos do Brasil deixaram do lugar e do papel, da vasta participação e contribuição na história do Brasil das populações e dos elementos não-brancos é indiscutivelmente a que reproduz Affonso de Taunay: "Encetava-se a era das filas de índios carregadores de mercadoria entre o planalto e o litoral, cuja vida miserável valeria, um século mais tarde, tremenda objetora de Antônio Vieira".[5]

Sertanejo ou caipira? O paulistanismo em pauta

Em São Paulo, nesse mesmo período, divulgou-se amplamente o discurso da regeneração da pátria pela retirada do doente sertanejo de sua letargia, tendo o plano sanitário estadual a responsabilidade de atender a necessidades territoriais particulares e propondo regenerar aquele "filho paulista" que carregaria, segundo se dizia, as insígnias de suas origens bandeirantes.[6] Em seu clássico estudo sobre a construção mitológica e simbólica dos bandeirantes,

---

4 SANTOS, Luiz Antonio de Castro. "O pensamento sanitarista na Primeira República: uma ideologia de construção da nacionalidade". *Revista de Ciências Sociais*, Rio de Janeiro, v. 28, n. 2. p. 193-210, 1985. p. 200. Disponível em: <http://www.bvshistoria.coc.fiocruz.br/lildbi/docsonline/antologias/eh-594.pdf>. Acesso em: 29 maio 2020.

5 SILVA, René Marc da Costa. "O papel da categoria sertão no processo de construção da identidade nacional: fins do século XIX e começo do século XX". *Revista de Informação Legislativa*, Brasília, v. 45, n. 177. p. 185-197, 2008. p. 195. Disponível em: <https://www2.senado.leg.br/bdsf/item/id/160328>. Acesso em: 29 maio 2020.

6 MOTA, André. *Tropeços da medicina bandeirante:* medicina paulista 1892-1920. São Paulo: Edusp, 2005.

Kátia Abud[7] mostrou como esse período foi marcado pela ideia de uma linhagem histórica e genética entre os paulistas contemporâneos e os pioneiros bandeirantes de outrora, que ao pararem pelo território, conforme estudo de Antonio Cândido, se transforma no caipira:

> [...] A vida social do caipira assimilou e conservou os elementos condicionados pelas suas origens nômades. A combinação dos traços culturais indígenas e portugueses obedeceu ao ritmo nômade do bandeirante e do povoador, conservando as características de uma economia largamente péermeada pelas práticas de presa e coleta, cuja estrutura instável dependia da mobilidade dos indivíduos e dos grupos. Por isso, na habitação, na dieta, no caráter do caipira, gravou-se para sempre o provisório da aventura.[8]

Sem dúvida, para um projeto de tamanhas proporções, as interrogações sobre o sertão paulista ganhariam a pauta das elites interessadas em se interiorizar e tomar as terras existentes a partir de um discurso modernizador e civilizatório, "um lugar que deveria ser descrito, estudado, esquadrinhado pela ciência e, por fim, transfigurado em civilização. Ao mesmo tempo, compreendido como o manancial cultural nacional – o sertão – configura-se como o lugar da vergonha, da denúncia e do desprezo".[9]

No entanto, tais premissas devem ser nuançadas contextualmente ao se atribuir à insularidade do povoamento tal definição do sertão e do sertanejo, ou seja:

> [...] esta conotação era significativa à sociedade colonial, que o definia como região apartada do mar e por todas as regiões me-

7 ABUD, Kátia Maria. *O sangue intimorato e as nobilíssimas tradições:* a construção de um símbolo paulista: o bandeirante. Tese (Doutorado em História Social) – Faculdade de Filosofia, Letras e Ciências Humanas, Universidade de São Paulo, São Paulo, 1986.

8 CANDIDO, Antonio. *Os parceiros do Rio Bonito: estudo sobre o caipira paulista e a transformação dos seus meios de vida.* Rio de Janeiro, 11ª edição: Ouro sobre azul, 2010. p.45

9 MOI, Claudia. *Explorações do olhar:* ciência e arte nas fotografias da Comissão Geográfica e Geológica de São Paulo. Dissertação (Mestrado em Multimeios) – Instituto de Artes, Universidade Estadual de Campinas, Campinas, 2005. p. 53.

> tida entre terras. Se a ideia de "sertão" remete a isolamento, por extensão, pode-se sugerir que a vivência do sertanejo das terras meridionais do Brasil teria a rusticidade como marca específica de sua sociabilidade. Uma sociabilidade pautada no reconhecimento de que o mundo se organiza de forma hierárquica e que a ajuda entre os grupos não exclui componentes de violência. Estas marcas acabaram se cristalizando como elementos constitutivos dos "caipira-preto", "caipira-branco", "caipira-mulato" e "caipira-caboclo".[10]

Para Raquel Glezer, os primeiros historiadores paulistas teriam nascido e vivido numa região pobre e sem tradição de vida cultural, escrevendo fatos que pudessem garantir aos descendentes serrtnistas e bandeirantes o lugar proeminente na sociedade colonial: "[...] eles foram desbravadores de um mundo inexplorado e seus herdeiros consideravam-se de tradição nobiliárquica, quer fosse ela originária de Portugal, branca, de 'sangue limpo' e da pequena nobreza, quer fosse ela fundamentada na posse da terra, mameluca, proprietária, conquistadora e nobre por méritos próprios."[11] Ao estudar nesse período a movimentação de uma intelectualidade regional paulista e parte dessa produção letrada, Antonio Celso Ferreira reafirma as intencionalidades em torno do ser paulista, a chegada da modernidade na capital e partes do interior e os tipos humanos com seus valores representados pelos sertões:

> [...] sendo objeto de comparação aos protótipos vislumbtrados de homens urbanos e modernos, eram o mameluco da época colonial e o caboclo ou caipira da quadra em pauta. Delineados em múltiplas construções discursivas, na forma de textos e imagens, estes seriam componentes de uma literatura rica em ambiguidades e tensões. A sua leitura é capaz de revelar, simultaneamente, os investimentos afetivos e os preconceitos ou afastamentos dos homens de letras em relação a tais exemplares,

10 ANDREAZZA, Maria Luiza. "Andanças e paranças pelos sertões da área de irradiaçao paulista (1500-1899)". *Caravelle*, Toulouse, n. 99. p. 15-34, 2012. doi: https://doi.org/10.4000/caravelle.292. p. 33.

11 GLEZER, Raquel. *Chão de terra e outros ensaios sobre São Paulo*. São Paulo: Alameda, 2007. p. 45.

> que eram parte de suas raízes e do seu cotidiano e que, afinal, viam no espelho, relutando em aceitá-los.[12]

Não por acaso, *Os sertões* tornou-se um livro obrigatório para essa reflexão, por acreditar na reabilitação do homem sertanejo, do qual emergiria uma raça forte, amparada numa tradição que, de muitas maneiras, se remeteria a São Paulo. Bastava acompanhar o percurso de Euclides da Cunha para perceber sua deferência aos paulistas na formação do Brasil. Confirme estudo de Ferreti:

> [...] de 1895 a 1904, Euclides viveu em São Paulo, trabalhando como engenheiro civil da Superintendência de Obras do Estado, construindo a infraestrutura necessária à ocupação do interior paulista e compartilhando um *ethos* característico do grupo territorialista, marcado pelo empenho na construção da nacionalidade pela ocupação efetiva de seu interior despovoado, como fica patente em diversos artigos que publicou.[13]

Nessa direção, o que Euclides da Cunha chamou de "história do sul" dava indícios da trajetória dessa "altiva gente". Em suas palavras:

> São duas histórias distintas, em que se averbam movimentos e tendências opostas. Duas sociedades em formação, alheadas por destinos rivais – uma de todo indiferente ao modo de ser da outra, ambas, entretanto, evolvendo sob os influxos de uma administração única. Ao passo que no Sul se debuxavam novas tendências, uma subdivisão maior na atividade, maior no vigor do povo, mais heterogêneo, mais vivaz, mais prático e aventureiro, um largo movimento progressista, em suma.[14]

---

12 FERREIRA, Antonio Celso. *A epopeia bandeirante:* letrados, instituições, invenção histórica 1870-1940. São Paulo: Ed. Unesp, 2002. p. 52.

13 FERRETI, Danilo Zioni. "Euclides da Cunha historiador: a reinvenção do bandeirante em *Os sertões*". *Revista de História*, São Paulo, n. 160. p. 261-284, 2009. p. 270. Disponível em: <http://www.revistas.usp.br/revhistoria/article/view/19111/21174>. Acesso em: 29 maio 2020.

14 CUNHA, Euclides da. *Os sertões:* campanha de Canudos. 35ª ed. Rio de Janeiro: Francisco Alves, 1991. p. 60.

Na origem constitutiva do país, o autor ainda identificava São Paulo pelo "sangue nobre bandeirante", responsável pelos traços que fariam do nordestino de determinadas regiões um "desbravador progressista". A presença do sul nessas paragens teria introduzido características que, por serem modelares de um homem empreendedor, aventureiro e digno, modificariam todas as relações estabelecidas e implicariam distinção.[15] Exemplarmente, na região do Vale do São Francisco, teria crescido uma população autônoma e forte, mas esquecida pelos cronistas e viajantes. Eram os diversos grupos de Minas, Goiás, Piauí, Maranhão e Ceará que navegaram o rio São Francisco até o leste da Bahia, cultivando, com o passar do tempo, as virtudes da energia e do entusiasmo. Esses valores, no entanto, caberiam a um grupo específico, os bandeirantes do sul, especialmente de São Paulo, que também atravessaram rios e léguas, trazendo, com a colonização, o que de mais positivo, segundo o autor, poderia existir: seu espírito desbravador.

A partir de seus contatos no jornal *O Estado de S.Paulo* e no Instituto Histórico e Geográfico de São Paulo, Euclides da Cunha buscou tal linhagem paulista na obra *Nobiliarquia paulista*, de Pedro Taques de Almeida Paes Leme, para fundamentar sua análise:

> Segundo o que se colhe em preciosas páginas de Pedro Taques, foram numerosas as famílias de S. Paulo que, em contínuas migrações, procuraram aqueles rincões longínquos e acredita-se, aceitando o conceito de um historiógrafo perspicaz, que o "vale de S. Francisco, já aliás muito povoado de paulistas e de seus descendentes desde o século XVII, tornou-se uma colônia quase exclusivamente deles".[16]

15 Segundo Sevcenko, para Euclides da Cunha, "[São Paulo] tornando-se o pólo animador da expansão territorial e econômica do Brasil através da mineração, das fazendas de abastecimento e da cafeicultura [...] se consubstanciou no próprio fermento integrador do país". SEVCENKO, Nicolau. *Literatura como missão:* tensões sociais e criação cultural na Primeira República. 3ª ed. São Paulo: Brasiliense, 1989. p. 140.

16 CUNHA, 1991, Op.cit. p. 70-71.

A influência de um pensamento dito originariamente paulista e em que Euclides da Cunha bebeu para construir essa narrativa podia ser encontrada em momentos de sua trajetória pessoal e profissional. Trechos de *Os sertões* já haviam sido publicados e provavelmente discutidos anteriormente pelos órgãos paulistas de que participava o autor:

> [...] alguns trabalhos de Euclides da Cunha, escritos a partir do retorno para São Paulo, são trechos do livro em andamento. Nesse caso estariam colocados os seguintes artigos publicados em *O Estado de S. Paulo*: "Excertos de um livro inédito", de 19 de janeiro de 1889, contido depois em *Os sertões* – "O homem", com ligeiras modificações; "As secas do Norte", de 29 e 30 de outubro e 1 de novembro, inserido em *Os sertões* – "A terra", com modificações; "Fazedores de deserto", de 21 de outubro de 1901, onde aparece a ideia do homem como agente geológico, que está presente em *Os sertões* – "A terra". Além desses artigos, um trecho de *Os sertões*, que trata da climatologia na Bahia que integra "A terra", que foi lido por Euclides da Cunha durante sessão do Instituto Histórico Geográfico de São Paulo, em 5 de fevereiro de 1898.[17]

Ao estrondoso impacto dessa obra e de suas interpretações, acrescia-se a produção de historiadores paulistas como Alfredo Ellis Junior que, no início do século XX, também somariam a presença bandeirante à do desbravamento do sertão:

> Com essa inconsciência da relatividade do esforço empregado, e com essa soma de energias desenvolvidas, [os bandeirantes] venceram todos os obstáculos, bateram os jesuítas, enxotaram os castelhanos, descobriram metais e pedrarias e colonizaram o sertão gigante. Esse potencial de eficiência só poderia ser atingido depois de uma adaptação ao solo com seus acidentes e sua

17 SANTANA, José Carlos Barreto de. *A contribuição das ciências naturais para o consórcio da ciência e da* arte *em Euclides da Cunha*. Tese (Doutorado em História das Ciências) – Faculdade de Filosofia, Letras e Ciências Humanas, Universidade de São Paulo, São Paulo, 1998. p. 108-109.

> vegetação intransponível. Desse solo formidavelmente vestido e fantasticamente acidentado que os paulistas logo se habituaram a vencer, teria nascido a força bandeirante, que persistia até a abertura das fazendas do século XIX.[18]

Monteiro Lobato foi outro reconhecido representante e difusor da construção desse "espírito paulista" e o sertão, procurando atrelar as mazelas brasileiras aos mitos que conformavam a "brasilidade", envolvendo, sobretudo, as áreas sertanejas paulistas, ao construir seu personagem, o caipira Jeca Tatu. Assim, disse Lobato que "nesta terra, dá de tudo – disse Vaz de Caminha; mas a formiga come tudo o que se planta, acrescenta o Jeca, de cócoras na filosofia da sua velha experiência". A imagem tão fundamente construída do caboclo interiorano indolente e "sem vontade de progresso", fruto de sua situação abandonada, motivou a desilusão sobre o brasileiro do campo.[19]

Foi por meio da propaganda do Biotônico Fontoura em 1910, que Lobato conseguiu espalhar pelo Brasil quais seriam as condições em que se encontravam os brasileiros. Na história do Jeca, todos os que passavam pelo seu casebre eram unânimes a respeito de seus desvios – vadio, preguiçoso e bêbado –, até que um "doutor", aportando por aquelas paragens, espantou-se diante daquele caboclo chucro e amarelado e resolveu examiná-lo. Num diagnóstico preciso e científico, declarou o que seria a redenção de todos os jecas: uma ação saneadora. Dessa ação, emergiria um outro Jeca, o mensageiro do Biotônico Fontoura – usando botas e falando inglês –, subindo também ao panteão dos heróis do saneamento do Brasil. Mais do que um simples garoto-propaganda, beneficiário de um fortificante, o novo Jeca seria símbolo de independência e força, para expurgar todos os males e doenças.

Estudando os interesses nacionais ruralistas dos anos de 1910, Luis Antonio de Castro Santos fez um reparo importante à qualificação das interpretações lobatianas como essencialmente ruralistas e regionalistas:

---

18 ELLIS JUNIOR. *Raça de gigantes:* civilização no planalto paulista. São Paulo: Helios, 1926. p. 353.

19 NAXARA, Márcia Regina C. *Estrangeiros em sua própria terra*: representações do brasileiro 1870-1920. São Paulo: Fapesp/AnnaBlume, 1998.

> Monteiro Lobato é em geral conhecido como autor voltado para o interior paulista, o que é em certa medida um julgamento equivocado. É verdade que seus primeiros escritos focalizavam o caboclo paulista do Vale do Paraíba. É quando Lobato, como tantos outros, apontava as deficiências da "raça" como responsáveis por supostas características das populações rurais, como a apatia, indolência, incapacidade para o trabalho etc. A miscigenação explicava tudo. Éramos um povo fraco.[20]

Essas considerações ganham importância exatamente por situarem a obra de Lobato num âmbito mais amplo que o regional, quer no que tange a suas preocupações rurais e urbanas, quer por seu combate ao determinismo étnico, principalmente em seus artigos de 1918.[21] Contudo, se a visão nacional de Monteiro Lobato alterou-se em seus escritos, é em São Paulo – e em suas representações – que se efetivariam suas reflexões, exigindo sempre uma aproximação do paulistanismo e de sua força simbólica e política, de quem Lobato, um eugenista covicto, foi sempre caudatário. Essa aproximação enseja a compreensão de muitas de suas posições sobre como deveria andar o país. Supondo-se que o território paulista se teria forjado por uma "sub-raça superior", como definiu Oliveira Vianna e aprovou Alfredo Ellis Junior, a versão paulista de nação realizada desde o século XIX foi marcante na trajetória política e intelectual de Lobato, um leitor assíduo das obras de Herbert Spencer, que via no processo evolutivo humano e na luta social o lugar para o "mais forte", seguindo, de forma inconteste, Renato Khel e suas prédicas eugenistas e racistas.

A miscigenação era construtora desse homem regional, mas diferentemente dos outros brasileiros, porque – afirmariam esses autores – a presença do africano nessa formação foi quase nula até a segunda metade do século XIX. Assim se rebatia o determinismo étnico, pois a miscigenação estava tanto

20 SANTOS, Luiz Antonio de Castro. "O pensamento sanitarista na Primeira República: uma ideologia de construção da nacionalidade". *Dados. Revista de Ciências Sociais*, vol. 28, nº 2, Rio de Janeiro, 1985. p. 4.

21 LIMA, Nísia Trindade e HOCHMAN, Gilberto. "Pouca saúde, muita saúva, os males do Brasil são..." (Discurso médico sanitário e interpretação do país). In: *Ciência & Saúde Coletiva* (ABRASCO), Rio de Janeiro, vol. 5, nº 2, 2000. p. 327.

no português que aqui aportou como em seu casamento com o índio, forjando um paulista de características mistas. O português colonizador teria sido "burilado", ainda em Portugal, pelo espírito aventureiro e progressista, chegando aqui uma cepa da melhor qualidade. A conformação "étnica original do paulista", ou seja, do mameluco bandeirante, como bem lembrou John Monteiro:

> Era um claro recado de uma vertente de sua *intelligentsia* para o resto do país. Base sólida para a evolução racial, psicológica e mesmo econômica de São Paulo, a "sub-raça paulista" só estaria ameaçada a partir de um novo cruzamento com o braquicéfalo italiano (*homo alpinus*) ou outros da grande corrente migratória que então aportava em São Paulo.[22]

Conforme clássico estudo de Maria Isaura Pereira de Queiróz, o movimento de interiorização atrelado às demandas do capitalismo internacional alteraria as representações em torno da antiga Paulistania, ganhando a figura mítica do paulista a idealidade de um território e povo naturalmente construídos para servir aos ímpetos do progresso vigente:

> [...] a figura mítica do paulista não era traçada a partir de seu passado; tratava-se de provar de maneira *científica*, com base em dados estatísticos que refletissem a operosidade e arrojo dele no mundo dos negócios, mostrando que nada ficava a dever aos antepassados. Além do passado e do presente, a imagem encerrava também uma projeção para o futuro: a Província de São Paulo não poderia dar de si tudo o que esperava enquanto se mantivesse atrelada às regiões incultas ou atrasadas, sendo indispensável, para o seu pleno desenvolvimento, que se separasse dessas.[23]

---

22 MONTEIRO, Jonh M. *Tupis, tapuias e historiadores*: estudos de história indígenas e indigenismo. Tese de Livre-Docência, Depto. de Antropologia, IFCH-Unicamp, 2001. p. 205.

23 QUEIRÓZ, Maria Isaura Pereira. "Ufanismo paulista: vicissitudes de um imaginário". *Revista USP*, São Paulo, n. 13. p. 79-87, 1992. doi: https://doi.org/10.11606/issn.2316-9036.v0i13p78-87. p. 8.

No caso de Monteiro Lobato, exemplo-mor dessa passagem simbólica, Tânia Regina de Luca mostrou em suas análises, que imbuído do espírito construtor desse novo Brasil, ele reconhece que:

> A raça do Jeca era a mesma dos bandeirantes, apenas enfraquecida por um rol de pestilência que se vinha perpetuando de pai para filho. Essa fé pueril, que o escritor compartilhava com boa parte dos sanitaristas, levou-o a confessar que "respiramos hoje com mais desafogo. O laboratório dá-nos o argumento por que ansiávamos. Firmados nele contraporemos a condenação sociológica de Le Bom à voz mais alta da biologia".[24]

Do sertão ao interior: a invenção do território paulista

Sob o impacto de uma interpretação de tomada territorial, quando o discurso sobre ser o sertão um espaço desconhecido, mesmo que fosse território, em muitas áreas, já identificado e, inclusive, mapeado, tomar e domar essas terras passaram a ser um dos principais objetivos do projeto modernizador das elites paulistas desde o século XIX:

> [...] Os avanços das fronteiras demográficas e econômicas deram continuidade à expulsão ou extermínio da população indígena ou mesmo de posseiros e contaram com a utilização dos recursos naturais disponíveis para se efetivar, seja como canais de transporte – os rios –, seja como fonte de energia – as florestas e os rios –, seja como fonte de recursos para subsistência ou comércio – terras para a agricultura, pecuária e, eventualmente, mineração. Cabe lembrar ainda, quando se fala de meios de comunicação, que as ferrovias começavam a riscar o território nas décadas finais dos Oitocentos, exercendo papel de integração territorial, sobretudo com os portos exportadores, dificilmente realizados pelos rios.[25]

---

24 LUCA, Tânia Regina. *A Revista do Brasil*: um diagnóstico para a (n)ação. São Paulo: Edunesp, 1999. p. 215.

25 GONÇALVES, Paulo Cesar; OLIVEIRA, Lélio Luiz de; SERRATH, Pablo Oller Mont. São Paulo e os sentidos da colonização. *História (Dossiê: História da Colonização em Terras Paulistas: Dinâmicas e Transformações (Séculos XVI a XX)*, vol. 39, Assis/Franca, 2020. p. 21.

A carta geográfica associada aquilo que conhecemos por São Paulo foi resultado de longo processo histórico, atrelado ao processo de colonização e de seus desdobramentos territoriais, administrativos e econômicos, desenhando fronteiras da chamada Paulistânia ao que será o Estado de São Paulo:

> [...] Foram várias as etapas de construção desse espaço econômico, social, político e cultural, configurando panoramas físicos e demográficos diversos ao longo do tempo. O avanço civilizatório, em um primeiro momento, criou fronteiras fomais. Estas foram seguidas pelo processo de povoamento do território americano estabelecendo as fronteiras demográficas. A posterior expansão capitalista definiu as fronteiras da ocupação econômica.[26]

Conforme estudo de Carlos Bacellar sobre o avanço sobre os chamados sertões paulistas, a elite escravista que surgiria em torno da produção de açúcar na segunda metade do século XVIII, no afã de reproduzir suas condições econômicas e sociais, teria empurrado a geração de seus filhos cada vez mais para esses interiores:

> [...] As novas terras incorporadas serviam como autêntica válvula de escape para o processo sucessório, permitindo que as novas gerações encontrassem um espaço para instalação. Este processo viria a se repetir durante as gerações seguintes, mas já ao final do século XIX as famílias dos cafeicultores enfrentavam outra qualidade de problemas na passagem entre as gerações: a transição demográfica. É justamente nesse momento que a mortalidade geral cai, mantendo-se, no entanto, a natalidade ainda elevada. Como resultado, um número bastante elevado de filhos que alcança a idade adulta, criando núcleos familiares bastante extensos, e complicando-se o processo de transmissão de fortunas. A solução, embora ainda não investigada a contento, foi de encaminhar parte dos filhos para carreiras liberais, especialmente o Direito, e para atividades urbanas ligadas

26 BRIOSCHI, Lucila Reis. Caminhos do ouro. In: BACELLAR, Carlos de Almeida Prado; BRIOSCHI, Lucila Reis (orgs.) *Na estrada do Anhanguera*: uma visão regional da história paulista. São Paulo: Humanitas/CERU, 1999. p. 36.

> à industrialização. Quando o café começa a penetrar no Oeste paulista, são justamente estas famílias de produtores de açúcar que iriam investir cada vez mais no novo produto agrícola de exportação. Por ocasião da partilha de alguns engenhos, após o falecimento do proprietário, surpreendemos alguns filhos ocupando quinhões da propriedade paterna não mais com lavouras de cana-de-açúcar, mas sim com talhões de café ainda jovens.[27]

Exemplarmente, no centro-oeste paulista, a chegada desses empreendimentos marcou a paisagem, ficando sob o silêncio do discurso mitológico bandeirantista e de seus defendidos atributos capazes de interiorizar e civilizar as terras ditas desconhecidas e selvagens. Para isso, os trilhos de trem serviram de ação prática na integração territorial, fazendo chegar uma população ávida por terras e oportunidades, mesmo que isso significasse usar de violência para atingir seus propósitos. A vida rural ainda estaria em torno das cidades, que mesmo permanecendo como centro político-administrativo, organizando e dominando o mundo rural, mas com transformações que alterariam essa relação, no momento em que essas áreas se urbanizam:

> devido ao desenvolvimento cada vez maior da tecnologia, a cidade se liberou do meio rural no que toca à produção em geral e se tornou produtora por excelência, reorganizando o trabalho agrário através da máquinas, impondo ao keio rural seu gênero de vida e sua estratificação social de base econômica; a cidade pode então crescer demograficamente de maneira por assim dizer ilimitada, pois seu abastecimento depende antes de mais nada do desenvolvimento tecnológico.[28]

Para isso e confiantes nesse destino traçado, instituições médicas e órgãos de saúde pública organizados em São Paulo assumiram parte desse desafio erradicando algumas moléstias, higienizando e diagnosticando, na medida do

27 BACELLAR, Carlos de Almeida Prado. Desbravando os sertões paulistas, séculos XVI a XIX. *História (Dossiê: História da Colonização em Terras Paulistas: Dinâmicas e Transformações (Séculos XVI a XX),* vol.39, Assis/Franca, 2020. p. 12

28 QUEIRÓZ, Maria Isaura Pereira. *Cultura, sociedade rural, sociedade urbana no Brasil.* São Paulo: LTC/EDUSP, 1978. p. 48.

possível, os ambientes insalubres, considerando-se peça da engrenagem para a modernização do estado. Mas a realidade parecia ser um pouco mais complexa e conflituosa. Primeiramente, havia uma dicotomia entre o interior e a capital, entre pequenos centros rurais e cidades mais populosas. Analisando os elementos que erigiram os novos emblemas de cunho liberal-agrário-exportador, inspirados na transição do trabalho escravo para o trabalho livre na economia cafeeira, Sérgio Buarque de Holanda focalizou dois movimentos nas mudanças que vinham ocorrendo: um que tendia a alargar a ação das comunidades urbanas e outro que restringia a influência dos centros rurais, reduzidos, ao fim e ao cabo, a simples fontes abastecedoras, a *colônias* das cidades.[29]

Na mesma direção, havia uma flagrante oposição "entre *os grandes fazendeiros*, moradores dos principais centros urbanos (São Paulo, Santos e Campinas), de um lado, e *a lavoura*, proprietários de terra, habitantes do interior, e cognominados de sertão de outro".[30] Por essa hipótese, fundava-se um conflito sistemático entre esses grupos, prevalecendo os interesses do primeiro sobre as reivindicações do segundo, com um elemento cuja regularidade na Primeira República patenteava a escolha feita: a ausência sistemática de uma política de crédito que livrasse a lavoura [...] do despotismo dos oligopsônios comerciais.[31] Na prática, o poder estadual centralista dominava todas as esferas que compunham e organizavam os municípios, usando as medidas legais necessárias para conter poderes locais que não estivessem de acordo com as políticas implementadas e a administração de seus expoentes. O governador podia anular atos municipais que avocasse a sua esfera de poder, cassar deliberações ou posturas municipais que entendesse contrárias às leis do Estado ou da nação ou reputasse "prejudiciais" aos interesses de seus cidadãos. Para tanto, pautava-se em favores políticos trocados em momentos de eleição ou dissensões partidárias, indo do âmbito municipal ao nacional, caso estivesse no poder federal.

---

29 HOLANDA, Sérgio Buarque de. *Raízes do Brasil.* 26ª ed. São Paulo: Companhia das Letras, 1996. p. 173.

30 PERISSINOTTO, Renato M. "Classes dominantes, Estado e os conflitos políticos na Primeira República em São Paulo: sugestões para pensar a década de 1920". In: LORENZO, Helena Carvalho de; COSTA, Wilma Peres da (Org.). *A década de 1920 e as origens do Brasil Moderno*. São Paulo: Unesp/Fapesp, 1997. p. 45.

31 **Ibidem. p.** 49.

O "fazendeiro de café, que governava o país, não se mantinha no poder pela força militar, mas se 'eternizava' no governo graças a uma máquina eleitoral que se estendia por todo o país, mergulhando suas raízes na terra". O estado paulista situava-se numa pirâmide cujos poderes se distribuíam pelo "Presidente da República, vindo abaixo o Partido Republicano Paulista [...] e, na base do arcabouço, o 'coronel' e sua família, parentes e dependentes".[32] A precariedade em que viviam os municípios e a maneira que o estado encontrou para angariar apoio demonstram que a constituição municipal foi erigida sobre uma mescla de liberalismo e coronelismo.

Paralelamente, estabelecia-se o jogo de equilíbrio que o governo estadual deveria manter entre os chefes municipais e o poder central, adotando para com aqueles a conduta de deixar que se entredevorassem para depois apoiar o vencedor, o mais forte; para com este, o princípio do apoio constante. Se não o fizesse, corria o risco de ver o governo central dar mão forte à oposição de seu Estado, podendo derrotá-lo.[33] Nesse sentido, era substancial a criação dos municípios, onde se exercitaria o fenômeno do *coronelismo*:

> [...] em nada beneficiando os municípios, a não ser pelas mãos do chefe político local, delineando o mecanismo dos proveitos recíprocos pelo qual se perpetuava no poder: os detentores do mando estadual tinham votos garantidos pelo "coronel" que, em troca, via assegurada a sua supremacia no município – que, por sua vez, só através dele se beneficiava dos recursos dos cofres estaduais.[34]

Já os órgãos de saúde pública organizados em São Paulo no final século XIX estenderam-se por grande parte do interior do Estado, erradicando parte das moléstias, higienizando e diagnosticando, na medida do possível, os ambientes insalubres, mas considerando alcançados os seus objetivos maiores.[35]

---

32 TELAROLLI, Rodolpho. *Poder local na República Velha*. São Paulo: Nacional, 1977. (Coleção Brasiliana, 364). p. 33.

33 QUEIRÓZ, Maria Isaura Pereira de. *O mandonismo local na vida política brasileira e outros ensaios*. São Paulo: Alfa-Omega, 1976. p. 125.

34 TELAROLLI, 1977. Op.cit. p. 15.

35 Acompanhar discussão em: MOTA, André; MARINHO, Maria Gabriela S.M.C. (orgs.) *Práticas médicas e de saúde nos municípios paulistas*: a história e suas interfaces. Coleção Medicina, Saúde & História. São Paulo: EdUFABC, 2013.

A avaliação positiva decorria do nível tecnológico do projeto médico-sanitário – formação de médicos e especialistas, padrão da aparelhagem, pesquisas e estudos – e do que se considerava a natureza de todo esse processo: a própria origem de São Paulo.

Com essa deferência, todas as doenças deveriam ser expurgadas. E mais ainda, aquele Jeca Tatu de *Urupês* e *Velha praga* – representante do caboclo interiorano, promíscuo nos hábitos, sem possibilidade de se integrar ao mundo civilizado – seria vencido. Afinal, relembrando Monteiro Lobato, "o Jeca não é assim, está assim". Nas fotografias dos compêndios de ensino médico e das revistas paulistas especializadas, a imagem do doente ainda estava diretamente ligada à sua condição de abandono. O tipo social retratado vinculava-se à ideia de pobreza e vulnerabilidade, aos riscos de insalubridade e submoradia.

Maria Alice Rosa Ribeiro desenvolveu relevantes estudos em torno dessa conexão interior-capital flagrando o movimento de saneamento dos interiores paulistas, mescla de sertão e civilização, com o Código Sanitário Rural de 1917 impactando a vida dessas áreas pouco devassadas pelas necessidades das fazendas e das pequenas localidades, quando existiam. Junto a isso, a figura do caboclo que desaparecia, do caipira que passaria ser vergonha civilizatória, suprimido na imagem do Jeca Tatu recuperado, o paulista sertanejo e bandeirante: "o caipira, o caboclo sumiu... apagou-se. Nada dele valia a pena ser mantido, a preguiça não combinava com o trabalho disciplinado, a rotina não se ajusta à modernização e à máquina agrícola. No lugar do caipira, nasceu o trabalhador".[36]

Diante desses impasses e transformações de ordem política, social e, nesse caso, também médico-sanitária, a obra aqui empreendida tem o objetivo de perscrutar, pela primeira vez em conjunto com diversos autores e pesquisas, como se tomaram certas regiões paulistas que ainda traziam em si a insígnia de ser o sertão e como autoridades médicas e sanitárias se relacionaram com tais territórios e sua gente efetivando ações médico-sanitárias, o controle e combate de doenças, endemias e epidemias, mas também colaborando com o projeto de modernização que São Paulo empreendia naquele momento. Aos poucos, ficamos sabendo que até hoje alguns desses lugares ainda carregam tal expressão, mesmo que compreendida em seu devido tempo e espaço, ratificando por isso sua importância para o campo historiográfico médico e de

---

36 RIBEIRO, Maria Alice Rosa. *História sem fim... inventário da saúde pública.* São Paulo: EDUNESP, 1993. p. 211.

saúde pública, já que por ele uma nova paisagem surge em cena, com novos personagens e representações que só o sertão e o sertanejo paulistas poderiam trazer. Eis o desafio deste conjunto de estudos: olhar para as fronteiras e para os povos que chegam a território ocupado por outros povos, num pretenso vazio e desconhecido que deveria ser transposto por novas terminologias que respaldassem a sua (re) tomada em nome do progresso e da civilização. Simbologias, apagamentos e construções da São Paulo, locomotiva do Brasil. Assunto plural, por isso sempre inédito, e digno de toda a nossa atenção.

Referências

ABUD, Kátia Maria. *O sangue intimorato e as nobilíssimas tradições:* a construção de um símbolo paulista: o bandeirante. Tese (Doutorado em História Social) - Faculdade de Filosofia, Letras e Ciências Humanas, Universidade de São Paulo, São Paulo, 1986.

ANDREAZZA, Maria Luiza. "Andanças e paranças pelos sertões da área de irradiação paulista (1500-1899)". In: *Caravelle*, Toulouse, n. 99, p. 15-34, 2012. doi: https://doi.org/10.4000/caravelle.292.

BRIOSCHI, Lucila Reis. Caminhos do ouro. In: BACELLAR, Carlos de Almeida Prado; BRIOSCHI, Lucila Reis (orgs.). *Na estrada do Anhanguera*: uma visão regional da história paulista. São Paulo: Humanitas/CERU, 1999, p. 36-54.

BACELLAR, Carlos de Almeida Prado. Desbravando os sertões paulistas, séculos XVI a XIX. In: *História (Dossiê: História da Colonização em Terras Paulistas: Dinâmicas e Transformações (Séculos XVI a XX)*, vol. 39, Assis/Franca, 2020, p. 1-17.

CANDIDO, Antonio. *Os parceiros do Rio Bonito*: estudo sobre o caipira paulista e a transformação dos seus meios de vida. 11ª edição, Rio de Janeiro: Ouro sobre azul, 2010.

CUNHA, Euclides da. *Os sertões:* campanha de Canudos. 35ª ed. Rio de Janeiro: Francisco Alves, 1991.

ELLIS JUNIOR. *Raça de gigantes:* civilização no planalto paulista. São Paulo: Helios, 1926.

FERREIRA, Antonio Celso. *A epopeia bandeirante*: letrados, instituições, invenção histórica 1870-1940. São Paulo: Ed. Unesp, 2002.

FERRETI, Danilo Zioni. "Euclides da Cunha historiador: a reinvenção do bandeirante em *Os sertões*". *Revista de História*, São Paulo, n. 160, p. 261-

284, 2009. Disponível em: <http://www.revistas.usp.br/revhistoria/article/view/19111/21174>. Acesso em: 29 maio 2020.

GLEZER, Raquel. *Chão de terra e outros ensaios sobre São Paulo*. São Paulo: Alameda, 2007.

GONÇALVES, Paulo Cesar; OLIVEIRA, Lélio Luiz de; SERRATH, Pablo Oller Mont. São Paulo e os sentidos da colonização. In: *História* (Dossiê: história da colonização em terras paulistas: dinâmicas e transformações (séculos XVI a XX), vol. 39, Assis/Franca, 2020, p. 1-42.

HOLANDA, Sérgio Buarque de. *Raízes do Brasil*. 26ª ed. São Paulo: Companhia das Letras, 1996.

LIMA, Nísia Trindade e HOCHMAN, Gilberto. "Pouca saúde, muita saúva, os males do Brasil são..." (Discurso médico sanitário e interpretação do país). In: *Ciência & Saúde Coletiva* (ABRASCO), Rio de Janeiro, vol. 5, nº 2, 2000, p. 313-331.

LIMA, Nísia Trindade. *Um sertão chamado Brasil*. 2ª ed. São Paulo: Hucitec, 2013.

LUCA, Tânia Regina. *A Revista do Brasil*: um diagnóstico para a (n)ação. São Paulo: Ed. Unesp, 1999.

MOI, Claudia. *Explorações do olhar:* ciência e arte nas fotografias da Comissão Geográfica e Geológica de São Paulo. Dissertação (Mestrado em Multimeios) – Instituto de Artes, Universidade Estadual de Campinas, Campinas, 2005.

MORAES, Antonio Carlos Robert. *Geografia histórica do Brasil*: capitalismo, território e periferia. São Paulo: AnnaBlume, 2011.

MOTA, André. *Tropeços da medicina bandeirante:* medicina paulista 1892-1920. São Paulo: Edusp, 2005.

______; MARINHO, Maria Gabriela S.M.C. (orgs.). *Práticas médicas e de saúde nos municípios paulistas*: a história e suas interfaces. Coleção Medicina, Saúde & História. São Paulo: EdUFABC, 2013.

MONTEIRO, Jonh M. *Tupis, tapuias e historiadores*: estudos de história indígena e indigenismo. Tese de Livre-Docência, Depto. de Antropologia, IFCH-Unicamp, 2001.

NAXARA, Márcia Regina C. *Estrangeiros em sua própria terra*: representações do brasileiro 1870-1920. São Paulo: Fapesp/AnnaBlume, 1998.

PERISSINOTTO, Renato Monseff. "Classes dominantes, Estado e os conflitos políticos na Primeira República em São Paulo: sugestões para pensar a década de 1920". In: LORENZO, Helena Carvalho de; COSTA, Wilma Peres da (Org.). *A década de 1920 e as origens do Brasil Moderno*. São Paulo: Unesp/Fapesp, 1997, p. 37-70.

QUEIRÓZ, Maria Isaura Pereira de. *O mandonismo local na vida política brasileira e outros ensaios*. São Paulo: Alfa-Omega, 1976.

______. *Cultura, sociedade rural, sociedade urbana no Brasil*. São Paulo: LTC/EDUSP, 1978.

EIRÓZ, Maria Isaura Pereira. "Ufanismo paulista: vicissitudes de um imaginário". *Revista USP*, São Paulo, n. 13, p. 79-87, 1992. doi: https://doi.org/10.11606/issn.2316-9036.v0i13p78-87.

RIBEIRO, Maria Alice Rosa. *História sem fim*... Inventário da Saúde Pública. São Paulo: Ed. Unesp, 1993.

SANTANA, José Carlos Barreto de. *A contribuição das ciências naturais para o consórcio da ciência e da arte em Euclides da Cunha*. Tese (Doutorado em História das Ciências) – Faculdade de Filosofia, Letras e Ciências Humanas, Universidade de São Paulo, São Paulo, 1998.

SANTOS, Luiz Antonio de Castro. "O pensamento sanitarista na Primeira República: uma ideologia de construção da nacionalidade". *Revista de Ciências Sociais*, Rio de Janeiro, v. 28, n. 2, p. 193-210, 1985. Disponível em: <http://www.bvshistoria.coc.fiocruz.br/lildbi/docsonline/antologias/eh-594.pdf>. Acesso em: 29 maio 2020.

SEVCENKO, Nicolau. *Literatura como missão:* tensões sociais e criação cultural na Primeira República. 3ª ed. São Paulo: Brasiliense, 1989.

SILVA, René Marc da Costa. "O papel da categoria sertão no processo de construção da identidade nacional: fins do século XIX e começo do século XX". *Revista de Informação Legislativa*, Brasília, v. 45, n. 177, p. 185-197, 2008. Disponível em: <https://www2.senado.leg.br/bdsf/item/id/160328>. Acesso em: 29 maio 2020.

TELAROLLI, Rodolpho. *Poder local na República Velha*. São Paulo: Nacional, 1977. (Coleção Brasiliana, 364).

1ª. Parte

Sanear os sertões, interiorizar a metrópole

"Má região": o sertão do oeste paulista

Claudio Bertolli Filho[1]

Introdução

Em São Paulo, o advento do regime republicano deu-se sob o emblema da "pátria paulista" que, segundo o que antecipou um dos seus principais propugnadores, viabilizaria que o estado encontrasse condições de "tomar parte directa nos grandes banquetes da civilisação moderna".[2] Neste curso, sob o signo do federalismo e graças aos suportes fornecidos pelos lucros da economia cafeeira, os arranjos político-administrativos orquestrados em São Paulo conferiram um caráter próprio ao estado, sobretudo no referente ao alto grau de liberdade em relação ao governo federal.

A modernização paulista deu-se inclusive na área da administração sanitária. Em 1892 foi criado o Serviço Sanitário em substituição à precária Inspetoria de Higiene e Saúde Pública provincial, instituída apenas em 1884, o que favoreceu a expansão sem precedentes do aparelhamento sanitário e do número de inspetores sanitários que, no entanto, ficaram concentrados em alguns poucos municípios considerados vitais para o bom funcionamento do

---

1 Claudio Bertolli Filho: Professor Livre-docente aposentado atuante no Programa de Pós-graduação em Comunicação da Universidade Estadual Paulista (UNESP). E-mail: cbertolli@uol.com.br.

2 SALLES, Alberto. *A patria paulista*. Campinas: Typ. da Gazeta de Campinas, 1887. p. 104.

sistema econômico cafeeiro. A atenção oferecida a estes municípios permitiu que, até o final da primeira década do século XX, algumas doenças como a varíola, a febre amarela e a febre tifoide, até pouco antes conhecida como "febres paulistas" entrassem em declínio nos principais centros urbanos, persistindo como ceifadoras de vidas nas regiões mais interioranas, onde se concentravam a maior parte dos europeus recém-chegados para trabalhar nas fazendas.

No primeiro ano do século XX, alguns intelectuais monarquistas teceram um amplo painel avaliador da primeira década republicana. No relatório centrado na questão da saúde pública, o médico Corrêa de Bittencourt, cuja reputação incluía uma série de textos publicados na Alemanha, diagnosticou que a "comédia federalista" havia instaurado "a anarquia por toda a parte", inclusive no setor da saúde que, segundo ele, viu elevar-se as taxas de mortes por doenças já então potencialmente preveníveis. Apesar das análises frequentemente enviesadas que buscavam exaltar os feitos da monarquia, o crítico alinhou situações que evidenciavam o descompasso entre a modernidade da administração estadual e o tradicionalismo das elites interioranas. Um exemplo disso foi oferecido quando, em 1896, um surto de febre amarela tomou conta de Araraquara e São Carlos, situação que fez a diretoria do Serviço Sanitário enviar para a região uma equipe de funcionários capitaneada por um inspetor sanitário. No entanto, em São Carlos, o médico que se apresentara para estabelecer a "hygiene defensiva" do município, foi recebido por um fiscal da intendência municipal que afirmou ao recém-chegado serem desnecessários os seus serviços, devendo ele regressar à capital logo que lhe aprouvesse.[3]

A multiplicação de situações como esta fez com que, no ano seguinte, o diretor do Serviço Sanitário anotasse no relatório que encaminhou ao Secretário do Interior, a quem estava subordinado, as seguintes considerações:

> São bem conhecidas as condições deploráveis da maioria das nossas cidades do interior, onde ao completo desprezo que mostram as populações pelos mais rudimentares preceitos de higiene, vêm juntar-se não raro a incúria e a indiferença como que encaram as câmaras as questões referentes à saúde pública. (...) É esse incontestavelmente o fator principal e que mais podero-

3 BITTENCOURT, Corrêa de. Saúde pública. In: *Década republicana*. 2ª ed. Brasília: Ed. da Universidade de Brasília, 1986, vol. 2. p. 334.

samente tem concorrido para o desenvolvimento das epidemias que periodicamente nos assaltam...[4]

Outro obstáculo com o qual o Serviço Sanitário se deparava era atinente à precariedade dos dados quantitativos disponíveis e, por isso, em 1896 criou a Seção de Estatística Demógrafo-Sanitária, cujo objetivo era sistematizar as informações sobre o número de nascimentos e óbitos e as causas das mortes ocorridas em todo o Estado, as quais deveriam ser encaminhadas ao órgão por todas as municipalidades. Pelo menos até 1920, algumas localidades deixavam de enviar o material solicitado e, além disso, muitos dos óbitos computados não tinham suas causas esclarecidas, assim como era grande o número de mortes não registradas, pois muitos falecimentos ocorriam longe dos núcleos urbanos e os cadáveres eram sepultados à beira dos caminhos ou simplesmente abandonados na mata. Essas situações eram corriqueiras não só em São Paulo, mas em todo o país, permitiu que um higienista do período afirmar que "o brasileiro é gente que não tem ainda conciência, povo que nem sabe de si: não possue estatisticas".[5]

Apesar dos avanços da administração paulista, o estado persistia como um território assaltado por múltiplas enfermidades, vitimando um grande contingente de estrangeiros que trabalhavam nas fazendas de café. Em resposta, um número até hoje não conhecido de imigrantes retornou à Europa ou reacomodou-se em outros países, como a Argentina e os Estados Unidos, enquanto que os que aqui permaneceram reclamavam insistentemente, fazendo que especialmente a Espanha e a Itália enviassem representantes ao Brasil para colherem depoimentos dos queixosos e buscarem solucionar os problemas junto às autoridades estaduais. Nesse processo, era comum os agentes consulares não só denunciarem as precárias condições de trabalho e de vida impostas aos colonos como também se reportarem à insalubridade do "clima dos trópicos" como causas dos agravos à saúde e dos óbitos dos europeus aqui radicados.

Para conter as críticas estrangeiras, o Serviço Sanitário sancionou uma série de dispositivos legais visando garantir melhorias nas condições de vida e de saúde dos trabalhadores rurais e criou um serviço de profilaxia do traco-

---

4 Idem. p. 276.

5 PEIXOTO, Afranio. *Elementos de hijiene*. Rio de Janeiro: Francisco Alves & Cia., 1913. p. 479.

ma, moléstia que havia se disseminado rapidamente pelas regiões cafeeiras. A reforma do Código Sanitário de 1894, ocorrida em 1917, instituiu o Código Sanitário Rural, tornando ainda mais ostensiva a ordenação oficial em relação às atividades particulares, impondo que todas as fazendas e estabelecimentos agrícolas ou industriais deveriam obedecer a "um regimento elaborado e fornecido pelo Serviço Sanitario (...) relativamente à boa execução dos preceitos hygienicos".[6] Tais obrigações implicavam no dispêndio de recursos dos patrões, incluindo drenagem de pântanos, higienização de estábulos, construção de moradias higiênicas e disponibilidade de calçados apropriados aos empregados "sempre que fôr possivel". Essas cobranças foram imediatamente criticadas pelos fazendeiros que recorreram às páginas dos jornais para declarar que os quesitos exigidos não só eram onerosos como também pouco úteis para a garantia da saúde dos colonos, sendo muitas delas transformadas em letras mortas.[7]

Esses entraves não impediram que São Paulo fosse considerado o estado mais avançado no tratamento das questões relativas à saúde pública, fazendo das intervenções sanitárias implementadas em áreas restritas do estado o modelo do higienismo que, idealisticamente, deveria ser reprisado pelas demais unidades da federação. Por isso, diante das ácidas críticas dirigidas às instituições de saúde, tornou-se regra poupar o Serviço Sanitário paulista de cobranças maiores. Em 1916, o médico carioca Miguel Pereira declarou que "fora do Rio ou de S. Paulo, capitaes mais ou menos saneadas, e de algumas outras cidades em que a previdencia superintende a hygiene, o Brasil é ainda um imenso hospital".[8] No mesmo período, o também médico Belisario Penna publicou uma série de artigos na imprensa do Rio de Janeiro, nos quais expandiu o elogio aos paulistas. Em uma de suas matérias observou:

---

6 SÃO PAULO, ESTADO. *Codigo Sanitario.* São Paulo: Typ. do Diario Official, 1918. p. 122.

7 BLOUNT, John Allen. *The public health movement in São Paulo, Brazil: a history of the Sanitary Service (1892-1918).* Tese (Doutorado em História). Graduate Scholl, Tulane University, 1971. p. 151.

8 PEREIRA, Miguel. "Discurso pronunciado por ocasião do regresso do prof. Aloysio de Castro, da Rep. Argentina, em outubro de 1916". *Revista de Medicina*, São Paulo, n. 22, vol. 3, ago., 1922. p. 6.

> Á excepção do Estado de S. Paulo, que cuida sériamente da instrucção e da saude publica, e que por isso mesmo constitue um povo á parte na communhão brasileira, e de certo modo o Rio Grande do Sul, todos os demais Estados se limitam a cuidar dessas coisas fastidiosas nas capitaes e em algumas cidades maiores, para enganar os incautos.[9]

As ponderações de Miguel Pereira e de Belisario Penna perpetuaram-se na historiografia, a qual persiste, e com razão, na ênfase do "pioneirismo"[10] e da "excepcionalidade" sanitária dos paulistas.[11] Também coube a Santos e Hochman oferecerem novas dimensões da atuação dos higienistas, colocando em evidência que a ação sanitária correspondia ao compromisso das ciências, mas que também estava articulada aos interesses econômicos, aos jogos políticos e à ordenação e uniformização de uma população culturalmente heterogênea.

O modelo sanitário paulista das duas primeiras décadas do século XX estava baseado sobretudo nas intervenções realizadas pelo Serviço Sanitário na capital estadual e nos municípios de Campinas, Santos e Ribeirão Preto, os quais se constituíam nas áreas centrais do circuito da economia cafeeira. O fato de tantos os equipamentos quanto os funcionários sanitários estarem concentrados nestas quatro cidades permitia que nestas áreas fossem coletados dados bioestatísticos mais precisos e abrangentes, fazendo os anuários estatísticos terem mais da metade de suas páginas destinadas à exposição detalhada de informações a elas concernentes. Em oposição, os municípios mais distantes da capital e que não eram avaliados como fundamentais para a produção cafeeira despertavam menos interesse da administração sanitária, dispondo de um número exíguo de profissionais da saúde, o que resultava na precariedade das informações sanitárias.

---

9 PENNA, Belisario. *Saneamento do Brasil.* Rio de Janeiro: Typ. Revista dos Tribunaes, 1918. p. 11.

10 SANTOS, Luiz A. de Castro "A reforma sanitária "pelo alto": o pioneirismo paulista no início do século XX". *Dados – revista de ciências sociais*, Rio de Janeiro, n. 3, vol. 36, 1993. p. 361-392.

11 HOCHMAN, Gilberto. *A era do saneamento.* 2ª. ed. São Paulo: Hucitec, 2013. p. 207.

A escassez de textos sobre as condições das áreas que foram preteridas pela Saúde Pública nas primeiras décadas do século XX leva este estudo a centrar seu foco no município de Bauru e no extenso território florestal que, a partir dele, se prolongava até a fronteira com Mato Grosso. Definida a área a ser visitada, adotou-se o procedimento de colocar em confronto a documentação gerada pelo Serviço Sanitário com outras fontes, oriundas da diretoria da Companhia de Estrada de Ferro Noroeste do Brasil e de alguns de seus funcionários. As discussões privilegiam os anos de 1905 e 1914 porque nestas datas higienistas do Serviço Sanitário elaboraram duas geografias médicas, que se empenhavam em complementar com análises qualitativas os lacunares registros quantitativos adotados pela instituição.

Sertão e ferrovia

Um mapa de São Paulo instruído pela ocupação florestal informa que, em 1907, 58% do território estadual era tomado por matas virgens, as quais estavam concentradas na região da Serra do Mar e, sobretudo, no chamado "noroeste", designação imprópria e que no período abrangia o centro-oeste e, a partir dele, a extensa faixa de terra que se estende do noroeste ao sudoeste bandeirante.[12]

A área florestal era assinalada nas representações cartográficas como "sertão incógnito" e "terra desconhecida", sendo invocada na documentação administrativa como "extremo sertão" ou simplesmente "sertão", termo empregado para designar um "território do vazio", no qual prevalecia os ditames da "natureza bruta", da selvageria, portanto, região marcada pela "ausência da cultura e da civilização".[13]

O desconhecido preenchido pela mata fechada contrapunha-se ao intuito de reconhecimento das potencialidades do sertão para, em nome do avanço da modernidade e do progresso, favorecer o estabelecimento de nú-

12 VICTOR, Mauro Antônio Moraes et al. *Cem anos de devastação revisitada 30 anos depois*. Brasília: Ministério do Meio Ambiente, 2005. p. 21. Apesar de a região compor o oeste geográfico paulista, esta designação era evitada para não ser confundida com o "oeste cafeeiro", uma área que se alongava de Catanduva até Campinas e de lá até Ribeirão Preto.

13 AMADO, Janaina. "Região, sertão, nação". *Estudos Históricos*, Rio de Janeiro, n. 15, vol. 8, 1995. p. 149.

cleos de colonos e, com eles, a exploração econômica. Além disso, buscava-se verificar a viabilidade de abertura de um caminho entre São Paulo e Mato Grosso, província que, após a Guerra do Paraguai, tornara-se uma fonte de receios de novas invasões estrangeiras. Por isso, em 1886, logo após ser instituída, a Comissão Geográfica e Geológica paulista recebeu a missão de avaliar a navegabilidade dos rios Itapetininga e Paranapanema e proceder ao levantamento cartográfico e geológico do sudoeste da província. Na mesma empreitada, coube ao engenheiro Theodoro Sampaio pesquisar a qualidade do solo para o cultivo de café e também o grau de periculosidade dos indígenas instalados na área. Se Sampaio declarou-se otimista em relação ao solo e ao convívio pacífico com os indígenas, o Paranapanema mostrou-se impróprio para a navegação, o que postergou a ocupação da região pelos colonizadores.[14]

Os avanços da conquista do sertão foram lentos também no noroeste paulista devido as dificuldades de navegação no trecho final do rio Tietê. Por isso, na última década do século XIX foi aberta a estrada do Taboado, que ligava o porto com o mesmo nome do rio Paraná a Rio Preto e Jaboticabal. Essa estrada boiadeira foi apreciada por Euclides da Cunha como "um picadão malgradado", mas mesmo assim "a mais importante não já de São Paulo mas do Brasil inteiro".[15]

Na abertura do século passado, os limites entre a civilização e a selva eram demarcados por uma linha irregular que tinha ao norte Rio Preto (futuro São José do Rio Preto, elevado à condição de município em 1850), no centro, Bauru (município desde 1896) e, ao sul, Campos Novos (futuro Campos Novos Paulista, município desde 1885). Das três bocas do sertão, Bauru se destacava por se localizar no centro do Estado, facilitando que dele partissem as expedições que se dirigiam para qualquer parte do "território desconhecido". Por isso, em 1905 os trilhos da Companhia Estrada de Ferro Sorocabana chegaram ao município e, alguns anos depois, um dos ramais da Companhia

14 SAMPAIO, Theodoro. "O rio Paranapanema e seus afluentes (um visão do século XIX)". In: IDEM. *São Paulo no século XIX e outros ciclos históricos*. 2ª ed. Petrópolis: Vozes, 1978. p. 107-153.

15 CUNHA, Euclides. "Ao longo de uma estrada". In: IDEM. *Contrastes e confrontos*. Rio de Janeiro: Fundação Darcy Ribeiro, 2013. p. 160.

Paulista de Estrada de Ferro. Ainda em 1905, a cidade tornou-se ponto de partida da Companhia de Estrada de Ferro Noroeste do Brasil (CEFNB) que, findo seu primeiro quinquênio de existência, assentou 465 quilômetros de trilhos e ergueu 22 estações, cumprindo com isso a missão de interligar São Paulo ao Mato Grosso. A modernidade chegava a Bauru e desse ponto almejava alcançar o sertão.

A CEFNB contratou empreiteiros que, como medida inicial, trouxeram para a região caboclos mineiros e baianos para, oficialmente, derrubar a mata e realizar o destocamento do terreno e, acobertados por um tênue sigilo, exterminar o maior número possível de caingangues – população indígena que dominava aquela parte do sertão –, utilizando revólveres e carabinas Winchester contra oponentes que dispunham para se protegerem de arcos-e-flechas, além de bordunas. Para completar a sinistra tarefa, os invasores também se serviram de métodos herdados do período colonial, ateando fogo às malocas indígenas ou deixando em suas proximidades alimentos envenenados e roupas pouco antes usadas por variolosos. Em resposta, os índios fustigavam ininterruptamente os caboclos transformados em bugreiros, fazendo um número de mortos nunca revelado pela ferrovia.

A prática do extermínio sistemático dos indígenas era compatível com a lógica adotada pela elite intelectual paulista, a qual foi apresentada "cientificamente" pelo médico Hermann von Lhering, então diretor do Museu Paulista:

> Os actuaes indios do Estado de S. Paulo não representam um elemento de trabalho e de progresso. Como tambem em outros Estados do Brazil, não se póde esperar trabalho sério e continuado dos indios civilizados e como os Caingangs selvagens são um impecilio para a colonização das regiões do sertão que habitam, parece que não ha outro meio, de que se possa lançar mão, senão o seu exterminio.[16]

Quando estavam abertos os primeiros quilômetros do caminho na floresta, chegavam os imigrantes oriundos da Espanha e de Portugal, que cumpriam as tarefas de nivelamento do terreno e de assentamento dos dormentes

16 VON LHERING, Hermann. "A anthropologia do Estado de S. Paulo". *Revista do Museu Paulista*, São Paulo, vol. VII, 1907. p. 215.

e dos trilhos. Antes de adentrarem no sertão, eles eram obrigados a assinarem um contrato no qual assumiam o compromisso de trabalharem, no mínimo, dez horas diárias durante os sete dias da semana, tendo que adquirir alimentos e equipamentos por valores exorbitantes nos barracões da própria empresa, criando com isso dívidas impossíveis de serem saldadas. Nessa condição, os ferroviários eram protegidos dos ataques indígenas por guardas armados, que também vigiavam os próprios trabalhadores para que estes não fugissem da empreitada. Só poderiam se retirar do sertão os doentes e os acidentados, os quais eram transportados para Bauru nos vagões da companhia. Aqueles que tentassem fugir, eram aprisionados por dívida e, caso conseguissem safar-se, teriam que caminhar solitariamente por centenas de quilômetros pela floresta até Bauru e, quase sempre eram trucidados pelos caingangues.

Para contribuir com o empreendimento ferroviário, ainda em 1905 a Comissão Geográfica e Geológica estadual enviou à região uma comitiva liderada pelo engenheiro João Pedro Cardoso com o objetivo de levantar informações sobre as bacias hidrográficas dos rios Feio e Aguapeí, chegando até o rio Paraná. Partindo de Bauru, não foi necessário percorrer mais do que 50 quilômetros para o grupo composto por meia centena de pessoas, inclusive soldados e bugreiros, começasse a enfrentar a resistência indígena e recorresse às armas de fogo para assassinar os caingangues. No relatório elaborado no final da incursão, foi assinalado que o "extremo sertão" dispunha de terras de "1ª qualidade", propícias para o cultivo do café, e de um "clima esplendido", oferecendo "um lado sanitário relativamente bom", apesar de comportar vastas áreas de brejos e pântanos. Mesmo assim, não foi notificado nenhum caso de febre palustre e, além dos ferimentos por flecha, foram registradas apenas duas mortes entre os expedicionários, fato atribuído à umidade característica da mata fechada.[17]

Com essas informações, o caminho ferroviário foi sendo ampliado, estabelecendo "estações fantasmas" que, no curso dos anos, transitaram de acampamentos para vilas e destas, para cidades. A "colonização pelos trilhos" permitiu a gradual conquista do sertão e já em 1908, ganhavam forma os po-

17 SÃO PAULO, ESTADO. Commissão Geographica e Geologica. Exploração dos rios Feio e Aguapehy (extremo sertão do Estado) – 1905. São Paulo: Typ. Brazil de Carlos, Gerke & Rothschild, 1906a. p. 7

voados de Lins, Penápolis, Birigui e Araçatuba.[18] O desbravamento da floresta parecia dar crédito ao que Alberto Salles havia pontificado duas décadas antes sobre a possibilidade do estado de São Paulo poder abrigar e dar trabalho para 40 milhões de pessoas.

Bauru e o sertão do Noroeste nas lentes do Serviço Sanitário

Apesar de Bauru ganhar importância como ponto de adentramento no sertão, a característica arenosa do solo municipal impediu que nele fosse implantada a cultura de café em larga escala. Além disso, em 1905 o município contava com menos de uma década de existência, dispondo de estruturas administrativas rudimentares, raros profissionais de saúde residentes na cidade e uma população que, oficialmente, não ultrapassava 600 indivíduos. A soma dessas circunstâncias fazia com que o Serviço Sanitário dispensasse pouca atenção ao município, o que ditava a precariedade dos dados quantitativos sobre a saúde da população local.

Tomando-se como referência as informações constantes no anuário demográfico referente a 1905, ficam evidentes as dificuldades de pesquisa sobre o perfil epidemiológico bauruense. Naquele ano foram computados 260 nascimentos, número superado pelo de óbitos, que atingiu 273, sendo que dentre estas mortes, 52,0% eram de crianças menores de 2 anos e apenas 12,4% de indivíduos do sexo masculino com idade entre 20 e 50 anos, isto é, o grupo no qual predominavam trabalhadores. Além disso, do total de óbitos, 82,4% foram indicados como tendo causas não especificadas, fazendo que Bauru apresentasse como principais causas de morte a ancilostomose e demais moléstias parasitárias intestinais, com 11 registros, a gripe (7 casos), o sarampão (5) e doenças do coração (4). Foi ainda anotada uma morte por malária e nenhum caso de febre amarela ou de hanseníase.[19]

Para o pesquisador atual, esses números não chamam a atenção, mas é preciso lembrar que em Bauru deveriam ser registradas as mortes ocorridas no sertão, sendo provável que muitos dos falecimentos foram ocultados devido a um

18 AZEVEDO, Fernando de. *Um trem corre para oeste.* 2ª. ed. São Paulo: Melhoramentos, 1958. p. 76-77.

19 SÃO PAULO, ESTADO. Directoria do Serviço Sanitario. Annuario Demographico – 1905. São Paulo: Typ. do Diario Official, 1906b.

pacto firmado entre a CEFNB e as autoridades locais. Esses números parecem também não ter impressionado Emílio Ribas, diretor do Serviço Sanitário. Nos relatórios que ele enviou ao Secretário do Interior, a região foi lembrada apenas uma vez, no documento referente a 1906, quando informou que havia designado um clínico para tratar dos tracomatosos, devendo o médico atuar nos municípios de Lençóis (atual Lençóis Paulista), Agudos e Bauru. Ao mesmo tempo, a cidade localizada na "boca do sertão" não constava em nenhuma das listas preparadas periodicamente sobre as localidades que recebiam vacinas antivariólicas.

Ribas tinha consciência da precariedade dos dados constantes nos anuários bioestatísticos elaborados pela instituição que dirigia. Em um dos relatórios que encaminhou ao secretário do Interior e da Justiça, o médico reclamou das atitudes dos escrivães do Registro Civil, que não encaminhavam as informações estatísticas requeridas com a devida "constância e regularidade", além de aceitarem atestados de óbito firmados por testemunhas nas localidades onde havia médicos, sugerindo que tais escrivães deveriam ser punidos com pesadas multas.[20] Além disso, Ribas defrontava-se com uma série de críticas de agentes consulares europeus que periodicamente invocavam o "clima morboso" paulista para tentar impedir a continuidade do processo migratório para o interior paulista. Nesse contexto, o inspetor sanitário Victor Godinho [21] foi designado para compor uma geografia médica estadual, empreendimento que foi reconhecido como um estudo pioneiro no contexto nacional.[22]

---

20 SÃO PAULO. Directoria do Serviço Sanitario. Relatorio apresentado ao Dr. José Cardoso de Almeida, Secretario dos Negocios do Interior e da Justiça pelo Dr. Emilio Ribas. São Paulo: Typ. do Diario Official, 1905. p. 13

21 GODINHO, Victor. "Geographia medica e climatológica do Estado de São Paulo". *Revista Medica de São Paulo*, São Paulo, n. 21, vol. 12, 1909a. p. 425-433.
___. "Geographia medica e climatológica do Estado de São Paulo". *Revista Medica de São Paulo*, São Paulo, n. 22, vol. 12, 1909b. p. 444-447.
___. "Geographia medica e climatológica do Estado de São Paulo". *Revista Medica de São Paulo*, São Paulo, n. 1, vol. 13, 1910a. p. 11-13.
___. "Geographia medica e climatológica do Estado de São Paulo". *Revista Medica de São Paulo*, São Paulo, n. 3, vol. 13, 1910b. p. 41-43.

22 LACAZ, Carlos da Silva. "Conceituação, atualidade e interesse do tema – súmula histórica". In: IDEM; BARUZZI, R. G.; SIQUEIRA JR., W. *Introdução à geografia médica do Brasil*. São Paulo: Edgard Blücher; Ed. da Universidade de São Paulo, 1972. p. 14.

Em suas anotações, Godinho reiterou a fragilidade das informações constantes nos anuários do Serviço Sanitário e prometeu oferecer informações mais completas e precisas, inclusive porque se definia como um "hygienista etinerante" e que, por isso, registraria suas "impressões pessoaes". No entanto, o médico decepciona o leitor, porque sua intenção principal foi reafirmar a perfectibilidade paulista. Além disso, ele fugiu do padrão de composição da geografia médica imperante na Europa que tinha como modelo o texto assinado por Emile Laurent, talvez porque esse médico afirmara que "São Paulo não é salubre".[23]

Insistindo a cada instante que o estado desfrutava de "um clima saluberrimo e de salubridade notoria que lhe é garantida por um serviço de hygyene bem organizado e fartamente aparelhado",[24] o médico procedeu à inversão da metodologia empregada pela geografia médica estrangeira, adotando como crivo central de análise as doenças e não o espaço geográfico onde as patologias se pronunciavam. Com isso ele arquitetou um texto que deixa o leitor indeciso sobre onde e com qual intensidade as moléstias ocorriam, fazendo isso provavelmente para inibir que os municípios que se sentissem mais vulneráveis às doenças buscassem participar das decisões monopolizadas pelo Serviço Sanitário. Além disso, ao limitar-se ao enfoque apenas de um restrito número de doenças, empenhou-se em anunciar que nenhuma delas constituía-se em um grave problema de saúde pública.

No enredo da geografia médica de Godinho, Bauru mereceu destaque apenas uma única vez, quando registrou a existência da úlcera de Bauru (leishmaniose tegumentar) – patologia não constante dos anuários demográficos – enfatizando sua dimensão estritamente local:

> Sob a denominação de ulcera de Baurú foi ultimamente reconhecida, clinica e bacteriologicamente, a presença entre nós do Botão do Oriente. A molestia tem por emquanto e felizmente um caracter muito regional e afecta uma zona muito pouco extensa: – os municípios de Bauru e S. Manuel.[25]

---

23 LAURENT, Emile. *Géographie médicale*. Paris: A. Maloine, 1905. p.770.

24 GODINHO, 1910b. Op.cit. p. 43.

25 Idem. p. 43.

Segundo Godinho, no contexto estadual apenas quatro enfermidades apresentavam-se disseminadas por todo o território paulista e mereciam atenção especial do Serviço Sanitário: a ancilostomose, o tracoma, entendido como moléstia veiculada pelo mosquito pólvora, a malária, minimizada em números e para a qual indicava como profilaxia específica o quinino e, finalmente, a tuberculose, patologia que considerava como típica dos "países civilizados". A ideia básica que instruiu esta geografia médica já estava traçada em suas páginas iniciais: as condições naturais e a ação sanitária garantiam a "salubridade geral" da Pátria Paulista, o que lhe assegurava "um brilhante porvir na Communhão Brasileira".[26]

Quase uma década depois, em 1914, Bauru já contava com uma população estimada em 10 mil indivíduos, persistindo como "boca do sertão", mesmo que de maneira mais amainada, competindo com o rótulo de "chão de passagem", pois se tornara ponto de repouso para os colonos que se dirigiam para as cidades, vilas e fazendas que brotavam às margens da rota ferroviária que conduzia ao Mato Grosso. O anuário estatístico-sanitário referente àquele ano informa que em Bauru haviam nascido 1010 crianças e falecido 642 pessoas, sendo que 53,8 % dos óbitos referiam-se a menores de 2 anos de idade e 20% a indivíduos com idade entre 20 e 50 anos. Mesmo que já contasse com um hospital e vários clínicos particulares, a taxa de óbitos sem causa específica era de 53,5%, porcentagem próxima à de outros municípios interioranos, com exceção de Campinas e Ribeirão Preto. Apesar da permanência de lacunas, o anuário estatístico do Serviço Sanitário apontou como principais causas de mortes no município a malária, com 13 casos, sarampão (que frequentemente encobria casos de febre tifoide), câncer e infecções purulentas, com 8 casos cada, e ainda difteria, com 5 mortes.[27]

Nesse mesmo período, o governo paulista mostrou-se ainda mais indignado com as críticas recentes desferidas por um delegado do Conselho Superior de Imigração da Espanha que, enviado ao Brasil, concluiu que o elevado número de mortes de seus compatriotas radicados no interior de São Paulo eram causado pela pneumonia, explicando o fenômeno como fruto da temperatura

26 GODINHO, 1909a. Op.cit. p. 429.

27 SÃO PAULO, ESTADO. Directoria do Serviço Sanitario. Annuario Demographico - 1914. São Paulo: Typ. do Diario Official, 1915.

elevada e da oscilação do termômetro de até 30°C. em um mesmo dia. Buscando responder à denúncia, o Serviço Sanitário encomendou a composição de uma nova geografia médica, a qual foi preparada por dois funcionários da Seção de Estatística Demógrafo-Sanitária.[28]

Apesar de baseada exclusivamente nos registros oferecidos pelo anuário estatístico do Serviço Sanitário referente a 1914, essa geografia médica é considerada superior ao estudo assinado por Godinho, certamente porque seus autores buscaram relacionar os óbitos às condições climáticas e, em alguns casos, à pobreza, à falta de educação higiênica e às deficiências do aparelhamento sanitário.[29] No entanto, o texto mostrou-se contraditório pois, após rejeitar as acusações do delegado espanhol e insistir que o clima predominante no Planalto Paulista era "ameno de zona temperada", esclareceu que doenças como tuberculose, malária, reumatismo e peste ocorriam inclusive devido as altas temperaturas e as variações térmicas que caracterizavam a maior parte do território paulista.

Ainda buscando responder às críticas internacionais sobre o clima e a salubridade paulista, os dois agentes do Serviço Sanitário recorreram aos argumentos invocados pelo higienista Afranio Peixoto que, desde 1908, analisava as relações entre clima e saúde, defendendo que o clima brasileiro era "bom" e que o rótulo "doenças tropicais" era um engodo científico. Em um livro que alinha vários de seus textos antigos, Peixoto ponderou que a maior parte das moléstias aqui vigentes não eram autóctones, mas sim introduzidas pelos europeus, situação que teria se agravado a partir das últimas décadas do século XIX, quando chegaram grandes levas de trabalhadores estrangeiros.[30] A partir disso, sutilmente os médicos do Serviço Sanitário acabaram por atribuir aos próprios imigrantes as doenças que os atormentavam, alegando que eles introduziram em São Paulo "afecções até então desconhecidas entre nós".

Ao voltarem suas atenções para a ocupação das áreas florestais, assim os dois médicos-geógrafos buscaram explicar as causas das doenças que nelas imperavam:

---

28 SEABRA, Campos.; SILVEIRA, Xavier da. "Geographia medica do estado de S. Paulo". *Annaes do Primeiro Congresso Medico Paulista*. São Paulo: Secção de Obras d'O Estado, 1917, vol. III. p. 235-287.

29 PESSOA, Samuel Barnsley. *Ensaios médico-sociais*. 2ª ed., São Paulo: Hucitec, 1978. p. 117.

30 PEIXOTO, Afranio. *Clima e saúde*: introdução bio-geografica à civilização brasileira. São Paulo: Companhia Editora Nacional, 1938. p. 160.

> O desbravamento dos nossos sertões approximou o homem dos fócos palustres arredados; as condições impostas pelo trabalho reaccenderam o typho, a variola, a dysenteria, a febre amarela, a lepra e o tetano; a miseria e o vicio recrudesceram a syphilis, o alcoolismo, a tuberculose e a psychopathia.
> A febre do progresso dilatou a hereditariedade morbida: a lucta pela vida trouxe a depressão das forças organicas; o esplendor do ouro augmentou a receptividade morbida.[31]

No decorrer do estudo, existem várias referências a Bauru e ao sertão do noroeste, nomeando outras patologias imperantes na região: ancilostomose, difteria, gripe, reumatismo, cólera, febre tifoide, malária, câncer e úlcera de bauru. Sobre esta última, os autores teceram um comentário não muito diferente daquele feito por Godinho, com o acréscimo que a enfermidade não era contagiosa.[32]

No final, para os dois higienistas havia apenas três patologias infecciosas que deveriam preocupar o Serviço Sanitário: a febre tifoide, a malária e a tuberculose, apesar de registrarem que casos de câncer, hanseníase, sífilis, gripe e disenteria endêmica estavam em franca ascensão no território paulista. No relatório de 1914 do diretor substituto do Serviço Sanitário, Guilherme Álvaro, Bauru foi mencionado uma única vez ao ser registrado o aumento do número de atingidos pela úlcera de bauru que, juntamente com outras doenças, como a disenteria, a febre tifoide, o tracoma e a hanseníase foram considerados, "problemas sanitarios que estão reclamando solução urgente nas zonas rurais, crescendo de anno para anno o alastramento desses males evitaveis". Apesar dessa anotação, Álvaro silenciou sobre a existência de alguma ação ter sido tomada pelo órgão que dirigia em relação a essas enfermidades.[33]

---

31 SEABRA, Campos; SILVEIRA, Xavier da. "Geographia medica do estado de S. Paulo". *Annaes do Primeiro Congresso Medico Paulista*. São Paulo: Secção de Obras d'O Estado", 1917, vol. III. p. 240.

32 Idem. p. 248.

33 SÃO PAULO, ESTADO. Directoria Geral do Serviço Sanitario. Relatorio de 1914 apresentado ao Exmo. Sr. Dr. Secretario do Interior Dr. Guilherme Álvaro. São Paulo: Typ. do Diario Official, 1917. p. 4.

Da "selva selvaggia" à "terra da promissão"

Para além da frieza e imprecisão dos números e da avareza de palavras ofertadas pelo Serviço Sanitário, o sertão invadido pela estrada de ferro alimentou uma sequência de pronunciamentos de personagens ligados diretamente ao desbravamento da hinterlândia e a construção da CEFNB. Esses indivíduos ofereceram preciosas informações sobre as condições de trabalho, os medos e as enfermidades que se abatiam sobre os técnicos e também sobre os trabalhadores braçais da companhia ferroviária.

O que era designado como "terror dos selvagens" contava com cenas apavorantes, além da destruição de acampamentos dos trabalhadores, das estações ferroviárias "fantasmas" fincadas no meio da mata, e das linhas telegráficas, logo depois que elas eram estabelecidas. Em 1914, no curso de uma palestra realizada no Clube de Engenharia do Rio de Janeiro, Machado de Mello, profissional que comandou o assentamento dos trilhos da CEFNB no estado de São Paulo, referiu-se a um chocante episódio ocorrido em 1907. Na estação de Legru, distante 200 quilômetros de Bauru, ele deparou-se com um trem que trazia o cadáver de cinco funcionários que tiveram suas cabeças decepadas pelos indígenas. Dentre os presentes à cena estava um grupo de mais de 300 trabalhadores que pouco antes havia chegado do Rio de Janeiro para atuar na ferrovia e, ao verem os troncos sem cabeça, "desistiram todos e nem um só seguio para o trabalho.[34]

Além da ameaça representada pelos ataques caingangues, o que mais impressionava os trabalhadores eram as condições ambientais e as enfermidades que os acometiam. O curso da ferrovia teve que ser alterado várias vezes para que os trabalhos fossem realizados à alguma distância das áreas tomadas pela malária, tentando-se com isso reduzir o número de operários mortos pela enfermidade. Outro engenheiro contratado pela companhia confidenciou que, no decorrer dos trabalhos na mata, todos se sentiam como doentes cardíacos e que também eram importunados por abelhas e pequenos mosquitos que tentavam introduzir-se nos olhos, no nariz, nas orelhas e nos cabelos. Fatos como estes contribuíram para que, até 1909, ocorressem pelo menos 1.600 mortes entre os

34 MELLO, Joaquim Machado de. *A noroeste do Brasil:* conferência realizada no Club de Engenharia a 5 de dezembro de 1914. Rio de Janeiro: Club de Engenharia, 1915. p. 30.

operários, sendo impossível precisar o número de enfermos que se tornaram inúteis para o trabalho, assim como as dimensões da mortandade que dizimou a comunidade indígena daquela parte do estado.[35]

Os trabalhadores diziam que a maleita "dava até em trilhos" e, além da malária, os operários também eram assolados por inúmeras outras moléstias, especialmente a assustadora úlcera brava ou "úlcera de bauru". Somente em 1909 essa patologia foi elucidada conjuntamente por pesquisadores dos institutos Pasteur e Bacteriológico como sendo leishmaniose tegumentar, patologia que se acreditava até então inexistente no território brasileiro.

Ao relatar o balanço dos primeiros cinco anos de atividade da CEFNB, João T. Soares, presidente da companhia, foi tomado por um raro espírito de sinceridade e, quebrando os protocolos, referiu-se às condições de vida dos trabalhadores contratados pela empresa. Qualificando o sertão como "má região", ele buscou explicar os motivos para a suposta lentidão do avanço ferroviário, sem contudo esclarecer o número de funcionários que tinham falecido ou sido incapacitados para o trabalho.

> Do lado de S. Paulo, as febres de máo caracter se desenvolveram com tamanha intensidade, que, apezar de organizado o serviço prophilatico e hospitalar, victimou um grande numero de operarios e empreiteiros, creando e espalhando uma tal impressão de pavor contra a região que impedia o recrutamento de novas turmas para substituir as inutilizadas. Os indios, de seu lado, atacando por diversas vezes o pessoal e fazendo correrias, morticínios e incêndios, muito concorreram para agravar a má impressão conservada pelas moléstias.[36]

Ainda em 1908, para solucionar parte das dificuldades na realização das atividades, a empresa tomou duas medidas. A primeira delas deveu-se não só

35 CASTRO, Maria Inês Malta. *O preço do progresso: a construção da Estrada de Ferro Noroeste do Brasil (1905-1914).* Tese (Doutorado em História). Instituto de Filosofia e Ciências Humanas, Universidade de Campinas, 1993. p. 183-184.

36 COMPANHIA DE ESTRADA DE FERRO NOROESTE DO BRASIL (CEFNB). Relatorio da Directoria apresentada á Assembléa Geral Ordinaria realizada em 20 de outubro de 1910. Rio de Janeiro: Papelaria União, 1910. p. 6.

ao número de mortes entre os trabalhadores, mas também devido a ação de organizações de trabalhadores sediadas em São Paulo que orientavam os imigrantes recém-chegados a não assinarem o contrato de trabalho imposto pelos empreiteiros da CEFNB. Devido à escassez da mão-de-obra, a empresa ferroviária selou um acordo com a polícia paulista, o qual viabilizou que sucessivos contingentes de presidiários fossem enviados a Bauru e de lá para trabalhar no sertão como empregados da ferrovia, circunstância que fez a floresta do noroeste paulista ser batizada de "Sibéria brasileira".

A segunda decisão tomada foi resultante da negativa do Serviço Sanitário em instalar um posto de combate à malária na boca do sertão bauruense. Em consequência, a companhia ferroviária contratou Arthur Neiva, higienista do então Instituto de Manguinhos, que já acumulava experiência em trabalhar no sertão ao chefiar a expedição que se tornou referência como desbravadora científica do interior do país,[37] para ocupar a chefia do serviço de profilaxia contra o impaludismo financiado pela CEFNB. Neiva permaneceu apenas dez meses na região, retornando a ela somente em 1920, motivo que o incentivou a redigir um texto sobre a sua experiência como médico da estrada de ferro:

> Á custa de todos os artificios, os empreiteiros tinham acumulado milheiros de trabalhadores que luctavam furiosamente contra a compacta floresta que cobria a região, e que tombavam, ora victmados pela malaria, ora pelo guarantan[38] dos índios caingangues, quando não era corroidos pela ulcera de Baurú. Abandonar o serviço, impossível; "quem entra no inferno não sae", ouvi muitas vezes repetido pelos míseros operários. A estrada cuidadosamente cortava a retirada.[39]

37 NEIVA, Arthur; PENNA, Belisario. "Viagem cientifica pelo norte da Bahia, sudoeste de Pernambuco, sul do Piauhi e de norte a sul de Goiaz". *Memorias do Instituto Oswaldo Cruz*, Rio de Janeiro, tomo VIII, fasc. III, 1916. p. 74-224. (ed. fac-similar: Brasília: Senado Federal, 1999).

38 Porrete feito da madeira extraída da árvore do mesmo nome.

39 NEIVA, Arhur. *Daqui e de longe...*: crônicas nacionais e de viagem. São Paulo: Melhoramentos, 1927. p. 127.

Algumas páginas avante, o médico complementou o quadro que se deparou em 1908, somando ao que já expusera sobre a violência entre os colonos, na verdade grileiros, que semearam o sertão de fazendas destinadas ao cultivo de café, cana-de-açúcar e arroz:

> Hontem, ainda o bugre, o impaulismo e a leishmaniose dominavam. Os mais ousados e que cahiam sem vida, iam estivando o caminho para as novas ondas de gente. Sobreveiu, depois, a lucta entre os proprietários de terra, resolvida, muita vez, pelo argumento decisivo: o art. 44 da Constituição Winchester.[40]

Apesar de breve, a atuação de Neiva junto à empresa ferroviária fez com que ela revisse algumas de suas ações. Pouco tempo após o higienista retirar-se de Bauru, a CEFNB substitui os hospitais de campo, simples barracas onde eram abrigados os doentes em estado mais grave, por dois hospitais, um localizado em Itapura, às margens do rio Paraná e outro, bem mais amplo, em Bauru, quando patrocinou a criação do Hospital da Santa Casa de Misericórdia que, nos primeiros anos de atividade, atendia exclusivamente os funcionários da ferrovia.

No rápido regresso de Neiva à região, o "sertão do noroeste" já havia se metamorfoseado na "zona da Noroeste", indicando não só a preeminência da ferrovia nas decisões locais, mas também que os indígenas já haviam sido "pacificados", palavra pérfida que ocultava o fato de os massacres perpetrados pelos bugreiros terem chegado ao fim devido a destruição da maior parte da população autóctone. Entusiasticamente, Neiva proclamou que a região aflorava como um dos maiores celeiros do país e que era a "terra da promissão" (em 1923 um município localizado à beira dos trilhos receberia esse nome). Para ele, "o que era 'selva selvaggia' em 12 annos se transmutou em fazendas, povoações, villas e cidades modernas".[41] O sertão indevassável, assustador e mortal começava a deixar de existir.

40 Idem. p. 130.

41 Idem, Ibidem. p. 136.

Considerações finais

Em termos da história da saúde, o estudo do sertão expõe a fragilidade da atuação do Serviço Sanitário paulista nas primeiras décadas do século XX e aconselha o pesquisador a dar mais crédito à análise de Miguel Pereira, que restringiu sua avaliação sanitária à capital paulista, como uma área "mais ou menos" saneada, do que às declarações de Belisario Penna, que, precipitadamente, estendeu o mesmo julgamento a todo o território bandeirante. A ausência de dados bioestatísticos minimamente confiáveis sobre as áreas interioranas ainda alimenta a enganosa ideia de que a economia cafeeira gerou riquezas suficientes para elevar o padrão de vida e garantir as condições de saúde dos trabalhadores aqui radicados.

No referente à história das cidades localizadas no território que há pouco mais de um século era denominado de "extremo sertão" e, na sequência, "sertão do noroeste" o desvelar das condições que permitiram que a floresta fosse devastada implica numa possível releitura das histórias locais. Isto porque a maioria dos textos que versam sobre o passado, encantam-se com o caráter pioneiro, identificando os conquistadores modernos com os bandeirantes do passado. Nessa cirurgia, os medos, a doença e a morte dos colonos e, principalmente, o extermínio dos caingangues são experiências praticamente excluídas de um pretérito que se quer puro, acolhedor e generoso.

Referências

AMADO, Janaina. "Região, sertão, nação". *Estudos Históricos*, Rio de Janeiro, n° 15, vol. 8, 1995, p. 145-151.

AZEVEDO, Fernando de. *Um trem corre para oeste.* 2ª. ed. São Paulo: Melhoramentos, 1958.

BITTENCOURT, Corrêa de. Saúde pública. In: *Década republicana.* 2ª ed. Brasília: Ed. da Universidade de Brasília, 1986, vol. 2, p. 187-306.

BLOUNT, John Allen. *The public health movement in São Paulo, Brazil*: a history of the Sanitary Service (1892-1918). Tese (Doutorado em História). Graduate Scholl, Tulane University, 1971.

CASTRO, Maria Inês Malta. *O preço do progresso*: a construção da Estrada de Ferro Noroeste do Brasil (1905-1914). Tese (Doutorado em História). Instituto de Filosofia e Ciências Humanas, Universidade de Campinas, 1993.

COMPANHIA DE ESTRADA DE FERRO NOROESTE DO BRASIL (CEFNB). *Relatorio da Directoria apresentada á Assembléa Geral Ordinaria realizada em 20 de outubro de 1910*. Rio de Janeiro: Papelaria União, 1910.

CUNHA, Euclides. "Ao longo de uma estrada". In: *Idem*. *Contrastes e confrontos*. Rio de Janeiro: Fundação Darcy Ribeiro, 2013, p. 159-166.

GODINHO, Victor. "Geographia medica e climatológica do Estado de São Paulo". *Revista Medica de São Paulo*, São Paulo, nº 21, vol. 12, 1909a, p. 425-433.

______. "Geographia medica e climatológica do Estado de São Paulo". *Revista Medica de São Paulo*, São Paulo, nº 22, vol. 12, 1909b, p. 444-447.

______. "Geographia medica e climatológica do Estado de São Paulo". *Revista Medica de São Paulo*, São Paulo, nº 1, vol. 13, 1910a, p. 11-13.

______. "Geographia medica e climatológica do Estado de São Paulo". *Revista Medica de São Paulo*, São Paulo, nº 3, vol. 13, 1910b, p. 41-43.

HOCHMAN, Gilberto. *A era do saneamento*. 2ª. ed. São Paulo: Hucitec, 2013.

LACAZ, Carlos da Silva. "Conceituação, atualidade e interesse do tema – súmula histórica". In: IDEM; BARUZZI, R. G.; SIQUEIRA JR., W. *Introdução à geografia médica do Brasil*. São Paulo: Edgard Blücher; Ed. da Universidade de São Paulo, 1972, p. 1-22.

LAURENT, Emile. *Géographie médicale*. Paris: A. Maloine, 1905.

MELLO, Joaquim Machado de. *A noroeste do Brasil: conferência realizada no Club de Engenharia a 5 de dezembro de 1914*. Rio de Janeiro: Club de Engenharia, 1915.

NEIVA, Arhur. *Daqui e de longe...*: crônicas nacionais e de viagem. São Paulo: Melhoramentos, 1927.

______; PENNA, Belisario. "Viagem cientifica pelo norte da Bahia, sudoeste de Pernambuco, sul do Piauhi e de norte a sul de Goiaz". *Memorias do Instituto Oswaldo Cruz*, Rio de Janeiro, tomo VIII, fasc. III, 1916, p. 74-224. (ed. fac-similar: Brasília: Senado Federal, 1999).

PEIXOTO, Afranio. *Clima e saúde*: introdução bio-geografica à civilização brasileira. São Paulo: Companhia Editora Nacional, 1938.

______. *Elementos de hijiene*. Rio de Janeiro: Francisco Alves & Cia., 1913.

PENNA, Belisario. *Saneamento do Brasil.* Rio de Janeiro: Typ. Revista dos Tribunaes, 1918.

PEREIRA, Miguel. "Discurso pronunciado por ocasião do regresso do prof. Aloysio de Castro, da Rep. Argentina, em outubro de 1916". *Revista de Medicina*, São Paulo, nº 22, vol. 3, agos. 1922, p. 3-7.

PESSOA, Samuel Barnsley. *Ensaios médico-sociais.* 2ª ed., São Paulo: Hucitec, 1978.

SALLES, Alberto. *A patria paulista.* Campinas: Typ. da Gazeta de Campinas, 1887.

SAMPAIO, Theodoro. "O rio Paranapanema e seus afluentes (um visão do século XIX)". In: *IDEM. São Paulo no século XIX e outros ciclos históricos.* 2ª ed. Petrópolis: Vozes, 1978, p. 107-153.

SANTOS, Luiz A. de Castro "A reforma sanitária "pelo alto": o pioneirismo paulista no início do século XX". *Dados – revista de ciências sociais,* Rio de Janeiro, nº 3, vol. 36, 1993, p. 361-392.

SÃO PAULO, ESTADO. *Codigo Sanitario.* São Paulo: Typ. do Diario Official, 1918.

______. Commissão Geographica e Geologica. *Exploração dos rios Feio e Aguapehy (extremo sertão do Estado) – 1905.* São Paulo: Typ. Brazil de Carlos, Gerke & Rothschild, 1906a.

______. Directoria do Serviço Sanitario. *Annuario Demographico – 1905.* São Paulo: Typ. do Diario Official, 1906b.

______. Directoria do Serviço Sanitario. *Annuario Demographico – 1914.* São Paulo: Typ. do Diario Official, 1915.

______. Directoria do Serviço Sanitario. *Relatorio apresentado ao Dr. José Cardoso de Almeida, Secretario dos Negocios do Interior e da Justiça pelo Dr. Emilio Ribas.* São Paulo: Typ. do Diario Official, 1905.

______. Directoria Geral do Serviço Sanitario. *Relatorio de 1914 apresentado ao Exmo. Sr. Dr. Secretario do Interior Dr. Guilherme Álvaro.* São Paulo: Typ. do Diario Official, 1917.

SEABRA, Campos.; SILVEIRA, Xavier da. "Geographia medica do estado de S. Paulo". *Annaes do Primeiro Congresso Medico Paulista.* São Paulo: Secção de Obras d'"O Estado", 1917, vol. III, p. 235-287.

VICTOR, Mauro Antônio Moraes et al. *Cem anos de devastação revisitada 30 anos depois*. Brasília: Ministério do Meio Ambiente, 2005.

VON LHERING, Hermann. "A anthropologia do Estado de S. Paulo". *Revista do Museu Paulista*, São Paulo, vol. VII, 1907, p. 202-257.

A medicina nos sertões do Brasil: O encontro de Samuel Pessoa com os médicos de Goiás

Gilberto Hochman[1]

Tamara R. Vieira[2]

Introdução

Em 1969, o médico parasitologista Samuel Barnsley Pessoa (1898-1976), Professor Emérito da Faculdade de Medicina da USP, recebeu o título de *Honoris Causa* da Universidade Federal de Goiás. Na cerimônia de outorga, quem o saudou em nome da universidade foi Joffre Marcondes de Rezende[3] (1921-2015), um dos expoentes da medicina em Goiás e responsável por uma das mais importantes contribuições ao conhecimento clínico da doença de Chagas. Para além dos protocolares homenagens e elogios mútuos, a saudação e o discurso de agradecimento[4] confluem para ressaltar a importância do ensino e pesquisa na busca da solução para as endemias que assolavam o interior do Brasil, em particular o Estado de Goiás. Celebrado como "grande mestre da parasitologia brasileira" Samuel Pessoa formara gerações de médicos por meio

---

1 Pesquisador do Programa de Pós-Graduação de História das Ciências e da Saúde, COC/FIOCRUZ.

2 Pesquisadora do Programa de Pós-Graduação em História das Ciências e da Saúde, COC/FIOCRUZ.

3 REZENDE, Joffre M. *Vertentes da Medicina*. São Paulo: Giordano, 2001.

4 Os agradecimentos de Pessoa foram publicados em Pessoa (1978. p. 304-309).

de suas aulas, conferências, livros, artigos e de seu manual de parasitologia médica adotado em todas as escolas de medicina por mais de três décadas.[5] Teve uma carreira exitosa como professor e cientista, reconhecida nacional e internacionalmente. Na UFG ele passara alguns meses em 1967 apoiando a criação do Instituto de Patologia Tropical, cuja unidade de ensino ganhou o seu nome. Publicou artigos na *Revista Goiana de Medicina* e manteve relações de amizade e trabalho com médicos e professores dedicados aos temas das parasitoses animais e da doença de Chagas.

A homenagem a Samuel Pessoa pelos professores goianos ocorreu em um momento político dramático. O endurecimento do regime militar com a decretação Ato Institucional n.5 em 13 de dezembro de 1968 e uma onda de demissões e aposentadorias compulsórias de professores e cientistas em inúmeras universidades públicas e institutos de pesquisa. Parte dos atingidos nos expurgos de 1969 tinham sido alunos, discípulos e assistentes de Samuel Pessoa na FMUSP. O próprio Samuel Pessoa depusera em inquéritos policiais militares em 1964.[6] A elite médica goiana celebrava no ano de 1969 um notável médico, parasitologista e professor e, também, um notório comunista na presença de convidados que eram representantes dos governos federal, estadual e municipal, e do Exército. O que os reunia em festa foi a comemoração de uma linhagem médica e intelectual de ensino, pesquisa e luta contra as doenças dos sertões cujo expoente era Pessoa. E também foi, certamente, um ato de desagravo ao grande mestre. Mesmo com posições políticas distintas, a aproximação entre estes personagens não é fortuita. Seus caminhos se cruzam em vários momentos ao longo das décadas de 1950 e 1960, período em que se desenvolveu o processo de institucionalização da medicina goiana, que culminará na criação da Faculdade de Medicina de Goiás em 1960.

Esse encontro entre o parasitologista comunista e os médicos goianos, ou na expressão de Vieira os "médicos do sertão",[7] enseja uma reflexão sobre

5 PESSOA, Samuel Barnsley. *Parasitologia Médica*. São Paulo, Editora Renascença, 1946.

6 HOCHMAN, Gilberto. Vigiar e, depois de 1964, punir: sobre Samuel Pessoa e o Departamento Vermelho da USP. *Ciência e Cultura*, v. 66, 2014. p. 26-31.

7 VIEIRA, Tamara R; LIMA, Nísia Trindade. Uma vitrine para os médicos do sertão: a Revista Goiana de Medicina e a doença de Chagas em Goiás (1955-1962). *Revista Brasileira de História*, v. 37, 2017. p. 163-186.

os pontos de contato e as diferenças na concepção de sertões de médicos brasileiros e da própria conformação dos espaços da medicina na segunda metade do século XX. Os sertões de Samuel Pessoa, marcados pelas endemias rurais e pelo abandono da vida do homem do interior, também são os sertões dos médicos de Goiás. Mas apesar da similaridade no diagnóstico acerca do que seriam os principais problemas das regiões assim consideradas, suas estratégias para superação deste quadro caminhavam por vias distintas. Neste sentido, nosso objetivo é demonstrar como a jornada destes médicos pelo interior do país reaviva as cores do sertão doente e desassistido de Belisário Penna e Arthur Neiva do início do século XX. Além disso, evidencia as diferenças contidas nas soluções desenhadas para combatê-lo e traz à luz uma outra perspectiva possível de compreensão destes mesmos sertões a partir da trajetória profissional exitosa do grupo médico goiano. Por outo lado, os sertões também foram os caminhos definidos para a constituição de espaços profissionais e da educação médica para os quais convergiram personagens tão distintos.

O sertão de Samuel Pessoa: endemias rurais, reforma agrária e socialismo

Samuel Barnsley Pessoa, formou-se em medicina em 1921, foi bolsista da Fundação Rockefeller e trabalhou nos serviços sanitários rurais de São Paulo até se tornar catedrático de Parasitologia Médica na Faculdade de Medicina da USP (FMUSP) em 1931. Foi diretor estadual de saúde de São Paulo entre 1942-43, o único cargo na administração da saúde que ocupou. Ao se aposentar em 1955 tornou-se Professor Emérito da FMUSP e passou a atuar no Nordeste e Centro-Oeste em novas escolas de medicina e em campanhas contra endemias rurais. A institucionalização da parasitologia médica nas novas escolas de medicina foi um dos objetivos de sua vida profissional. Depois do golpe civil-militar de 1964 e da demissão e exílio de vários colegas e colaboradores da FMUSP, passou a pesquisar no Instituto Butantã e dar aulas e palestras em diferentes universidades no sul e centro-oeste do país. Como pesquisador e educador, direta ou indiretamente, formou várias gerações de médicos e sanitaristas em quase todas as regiões do país. Desse modo, Samuel Pessoa foi, certamente, o mais influente parasitologista brasileiro da segunda metade do século XX.

Seu vínculo com o PCB, iniciado nos anos 1940, foi mantido depois da ilegalidade do partido em 1947, das revelações dos crimes de Stálin pelo Relatório Kruschev de 1956 e de sua admiração pela China Popular. Pessoa buscava combinar o ensino, a pesquisa e o combate às doenças parasitárias das populações rurais com uma interpretação sobre suas origens e determinantes econômicos e sociais. Não apenas como reflexão intelectual, mas, também, como projeto político que se expressaria na luta contra o latifúndio, pela reforma agrária e pelo socialismo. Nas décadas de 1940 e 1950 reverberou em seus escritos as teses do Partido Comunista sobre a questão agrária e a luta anti-imperialista e acompanhou as mudanças de orientação do partido no final dos anos 1950. Pela legenda do PCB Pessoa foi candidato, não eleito, a Assembleia Constituinte de 1946 e, com a ilegalidade e mesmo preso algumas vezes, continuou mantendo ativa militância como dirigente dos movimentos pela paz e contra as armas nucleares e como articulista da imprensa popular. Participou da polêmica Comissão Científica Internacional que viajou à China Popular e à Coreia do Norte e, assinou, com os demais membros da comissão, um relatório acusando os EUA e aliados de utilizarem armas biológicas na Guerra da Coreia que foi divulgado em Beijing em agosto de 1952.[8] Este episódio, um dos mais dramáticos da Guerra Fria, lhe rendeu aplausos do internacionalismo comunista e perseguição e desconfiança dos setores conservadores do *establishment* médico, dos governos brasileiro e estadunidense, das agências de fomento nacionais e internacionais e da grande imprensa. Foi detido várias vezes ao longo da vida, a última em 1975. Retornou à China em 1958 e encantou-se com a mobilização popular nas grandes campanhas sanitárias lideradas por Mao Zedong contra a esquistossomose japônica.[9]

Com o final do Estado Novo e a democratização do país, a chamada "cultura política comunista" permeava a universidade e os circuitos artísticos

8 HOCHMAN, Gilberto. Vigiar e, depois de 1964, punir: sobre Samuel Pessoa e o Departamento Vermelho da USP. *Ciência e Cultura*, v. 66. 2017. p. 26-31; HOCHMAN, Gilberto; PAIVA, Carlos Henrique Assunção. Parasitology and Communism: Public Health and Politics in Samuel Barnsley Pessoa's Brazil. In: BIRN, Anne-Emanuelle; NECOCHEA, Raúl (orgs.). *The Pheripheral Nerve*. Health and Medicine in Cold War Latin America. Durham: Duke University Press, 2020. p. 132-157.

9 PESSOA, Samuel Barnsley. *Ensaios Médico-Sociais*. São Paulo: Cebes-Hucitec, 1978 (originalmente 1960 pela Editora Guanabara Koogan).

e intelectuais brasileiros e era amplificada pelo papel da União Soviética na guerra e as promessas de igualdade e, também, pela legalidade, ainda que curta, do PCB.[10] Mesmo quando não vinculados à parasitologia, muitos alunos de medicina e professores tinham em Pessoa uma liderança científica, intelectual e política. A ideia de uma medicina voltada para a solução dos problemas do Brasil rural era atraente para estudantes de medicina e jovens médicos que estavam imersos nas lutas políticas na experiência democrática brasileira (1946-64). O mestre da parasitologia médica atrairia para seu laboratório e para suas aulas e palestras alunos interessados em parasitologia, medicina tropical e nos problemas médico-sociais brasileiros. Pessoa se filiava a tradição de médicos reformadores que reconheciam as determinações sociais e econômicas do caráter endêmico de doenças rurais e apostavam no ativismo do poder público acusado de ausente no *hinterland*. Contudo divergia sobre os caminhos e objetivos das reformas mesmo quando alguns desses predecessores, como Belisário Penna, também denunciavam o latifúndio.[11] As razões de seus sertões eram outras. O poder público continua sendo o alvo das críticas pelo abandono das populações rurais, todavia reformas sanitárias não bastariam. Seria preciso transformar a sociedade.

O envolvimento de Samuel Pessoa com "os sertões" inicia-se ainda na escola de medicina, em 1920 e percorreria toda a sua vida. No Instituto de Higiene, financiado pela Comissão Sanitária Internacional da Fundação Rockefeller, Samuel Pessoa teve contato com dois importantes parasitologistas estadunidenses: Samuel Taylor Darling e Wilson Smillie. Como bolsista da Fundação, trabalhou com ambos e publicou com Smillie artigos sobre temas centrais da agenda central da filantropia estadunidense na América Latina e Caribe nas décadas de 1910 e 1920: inquéritos sobre ancilostomose, diagnóstico, ações profiláticas e testes terapêuticos, em particular com o uso do

---

10 MOTTA, Rodrigo Sá Patto; NAPOLITANO, Marco; CZAJKA, Rodrigo (orgs). *Comunistas Brasileiros*: cultura política e produção cultural. Belo Horizonte: Editora UFMG, 2013.

11 HOCHMAN, Gilberto. *A Era do Saneamento*. As bases das políticas de saúde pública no Brasil. São Paulo: Hucitec/Anpocs, 1998; HOCHMAN, Gilberto. Samuel Barnsley Pessoa e os determinantes sociais das endemias rurais. *Ciência e Saúde Coletiva*, v. 20, n. 2, 2015. p. 425-431.

óleo de quenopódio para a ancilostomíase.[12] Seus primeiros contatos com o interior do Brasil no início da década de 1920 foram em viagens de pesquisa e assistência ao litoral e aos sertões paulistas.[13] Além das verminoses, Pessoa desenvolveu trabalhos de campo e estudos laboratoriais sobre a malária ainda nessa década. Em 1928, com o apoio da Liga das Nações, viajou por quase dois anos para conhecer centros de pesquisa e ensino sobre malária e saúde rural na Alemanha, França e Iugoslávia. Essa agenda da saúde internacional se entrecruzava com a agenda nacional na qual despontavam as demandas pelo saneamento rural e pela reforma dos serviços sanitários desde a década de 1910.[14] Ao longo das décadas seguintes concentrou-se nas leishmanioses, na doença de Chagas e na esquistossomose. Como catedrático de parasitologia a partir de 1931 assistiu à criação do Ministério da Educação e Saúde, de novas estruturas federais na área de saúde e dos serviços nacionais e os acordos bilaterais com os EUA que criaram o Serviço Especial de Saúde Pública (SESP) durante o Primeiro Governo Vargas (1930-45).

Ainda que simpático às novas estruturas, em particular a maior atenção às endemias rurais e, mesmo entusiasta das campanhas sanitárias da administração Juscelino Kubitschek, asseverava que não seriam suficientes para a solução dos "males" do Brasil rural. O reconhecimento de que "...em geral as questões sanitárias são antes de tudo também questões sociais", fundamento da medicina social europeia, aparece em seus escritos e pronunciamentos desde os anos 1930. Seus textos da década de 1930 já expressavam a compreensão inicial sobre os espaços "doentes" do interior de São Paulo e do Brasil, do papel dos médicos na melhoria das condições de vida dos trabalhadores rurais. Neles articula sua parasitologia médica com a militância comunista que se torna pública na década de 1940. Em Samuel Pessoa seriam indissociáveis o estudo e o ensino das doenças do Brasil rural e a luta por modificar as condi-

12 PALMER, Steven. "Toward Responsibility in International Health: Death Following Treatment in Rockefeller Hookworm Campaigns, 1914–1934". *Medical History* 54, 2, 2010. p. 149-70.

13 Toda a produção científica e intelectual está listada em Pessoa (1978. p. 53-81).

14 HOCHMAN, Gilberto. *A Era do Saneamento.* As bases das políticas de saúde pública no Brasil. São Paulo: Hucitec/Anpocs, 1998; LIMA, Nísia Trindade. *Um sertão chamado Brasil:* intelectuais e representação geográfica da identidade nacional. Rio de Janeiro: Revan, Iuperj/ Ucamp, 1999.

ções de sua endemicidade. E com a expansão das escolas de medicina nos anos 1950, principalmente em Minas Gerais e no Centro-oeste e Nordeste, Pessoa defendeu que essas deveriam se dedicar ao ensino e pesquisa da nosologia local, às condições socioeconômicas regionais e às soluções necessárias para superá-las. É nessa perspectiva que os sertões de Pessoa se entrecruzaram com os sertões dos médicos goianos.

A luta pela organização dos trabalhadores rurais e pela democratização da propriedade da terra foram temas centrais da experiência democrática brasileira e foram ecoados por sua "parasitologia engajada" na expressão de Paiva.[15] A partir de meados dos anos 1950 seus textos mantêm essa compreensão, contudo aprofunda-a na direção da geografia médica sob influência do zoólogo e parasitologista soviético Yevgeny Pavlovsky e da obra do médico pernambucano Josué de Castro da qual extrai e incorpora a asserção de que, nas regiões tropicais subdesenvolvidas, a fome seria "o maior agente patogênico".[16] Também se aproximava da sociologia rural e dos estudos de comunidade que começavam a serem produzidos na USP. Em 1949, constatava que "...higienistas ou sociólogos que vem estudando nosso fenômeno rural, focalizam a necessidade de uma reforma agrária, sem a qual não será possível ... melhorar as precárias condições de existência no campo, no que concerne à alimentação, vestuário, habitação, saúde e educação".[17]

A preocupação com os sertões e, por conseguinte, com a formação dos médicos para lidar com os problemas do Brasil rural aparece mais claramente em suas aulas, palestras e conferências, seja para alunos de medicina como para professores e pesquisadores. É para essas audiências que o parasitologista amplificava suas ideias sobre educação médica e saúde rural. Em discurso de paraninfo para os formandos de 1940 da FMUSP, Samuel Pessoa explicitou pela primeira vez sua visão sobre os problemas sanitários do Brasil rural numa perspectiva crítica, e advogando a introdução da "mentalidade" da medici-

15 PAIVA, Carlos Henrique Assunção. Parasitologia engajada: ciência e ensino em Samuel Pessoa. In: HOCHMAN, Gilberto; LIMA, Nisia Trindade. (orgs.). *Médicos Intérpretes do Brasil*. São Paulo: Hucitec, 2015. p. 320-348.

16 PESSOA, Samuel Barnsley. *Ensaios Médico-Sociais*. São Paulo: Cebes-Hucitec, 1978 (originalmente 1960 pela Editora Guanabara Koogan). p. 266.

17 PESSOA, Samuel Barnsley. *Problemas Brasileiros de Higiene Rural*. São Paulo: s/ editora, 1949. p. 537.

na preventiva nas faculdades de medicina e a necessidade de "médicos rurais para o Brasil".[18] Falando aos novos doutores em medicina, filhos da elite paulista e brasileira, afirmava que "certos quadros de miséria, hão de me ficar na retina pelo resto de meus dias; são comuns para quem costuma perlustrar nossas zonas sertanejas e provam não haver exagero no que vos conto" (p. 245). E incriminava o principal responsável por estas dramáticas condições: o fazendeiro, o proprietário de terras, que "... educou e formou sua mentalidade na defesa dos produtos de sua fazenda, e no deixar ao acaso a saúde e a vida de seus operários agrícolas ...".[19] Ainda que não explicitasse a demanda por reforma agrária, as críticas ao estado sanitário do interior e a convocação para que os formandos se engajassem nos problemas brasileiros causaram mal-estar. Em pleno Estado Novo, que perseguiu comunistas e quaisquer críticos do regime, o discurso teve repercussão na imprensa e nos ciclos acadêmicos, médicos e profissionais e o catedrático ameaçado de prisão pelo interventor paulista Ademar de Barros.

O livro *Problemas Brasileiros de Higiene Rural*[20] é, certamente, aquele em que Samuel Pessoa detalhou os argumentos de seu polêmico discurso de 1940 e que explicita sua filiação ao PCB e às suas teses sobre a questão agrária.[21] Nele reafirmava os principais obstáculos para a melhoria das condições de vida no Brasil rural: o latifúndio, a concentração da terra nas mãos de poucos, as terríveis relações de trabalho no campo, quase feudais e com contratos abusivos além dos baixíssimos investimentos públicos em educação, saúde e saneamento. A mudança na estrutura agrária era uma das bandeiras dos comunistas brasileiros, o que significava desafiar as bases do poder baseado na propriedade da terra em uma sociedade predominantemente rural. A questão agrária ganhava saliência e autores e intelectuais filiados ao PCB são citados como referência, inclusive o secretário-geral do partido Luís Carlos Prestes.[22]

18 PESSOA, Samuel Barnsley, 1978. Op.cit.

19 Idem. p. 242.

20 PESSOA, Samuel Barnsley, 1949. Op.cit.

21 Publicado em 1949, o livro foi escrito na sequência do *Parasitologia Médica* (1946) e sob a legalidade do PCB que perdurou até 1947.

22 PESSOA, Samuel Barnsley, 1949. Op.cit. p. 536.

O latifúndio, em particular no Nordeste, era "o grande mal"[23] e, para Pessoa, os dados mostrariam que em áreas que prevalecia a pequena propriedade havia melhores condições de saúde e alimentação. Neste livro, compartilhava com inúmeros médicos e economistas a perspectiva que animou os intelectuais desenvolvimentistas na década seguinte: "... a solução das questões sanitárias repousa na solução dos problemas econômicos ...".[24]

As mudanças de orientação do PCB na direção da luta democrática tiveram impactos sobre Pessoa. Já aposentado da cátedra desde 1955 passa a ver com melhores olhos os programas de combate às endemias rurais que se consubstanciaram no Departamento Nacional de Endemias Rurais (DNERu) criado por Kubitschek em 1956. O desenvolvimento econômico estava na agenda nacional e, potencialmente, seria o caminho para a melhoria de vida das populações do Brasil rural. Pessoa dedicou parte substancial de seu tempo a criação de cadeiras de parasitologia médica e medicina tropical em novas escolas de medicina e em trabalho de campo, particularmente no Nordeste. Participou diretamente, por exemplo, de ações contra a esquistossomose no Nordeste e dedicaria seu livro *Ensaios Médicos-Sociais*[25] a Mario Pinotti, primeiro diretor do DNERu e Ministro da Saúde de JK (1958-60).

Às vésperas do golpe civil-militar de 1964, as palestras e textos de Pessoa sobre a "realidade médico-social" ecoavam a luta por reformas estruturais e as tensões e resistências a elas, em especial a reforma agrária, em um contexto marcado por uma nova fase da Guerra Fria na América Latina aguçada pela Revolução Cubana e pelas iniciativas estadunidenses como a Aliança para o Progresso. Os sertões de Samuel Pessoa foram crescentemente emoldurados pela Geografia Médica que reconhecia as condições sociais, ambientais e econômicas do caráter endêmico das enfermidades. Todavia esses sertões, uma representação da identidade nacional para muitos autores, agora é também conformado pelas tensões internacionais. Três semanas antes do golpe de 1964, Samuel Pessoa fez uma conferência na tradicional Faculdade de Medicina da Bahia sobre a Geografia Médica do Nordeste brasileiro. Nela ex-

23 Idem. p. 42.

24 Idem. p. 539.

25 PESSOA, Samuel Barnsley, 1978. Op.cit.

pressou de modo mais claro e radical seu entendimento sobre as relações entre economia, sociedade, política e saúde:

> Na Geografia Médica do Nordeste a patologia se encaixa na conjuntura socioeconômica da Região: os grandes latifúndios aí existentes determinando a miséria, a ignorância, o subdesenvolvimento e criando as bases propícias à ação do clima e de outros fatores geográficos sobre a patologia regional.[26]

O golpe civil-militar cancelou a experiência democrática brasileira e reprimiu na primeira hora aqueles que advogavam por melhores condições de vida no campo e reformas estruturais. Os alunos, assistentes e associados de Samuel Pessoa na FMUSP foram demitidos, presos e exilados ainda em 1964.[27] Samuel Pessoa, desgostoso e em protesto, se afastou definitivamente na Faculdade de Medicina e abrigou-se no Instituto Butantã. Continuou dando palestras e ministrando disciplinas de parasitologia médica em diversas escolas médicas do país até seu falecimento em 1976.

O sertão dos médicos goianos: institucionalização, patologias regionais e assistência médica rural

As origens do processo de institucionalização da medicina goiana se confundem com a consolidação de Goiânia como nova capital de Goiás entre 1937, ano em que a mudança se efetivou concretamente, e 1942, quando aconteceu o 'batismo cultural' da cidade oficializando sua inauguração. Atraindo inicialmente médicos recém-formados que apostaram nas perspectivas profissionais abertas com a nova cidade, ao chegarem se depararam com um quadro sanitário que não era dos mais favoráveis para uma capital construída a partir de um plano diretor que objetivava modernidade e higidez. Ao iniciarem suas atividades em Goiânia, estes médicos não contavam inicialmente com nenhum órgão oficial que os agregasse, o que só viria a ocorrer em 1950 no âmbito dos Congressos Médicos do Triângulo Mineiro e Brasil Central.

---

26 Idem. p. 225-226.

27 HOCHMAN, Gilberto. Vigiar e, depois de 1964, punir: sobre Samuel Pessoa e o Departamento Vermelho da USP. *Ciência e Cultura*, v. 66, 2014. p. 26-31.

Os Congressos Médicos do Triângulo Mineiro (mais tarde agregando a esta denominação 'Brasil Central'), que começaram em 1947 por iniciativa da Sociedade de Medicina e Cirurgia de Uberaba, aos poucos foram se conformando como um dos principais canais de expressão destes "médicos do sertão" e espaço para a divulgação de suas pesquisas. A princípio tímidos conclaves de âmbito regional, logo chegariam a agregar centenas de participantes provenientes não apenas do interior, mas também dos grandes centros como Rio de Janeiro e São Paulo. Nestes eventos, os médicos do interior tinham a oportunidade de apresentar seus trabalhos e chamar a atenção para os problemas mais comuns nas regiões onde atuavam. Respaldados pela possibilidade de "ver com os próprios olhos" a gravidade com que grassavam certas doenças, alertavam os representantes do governo – cada vez mais assíduos nestas ocasiões. Os goianos marcaram presença nestes eventos desde suas primeiras edições.[28] Em uma destas, realizada em Uberaba em 1950, teria nascido a ideia de tornar Goiânia a sede da edição seguinte. A organização de um congresso deste porte demandou dos goianos o seu arranjo em torno de uma associação – compromisso que foi firmado na assembleia geral constituída ao final daquele certame.

Assim, da ideia de um pequeno grupo de goianos que participou do Congresso Médico do Triângulo Mineiro em Uberaba, e da vontade de trazer para Goiás uma de suas edições, originou-se a Associação Médica de Goiás (AMG). Reunindo inicialmente um pequeno número de médicos, aos poucos a entidade foi ultrapassando fronteiras e estendendo seus braços pelo interior do Estado, agregando cada vez maior número de sócios. Com este movimento, a associação garantia sua legitimidade ao mesmo tempo em que promovia a circulação do conhecimento médico entre os colegas residentes na capital e aqueles que atuavam em cidades menores e longínquas. Através de convites para palestras e cursos, os goianos atraíram médicos de renome e estreitaram seus laços de colaboração. Cientes dos problemas sanitários da região, se engajaram na resolução dos mesmos de braços dados com o governo local,

---

28 VIEIRA, Tamara R. Dos "sertões da farinha podre" para todo o Brasil: Os congressos médicos regionais e a institucionalização da medicina em Goiás (1947-1960). *Varia Historia*, v. 31. p. 479-510, 2015a.

do qual receberam apoio.[29] Entre os principais problemas estavam o bócio, a hanseníase e a doença de Chagas – esta última um dos mais graves da região, como fica evidente na fala do médico Isaac Barreto Ribeiro no VII Congresso Médico do Brasil Central e Triângulo Mineiro:[30]

> (...) Ao fazermos esta comunicação sobre a doença de Chagas na Colônia Agrícola Nacional de Goiás, assunto para nós de tão grande importância, apresentamos nossas escusas aos colegas e professores presentes a este magno certame – o VII Congresso Médico do Triângulo Mineiro e Brasil Central – pelas faltas na exposição deste tema livre, que representa apenas o esforço de um médico sertanejo que vive em pleno coração do Brasil, numa região afastada dos grandes centros de cultura e que, há 5 anos de sua formatura, tem, pela primeira vez, a oportunidade de assistir a um congresso médico. A vontade de expor a conduta seguida neste drama íntimo desenrolado em nossa alma, diante de tamanha calamidade, essa vontade venceu o complexo de inferioridade do profissional anônimo que labuta no interior da nossa pátria, fazendo-o apresentar esta comunicação, apesar dos modestos recursos, próprios do meio em que vive (...).[31]

A doença de Chagas era uma das que mais despertava o interesse, tanto entre os clínicos do interior como entre seus pares atuantes em regiões de maior prestígio no país e o governo. Por ser uma enfermidade que acometia principalmente indivíduos adultos em plena idade produtiva, chamavam a

29 VIEIRA, Tamara R. "A união faz a força": a Associação Médica de Goiás e os desafios da medicina no sertão (1950-1960). In: MAGALHÃES, Sônia Maria de; SILVA, Leicy Francisca da; MACIEL, Roseli Martins Tristão. (orgs.). *Histórias de doenças*: percepções, conhecimentos e práticas. São Paulo: Alameda, 2018. p. 363-384.

30 Originário da Bahia, onde nasceu em 1924, Ribeiro se formou em 1948 pela Faculdade de Medicina de Minas Gerais, em Belo Horizonte. Depois de formado decidiu atuar no interior do Brasil. Passou por algumas cidades goianas até fixar-se em Ceres, uma colônia agrícola projetada pelo governo de Getúlio Vargas, onde permaneceu clinicando em seu centro cirúrgico entre 1949 e 1955.

31 RIBEIRO, Isaac Barreto. Doença de Chagas na Colônia Agrícola Nacional de Goiás. *Revista Goiana de Medicina*, vol.1, nº 02, out-dez, 1955. p. 83.

atenção seus elevados índices de prevalência no Brasil Central. Com dados advindos exclusivamente da pesquisa clínica, os médicos do interior evidenciaram um panorama bastante crítico da saúde na região em função desta doença. Munidos destes dados, provenientes da grande quantidade de pacientes que recebiam em seus consultórios, chegaram a conclusões originais a respeito da possibilidade de uma nova forma clínica para a enfermidade chagásica – a forma digestiva.[32] Para respaldar seu trabalho, buscaram o auxílio de centros munidos de melhores recursos para realização de exames laboratoriais confiáveis e para obter a comprovação anatomopatológica.[33] A trajetória de Samuel Pessoa se entrecruza com a dos médicos goianos exatamente em função das pesquisas relacionadas à doença de Chagas e seu papel na formação dos médicos nas novas escolas de medicina.

Na edição anterior ao congresso acima mencionado, que aconteceu em 1951, Pessoa recebeu do presidente da Associação Médica de Goiás o diploma de sócio honorário da instituição e na edição de 1958 deste evento, que aconteceu em Goiânia, integrou uma mesa redonda sobre a doença de Chagas[34] – tema de alguns dos artigos que publicou na Revista Goiana de Medicina até o final da década de 1960. Demandada principalmente por aqueles que se interessavam por esta doença, a Revista Goiana de Medicina fez parte de uma estratégia mais ampla dos goianos de levar para seu estado uma instituição de ensino superior. Entre seus articulistas estavam José Lima Pedreira de Freitas, Magarinos Torres e o próprio Samuel Pessoa, embora a maior parte das colaborações fosse mesmo de médicos atuantes no interior do país. A prioridade conferida à enfermida-

32 VIEIRA, Tamara R. Um médico sem fronteiras: a trajetória de Joffre Marcondes de Rezende e a definição de uma nova forma clínica da doença de Chagas. *História Revista*, v. 20, 2015b. p. 188-229.

33 Os colegas de Ribeirão Preto seriam, ao longo do percurso que envolveu a confirmação das suspeitas dos clínicos e a aceitação pela comunidade médica mais ampla da nova forma da doença, seus principais colaboradores (Vieira, 2015b).

34 Os demais membros da mesa redonda foram Carlos Chagas Filho (professor titular da cadeira de biofísica da Faculdade Nacional de Medicina), Emmanuel Dias, Pedreira de Freitas, Fritz Koeberle (chefe do Departamento de Patologia da Faculdade de Medicina de Ribeirão Preto), Zilton Andrade (Patologista do Hospital das Clínicas da Faculdade de Medicina da Universidade da Bahia) e dos médicos goianos Omar Carneiro e Joffre Rezende.

de chagásica em sua linha editorial se deve à originalidade do conhecimento que produziam a respeito: resultado do acesso facilitado aos enfermos e do intenso intercâmbio com outros médicos e cientistas, nacionais e estrangeiros, interessados nas patologias tropicais. O sucesso do empreendimento goiano culminou na efetivação do projeto de instalação da Faculdade de Medicina de Goiás, cujo objetivo principal era formar profissionais para atuar no interior do Brasil.[35] De acordo com os dados apresentados em 1956 no I Congresso Médico da Associação Médica Brasileira pelo médico Francisco Ludovico de Almeida Neto, primeiro diretor da Faculdade, 74 dos 126 municípios goianos naquela época não possuíam um só médico, calculando-se em cerca de 700.000 habitantes a população sem assistência.[36] Na ocasião, Almeida Neto estava à frente do projeto de instalação da escola médica goiana e apresentou o trabalho "Ensino Médico e Assistência Médica Rural", que versava sobre o projeto da faculdade goiana. Segundo ele, embora muito se falasse de assistência médica rural, pouco havia sido feito com vias a debelar o problema regional da saúde do homem do interior. Entre as questões que deveriam ser consideradas estavam o desinteresse dos médicos pelas zonas rurais e o papel importante que a faculdade de medicina desempenharia neste cenário, formando profissionais voltados para os problemas típicos de sua região. De acordo com Almeida Neto, o desinteresse dos médicos pelo interior seria justificável:

> (...) Quem conhece a vida de uma cidade do interior do Brasil, sabe que a rotina consome todo aquele que ali se fixa e as condições de existência de sua população, estão muito aquém daquelas a que nos acostumamos durante a nossa formação profissional, vivendo em centros de maiores recursos. A carência de luz elétrica, de água canalizada e de ambiente hospitalar e mesmo a falta de uma vida social mais intensa, são condições que amedrontam os moços acostumados ao asfalto. Por outro lado, também a ideia de isolamento e da rotina faz, com justa

35 VIEIRA, Tamara R; LIMA, Nísia Trindade. Uma vitrine para os médicos do sertão: a Revista Goiana de Medicina e a doença de Chagas em Goiás (1955-1962). *Revista Brasileira de História*, v. 37, 2017. p. 163-186.

36 ALMEIDA NETO, Francisco Ludovico. Relatório: Ensino Médico e Assistência Médica Rural. *Revista Goiana de Medicina*, 03 (1), 1957. p. 33.

> razão, que o recém-saído da Escola, cheio de planos para o futuro, não se sinta encorajado para enfrentar regiões inóspitas. Pode alguém condenar os médicos por pensarem e agirem dessa maneira, esquivando-se do interior? Achamos que não. Mas, por sua vez, podemos nos conformar com esse estado de coisas e deixar perdurar o completo desprezo pela saúde do homem rural? Não (...).[37]

O trecho acima chama a atenção e convida a uma reflexão a respeito do significado da jornada do grupo de médicos que esteve envolvido no processo de institucionalização da medicina no estado entre os anos 1930 e 1960. Se a precariedade da assistência médica em Goiás, no período considerado, pode ser atribuída ao desinteresse dos profissionais pelo interior, seja pelas dificuldades de adaptação (ou readaptação) à vida nestas regiões e de manutenção do conhecimento atualizado em função do alto grau de isolamento, a trajetória dos médicos goianos desafia essa interpretação. Afinal, como reiterar que os sertões goianos estivessem, em plena década de 1950, ainda associados ao isolamento, ao espírito de rotina, ao abandono, à pobreza e às doenças, quadro denunciado por Arthur Neiva e Belisário Penna no início do século XX? O cenário descrito acima por Almeida Neto simplesmente parece não corresponder à realidade quando identificamos um grupo médico pujante, atualizado, conectado nacional e internacionalmente e em contínuo movimento desde a década de 1930. Afinal, que sertão é esse?

Diante do êxito do percurso intelectual e profissional do grupo médico goiano, a compreensão histórica acerca destes sertões se modifica, se complexifica. Fica praticamente impossível pensá-los como espaço no qual predominam o atraso e o isolamento, cuja realidade inibiria qualquer tipo de iniciativa mais arrojada e inovadora. No entanto, o desejo de constituir na região uma escola médica, cujo objetivo mais amplo seria a formação de profissionais voltados para os problemas locais, moveu este grupo para além de suas fronteiras geográficas. No fundo, os sertões doentes e abandonados continuavam constituindo aquele cenário. No entanto, se a situação sanitária na região era complexa, tendo em vista as doenças que mais grassavam e a parca assistência médica oferecida, é interessante perceber

37 ALMEIDA NETO, Francisco Ludovico. *A Faculdade de Medicina de Goiás*. Goiânia: Cegraf UFG, 2001. p. 34-35.

como este grupo foi capaz de se articular e se projetar publicamente, não a despeito das condições que os cercavam, mas justamente por conta destas condições.[38] O enfrentamento de problemas como malária, bócio, leishmaniose e doença de Chagas, por exemplo, que atingiam não apenas os goianos, mas muitos brasileiros, chamava a atenção em um contexto no qual as endemias rurais eram percebidas como óbices ao desenvolvimento nacional.[39] Se aos olhos de Samuel Pessoa a solução para este quadro de doenças e para a precariedade das condições de vida do interior escapava ao alcance da medicina e demandava ações mais estruturais, aos olhos dos goianos a solução estava principalmente na formação de mais médicos.

No âmbito da Faculdade de Medicina de Goiás, fundada em 1960, os goianos deram continuidade às pesquisas que até então haviam conduzido dentro de seus consultórios e clínicas. O interesse específico pelas doenças acima mencionadas transformou alguns de seus setores em centros de referência reconhecidos internacionalmente, como foi o caso do Instituto de Patologia Tropical, fundado em 1965. Samuel Pessoa foi um dos médicos que colaborou com os goianos nestes primeiros anos da faculdade. Aposentado da cátedra de Parasitologia da Faculdade de Medicina de São Paulo desde 1955, Pessoa passou uma temporada de dois meses em Goiânia em 1967 contribuindo com sua experiência para aprimorar o trabalho que vinha sendo desenvolvido neste instituto. Mais tarde, como sinalizado na introdução deste capítulo, seria homenageado com o título de Professor *Honoris Causa* da Universidade Federal de Goiás.

Dirigindo-se aos estudantes, na conferência de agradecimento pelo título que lhe fora concedido, finalizou com as seguintes palavras: "que, na vida prática e no exercício da profissão escolhida, procurem sempre estudar e combater as causas de nosso atraso e de nosso subdesenvolvimento e trabalhar para que num futuro não muito remoto a justiça social seja uma realidade para o sofrido povo brasileiro".[40] O homenageado atualizava seu discurso aos formandos da FMUSP de 1940. Naquele ano clamara por médicos ru-

38 VIEIRA, Tamara R. Médicos para o interior, endemias rurais e desenvolvimento: o projeto da Faculdade de Medicina de Goiás em foco. *História Unisinos*, v. 19, 2015c. p. 256-267.

39 HOCHMAN, Gilberto. "O Brasil não é só doença": o programa de saúde pública de Juscelino Kubitschek. *História, Ciências, Saúde – Manguinhos*, vol. 16 (suplemento 01), 2009. p. 313-331.

40 PESSOA, Samuel Barnsley, 1978. Op.cit. p. 309.

rais que se debruçassem sobre os problemas do interior do Brasil. Em 1969, igualmente em um contexto autoritário, Pessoa reafirmava sua visão sobre o papel transformador dos médicos na tradição da medicina social. Nesse sentido, compartilhava com sua plateia a centralidade da educação médica voltada para o contexto sanitário local. Expressava essa demanda frente a um grupo de médicos envolvidos com a criação de uma faculdade no Brasil Central e que havia contornado uma realidade que parecia insuperável a qualquer um que se aventurasse a praticar a medicina pelos sertões do país. Reenquadraram desse modo essa categoria já clássica do pensamento social brasileiro ainda que a realidade do povo sertanejo seguisse difícil e próxima do diagnóstico feito por Neiva e Penna no início do século XX.[41] Mesmo abraçando soluções diferentes para os "males do Brasil" o clamor de Pessoa se realizara, em parte, com os "médicos do sertão" de Goiás.

Considerações Finais

O encontro de Samuel Pessoa com os médicos de Goiás é carregado de significado e nos leva a refletir sobre a aspereza dos caminhos por eles trilhados em busca de seus ideais. De um lado, um médico politicamente engajado, que direcionou suas atividades de pesquisa e investiu seu tempo para demonstrar que os problemas do Brasil eram muito mais profundos do que as doenças e a insalubridade que atingiam a maioria da população no país podiam sinalizar. A transformação social que ele almejava não dependia apenas de maior investimento em saúde, mas de uma revolução social e política. A mensagem de Pessoa reverberou de um modo específico entre os médicos goianos, cuja trajetória também implicou na superação de uma realidade difícil, inclusive para aqueles que desejavam empreender em meio aos sertões. Embora também estivessem preocupados com o cenário nosológico da região onde atuavam, particularmente com as endemias que os assolavam – entre as mais graves a doença de Chagas – julgavam que a saída para superá-lo estava na formação de mais médicos. Mas não apenas isso.

O objetivo que norteava o projeto de fundação da Faculdade de Medicina de Goiás passava pela necessidade de formar médicos comprometidos com

41 LIMA, Nísia Trindade. *Um sertão chamado Brasil:* intelectuais e representação geográfica da identidade nacional. Rio de Janeiro: Revan, Iuperj/ Ucam, 1999.

os problemas locais. Mesmo que o impacto desta iniciativa pareça estar muito aquém do que vislumbrava Pessoa, ela se coaduna integralmente com seu propósito de reforma social na medida em que tinha como foco melhorar as condições de vida daqueles que padeciam nos rincões do Brasil. É neste sentido que consideramos que a voz de Samuel Pessoa ecoa Brasil adentro. E o reconhecimento da importância de seu trabalho por parte dos médicos goianos, que o tomavam como exemplo a ser seguido, fica evidente ao final do discurso proferido por Rezende por ocasião da outorga do título de Doutor Honoris Causa a Pessoa. Mesmo tratando-se de um delicado contexto político, no qual a ditadura endurecia e as perseguições políticas aumentavam, os médicos goianos não deixaram de se identificar com a linhagem simbolizada por Samuel Pessoa:

> Possui o Prof. Samuel Pessoa o dom quase divino de fertilizar as inteligências, de contagiar as vontades, de despertar vocações, o que faz de si um verdadeiro Mestre. [...]
> Toda a sua obra acha-se impregnada de um conteúdo social e humano, pois, ao mesmo tempo em que realiza a pesquisa pura, jamais perde de vista o trágico significado para o nosso povo e para o nosso país, das endemias que assolam o interior do Brasil. [...]
> Prof. Samuel Pessoa, se de alguma coisa podeis ser acusado é de amar a verdade, amar a ciência e o trabalho, e amar em demasia a vossa Pátria.[42]

Referências bibliográficas

ALMEIDA NETO, Francisco Ludovico. Relatório: Ensino Médico e Assistência Médica Rural. *Revista Goiana de Medicina*, 03 (1). p. 33-40, 1957.

______. *A Faculdade de Medicina de Goiás*. Goiânia: Cegraf UFG, 2001.

FARIA, Lina. *Saúde e Política.* A Fundação Rockefeller e seus Parceiros em São Paulo. Rio de Janeiro: Editora Fiocruz, 2007.

FREITAS, Lena Castello B. F. de. Goiânia: locus privilegiado da saúde. FREITAS, Lena Castello B. F. de (org.). *Saúde e Doenças em Goiás – a medicina possível.* Goiânia: Editora da UFG, 1999.

42 REZENDE, Joffre M. *Vertentes da Medicina.* São Paulo: Giordano, 2001. p. 222-224.

HOCHMAN, Gilberto. *A Era do Saneamento.* As bases das políticas de saúde pública no Brasil. São Paulo: Hucitec/Anpocs, 1998.

______. "O Brasil não é só doença": o programa de saúde pública de Juscelino Kubitschek. *História, Ciências, Saúde - Manguinhos*, vol.16 (suplemento 01). p. 313-331, 2009.

______. Vigiar e, depois de 1964, punir: sobre Samuel Pessoa e o Departamento Vermelho da USP. *Ciência e Cultura*, v. 66. p. 26-31, 2014.

______. Samuel Barnsley Pessoa e os determinantes sociais das endemias rurais. *Ciência e Saúde Coletiva*, v. 20, n. 2. p. 425-431, 2015.

______; PAIVA, Carlos Henrique Assunção. Parasitology and Communism: Public Health and Politics in Samuel Barnsley Pessoa's Brazil. In: BIRN, Anne-Emanuelle; NECOCHEA, Raúl (orgs.). *The Pheripheral Nerve.* Health and Medicine in Cold War Latin America. Durham: Duke University Press. p. 132-157, 2020.

LIMA, Nísia Trindade. *Um sertão chamado Brasil:* intelectuais e representação geográfica da identidade nacional. Rio de Janeiro: Revan, Iuperj/ Ucam, 1999.

MOTTA, Rodrigo Sá Patto; NAPOLITANO, Marco; CZAJKA, Rodrigo (orgs). *Comunistas Brasileiros:* cultura política e produção cultural. Belo Horizonte: Editora UFMG, 2013.

REZENDE, Joffre M. *Vertentes da Medicina.* São Paulo: Giordano, 2001.

RIBEIRO, Isaac Barreto. Doença de Chagas na Colônia Agrícola Nacional de Goiás. *Revista Goiana de Medicina,* vol. 1, nº 02, out-dez, 1955.

PAIVA, Carlos Henrique Assunção. Parasitologia engajada: ciência e ensino em Samuel Pessoa. In: HOCHMAN, Gilberto; LIMA, Nisia Trindade. (orgs.). *Médicos Intérpretes do Brasil.* São Paulo: Hucitec. p. 320-348, 2015.

PALMER, Steven. "Toward Responsibility in International Health: Death Following Treatment in Rockefeller Hookworm Campaigns, 1914-1934." *Medical History* 54, 2. p. 149-70, 2010.

PESSOA, Samuel Barnsley. *Ensaios Médico-Sociais.* São Paulo: Cebes-Hucitec, 1978 (originalmente 1960 pela Editora Guanabara Koogan).

______. *Parasitologia Médica.* São Paulo: Editora Renascença, 1946.

______. *Problemas Brasileiros de Higiene Rural.* São Paulo: s/editora, 1949.

VIEIRA, Tamara R. Dos "sertões da farinha podre" para todo o Brasil: Os congressos médicos regionais e a institucionalização da medicina em Goiás (1947-1960). *Varia Historia*, v.31. p. 479-510, 2015a.

______. Um médico sem fronteiras: a trajetória de Joffre Marcondes de Rezende e a definição de uma nova forma clínica da doença de Chagas. *História Revista*, v. 20. p. 188-229, 2015b.

______. Médicos para o interior, endemias rurais e desenvolvimento: o projeto da Faculdade de Medicina de Goiás em foco. *História Unisinos*, v. 19. p. 256-267, 2015c.

______. "A união faz a força": a Associação Médica de Goiás e os desafios da medicina no sertão (1950-1960). In: MAGALHÃES, Sônia Maria de; SILVA, Leicy Francisca da; MACIEL, Roseli Martins Tristão. (orgs.). *Histórias de doenças*: percepções, conhecimentos e práticas. São Paulo: Alameda. p. 363-384, 2018.

______; LIMA, Nísia Trindade. Uma vitrine para os médicos do sertão: a Revista Goiana de Medicina e a doença de Chagas em Goiás (1955-1962). *Revista Brasileira de História*, v. 37. p. 163-186, 2017.

Quem sai aos seus não degenera: paulistas, avante ao Sertão! Paulistanidade, dilemas sanitários e interesses capitalistas na criação da Delegacia de Saúde de Botucatu, 1917-1918

Anna Cristina Rodopiano de Carvalho Ribeiro[1]

Maria Cristina da Costa Marques[2]

Introdução

No último quartel do século XIX, o deslocamento da produção cafeeira do Vale do Paraíba para o oeste do estado de São Paulo, a política de subvenção à imigração europeia, a adoção do modelo tributário adotado na Constituição de 1891 junto com as inúmeras políticas de valorização do café conspiraram para o fortalecimento da oligarquia cafeicultora paulista e de suas elites regionais.[3] Todavia, tal processo se deu em detrimento dos demais estados federados que, com economias frágeis e sem recursos para manter administração dos seus governos, transformaram-se em satélites da união ou das grandes unidades federativas.[4]

---

1 Pós-graduanda do Programa de Saúde Pública (doutorado), Faculdade de Saúde Pública (FSP), Universidade de São Paulo (USP). Avenida Dr. Arnaldo, 715, Cerqueira César. São Paulo, SP, Brasil. E-mail: criscarvalho2000@usp.br.

2 Professora Doutora do Departamento de Política, Gestão e Saúde, FSP, USP. São Paulo, SP, Brasil. E-mail: mcmarques@usp.br.

3 CARONE Edgard. *A República Velha I:* instituições e classes sociais (1889-1930). 4ª ed. Rio de Janeiro: Difel, 1978.

4 FREIRE, Américo; CASTRO, Celso. "As bases republicanas dos Estados Unidos do Brasil". In: GOMES, Angela Maria de Castro; PANDOLFI, Dulce Chaves;

Nesse cenário e à guisa de tornar-se exceção e *ethos* do progresso nacional, o governo provincial de São Paulo organizou estrutura político-administrativa em torno de Secretarias como a de Agricultura, Comércio e Obras Públicas; Interior e Instrução Pública; Justiça e Segurança Pública; e da Fazenda. Como assinalou Sevcenko,[5] "[...] o que pretendiam os paulistas era apresentar ao mundo desenvolvido, o das grandes potências, a imagem do governo sólido, estável, dotado de instituições liberais, economia saudável e administração competente".

Em 1892 – mesmo momento em que a Secretaria de Agricultura foi estruturada –, o governo provincial criou o Serviço Sanitário de São Paulo, subordinando-o à Secretaria de Negócios do Interior e Instrução Pública. O aparato governamental na regulação e controle da economia e a política efetiva e continuada em saúde possibilitaram às elites paulistas articularem integração territorial e regionalismo, colaborando com o avanço compulsório das ações federais de saúde sobre outras localidades do país, garantindo a autonomia administrativa de São Paulo e mitigando os custos advindos das deficiências sanitárias dos demais estados brasileiros, construindo assim uma "alternativa aos problemas de interdependência sanitária enfrentados nacionalmente".[6]

> Integrar as economias dos outros estados ao capitalismo mundial e manter intocadas a hegemonia e a liderança econômica do estado de São Paulo. [...] A única modernização possível viria através da progressiva sampaulização: vinte vagões velhos e atrasados a reboque da locomotiva ansiosa por chegar ao ponto final do progresso.[7]

Com a efetivação do Serviço Sanitário – cuja administração se manteve intrinsecamente ligada aos debates em torno do federalismo e da oligarquiza-

---

ALBERTI, Verena (Org.). *A República no Brasil.* Rio de Janeiro: Nova Fronteira, 2002. p. 31-53.

5 SEVCENKO, Nicolau. *A revolta da vacina.* Mentes insanas em corpos rebeldes. São Paulo: Editora Scipino Ltda, 1993. p. 37.

6 HOCHMAN, Gilberto. *A era do saneamento.* São Paulo: Hucitec, 2006. p. 223.

7 MOTA, André. *Tropeços da medicina bandeirante: medicina paulista entre 1892-1920.* São Paulo: EDUSP, 2005. p. 17.

ção do poder –, as contendas alusivas à autonomia municipal e à centralização estadual na organização das práticas sanitárias tornaram-se foco de rivalidade entre chefias locais que, divididas entre municipalistas e centralistas, limitaram o projeto sanitário arquitetado inicialmente. Tal projeto lançara na figura de Emílio Marcondes Ribas – médico ligado às elites republicanas e cafeicultoras e diretor do Serviço Sanitário paulista de 1898 a 1916 – a condução capaz de elevar São Paulo a polo científico e sanitário do Brasil.[8,9]

A ação conflituosa da autoridade sanitária estadual sobre as municipalidades; as dificuldades financeiras dos municípios na prevenção e controle de doenças; os arranjos entre fazendeiros e legislativo paulista – negociando limites da interferência sanitária sobre territórios[10] –; e as dissenções no interior do Partido Republicano Paulista (PRP) permearam a atuação do Serviço Sanitário na Primeira República que apresentou "[...] num primeiro momento, um padrão de legislação [sanitária] ambígua, mantendo indefinidos os limites das atribuições do Estado e de seus municípios".[11]

Nesse tempo, na sede da província, o médico e cafeicultor paulista Carlos José de Arruda Botelho, secretário Estadual da Agricultura entre os anos de 1904 a 1908 no governo de Jorge Tibiriça Piratininga, implantou ações para o reconhecimento do território e das fronteiras do estado para diversificação das culturas agrícolas, expansão da rede ferroviária e povoamento do interior paulista.[12]

---

8 ALMEIDA, Marta de. *República dos invisíveis:* Emílio Ribas, Microbiologia e Saúde Pública em São Paulo (1898-1917). Dissertação (mestrado em História) – FFLCH-USP, São Paulo, 1998.

9 RIBEIRO. Maria Alice Rosa. *História Sem fim... Inventário da saúde pública.* São Paulo: Unesp, 1993.

10 TELAROLLI JUNIOR, Rodolfo. *Poder e saúde:* as epidemias e a formação dos serviços de saúde em São Paulo. São Paulo: Unesp, 1996.

11 MOTA, André; BADINI, Cássia Maria. "Dilemas revelados e mito desfeito: Sorocaba e a epidemia de febre amarela na República Velha". p. 156. In: MOTA, André; MARINHO, Maria Gabriela SMC. *Práticas médicas e de saúde nos municípios paulistas:* a história e suas interfaces. São Paulo: CDG Casa de Soluções e Editora, 2011. p. 153-182.

12 ARANHA, Antonio Carlos Botelho Souza. *Carlos Botelho*: nasceu no Século XIX, viveu no século XX e vislumbrou São Paulo do século XXI. São Paulo: Editora do Autor, 2011.

À frente da Secretaria Estadual de Agricultura, Botelho promoveu em 1905 uma reorientação estratégica da Comissão Geográfica e Geológica de São Paulo (CGGSP), inicialmente destinada a elaborar estudos e fornecer subsídios para exploração de recursos naturais para a agricultura, obtenção de energia hidroelétrica e construção de ligações para o escoamento da produção cafeeira. A reestruturação decorreu da persistência do cunho naturalista da CGGSP após quase 20 anos de sua fundação e dos dizeres "Mancha branca" ou "Terras desconhecidas habitadas por indígenas" em atlas e mapas do estado de São Paulo, destoantes das expectativas das elites paulistas.[13]

Assim, em 1905 – mesmo ano em que a Estrada de Ferro Sorocabana atingiu a acanhada Bauru e se iniciou a construção da Estrada de Ferro Noroeste do Brasil rumo às fronteiras do estado[14] –, Carlos Botelho empossou o engenheiro civil João Pedro Cardoso como novo diretor da CGGSP. O engenheiro deveria concretizar a Exploração ao Extremo Sertão Paulista enquanto política de penetração, expansão e valorização econômica das franjas do território, colocando ponto final à ignomínia acerca do desconhecimento da região.[15]

Em marcha à "Mancha branca": paulistas, avante ao Sertão!

Com recursos de 90 contos de reis e 120 homens arregimentados entre técnicos, auxiliares, praças da Força Pública de São Paulo, médicos e trabalhadores braçais destacados entre os habitantes locais, Cardoso chefiou três campanhas à "mancha branca do estado" e, ao término da exploração, publicou relatórios ricamente documentados.[16]

13 FIGUERÔA, Silvia Fernanda de Mendonça. *As ciências geológicas no Brasil*: uma história social e institucional, 1875-1934. São Paulo: Hucitec, 1997.

14 AZEVEDO, Fernando de. *Um trem corre para o oeste.* Estudo sobre a Noroeste e seu papel no sistema de viação nacional. São Paulo: Edições Melhoramentos, 1958.

15 Segundo Lucio (2014. p. 73), João Pedro Cardoso "[...] pertencia a um círculo privilegiado, com laços familiares [inclusive com Emílio Ribas] e de sangue com a elite que comandava os destinos do estado de São Paulo e do país, muito longe, quando assumiu a direção da CGGSP em 1905, de ser somente um jovem engenheiro politécnico: ele estava tecnicamente preparado para arcar com as responsabilidades do cargo e tinha como respaldo uma rede de relacionamentos que o sustentavam no cargo e na função". (p. 73).

16 LUCIO, Silvana Tercila Maria Pettinato. *João Pedro Cardoso e a ação da Comissão Geográfica e Geológica na apropriação do território paulista, 1905-1931*. Tese (doutorado em Arquitetura e Urbanismo) – FAU-USP, São Paulo, 2014.

Em 1906, em relato à Secretaria da Agricultura sobre as campanhas ao território, João Pedro Cardoso discorreu sobre o descompasso entre o litoral e o Sertão paulista, sendo que o primeiro receberia as influências do raio civilizador da costa e o segundo seguiria marcado pelo isolamento e atraso. A conciliação desse desequilíbrio entre os tempos sociais das áreas urbana e rural e a regeneração do lugar e da gente do extremo Sertão do estado estariam - no olhar do engenheiro - no avanço da cruzada civilizatória encetada pela ação governamental paulista, começando pelos trilhos de ferro que ofereceriam vasto sistema de comunicação, transportes e povoamento da zona.[17]

Os dados técnicos coletados pela CGGSP durante as expedições ao extremo Sertão paulista geraram relatórios, peças cartográficas e cartas de progresso, com fartura de textos e ilustrações. Editados nos anos de 1907 e 1913 e largamente disseminados, os relatórios e suas imagens não só tornaram o território incógnito e inquebrantável em conhecido e simbolicamente ocupado nos novos atlas e mapas do estado como também carregaram outro sentido e representação aos confins do Sertão. As publicações também subsidiaram a aprovação de verbas para a continuidade das expedições da CGGSP e foram utilizadas pelo poder público, instituições científicas e ampla rede de empresas nacionais e internacionais pelos anos subsequentes.[18]

> A edição e divulgação de relatórios [da exploração ao extremo Sertão paulista] primorosos apresentando a exploração faz parte de uma estratégia muito bem estruturada. Os relatórios tiveram inclusive duas edições: a primeira em 1907 e a segunda seis anos depois, 1913. São fartamente ilustrados com fotografias, mapas, plantas e revelam graficamente uma intenção muito precisa. [...] imagens de forte impacto pelo assunto que registram, pela linguagem fotográfica, propriamente dita, e pela qualidade técnica do registro, sua edição, sua impressão, e o suporte (papel *couchet*, páginas especiais para as fotos e grande formato A3).[19]

17 Ibidem.

18 VIÉGAS, Rosemari Faga. *Os relatórios da Comissão Geográfica e Geológica e a comunicação científica no Brasil.* Tese (doutorado em Ciências da Comunicação) - ECA-USP, São Paulo, 1996.

19 SANTOS, Ademir Pereira dos. *Terrenos desconhecidos*: solos histórico-gráficos sobre uma base documental. Dissertação (mestrado em História) - Faculdade de Ciências e Letras-Unesp, Assis, 1992. p. 89.

O tratamento conferido ao Sertão pelos documentos da CGGSP – como zona promissora ao desenvolvimento econômico devido à sua natureza exuberante e profusão de recursos naturais – serviram de aporte à ação do poder público na abertura de veredas entre matas e rios; à ocupação do espaço; e à colonização dos índios em nome da "civilização", do progresso e da expansão do capitalismo no estado de São Paulo.[20,21] Para tanto, invocou-se o espírito bandeirante enquanto linhagem histórica e genética próprias aos paulistas , ímpeto que os empurraria ao povoamento das terras inóspitas, porém portentosas, nas beiras do estado, como bem ilustra o texto "A alma de Anhanguera", de Luiz de Toledo Piza Sobrinho, fazendeiro na zona e deputado estadual pelo 5° Districto, sobre os desbravadores do Sertão:

> Acabaram-se os Anhanguéras, mas ainda palpita a mesma alma aventureira e audaciosa, chammeja na nossa gente o mesmo espirito de iniciativa. A mesma energia inquebrantável que levou as monções aos confins da America,abate agora a floresta hostil e ajardina os sertões com immensos cafesaes... É a mesma tenacidade dos nossos maiores, temperada pelo tempo e pela civilisação, a criar cidades e riquezas [...] A foresta, habitada hontem por algumas centendas de indios errantes é cprtada hoje por estradas onde automóveis se cruzam, em vertigem, em busca de grandes centros de civilisação [...].[22]

Com a chamada Frente Pioneira ao Sertão, a apropriação de glebas públicas e retalhação rápida e agressiva do território pelos donos de grandes capitais perseguiram o traçado das obras da Estrada de Ferro Noroeste, que avançara sobre as áreas de melhor solo e ausência de geadas. Tal frente caracterizou-se pela violência nas "dadas" ou "batidas" – ações organizadas para o extermínio das populações indígenas – e pela especulação das terras – baratas,

20 VIÉGAS, Rosemari Faga, 1996. Op.cit.

21 MOI, Claudia. *Explorações do olhar*: ciência e arte nas fotografias da Comissão Geográfica e Geológica de São Paulo. Dissertação (mestrado em Multimeios) – Instituto de Artes-Unicamp, Campinas, 2005.

22 ERCILLA, A.M.; PINHEIRO, Brenno. *O Estado de S.Paulo. Zona Noroeste.* São Paulo: Editores Propaganda Pan-Americana, 1928. p. 12.

quando compradas de posseiros antigos, ou gratuitas, quando tomadas como terras devolutas e com títulos falsos –, instaurando na região a comercialização empresarial do parcelamento rural em larga escala e o surgimento de redutos políticos.[23]

Sobre a brutalidade das "dadas" após festejos em aldeamentos – usualmente cometidas por bugreiros contratados pela estrada de ferro e pelos posseiros –, Cobra[24] relata:

> É alta madrugada. Dentro dos ranchos todos dormem. O chefe distribui seus homens em redor: manda preparar as armas, e espera até que haja luz. Ao raiar do dia grita: Upa! Upa! Upa! algumas vezes.
>
> Os que estão dentro despertam, saem em grupos e à medida que se apresentam, vão caindo, feridos mortalmente a tiros.
>
> Em seguida, os sitiantes penetram nas habitações e encontrando-se com as índias, a umas aprisionam, a outras matam, bem como aos indiozinhos, aos quais – conta-se – chegavam a levantar do chão ou da cama, atirá-los para o ar e espetá-los em ponta de faca; outras vezes tomá-los pelos pés e dar com as suas cabecinhas nos paus, partindo-as. Ás índias grávidas rasgavam-lhe o ventre e depois de finda a carnificina, amontoavam os cadáveres sobre os quais lançavam fogo, bem como aos ranchos. A estes, variando de tática, de quando em vez, nem sempre punham fogo, deixavam-nos em pé e deitavam substâncias venenosas nos utensílios de cozinha e nos alimentos ali guardados, para que fosse vitimado no comer algum que porventura sobrevivesse.
>
> Feito isso, retiravam-se com os prisioneiros, geralmente só mulheres e um ou outro rapazinho que o chefe conduzia para a fazenda na situação de semiescravizados.
>
> Assim foi por longos anos.

---

23 GHIRARDELLO, Nilson. *À beira da linha:* formações urbanas da Noroeste Paulista. São Paulo: Editora Unesp, 2002.

24 COBRA, Amador Nogueira. *Em um recanto do sertão paulista.* São Paulo: Typ. Hennies Irmãos, 1923. p.142-3 apud Informativo da Divisão de Acervo Histórico. Ano III. São Paulo: Assembleia Legislativa do Estado de São Paulo; 2017. p. 21-4.

Em ritmo desenfreado, a especulação de serviços urbanos nos nascentes povoados do Sertão despertou atenção das empresas de melhoramentos, compostas por homens ricos da região e com a participação ou intermediação de chefias locais. Este era o caso da Companhia Paulista de Força e Luz – criada em 1912 a partir da Empresa de Força e Luz de Botucatu (esta fundada em 1907) –, cujos acionários eram proprietários e/ou fazendeiros da Zona Noroeste e região, entre eles, familiares do político botucatuense José Antonio Cardoso de Almeida, que no período compunha o governo provincial junto com Carlos Botelho.[25, 26, 27]

25 GHIRARDELLO, Nilson, 2002. Op.cit.

26 IANNONE, Roberto Antonio. *Evolução do setor elétrico paulista.* Tese (doutorado em História) – FFLCH-USP, São Paulo, 2006.

27 ERCILLA; PINHEIRO, 1928. Op.cit.

Figura 1 – Fundadores da 1º Companhia de Força e Luz de Botucatu

Fundadores da 1º Companhia de Força e Luz de Botucatu, s/data, fotografia. Informações adicionais: FT0815 (localização) – Entre os presentes Antonio Amaral Cesar, José Cardoso de Almeida (Juca), Alcides Ferrari, Miguel Ciofi, J. Ferrari Estevão, Monsenhor Ferrari e outros. Acervo do Museu Histórico e Pedagógico Francisco Blasi (MuHP), Botucatu, SP, Brasil.

Na época da exploração ao extremo Sertão paulista, José Antonio Cardoso de Almeida[28] encontrava-se como Secretário Estadual do governo de

28 De acordo com o levantamento de Godoi (2009), o botucatuense José Antonio Cardoso de Almeida (filho do reconhecido comerciante Antonio Joaquim Cardoso de Almeida) exerceu importantes cargos públicos: foi Secretário da Justiça no governo Campos Sales (1898-1902), chefe de Polícia no governo de Bernardino de Campos (1892-1896 e 1902-1904), Secretário de Negócios do Interior e da justiça no governo de Jorge Tibiriçá (1890-1891 e 1904-1908) e, no ano de 1916, secretário da Fazenda e da Agricultura, no Governo Rodrigues Alves. Entre os anos de 1919 e 1922, no Governo de Epitácio Pessoa, foi Presidente do Banco do Brasil. Seus irmãos também se envolveram com a política local e regional. O clã botucatuense dos Cardoso de Almeida exerceu importante influência nos rumos do Sertão paulista.

Jorge Tibiriça, à frente da pasta de Negócios do Interior, instância responsável pelo Serviço Sanitário paulista.

Figura 2. Governo provincial de Jorge Tibiriçá

Fonte: Valerio Vieira, 1904. Informações adicionais: Jorge Tibiriçá, governador de São Paulo; Carlos Botelho, secretário da Agricultura; Albuquerque Lins, secretário da Fazenda, e Cardoso de Almeida, secretário de negócios do Interior.[29]

Botucatu: "Capital da Boca do Sertão Paulista"

Botucatu, enquanto terra natal de Cardoso de Almeida e de Amando de Barros (expoentes do partido e adversários políticos), desfrutava desde os primórdios republicanos das benesses do jogo político do PRP e proclamava-se livre de doenças pelo clima, pela profusão de associações de bene-

29 ARANHA, 2011. Op.cit. p. 111.

merência, pelo aparato médico-sanitário e pelos equipamentos republicanos dos quais dispunha. Ostentava as alcunhas de "Terra dos Bons Ares" e de "Capital da Boca de Sertão" das regiões entre os rios Tietê e Aguapei/ Feio (Noroeste), bem como daquelas entre o Peixe e o Paranapanema.[30] Anunciava-se como território promissor, aprazível e salutar, em um misto de promessa e arrojo, capaz de proporcionar ao *hinterland* que avançava pelo oeste paulista o último pouso civilizatório antes das matas desconhecidas e habitadas por indígenas.

> [...] os moradores de Itatinga frequentam a cidade de Botucatú, com cujos habitantes entreteem todas as suas relações econômicas, todas as relações comerciaes. Isto explica-se não só pela distancia relativamente curta [cerca de 3 leguas] que existe entre uma e outra localidade, como também, porque vindo *á* Botucatú, elles procuram um ponto servido por estrada de ferro e pelo telegrapho, e põem-se em commodo e fácil contacto com esta capital e demais centros comerciaes do Estado. É natural que em vez de retrogradarem, dirigindo-se para o Sertão, os habitantes de Itatinga procurem Botucatú, que é um centro mais desenvolvido [...].[31]

30 COBRA, 1923. Op.cit.

31 VILLALVA, Carlos. Projecto n.58 de 1893 – Ordem do Dia. *O Estado de São Paulo*. São Paulo, 17 jul. 1895. p. 2.

FIGURA 3 – BOTUCATU E A BOCA DO SERTÃO PAULISTA

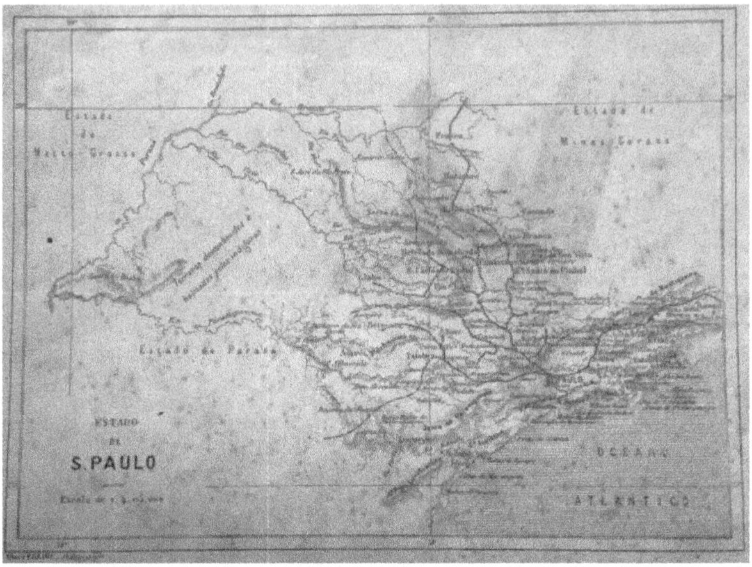

Fonte: Mapa do Estado de S. Paulo[32]

Nesse momento, o rasgo das matas, o genocídio dos gentios, o fomento de núcleos urbanos e as empresas de melhoramentos que avançavam pelo Sertão serviam de chamariz à comercialização de pequenos lotes rurais por empresas como a The San Paulo Land, Lumber & Colonization Co., cujo clima de pioneirismo criava sentimento de ascensão e prosperidade aos imigrantes recém-chegados, absorvendo trabalhadores de outras localidades. Ao mesmo tempo, as moléstias nas áreas baixas e úmidas ao longo das esplanadas da linha férrea prejudicavam os negócios para a colonização e para a Companhia Estrada de Ferro Noroeste do Brasil, que visava não somente ao transporte de carga, mas também ao de passageiros, impedindo o avanço dos trilhos pela zona palustre, dada a debilidade dos operários adoecidos e a dificuldade em

32 FREIRE, Olavo; MAY, Alfredo Oscar de Azevedo. *Atlas de Geographia Universal e Especialmente do Brasil segundo os desenhos de Olavo Freire e Coronel Alfredo Oscar de Azevedo May.* Curso Médio. Para as Escolas do 2 grau, Escolas Normaes e Gymnasios. Livraria Classica de Francisco Alves. Rio de Janeiro, 1910. p. 47.

angariar novos braços, friccionando interesses capitalistas e dilemas sanitários na ocupação do extremo Sertão.[33,34]

Moratelli[35] assinala que as ofertas de trabalho em "mata boa" anunciadas pela Estrada de Ferro Noroeste no jornal "O Correio de Botucatu" competiam com a sabida insalubridade das empreitadas na linha férrea, dificultando as contratações e, consequentemente, o avançamento dos trilhos. O afluxo de trabalhadores da Noroeste para Botucatu, em chagas e maltrapilhos, após terem percorrido quilômetros em fuga seguindo o caminho de ferro em busca de socorro médico, não permitia ilusões sobre o estado sanitário e as condições dos serviços no extremo Sertão paulista. Na busca por atrair novos operários, restou às propagandas mudarem a estratégia, passando a "evidenciar mais os valores dos salários, a camuflar o tipo de trabalho na empreitada e a destacar possíveis vantagens do contrato."[36]

Em 1908, mesmo ano em que Emílio Ribas e Adolfo Lutz estiveram na construção da ferrovia para coletar dados e pesquisar, na capital, as moléstias que assolavam a Noroeste,[37] o Instituto Oswaldo Cruz destacou o médico Arthur Neiva para chefiar a profilaxia contra o impaludismo, na região entre Bauru e o rio Paraná. Tal destacamento apresentou-se como resposta ao pedido de ajuda da Estrada de Ferro Noroeste para o controle da epidemia de malária que assolava a localidade (e que afetaria por anos o estado sanitário de São Paulo).[38]

Arthur Neiva permaneceu na região da Noroeste por dez meses e assim descreveu os males de toda sorte que sofriam os trabalhadores da ferrovia:

---

33 RIBEIRO, 1993. Op.cit.

34 GHIRARDELLO, 2002. Op.cit.

35 MORATELLI, Thiago. *Os trabalhos da construção da estrada de ferro noroeste do Brasil: experiências operárias em um sistema de trabalho de grande empreitada (São Paulo e Mato Grosso, 1905-1914).* Dissertação (mestrado em História) – Instituto de Filosofia e Ciências Humanas-Unicamp, Campinas, 2009.

36 Idem. p. 72.

37 Ibidem.

38 Segundo Ribeiro (1993. p. 198-200), o agravamento das condições sanitárias com o aparecimento da malária epidêmica levou o governo paulista a negociar acordo com a Fundação Rockfeller para que esta atuasse em Comissão junto com o Serviço Sanitário em localidades do estado acometidas pela moléstia.

> A custa de todos os artifícios, os empreiteiros tinham accumulado milheiros de trabalhadores que luctavam furiosamente contra a compacta floresta que cobria a região, e que tombavam, ora victimados pela malaria, ora pelo guarantan dos índios caingangues, quando não eram corroídos pela úlcera de Bauru.[39]

Sem discutir os condicionantes socioeconômicos implicados no adoecimento da classe trabalhadora, as políticas e serviços sanitários isentaram de responsabilidade o modelo agroexportador e reproduziram, em suas práticas, as relações de dominação social, ao dirigir, prioritariamente, sua vigilância sobre corpos e modos de viver dos pobres e assalariados O corpo do trabalhador, engrenagem-mestra no modo de produção capitalista, evidenciou-se como extenso objeto de manipulação e controle pelo poder dominante, enquadrado politicamente por meio das instituições e serviços de saúde.[40,41,42]

Paulistanidade, dilemas sanitários e interesses capitalistas no avanço ao Sertão

Nos anos de 1910, a circulação da segunda edição do relatório de exploração da CGGSP ao extremo Sertão paulista, a eclosão da Questão Nacional[43]

39 NEIVA, Arthur. *Daqui e de longe...*: chrônicas nacionaes e de viagem. São Paulo: Melhoramentos, 1927. p. 128.

40 MERHY, Emerson Elias. *Capitalismo e saúde pública:* a emergência das práticas sanitárias no estado de São Paulo. 2ª ed. Porto Alegre: Rede Unida, 2014.

41 RIBEIRO, 1993. Op.cit. p. 8.

42 LUZ, Madel Therezinha. *As instituições médicas no Brasil.* 2ª ed. Porto Alegre: Rede Unida, 2013.

43 Os relatórios dos médicos e pesquisadores Belisário Penna e Arthur Neiva - frutos da expedição que realizaram quando, partindo do Rio de Janeiro, percorreram em lombo de burro por meses os estados da Bahia, de Pernambuco, do Piauí e de Goiás - denunciaram o flagelo da miséria, do analfabetismo e da insalubridade nos Sertões. O impacto dos relatórios e da imagem da doença como elemento constitutivo do ser brasileiro nas representações da sociedade tornou-se questão nacional, sensibilizando parcelas expressivas das elites que, para além do diletantismo sobre o tema, mobilizaram-se em torno de uma agenda política nacional de saúde e saneamento para o Sertão. Ver: LIMA, Nísia Trindade; HOCHMAN, Gilberto. "Condenado pela Raça, Absolvido pela Medicina: O Brasil Descober-

e a repercussão das transformações no campo da bacteriologia, da medicina e da filantropia impulsionaram o processo de interiorização da saúde paulista, com o combate às endemias rurais e a implementação do modelo tecno-assistencial-campanhista-vertical permanente no Serviço Sanitário,[44] costurando comunhão de interesses políticos, capitalistas, nacionalistas e sanitários – iniciada anos antes – em torno do Sertão.

O saneamento rural tornara-se tema recorrente nas páginas da imprensa e das publicações oficiais paulistas. A interiorização dos instrumentais sanitários e da "medicina bandeirante" – proferida como capaz de elevar a raça paulista – não só conferiria distinção ao estado de São Paulo enquanto a locomotiva sanitária do país[45] como também maior controle sobre as práticas populares de cura, comumente praticadas pela população que se esparramava pela zona rural, com dificuldades de locomoção entre propriedades rurais e núcleos urbanos, com escassez de esculápios e sem recursos para o custeio da assistência individual.[46]

Tal preocupação encontra-se presente no artigo da então recém-criada Revista do Brasil que, segundo Santos,[47] foi fundada em 1916 por intelectuais paulistas para expressar e difundir sentimentos nacionalistas:

> No interesse commum, collaborando todos os municípios para o bem geral, seria fácil ao estado tomar a si o estudo e fiscalisação destas questões, centralizando e uniformisando o problema de saneamento [...] E desta forma abandonaria o governo [paulista] a situação em que se encontra, dos charlatães que

---

to pelo Movimento Sanitarista da Primeira República". In: MAIO, Marcos Chor, SANTOS, Ricardo Ventura (Org). *Raça, ciência e sociedade.* Rio de Janeiro: Fiocruz; CCBB, 1996.

44 MERHY, 2014. Op.cit.

45 MOTA, 2005. Op.cit.

46 TELAROLLI JUNIOR, 1996. Op.cit.

47 SANTOS, Luiz Antonio de Castro. "Poder, Ideologias e Saúde no Brasil da Primeira República: ensaio de sociologia histórica". In: HOCHMAN, Gilberto; ARMUS, Diego (Org.). *Cuidar, Controlar, Curar*: ensaios históricos sobre saúde e doença na América Latina e Caribe. Rio de Janeiro: Fiocruz, 2004. p. 249-93. (Coleção História e Saúde).

> pretendem curar, sem ao menos possuirem os conhecimentos indispensáveis de physiologia e anatomia, o que ainda hoje se não póde admitir.[48]

Com vistas ao Brasil vindouro, em momento de grande expressão da paulistanidade, seria missão do projeto médico e sanitário de São Paulo garantir a elevação da raça bandeirante e o progresso da Nação. Com narrativa peculiar assentada na "excepcionalidade sanitária" do estado de São Paulo, as elites paulistas modelaram programas de formação e intervenção na saúde pública, impactando sua estruturação tecnológica e focando incisivamente no homem do Sertão e em seus arreios e rincões.[49,50]

Dessa feita, o crescente destaque regional de Botucatu, apresentando-se como "ponta de lança" aos que seguiam em direção aos confins diante de seu "porte, dimensão econômica e situação geográfica",[51] e sua consolidação como ponto de entroncamento de produtos entre a capital e o Sertão, com estradas de rodagem, estações da Sorocabana, duas redes telefônicas e diversos órgãos públicos, fizeram da cidade palco de transações comerciais e de prestação de serviços para a região oeste.[52,53] Assim, em um sistema de representações e valores que conferiu contornos às aspirações da elite local, incorporou-se ao discurso da modernidade e do progresso o cumprimento de um papel histórico, de um

---

48 FERRAZ, J. *Salubridade Publica no Estado de São Paulo.* Rev Brasil, vol. 2, 1946. p. 277-80.

49 MOTA, André. *Quem é bom já nasce feito*: sanitarismo e eugenia no Brasil. Rio de Janeiro: DP&A, 2003.

50 MOTA, André; MESSORA, Elder Al Kondari. "Medicina e paulistanidade: a luta contra o câncer e os "cancerosos" nas primeiras décadas do século XX". In: BONTEMPI JR, Bruno; CAMPOS, Raquel Discini (Org.). *Paulistanidade e educação:* práticas e simbologias. Campinas: Pontes Editores, 2018. p. 97-120.

51 GHIRARDELLO, 2002. Op.cit. p. 70.

52 ANTONINI, Inês Gontijo. *Sanear a cidade e segregar a pobreza*: estudo de práticas sociais em Botucatu -SP, 1890-1920. Dissertação (mestrado em História) – FAFICH-UFMG, Belo Horizonte, 1985.

53 IYDA, Massako. *Mudanças nas relações de produção e migração*: o caso de Botucatu e São Manuel. Dissertação (mestrado em Saúde Pública) – FSP-USP, São Paulo, 1979.

destino que se impunha à população de Botucatu diante de sua localização geográfica, patente no editorial de *O Correio de Botucatu,* nos anos de 1910:

> A excepcional situação geographica desta terra é seu maior elemento de progresso. Precisamos preparal-a e aos seus habitantes para seguir pari-passu o desenvolvimento expontaneo que a zona requer de nós. Trabalhemos com affinco para tornar Botucatú uma grande urbs, a capital natural da zona sertaneja, servida pelos ramaes da Sorocabana e pela Noroeste.

Todavia, doenças como tuberculose, coqueluche e meningite; e surtos epidêmicos de varíola e sarampão grassavam pela periferia de Botucatu, propagavam-se pelo populoso bairro da Estação e vitimavam principalmente crianças e adultos jovens. Para os setores dominantes, urgia deter as doenças que comprometiam o cumprimento do destino da cidade como epicentro da extensa zona sertaneja paulista, fornecendo braços e progresso aos novos "bandeirantes" do Sertão.

Nesse sentido, o ambiente cultural propício, a intensa negociação com o legislativo paulista - tendo no PRP "um canal efetivo para o aparelho estadual pressionar por mudanças"[54] –, a comoção nacionalista e a escassez de mão de obra provocadas pela Primeira Guerra Mundial - conjugados aos interesses capitalistas e dilemas sanitários que acompanhavam a ocupação do extremo Sertão – possibilitaram que Arthur Neiva,[55] então Diretor do Serviço Sanitário paulista, impetrasse a reforma do órgão. Voltada ao combate às endemias rurais e ao saneamento do campo e de sua população, a reforma contemplou não só a promulgação de Código Sanitário Rural, mas também a criação de

54 SANTOS, 2004. Op.cit. p. 264.

55 Figura de destaque nacional na campanha do saneamento rural e à frente da direção geral do Serviço Sanitário de São Paulo desde 1917, Neiva antecipou-se à política nacional e serviços federais de profilaxia rural, com a reorganização do órgão paulista pela Lei 1.596, de 29 de dezembro de 1917 (RIBEIRO, 1993).

Delegacias de Saúde nas cidades de São Paulo, Santos, Campinas, São Carlos, Guaratinguetá, Ribeirão Preto e, não por acaso, Botucatu.[56, 57, 58]

FIGURA 4 – DELEGACIAS DE SAÚDE DO INTERIOR – SERVIÇO SANITÁRIO DE SÃO PAULO

Fonte: Directoria de Serviço Sanitário do Estado de São Paulo (1919)

A CRIAÇÃO DA DELEGACIA DE SAÚDE DE BOTUCATU

> A Delegacia de Saúde de Botucatú foi creada por decreto n.2.918, de 9 de Abril de 1918 e installada a 1 de Julho do mesmo anno. A area desta delegacia é de 107.929 km2, com uma população de 588.795 habitantes. É limitada pelos rios Paraná, Paranapanema, Itararé, Serra Paranapiacaba, Tietê, até a embocadura do Piracicaba, d'ahí até o porto João Alfredo, pelos limites das comarcas de Tietê, Botucatú, Tatuhy, Sorocaba e Piedade. Convém observar que a area de todo o Estado de São Paulo é de 290.876 kilometros quadrados. Sendo assim, é importantís-

56 HOCHMAN, 2006. Op.cit.

57 GAMBETA, Wilson Roberto. *Soldados da saúde:* a formação dos serviços em saúde pública no Estado de São Paulo, 1889-1918. Dissertação (mestrado em História) – FFLCH-USP, São Paulo, 1988.

58 RIBEIRO, 1993. Op.cit.

> sima a zona a que se estende esta delegacia. Comprehende vinte comarcas e parte de mais uma; cincoenta e dois municípios e noventa e sete districtos de paz.[59]

Diferentes vestígios históricos revelam a notoriedade pretendida à Delegacia de Saúde Botucatu: extensão, localização e aparato médico-sanitário sob comando do médico Waldomiro de Oliveira.[60]

Figura 5 – Delegacia de Saúde de Botucatu: abrangência territorial e populações

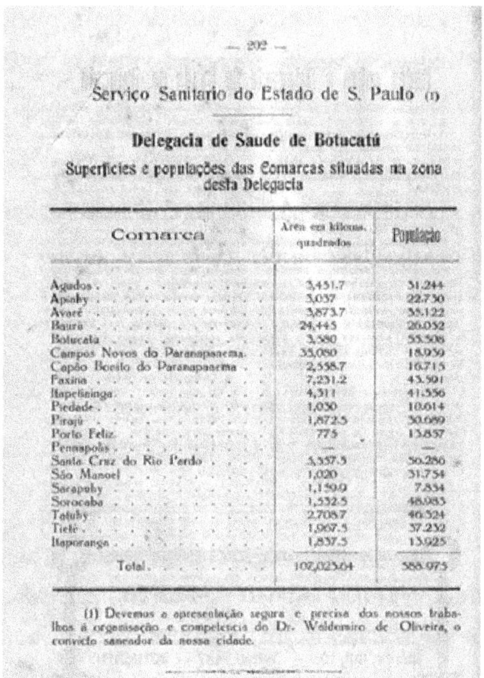

— 202 —

Serviço Sanitario do Estado de S. Paulo (1)

Delegacia de Saude de Botucatú

Superficies e populações das Comarcas situadas na zona desta Delegacia

Comarca	Área em kiloms. quadrados	População
Agudos	3,451.7	31.244
Apiahy	3,037	22.730
Avaré	3,873.7	35.122
Baurú	24,445	26.052
Botucatú	3,580	55.508
Campos Novos do Paranapanema	35,080	18.959
Capão Bonito do Paranapanema	2,558.7	16.715
Faxina	7,231.2	43.591
Itapetininga	4,311	41.556
Piedade	1,030	10.614
Pirajú	1,872.5	30.089
Porto Feliz	775	13.857
Pennapolis	—	—
Santa Cruz do Rio Pardo	3,337.5	30.286
São Manoel	1,020	31.754
Sarapuhy	1,159.0	7.834
Sorocaba	1,532.5	48.085
Tatuhy	2,708.7	40.524
Tieté	1,967.5	37.232
Itaporanga	1,837.5	13.925
Total	107,023.04	588.975

(1) Devemos a apresentação segura e precisa dos nossos trabalhos á organisação e competencia do Dr. Waldomiro de Oliveira, o convicto saneador da nossa cidade.

Fonte: Magalhães[61]

59 MAGALHÃES, Augusto de. *Almanack de Botucatu*. São Paulo: Estabelecimento Graphico Pedro Rezzini & Cia, 1920. p. 201.

60 Natural de Itapetininga e formado pela Faculdade de Medicina do Rio de Janeiro, Waldomiro de Oliveira, anos mais tarde, tornou-se diretor do Serviço Sanitário de São Paulo, em sucessão a Geraldo de Paula Souza, e foi um dos responsáveis pela fundação da entidade assistencialista Cruzada Pró-Infância (SOARES, 2017).

61 MAGALHÃES, 1920. Op.cit. p. 202.

Enquanto isso, em Botucatu, a inauguração da Delegacia de Saúde tornava-se apreendida pelas autoridades como solução aos impasses sanitários da cidade. A implantação da Delegacia, segundo relatório do dirigente municipal Major Nicolau Kuntz, deteria a propagação de moléstias no afastado e insalubre bairro da Estação e resolveria a obtenção de vacinas pelo Serviço Sanitário:

> Quanto ao numero de vaccinações e revaccinações, nestes ultimos tempos tem sido muito diminuto, em vista da grande dificuldade que ha em se obter este tão util preservativo, tendo-se mesmo assim sido feito 79 vaccinações e 73 revaccinações. [...].
> A hygiene em Botucatú muito virá a lucrar, logo que o Governo installe, como tenciona e já creou a Delegacia de Saude nesta cidade [...].[62]

Coube então ao redator do *O Correio de Botucatu*, Levy de Almeida, que desfrutava da projeção de sua profissão no cotidiano urbano e de seu poder em decidir eleições e em destituir governos como jornalista,[63] a responsabilidade de endossar de sua tribuna tipográfica os benefícios advindos da implantação do novo órgão sanitário para toda a região:

Delegacias de Saúde

> [...] Um **paulista**, o Dr. Rodrigues Alves, saneou quando presidente da República, a Capital Federal e desde então Oswaldo Cruz, Emílio Ribas, Arthur Neiva, Chagas, Pedrozo, Pacheco, [...] Oliveira Botelho, Osorio de Almeida, Belisario Penna, Adolpho Lutz, Miguel Pereira entre outros médicos notáveis demonstraram ser possível sanear todo o Brasil povoado de norte a sul, de este a oeste, pois já felizmente conhecidos estão scientificamente estudados os grandes males que matam, depauperam e inutilizam as populações do interior do paiz [...].
> **A criação de Delegacias de Saúde pelo interior de S.Paulo, é o início de grande emprehendimento**. Botucatú vai ver dentro em breve installada essa repartição estadual e o grande vale do

---

62 KUNTZ, Nicolau. Relatório. *O Correio de Botucatu*, capa, 26 jan. 1918.

63 MARTINS, Ana Luiza; LUCA, Tania Regina de. *Imprensa e cidade*. São Paulo: Unesp, 2006. p. 240.

> Tietê, por onde outrora desceram as bandeiras..., vai também ver **em nossos missionarios da cruzada do saneamento, partir a regeneração de nossa raça e melhor aproveitamento dos oriundos recursos de nossa natureza.**
> **O momento é opportuno. A guerra mundial fechou as portas ao braço extrangeiro. O povoamento do Brasil e de S. Paulo tem de ser prosseguido agora em diante, com as populações existentes** [...] teremos de desenvolver e intensificar as nossas lavouras, as nossas industrias e os [...] de nossas riquezas **augmentando tanto quanto possivel, a capacidade productiva dos habitantes de nosso berço. A medicina conjugada com a administração púbica, vae fazer essa grande obra de regeneração social. Só o homem robusto e são, pode ser a matéria prima para o augmento de nossa produção e exportação, para o povoamento do paiz e para organização da defeza nacional** [...].
> **A Delegacia de Saúde de Botucatu vai encontrar na bacia do tietê e de seus affluentes, um vasto campo para sua missão patriótica, porque lós referidos males se lastraram com intensidade em toda zona** [...].[64] (grifos nossos)

Em seu discurso, Levy de Almeida apresentara ao leitor do sertão paulista uma das pautas mais concorridas nos salões da capital: a Questão Nacional, associando as ações sanitárias encampadas pelo governo estadual à cruzada missionária e civilizatória empreendida pelo bandeirantismo de outrora. Recorrendo à paulistanidade, o jornalista fez referências à medicina e à ciência e discorreu sobre o necessário povoamento do território brasileiro; a regeneração da raça; e a garantia de braços para a produção e exportação das riquezas da terra e para a defesa nacional, conclamando botucatuenses a se unirem à causa, aumentando tanto quanto possível, por meio do saneamento, a capacidade produtiva da cidade, ou seja, de seus trabalhadores.

Nesse panorama, menos de dois meses após o extenso e inflamado editorial de Levy, instalou-se no dia 1° de julho de 1918 a Delegacia Estadual de Saúde de Botucatu.

64 ALMEIDA, Levy. Delegacias de Saúde. *O Correio de Botucatu*, capa, 18 mai 1918.

FIGURA 6 – MÁQUINA PARA DESINFECÇÃO – DELEGACIA DE SAÚDE DE BOTUCATU

Fonte: Máquina para desinfecção da Delegacia de Saúde de Botucatu, s/data, fotografia. Informações adicionais: FT0165 (localização). Acervo do Museu Histórico e Pedagógico Francisco Blasi (MuHP), Botucatu, SP, Brasil

Surgindo como destacado órgão sanitário no Sertão paulista, a Delegacia Estadual de Saúde de Botucatu tornou-se responsável por praticamente um terço de todo o território do estado e por uma população de 588.795 habitantes, sendo parte de solução coletiva de defesa sanitária nas fronteiras entre a "Capital da Boca do Sertão" e a palustre Zona Noroeste. Contudo, cabe ressaltar que as intervenções do Serviço Sanitário paulista sobre a municipalidade não foram implantadas sem que houvesse fricções junto com os poderes locais e redes de clientes que disputavam autonomia e se rearranjavam no jogo político do federalismo. Tal tensão tornou-se patente quando irrompeu a epidemia de Gripe Espanhola sobre Botucatu, na primavera de 1918, apenas três meses após a inauguração da Delegacia de Saúde na cidade.

Nas décadas subsequentes à sua implantação, a Delegacia de Saúde de Botucatu submergiu nas disputas entre diferentes ideais sanitários: se Arthur Neiva – diretor geral do Serviço Sanitário entre os anos de 1917 a 1920 e responsável pela criação das Delegacias de Saúde do Interior – conferiu projeção ao sertão paulista, o mesmo não aconteceu nas gestões seguintes do órgão.

Com a criação da Inspetoria de Higiene dos Municípios, sediada na capital, e a determinação de que os serviços estaduais de higiene fossem instalados apenas em municípios que contribuíssem financeiramente com o Estado – priorizando os que oferecessem mais recursos –, a Reforma Paula Souza, em 1925, levou à extinção da Delegacia de Saúde de Botucatu, revelando não só mudanças e tensões entre diferentes ideários no campo sanitário, mas também possível erosão das forças políticas da cidade. Seis anos depois, em 1931, nova reorganização do Serviço Sanitário sob a gestão de Francisco de Salles Júnior – nomeado por Arthur Neiva, então no cargo de Secretário de Negócios do Interior – dissolveu a Inspetoria de Higiene dos municípios e reestruturou as Delegacias de Saúde do Interior, entre elas, a de Botucatu, entretanto, sem a projeção de outrora.[65]

Algumas considerações

Buscou-se neste estudo traçar cenário sobre as primeiras décadas do regime republicano no Brasil, os debates relacionados à saúde pública e à construção do Estado nacional e a organização dos serviços sanitários em São Paulo, no início do século XX. Nesse sentido, o Sertão e a Questão Nacional foram tomados como pano de fundo para compreensão da conjuntura em que se inseriu a criação das Delegacias de Saúde pelo interior do estado de São Paulo sob as lentes da paulistanidade, balizando-se elementos que levaram à escolha de Botucatu como uma das sedes das Delegacias de Saúde pela Reforma do Serviço Sanitário, em 1917, e que possibilitaram instalação e funcionamento na cidade, em 1918.

A análise da ocupação do Extremo Sertão Paulista e da criação da Delegacia de Saúde de Botucatu tem nos possibilitado desnudar liames que edificaram o saneamento da extensa região como uma empreitada social imersa em jogo político e confluência de interesses entre autoridades públicas, poderosos locais e ávidos capitalistas. Ao mesmo tempo, deslinda intenciona-

65 SOARES, Márcia Guedes. *As políticas de educação do serviço sanitário de São Paulo entre a República Velha e o Estado Novo*. Dissertação (mestrado em Educação) – Faculdade de Educação-Unicamp, Campinas, 2017. p. 22.

lidade de dirigentes botucatuenses na retroalimentação dos mitos de "Terra dos Bons Ares" e de "Capital da Boca do Sertão", enquanto garantia de distinção das terras botucudas com as da limítrofe Zona Noroeste, que se encontravam tomadas pela leishmaniose e pela malária, mas em franca expansão de atividades econômicas e conformação de nova elite regional.

Procurou-se assim, sob a perspectiva da história local, apresentar forças políticas, singularidades e tensionamentos presentes no interior das ações médico-sanitárias em Botucatu e na ocupação do extremo Sertão, articulado--os aos debates relacionados à Saúde na construção do Estado Nacional e às idiossincrasias do projeto sanitário paulista em seus estratagemas, avanços e recuos. Na busca pelo contingente e pela radicalidade do argumento histórico nas análises do campo da saúde coletiva,[66] este trabalho entende que a compreensão da institucionalização da saúde em São Paulo perpassa necessariamente pelo estudo das diversas regiões do estado e das relações travadas com a agenda sanitária estadual.

REFERÊNCIAS

ABUD, Katia Maria. *O sangue intimorato e as nobilíssimas tradições*: a construção de um símbolo paulista: o bandeirante. Tese (mestrado em História) - FFLCH-USP, São Paulo, 1986.

ALMEIDA, Levy. Delegacias de Saúde. *O Correio de Botucatu*, capa, 18 mai 1918.

ALMEIDA, Marta de. *República dos invisíveis*: Emílio Ribas, Microbiologia e Saúde Pública em São Paulo (1898-1917). Dissertação (mestrado em História) - FFLCH-USP, São Paulo, 1998.

ANTONINI, Inês Gontijo. *Sanear a cidade e segregar a pobreza*: estudo de práticas sociais em Botucatu-SP, 1890-1920. Dissertação (mestrado em História) - FAFICH-UFMG, Belo Horizonte, 1985.

ARANHA, Antonio Carlos Botelho Souza. *Carlos Botelho*: nasceu no Século XIX, viveu no século XX e vislumbrou São Paulo do século XXI. São Paulo: Editora do Autor, 2011.

66 LIMA, Nísia Verônica Trindade; CARVALHO, Maria Alice Rezende. "O argumento histórico nas análises de saúde coletiva". In: FLEURY, Sônia (Ed.). *Saúde coletiva?* Questionando a onipotência do social. Rio de Janeiro: Relume Dumará, 1992.

AZEVEDO, Fernando de. *Um trem corre para o oeste.* Estudo sobre a Noroeste e seu papel no sistema de viação nacional. São Paulo: Edições Melhoramentos, 1958.

CARONE, Edgard. *A República Velha I*: instituições e classes sociais (1889-1930). 4ª ed. Rio de Janeiro: Difel, 1978.

COBRA, Amador Nogueira. Em um recanto do sertão paulista. São Paulo: Typ. Hennies Irmãos, 1923 apud *Informativo da Divisão de Acervo Histórico.* Ano III. São Paulo: Assembleia Legislativa do Estado de São Paulo; 2017. p. 21-4.

Directoria de Serviço Sanitário do Estado de São Paulo. Annuario Demographico - Secção de Estatistica Demographo-Sanitaria. Anno XXV - 1918, Vol. I. Capital e Santos. São Paulo, Typ. do Diario Official, 1920.

ERCILLA, A.M.; PINHEIRO, Brenno. *O Estado de S.Paulo.* Zona Noroeste. São Paulo: Editores Propaganda Pan-Americana, 1928.

FERRAZ, J. "Salubridade Publica no Estado de São Paulo". *Revista Brasil,* vol. 2, 1916. p. 277-80.

FIGUERÔA, Silvia Fernanda de Mendonça. *As ciências geológicas no Brasil:* uma história social e institucional, 1875-1934. São Paulo: Hucitec, 1997.

FREIRE, Américo; CASTRO, Celso. "As bases republicanas dos Estados Unidos do Brasil". In: GOMES, Angela Maria Castro; PANDOLFI, Dulce Chaves.; ALBERTI, Verena (org.). *A República no Brasil.* Rio de Janeiro: Nova Fronteira, 2002. p. 31-53.

FREIRE, Olavo; MAY, Alfredo Oscar de Azevedo. Atlas de Geographia Universal e Especialmente do Brasil segundo os desenhos de Olavo Freire e Coronel Alfredo Oscar de Azevedo May. Curso Médio. *Para as Escolas do 2 grau, Escolas Normaes e Gymnasios.* Livraria Classica de Francisco Alves. Rio de Janeiro, 1910.

GAMBETA, Wilson Roberto. *Soldados da saúde*: a formação dos serviços em saúde pública no Estado de São Paulo, 1889-1918. Dissertação (mestrado em História) – FFLCH-USP, São Paulo, 1988.

GHIRARDELLO, Nilson. *À beira da linha:* formações urbanas da Noroeste Paulista. São Paulo: Editora Unesp, 2002.

GODOI, Lidiany Cristina de Oliveira. *Botucatu e a expansão do ensino na Primeira República*: história do Grupo Escolar Dr. Cardoso de Almeida (1895-

1920). Dissertação (mestre em Educação) - Faculdade de Educação-Unicamp, Campinas, 2009.

HOCHMAN, Gilberto. *A era do saneamento*. São Paulo: Hucitec, 2006.

IANNONE, Roberto Antonio. *Evolução do setor elétrico paulista*. Tese (doutorado em História) - FFLCH-USP, São Paulo, 2006.

IYDA, Massako. *Mudanças nas relações de produção e migração*: o caso de Botucatu e São Manuel. Dissertação (mestrado em Saúde Pública) - FSP-USP, São Paulo, 1979.

KUNTZ, Nicolau. Relatório. *O Correio de Botucatu*, capa, 26 jan. 1918.

LIMA, Nísia Verônica Trindade; CARVALHO, Maria Alice Rezende. "O argumento histórico nas análises de saúde coletiva". In: FLEURY, Sônia (Ed.). *Saúde coletiva?* Questionando a onipotência do social. Rio de Janeiro: Relume Dumará, 1992.

______; HOCHMAN, Gilberto. "Condenado pela Raça, Absolvido pela Medicina: O Brasil Descoberto pelo Movimento Sanitarista da Primeira República". In: MAIO, Marcos Chor, SANTOS, Ricardo Ventura (Org). *Raça, ciência e sociedade*. Rio de Janeiro: Fiocruz; CCBB, 1996.

LUCIO, Silvana Tercila Maria Pettinato. *João Pedro Cardoso e a ação da Comissão Geográfica e Geológica na apropriação do território paulista, 1905-1931*. Tese (doutorado em Arquitetura e Urbanismo) - FAU-USP, São Paulo, 2014.

LUZ, Madel Therezinha. *As instituições médicas no Brasil*. 2ª ed. Porto Alegre: Rede Unida, 2013.

MAGALHÃES, Augusto de. *Almanack de Botucatu*. São Paulo: Estabelecimento Graphico Pedro Rezzini & Cia, 1920.

MARTINS, Ana Luiza; LUCA, Tania Regina de. *Imprensa e cidade*. São Paulo: Unesp, 2006.

MERHY, Emerson Elias. *Capitalismo e saúde pública*: a emergência das práticas sanitárias no estado de São Paulo. 2ª ed. Porto Alegre: Rede Unida, 2014.

MOI, Claudia. *Explorações do olhar*: ciência e arte nas fotografias da Comissão Geográfica e Geológica de São Paulo. Dissertação (mestrado em Multimeios) - Instituto de Artes-Unicamp, Campinas, 2005.

MORATELLI, Thiago. *Os trabalhos da construção da estrada de ferro noroeste do Brasil*: experiências operárias em um sistema de trabalho de grande empreitada (São Paulo e Mato Grosso, 1905-1914). Dissertação (mestrado em História) – Instituto de Filosofia e Ciências Humanas-Unicamp, Campinas, 2009.

MOTA, André. *Quem é bom já nasce feito:* sanitarismo e eugenia no Brasil. Rio de Janeiro: DP&A, 2003.

______. *Tropeços da medicina bandeirante*: medicina paulista entre 1892-1920. São Paulo: EDUSP, 2005.

______; BADINI, Cássia Maria. "Dilemas revelados e mito desfeito: Sorocaba e a epidemia de febre amarela na República Velha". In: MOTA, André; MARINHO, Maria Gabriela S.M.C. *Práticas médicas e de saúde nos municípios paulistas*: a história e suas interfaces. São Paulo: CDG Casa de Soluções e Editora, 2011. p. 153-182.

______; MESSORA, Elder Al Kondari. "Medicina e paulistanidade: a luta contra o câncer e os "cancerosos" nas primeiras décadas do século XX". In: BONTEMPI JR, Bruno; CAMPOS, Raquel Discini (Org.). *Paulistanidade e educação*: práticas e simbologias. Campinas: Pontes Editores, 2018. p. 97-120.

NEIVA, Arthur. *Daqui e de longe...*: chrônicas nacionaes e de viagem. São Paulo: Melhoramentos, 1927.

O Correio de Botucatu. Editorial. Botucatu, 30 abr., 1911. p. 2.

VILLALVA, Carlos. Projecto n.58 de 1893 – Ordem do Dia. *O Estado de São Paulo*. São Paulo, 17 jul., 1895. p. 2.

RIBEIRO, Maria Alice Rosa. *História Sem fim...* Inventário da saúde pública. São Paulo: Unesp, 1993.

SANTOS, Ademir Pereira dos. *Terrenos desconhecidos*: solos histórico-gráficos sobre uma base documental. Dissertação (mestrado em História) – Faculdade de Ciências e Letras-Unesp, Assis, 1992.

SANTOS, Luiz Antonio de Castro. "Poder, Ideologias e Saúde no Brasil da Primeira República: ensaio de sociologia histórica". In: HOCHMAN, Gilberto; ARMUS, Diego (Org.). *Cuidar, Controlar, Curar*: ensaios históricos sobre saúde e doença na América Latina e Caribe. Rio de Janeiro: Fiocruz, 2004. p. 249-93. (Coleção História e Saúde).

SEVCENKO, Nicolau. *A revolta da vacina.* Mentes insanas em corpos rebeldes. São Paulo: Editora Scipino Ltda, 1993.

SOARES, Márcia Guedes. *As políticas de educação do serviço sanitário de São Paulo entre a República Velha e o Estado Novo.* Dissertação (mestrado em Educação) – Faculdade de Educação-Unicamp, Campinas, 2017.

TELAROLLI JUNIOR, Rodolfo. *Poder e saúde*: as epidemias e a formação dos serviços de saúde em São Paulo. São Paulo: Unesp, 1996.

VIÉGAS, Rosemari Faga. *Os relatórios da Comissão Geográfica e Geológica e a comunicação científica no Brasil.* Tese (doutorado em Ciências da Comunicação) – ECA-USP, São Paulo, 1996.

Destroçar Canudos, povoar a terra roxa: a deontologia médica paulista entre o bandeirantismo e o saneamento (1897-1930)

Bruno de Oliveira Mastrantonio[1]

Introdução

Em 1897, o então presidente da República, Prudente de Morais, dirigia ao Congresso a esperançosa mensagem para sentenciar o fim daquele conflito que havia tomado proporções nacionais:

> Canudos vai ser atacado em condições de não ser possível novo insucesso: dentro em pouco a divisão do Exército, ao mando do general Arthur Oscar, destroçará os que alli estão envergonhando nossa civilisação.[2]

A essa altura, os conselheiristas já haviam derrotado duas investidas locais e uma expedição federal, cujo fracasso escancarava a inabilidade dos poderes republicanos na manutenção da ordem. O trágico desfecho desta expedição, que culminou na morte do coronel paulista Moreira César, redimen-

1 Historiador, doutorando do Programa de Pós Graduação em Saúde Coletiva pela FMUSP. E-mail: brunomastrantonio@usp.br.

2 Mensagem apresentada ao Congresso Nacional na Abertura da primeira sessão da Terceira Legislatura pelo Presidente da República Prudente J. de Morais Barros. Rio de Janeiro, Imprensa Nacional, 1897. p. 7.

sionou o conflito no sertão baiano. Associado à um levante monarquista, o arraial passou a ser notícia em todo o território nacional.

Destroçar Canudos significava legitimar o triunfo da República, tão abalada por crises e instabilidades desde sua proclamação. Essa missão estava nas mãos do Partido Republicano Paulista, de onde vinha Prudente de Morais, cuja imagem encontrava-se fragilizada pela vergonhosa derrota que tivera em março daquele ano.

O objetivo deste artigo é observar como a experiência de Canudos repercutiu nos âmbitos das elites políticas e médicas de São Paulo e direcionou seus olhares para seus próprios sertões, moldando as incursões sobre a terra roxa.

Para isso, levaremos em conta a conjuntura dos primeiros anos da República, marcada por instabilidades e disputas entre diferentes projetos políticos até a chegada dos cafeicultores paulistas. Perscrutaremos o conflito de Canudos em um momento em que a ocupação das terras do Oeste paulista era debatida na ordem do dia.

A partir da ideia de construção de uma "paulistanidade"[3] analisaremos a produção médica paulista voltada para os seus sertões dentro da ótica da excepcionalidade do povo, sustentando a hipótese de que o conflito em Canudos possa ter direcionado a forma como a questão deveria aparecer na deontologia médica.

A República contra a "Necrópole dos Bravos"

A 7 de outubro de 1897, o jornal republicano *O Paiz* publicava, em letras garrafais, a vitória definitiva das forças legais sobre o arraial de Canudos. Segundo o caloroso texto que acompanhava a foto do triunfante general Arthur Oscar, a República estava vingada, pois Canudos havia sido colocado "sob a lei" por intermédio dos soldados republicanos que lutaram em nome do civismo.[4]

A mesma euforia se encontra registrada na *Gazeta Médica da Bahia*, periódico publicado pela Faculdade de Medicina da Bahia, que se orgulhava da memória daqueles que estiveram em combate durante a invasão de Canudos.

---

3 FERRETTI, Danilo José Zioni; CAPELATO, Maria Helena Rolim. *A construção da paulistanidade:* identidade, historiografia e política em São Paulo (1856-1930). 2004. Universidade de São Paulo, São Paulo, 2004.

4 *O Paiz,* Rio de Janeiro, 7. out., 1897.

O então vice-presidente da República, Manoel Vitorino, lente catedrático da Faculdade expressava sua satisfação:

> A Faculdade de Medicina da Bahia ainda uma vez honrou suas nobres e gloriosas tradições de patriotismo e benemerência. Filho dessa instituição onde colhi o amor à ciência e as aspirações de liberdade e grandeza para minha pátria, peço permissão a seu ilustre corpo docente e a sua briosa plêiade de alunos para saudar com entusiasmo os bravos rapazes que nos campos da luta tanto enobreceram a profissão e o nome baiano. Viva a República! Viva a Bahia! Viva a Faculdade![5]

Ambas as declarações trazem o sentimento de vitória dos ideais republicanos, algo que poderia parecer exagero frente a derrocada de uma simples comunidade que vivia nos sertões baianos. O tom que os vitoriosos deram ao término do conflito pode dar a entender que republicanos e "monarquistas", ou civilizados e selvagens – como preferia a imprensa – se enfrentaram para decidir os rumos da nação, mas a verdade é que a projeção nacional do conflito ocorreu de maneira mais intensa após o fracasso de duas investidas locais e uma por parte do governo federal.

No âmbito nacional, é preciso ter em mente que esses eventos coexistiram com o momento de transição da liderança militar para o grupo de cafeicultores que deu início ao governo civil republicano, com a eleição do paulista Prudente de Morais em 1894. A falta de legitimidade dos líderes militares e os insucessos de seus dois governos permitiram crescer a oposição dos civis, evidenciando um quadro político que polarizava esses dois grupos em torno do governo federal. Soma-se a essa tensão a morte de Moreira César no sertão baiano, considerado pelos militares como um de seus mais ilustres representantes, que seria utilizada estrategicamente para pôr em xeque o plano político dos civis frente à ameaça sertaneja.

Segundo Hermann, esse cenário político específico é fundamental para compreender a supervalorização dos conselheiristas como inimigos da nação, de modo a justificar a enérgica repressão do arraial. Nessa perspectiva, Canudos passou a ter proporções nacionais a partir do fracasso da 3º

---

5 "Noticiário". *Gazeta Médica da Bahia.* Ano XXIX, julho de 1897, número 1.

Expedição, e a sua destruição deveria vir como a "confirmação do compromisso assumido com os princípios de um governo verdadeiramente republicano".[6]

Tal perspectiva explica de modo convincente a tentativa de identificar o arraial de Canudos como um movimento de restauração monárquica, esforço realizado pela imprensa da época, e pela ala radical que apoiava os militares. Com a morte do coronel tornava necessária a destruição do reduto:

> Agora e só agora o governo federal soube qual é a força do inimigo que tem no sertão da Bahia; agora e só agora ele pode calcular com precisão quais os elementos de guerra que precisa opor a esse miserável instrumento de conspiração monarquista. Esta é que tem de ser no mais breve espaço de tempo completamente esmagada para desafronta do nosso glorioso exército sacrificado à triste politicagem de campanário e para honra da República, batida por uma horda de vândalos entrincheirados poderosamente, sem que o governo da Bahia lhes tivesse posto embaraços, em um arraial do sertão, duas vezes cemitério da bravura de nossos soldados![7]

Assim, o governo civil enfrentava uma suposta ameaça de suas instituições, e a morte dos "heroicos soldados brasileiros, mártires da sua dedicação à República" era colocada como um revés onde Luiz Viana (então governador da Bahia) e Prudente de Morais tinham sua parcela de culpa, especialmente nas análises dos republicanos mais radicais, conhecidos como "jacobinos".[8] Em mensagem apresentada ao Congresso Nacional em 1897, Prudente de Morais lamentou a derrota do exército, talvez em uma tentativa de mostrar à essa oposição que também estava do lado da República:

---

6 HERMANN, Jacqueline. "Canudos destruído em nome da República: uma reflexão sobre as causas políticas do massacre de 1897". *Tempo*, Rio de Janeiro, vol. 2, nº 3, 1996. p. 81-105.

7 *O Paiz.* Rio de Janeiro, 8 de março de 1897.

8 Entre os "jacobinos" havia intelectuais, parlamentares, políticos das oligarquias estaduais e militares que almejavam a retomada do poder pelo Exército. Cf. JANOTTI, Maria de Lourdes Mônaco. *Os subversivos da República.* São Paulo: Brasiliense, 1986.

> (...) o fato de maior gravidade quanto à ordem pública, pela repercussão que teve em todo o país, foi sem dúvida o revés sofrido a 3 e 4 de março próximo findo pelas forças que formavam a brigada expedida contra os fanáticos e bandidos acastelados na povoação de Canudos, Estado da Bahia. (...) Os revoltosos dos sertões da Bahia não são simplesmente impulsionados pelo fanatismo religioso, mas também instrumentos dos que ainda sonham com a restauração da monarquia, apesar de estar definitivamente condenada pela Nação.[9]

Se é verdade que o quadro político nacional contribuiu para a transformação de Canudos num contraponto da República, e possibilitou justificativas para sua completa destruição, a ordem dos fatos no sertão baiano parece evidenciar que a deflagração do conflito tinha pouca relação com a denegação do regime republicano.

Foi somente em junho de 1896 que Canudos passou a chamar atenção do governo do Estado, em decorrência do desentendimento de uma compra de madeira para a construção de uma igreja no arraial, que não teria sido entregue. O juiz local, Arlindo Leoni, enviara um telegrama a Luiz Viana comunicando o ocorrido, e o governador providenciou cerca de 100 praças para punir os conselheiristas, comandados pelo tenente Pires Ferreira. Ao serem derrotados pelos fiéis de Antônio Conselheiro, Luiz Viana acreditou na necessidade de impor "ao governo do Estado o dever de prosseguir com energia no empenho de levar a termo o seu primeiro intento contra Conselheiro e seu séquito".[10] Dessa vez, sob o comando do major Febrônio de Britto, uma segunda expedição se lançaria em Canudos, composta por 600 homens, julgando o governador que esse número fosse "mais que suficiente para debelar os fanáticos".[11]

9 *Mensagem apresentada ao Congresso Nacional na Abertura da primeira sessão da Terceira legislatura pelo Presidente da República Prudente J. de Morais Barros.* Rio de Janeiro, Imprensa Nacional, 1897. p. 6.

10 *Mensagem do Dr. Governador da Bahia ao Presidente da República sobre os antecedentes e ocorrências das expedições contra Antônio Conselheiro e seus sequazes.* Bahia. Typographia do "Correio de Notícias", 1897. p. 6.

11 Idem. p. 7.

A Mensagem de Luiz Viana, em tom de justificar os desastres nas investidas contra Antônio Conselheiro, acusava a falta de informação de Febrônio de Britto sobre a dimensão do arraial. O militar, que também era da ala pró-florianista do Exército, foi derrotado em janeiro de 1897, após mais de um mês em campanha, acirrando o conflito entre civis e militares, ao publicar uma carta onde revelara "um impulso de hostilidade abrupta contra o governo do Estado".[12]

A indicação Moreira César deveria ser a última expedição contra Canudos e uma questão de honra para o Exército, que a essa altura desconfiava da capacidade dos civis em manter a estabilidade da República. A sua imprevisível derrota, no entanto, abalou o equilíbrio das forças políticas nesse período republicano. Os radicais "jacobinos" não mediriam esforços em nomear os culpados pelo insucesso da campanha de Moreira César, tornando-o um herói da luta pela República, conferindo ao conflito em Canudos uma questão de segurança nacional, de manutenção do regime político.

Assim, para contornar as acusações da oposição após a morte de Moreira César, Luiz Viana clamava para si a responsabilidade da "consolidação das instituições republicanas"[13] e Prudente de Morais compreendeu que, para frear a oposição e se manter no poder, era preciso conter a ameaça a todo custo: destroçar Canudos.

Quando as tropas da quarta expedição sequer haviam saído vitoriosas, o médico maranhense e professor de Medicina Legal da Faculdade de Medicina da Bahia, Raimundo Nina Rodrigues, concluía sua análise sobre o arraial de Canudos, traçando o perfil patológico não só de Antônio Conselheiro, mas também de todos aqueles que o seguiam.

A loucura epidêmica de Canudos fora publicada na Revista Brasileira em novembro de 1897, quando apenas um mês havia se passado desde a destruição de Belo Monte. Se a imprensa buscou delimitar o arraial dentro dos padrões de crime e desordem, referindo-se à Canudos como o "receptáculo da vadiagem", "valhacouto do crime" e "necrópole dos bravos", a medicina o fez por definições precisas que ressaltassem a patologia do povo sertanejo.

12 Ibidem. p. 10.

13 Ibidem. p. 11.

Nina Rodrigues estava convicto de que

> A população sertaneja é e será monarquista por muito tempo, porque no estádio inferior da evolução social em que se acha, falece-lhe a precisa capacidade mental para compreender e aceitar a substituição do representante concreto do poder pela abstração que ele encarna - pela lei.[14]

Sua interpretação, conforme os parâmetros científicos de sua época, denota que cada tipo racial desencadearia uma reação patológica distinta. O mestiço dos sertões - o jagunço - na visão de Nina Rodrigues, possui o "caráter indomável do índio selvagem, o gosto pela vida errante e nômade" e está sempre disposto para "as depredações à mão armada", onde suas "qualidades atávicas" são postas em evidência.[15]

Essas características seriam ainda potencializadas quando em contato com um líder, transformado em profeta pela religiosidade sertaneja: "para essa população as abstrações religiosas são fortes demais".[16] Assim, diante da necessidade de uma divindade tangível e material, Antônio Conselheiro se tornaria o enviado divino. Na linguagem científica, ele seria o *meneur*, o elemento ativo no contágio de uma loucura que abarcaria uma multidão de seguidores.

Diante dessa fatalidade tão inevitável, Nina Rodrigues lamentava que a necessidade de chamar aquela multidão de *povo* - obediente às leis da República - tivesse de ser feita pela ação das armas.

A partir da morte do coronel Moreira César nos sertões baianos, Canudos receberia sua sentença irredutível: seria destruído a qualquer custo, em nome da sobrevivência não só dos agentes políticos envolvidos, mas da República. Sua condenação pela medicina viria em termos condizentes com a produção científica da época.

Avesso às leis por um fator biológico, expresso pela condição de mestiço dos conselheiristas, os habitantes da "Necrópole dos Bravos", seriam "destroçados" ou "destruídos à bala", em nome da manutenção das instituições

14 NINA RODRIGUES, Raimundo. *As coletividades anormais.* Prefácio e notas de Arthur Ramos. Brasília: Senado Federal, Conselho Editorial, 2006. p. 51.

15 Idem. p. 49-51.

16 Ibidem. p. 53.

republicanas, que se viam em crise e instabilidade desde 1889. Canudos fora transformado no símbolo da barbárie, do atraso; a sua destruição era a garantia de que a estabilidade viria.

Ecos do sertão baiano...

Em março de 1897 as notícias do fracasso da expedição de Moreira César ocupavam diariamente as folhas dos jornais paulistas. O lamento pela perda do coronel paulista logo se converteu em crítica ao governo de Prudente de Morais, acusado pelo jornal *A Nação* – um órgão do Partido Republicano Federal – de negar esclarecimentos sobre o conflito.

> ... Canudos continuará indecifrável e o governo, perverso ou inconscientemente mysterioso. O governo do sr. Prudente de Morais é o desanimo e o terror e transmite ao organismo nacional esse cansaço desalentador e doentio que acompanha a sua dyspnea final.[17]

As disputas entre os grupos republicanos, acirradas com a deflagração da guerra em Canudos, mostravam que a eleição de Prudente de Morais não garantia a hegemonia do PRP, que se digladiou não só com os florianistas, mas também com os "gliceristas" do PRF.[18] Assim, o que estava em jogo com o anúncio da quarta expedição era menos o triunfo da República e mais a sobrevivência dos perrepistas no cenário político nacional.

Nesse contexto se lançou a expedição liderada por Arthur Oscar. Para evitar a catástrofe ocorrida em março daquele ano, fazia-se necessário aumentar o contingente das forças, algo requerido pelo governo antes mesmo que o próprio general se manifestasse – e concedido pelos paulistas prontamente. O *Correio Paulistano* orgulhava-se ao noticiar que "não é a primeira vez, neste novo regimen, que o Estado de S. Paulo acóde pressuroso, fora de seu território, a defender, pelas armas, a causa da legalidade e a honra da Republica".[19]

Sob a permissão de Campos Sales, então presidente do Estado de São Paulo, marchou para o sertão baiano o 1º Batalhão da Brigada Policial, com-

17 *A Nação.* Orgam do Partido Republicano Federal. São Paulo, 3 de agosto de 1897.

18 FERRETTI, Danilo José Zioni; CAPELATO, Maria Helena Rolim. Op.cit. p. 209-210.

19 *Correio Paulistano.* Orgam Republicano. São Paulo, 29 de julho de 1897.

posto por 21 oficiais e 400 praças.[20] A empreitada paulista repercutiu também no interior do Estado, de onde vinham as manifestações de "solidariedade política" à Campos Sales, Prudente de Morais e à República. Batatais, Mogi Mirim, Itatiba, Jaú, são algumas das localidades que manifestaram apoio "em defesa da causa republicana".

A medida, no entanto, sofreu novos ataques dos opositores, articulados em torno de *A Nação*:

> Ou o presidente do Estado tinha atribuição para retirar do Estado parte de sua força policial e não carecia dar conhecimento do acto, (...) ou s. exa. não tinha essa atribuição e devia pedir ao Congresso autorização para tal medida. Julgar dever obedecer ao preceito constitucional, como diz a mensagem, communicar ao poder legislativo o facto, depois de consumado, é dar melhor atestado do desrespeito a esse preceito.[21]

A despeito do incômodo, a tropa seguiu para o sertão baiano, deixando o largo da Luz no início de agosto de 1897. Os governistas encontravam-se esperançosos, já que desde a última semana de julho as notícias que chegavam na capital apontavam para a ocupação de Canudos. Na seção livre do *Correio Paulistano*, "um republicano histórico" registrava seus vivas ao Governo do Estado de São Paulo, ao soldado paulista e ao Governo da União – notadamente também representado por um paulista.[22]

Campos Sales, por sua vez, alegava que o conflito na Bahia colocava em risco a ordem pública nacional e sua ajuda garantiria o estreitamento dos laços com o então governador baiano, Luís Viana. Dois anos mais tarde, o político baiano, em sua passagem por São Paulo, seria homenageado pelo *Archivo Illustrado*:

> Com a conflagração do sertão da Bahia, no sanguinolento reducto de Canudos, a sua acção, á frente do governo estadoal, amparou valentemente o governo do dr. Prudente de Moraes,

20 Idem.

21 *A Nação*. Orgam do Partido Republicano Federal. São Paulo, 3 de agosto de 1897.

22 *Correio Paulistano*. São Paulo, 2 de agosto de 1897.

> estabelecendo, assim, um grande laço de união que se consolidou depois de seu valoroso auxílio á eleição do dr. Campos Salles. Por todos esses títulos e ainda mais pela administração exemplar que tem dado á Bahia, o dr. Luiz Vianna, merece sincera e festiva saudação dos paulistas. O Archivo Illustrado tem o alto desvanecimento de saudar o exm. dr. Luiz Vianna como um dos sustentáculos do regimen republicano no Brazil.[23]

Tratava-se da eleição para a presidência, que garantiria a tão esperada estabilidade política por meio da "Política dos Governadores".[24] Ao que parece, os conflitos em Canudos favoreceram essa aliança com o político baiano.

Os paulistas transmitiram a mesma euforia que os cariocas quando o massacre em Canudos se encerrou. Ainda que fossem inimigos declarados, *Correio Paulistano* e *Nação* celebravam o fim do conflito e viam-no como o triunfo da República sobre a monarquia de fanáticos. O *Correio* continuava a publicar a solidariedade política que o interior do Estado manifestava à Campos Sales; O *Nação* aproveitava a mesma página inicial da vitória nos sertões baianos para apresentar seus candidatos à presidência, Lauro Sodré e Fernando Lobo. Canudos era o argumento necessário para escancarar a inabilidade dos governistas:

> O dr. Lauro Sodré constituirá um governo decididamente, firmemente republicano, sem vacilações na defeza das instituições (...) A escolha do seu nome, suggestiva ao patriotismo nacional, por haver sido consagrado no mesmo dia em que se festejou a victoria do nosso exército obtida contra o fanatismo monarchico, honra nosso partido.[25]

---

23 *O Archivo Illustrado*: Encyclopedia Noticiosa, Scientifica e Litteraria. São Paulo, Anno I, num.10, Agosto de 1899.

24 NEVES, Margarida de Souza. "Os cenários da República: o Brasil na virada do século XIX para o século XX". In: FERREIRA, Jorge e DELGADO Lucília de Almeida Neves (orgs). *O Brasil Republicano:* o tempo do liberalismo excludente. Da proclamação da República à Revolução de 1930. Rio de Janeiro: Civilização Brasileira, v.1, 2013.

25 *A Nação*. Orgam do Partido Republicano Federal. São, 7 de outubro de 1897.

A guerra de Canudos foi, sem dúvida, palco de diversas representações na imprensa brasileira, que acompanhou seu desenrolar com afinco, sobretudo durante a 4ª Expedição, intensificando a prática jornalística.[26] Objeto de críticas e sátiras, além de tema de um livro que imortalizou os sertões baianos, o conflito também acirrou as disputas políticas entre os paulistas e, como veremos adiante, pode ter direcionado a forma como os poderes públicos voltariam seus olhares para seus próprios sertões.

Nesse sentido, o papel dos correspondentes de guerra foi fundamental para manter os paulistas a par do conflito. Estudos já clássicos revelam a importância de Euclides da Cunha, corresponde de guerra de um outro jornal, *O Estado de São Paulo*, na interpretação dos eventos em meio à formação de identidades nacionais e regionais, levando em conta a participação do escritor no Instituto Histórico e Geográfico de São Paulo (IHGSP).[27]

Segundo Ferretti, o IHGSP nasceu como resultado de investimentos do governo republicano na criação de instituições de ensino e pesquisa, fundado em 1894, para reelaborar um discurso identitário regional, isto é, afirmar a existência de uma "exceção paulista".[28] Se é verdade que a ideia de excepcionalidade paulista encontrou respaldo na produção historiográfica do período, gostaríamos de ressaltar que também nos discursos médicos ela se fez presente,[29] e no que diz respeito aos sertões paulistas, teve como ponto de partida a experiência de Canudos.

Isso porque o conflito também ecoou entre a classe médica paulista, que havia lido a publicação de Nina Rodrigues sobre a patologia de Antônio Conselheiro e seus seguidores. Vários textos do médico maranhense foram publicados na *Revista Médica de São Paulo*, periódico mantido pela Sociedade de Medicina e Cirurgia da capital paulista.

---

26 GALVÃO, Walnice Nogueira. *No calor da hora:* a guerra de Canudos nos jornais. São Paulo: Editora Ática, 1994.

27 FERRETI, Danilo Zioni. Euclides da Cunha historiador: a reinvenção do bandeirante em Os sertões. *Revista de História*, nº 160, 2009. p. 261-284.

28 Idem. p. 264.

29 MOTA, André. *Tropeços da medicina bandeirante:* medicina paulista entre 1892-1920. São Paulo: Edusp, 2005.

A resenha de *A loucura epidêmica de Canudos* foi feita pelo médico Francisco Franco da Rocha, que então dirigia o Hospício do Juquery, recém fundado em 1898. Nela, elogiou o médico maranhense pelo seu "olhar penetrante" com o qual analisou os fatos, defendendo-o ainda de possíveis críticas:

> O que parecerá talvez um pouco chocante é a affirmação de loucura do Messias de Canudos. O publico tem negação em acceitar como loucura o delírio coherente, em que o doente conserva attenção, a memória e o poder de dirigir-se com toda a apparencia de lógica. Entretanto, a analyse da vida de Conselheiro demonstra cabalmente a sua loucura e a justeza da opinião do Dr. Nina Rodrigues.[30]

É importante ressaltar um aspecto no que diz respeito à obra de Nina Rodrigues sobre Canudos. Tratava-se de um estudo destinado à possibilidade do contágio de loucura entre indivíduos predispostos. Essa temática ganhava notoriedade nesse momento em estudos realizados na França e na Itália, e viria a ser posteriormente objeto de estudo da Psicologia Coletiva.

Dentre os franceses, Gustave Le Bon admitia que, na associação entre indivíduos, poderia se estabelecer um estado patológico, guiado por paixões e emoções que induziriam a *multidão* a cometer atos irracionais.[31] Nina Rodrigues faria sua contribuição original ao tema, acrescentando o papel da loucura na associação entre os indivíduos. Assim, o *estado de multidão* seria um estado de exaltação coletiva, passional e patológica, onde desaparece a personalidade consciente.

O que nos interessa aqui é ressaltar que, com o desenvolvimento do conceito de *multidão* como uma categoria patológica, capaz de impulsionar conflitos muitas vezes políticos – como foi o caso de Canudos – o termo *povo*

30 ROCHA, Francisco Franco da. "Épidémie de folie religieuse au Brésil" par le dr. Nina Rodrigues. *Revista Médica de São Paulo*. São Paulo, ano II, n. 8, 15 de agosto de 1899. p. 237-238.

31 LE BON, Gustave. *Psicologia das multidões*. [S.l]: Edições Roger Delraux, 1980. Disponível em: <https://filosoficabiblioteca.files.wordpress.com/2016/03/le-bon-gustave-psicologia-das-multidc3b5es.pdf>. Acesso em: 05 de fev. 2020.

passou a ocupar espaço nos discursos médico e político, como forma de diferenciar a que tipo de associação coletiva se referiam.[32]

> Essas discussões estiveram presentes no advento do projeto republicano oligárquico, levado a cabo pelos cafeicultores paulistas, de tal modo que a "demofobia" - a aversão às multidões - motivou Campos Sales a sugerir ao seu sucessor na presidência aproveitar a reforma do porto do Rio de Janeiro para remodelar o centro urbano da cidade. Ele deveria ser purgado tanto das epidemias quanto das classes perigosas que o habitavam, a fim de retomá-lo enquanto espaço de representação de uma sociedade moderna e civilizada.[33]

Com a deflagração da questão dos sertões na ordem do dia, fazia-se urgente transformar em *povo* os mestiços que viviam nas inóspitas terras do interior, convivendo com doenças e epidemias. O discurso médico-sanitarista nascia com essa missão, e nos parece que com objetivo também de evitar, na "terra roxa" a fatalidade eclodida na Bahia.

Para tal, sugeria o senador por São Paulo, Manuel Moraes e Barros:

> Lembrem-se mais, que uma vez vencido Canudos, não podemos ainda ficar tranquilos. Novas seitas fanáticas podem aparecer em nosso paiz e que portanto devemos levar a nossa attenção para a origem desse mal, afim de estanca-lo de tornar impossível sua repetição. Essa origem, senhores, é a ignorância. Portanto, o primeiro ensinamento que podemos deduzir da victoria de Canudos é a necessidade de instruir o nosso povo (...)

---

32 Essa discussão, entretanto, não era nova e tampouco particular ao caso brasileiro. Ingleses e franceses já discutiam categorias para denominar as aglomerações, entre "povo", "ralé", "turbas", etc. Cf. RUDÉ, George. *A multidão na História.* Estudo dos movimentos populares na França e na Inglaterra, 1730-1848. Rio de Janeiro: Campus, 1991.

33 LYNCH, Christian Edward Cyrill. "A multidão é louca, a multidão é mulher": a demofobia oligárquico-federativa da Primeira República e o tema da mudança da capital. *História, Ciências, Saúde - Manguinhos,* Rio de Janeiro, v. 20, n.4, out-dez.-2013. p. 1501.

> É somente quando a maioria deste povo souber ler e escrever é que estaremos livres de novas seitas, de novos Canudos.[34]

Proferido também no calor da hora, tão recente havia sido a destruição de Canudos, a fala do senador é contundente: denota que a educação deve livrar a República de novas insurreições. A classe médica compreendeu que essa educação passaria, necessariamente, por uma educação sanitária.

A deontologia médica paulista entre o bandeirantismo e o saneamento

Em sua lição inaugural no curso de Deontologia Médica da Faculdade de Medicina e Cirurgia de São Paulo, Oscar Freire – vindo da Bahia à convite de Arnaldo Vieira de Carvalho para ser catedrático de Medicina Legal – retoma a "missão histórica" de São Paulo, que os membros do IHSP se esforçavam para consolidar:

> Novas bandeiras hão de irradiar-se daqui, como outróra, devassando os sertões brasileiros e levando-lhes a saúde e a instrução; (...) S. Paulo, se o quiserdes sincera e firmemente, meus senhores, constituirá, dentro de poucos annos, um núcleo de elaboração scientifica de tanto vigor, que não receio prognosticar se tornará, sob vários aspectos, o fulcro da atividade medica do paiz.[35]

O contexto, entretanto, era outro daquele marcado pelas instabilidades da recém instaurada República. Já em 1921, São Paulo dispunha de sua Faculdade de Medicina, e o movimento sanitarista no Brasil caminhava com grande empenho. O debate sobre saúde e saneamento, intensificado a partir

34 MORAES BARROS, Manuel de. [119ª sessão] *Anais do Senado Federal*, v. 3, Rio de Janeiro: Imprensa Nacional. 7 de out. 1897.

35 FREIRE, Oscar. Deontologia médica: lição inaugural. *Revista de Medicina: orgam do centro acadêmico "Oswaldo Cruz" da Faculdade de Medicina e Cirurgia de São Paulo.* São Paulo, vol. 3, n. 18, abr-mai de 1921. p. 3-28.

da década de 1910, estava inserido no contexto de interpretação do Estado brasileiro, apoiado nas ideias de nacionalismo.[36]

Para Oscar Freire, a emergência do curso de Deontologia Médica era fundamental tanto pelo contexto de crise vivido pela deflagração da Primeira Guerra Mundial, quanto pela má distribuição da pletora médica no território nacional, ressaltando a ordem do problema:

> Os médicos sahem das escolas cheios de ambições de conforto e difficilmente se sujeitam a embrenhar-se pelo interior do paiz, para vegetar, isolados do mundo, no marasmo senil das cidades mortas, na pasmaceira muçulmana de povoações sem futuro. Depois, no povoamento irregular do nosso sertão, é commum a existência de pequenas agglomerações, insuladas e distantes, paupérrimas, vivendo vida miserável, sem recursos para manter o medico, embora de modéstia ridiculamente fácil de satisfazer.[37]

A importância da conscientização dos deveres médicos esteve inserida no contexto de saneamento do país, que, a despeito do que previa a "missão paulista", ainda encontrava muito pouco respaldo na prática dos novos profissionais.

No ano seguinte, a Redação da *Revista de Medicina* conclamava aos estudantes paulistas a necessidade de refletir sobre a contundente frase de Miguel Pereira, proferida em 1916:

> E nem nos custa affirmar que, apezar do muito que se tem feito, nestes últimos annos pelo saneamento da nossa Pátria, o Brasil continua a ser um immenso hospital.(...) São palavras de um patriota, de um profundo patriota, e convém que nós, estudantes de medicina, futuros médicos de São Paulo, meditemos bem nas verdades ahi contidas. São Paulo foi o terreno escolhido por Bilac para receber a semente bem-dita do nacionalismo: – e a

36 LIMA, Nísia Trindade; HOCHMAN, Gilberto. Pouca saúde, muita saúva, os males do Brasil são... Discurso médico-sanitário e interpretação do país. *Ciência e Saúde Coletiva*, 5 (2). p. 313-332, 2002.

37 FREIRE, 1921. Op.cit. p. 15-16.

> semente germinou, e a arvore cresceu, e de tal modo, que já hoje conhecemos os fructos.[38]

Na ocasião da nota, vangloriavam-se os paulistas da profilaxia e tratamento gratuito da sífilis, com a criação de cinco postos, em 1918, pelo Serviço Sanitário do Estado.

Considerações Finais

A construção da ideia de excepcionalidade paulista data de muito antes do surgimento da Faculdade de Medicina e Cirurgia de São Paulo. Ela é resultado de projetos nascidos ainda na década de 1870 com a crise do Império e o despertar dos movimentos republicanos.

Com a necessidade de afirmação da nova ordem republica – feita às custas de derramamento de sangue dos "jagunços fanáticos" – os paulistas absorveram da experiência bélica em Belo Monte que a ação pelas armas era custosa. Isso não significa que a ocupação das terras do Oeste paulista, não tenha sido feita à base de extermínio da população nativa, tida como ameaçadora, mas que na formação identitária regional, o sertanejo paulista deveria ser convertido em *povo,* educado e higienizado.

Frente a essa empreitada, elencam-se as figuras responsáveis pela conscientização desse povo, cuja "disciplina que vae se difundindo nos costumes populares pelo culto à hygiene" foi atribuída, em 1909, à Emílio Ribas, então diretor do Serviço Sanitário, em homenagem prestada a ele na Revista Médica de São Paulo.[39]

Na ocasião discursara o também médico Luiz Pereira Barreto, que embora não fosse paulista, ficou conhecido por sua "propaganda do povoamento da terra roxa".[40] Em sua fala, ressaltou: "A primeira riqueza de um paiz é a sua popula-

38 "O Brasil é ainda um immenso hospital". Discurso pronunciado pelo Prof. Miguel Pereira, por ocasião do regresso do prof. Aloysio de Castro, da Rep. Argentina, em Outubro de 1916. Nota da Redação. *Revista de Medicina: orgam do Centro Acadêmico "Oswaldo Cruz" da Faculdade de Medicina e Cirurgia de São Paulo.* São Paulo, vol. 3, n. 22, agosto de 1922.

39 Dr. Emilio Ribas. *Revista Médica de São Paulo: Jornal prático de Medicina, Cirurgia e Hygiene.* São Paulo, ano XII, n. 7, 15 de abril de 1909. p. 134-144.

40 AZEVEDO, Miranda. Galeria dos homens de sciencia. Dr. Luiz Pereira Barretto. *Revista do Brasil.* São Paulo, n. XII, junho de 1898. p. 334-338.

ção. (...) O povoamento do solo, então como hoje, é a condição sine qua non para o progresso".[41] Para o médico, era necessário higienizar e educar para então povoar, e o sucesso da predestinação paulista tinha como referência Emílio Ribas:

> ...só me resta assignalar uma outra maravilha realisada sem rumor pelo nosso chefe da hygiene estadual: refiro-me á educação dada á população paulista em matéria de hygiene pública (...) o dr. Emilio Ribas soube conquistar para a sciencia da hygiene a confiança publica, inspirando ao povo paulista um profundo respeito e amor a todas as leis sanitárias.[42]

Não é de se espantar o fato de que o nome de Luiz Pereira Barreto figurasse entre os sócio fundadores do Instituto Histórico e Geográfico de São Paulo, que assumira para si a missão de construir a identidade paulista centrada na figura do bandeirante. O discurso sanitário da medicina, aqui, serviu também a esse propósito.

Se Canudos compunha uma "multidão" de fanáticos religiosos e mestiços selvagens incapazes de compreender as abstrações do novo regime político, o povo paulista - da capital à mais inóspita região - era exaltado por sua suposta educação sanitária, difundida nos costumes populares como se essa fosse sua predisposição biológica.

A dura realidade, entretanto, revelou que a consolidação do projeto oligárquico cafeeiro se ergueu sobre os destroços de seus inimigos, para então ocupar a terra destinada ao seu povo - custe o que custar.

Referências bibliográficas

A NAÇÃO. Orgão do Partido Republicano Federal. São Paulo, 3 de agosto de 1897.

AZEVEDO, Miranda. Galeria dos homens de sciencia. Dr. Luiz Pereira Barretto. *Revista do Brasil*. São Paulo, n. XII, junho de 1898, p. 334-338.

CORREIO PAULISTANO. Orgam Republicano. São Paulo, 29 de julho de 1897.

Dr. Emilio Ribas. *Revista Médica de São Paulo:* Jornal prático de Medicina, Cirurgia e Hygiene. São Paulo, ano XII, n. 7, 15 de abril de 1909, p. 134-144.

41 Dr. Emilio Ribas, 1909. Op.cit. p. 140.

42 Idem. p. 141.

FERRETI, Danilo Zioni. Euclides da Cunha historiador: a reinvenção do bandeirante em Os sertões. *Revista de História,* nº 160, 2009, p. 261-284.

______; CAPELATO, Maria Helena Rolim. *A construção da paulistanidade:* identidade, historiografia e política em São Paulo (1856-1930).Universidade de São Paulo, São Paulo, 2004.

FREIRE, Oscar. Deontologia médica: lição inaugural. *Revista de Medicina*: orgam do centro acadêmico "Oswaldo Cruz" da Faculdade de Medicina e Cirurgia de São Paulo. São Paulo, vol. 3, n. 18, abr-mai de 1921, p. 3-28.

GALVÃO, Walnice Nogueira. *No calor da hora:* a guerra de Canudos nos jornais. São Paulo: Editora Ática, 1994.

HERMANN, Jacqueline. "Canudos destruído em nome da República: uma reflexão sobre as causas políticas do massacre de 1897". *Tempo,* Rio de Janeiro, vol.2, nº 3, 1996, p. 81-105.

JANOTTI, Maria de Lourdes Mônaco. *Os subversivos da República.* São Paulo: Brasiliense, 1986.

LIMA, Nísia Trindade; HOCHMAN, Gilberto. Pouca saúde, muita saúva, os males do Brasil são... Discurso médico-sanitário e interpretação do país. *Ciência e Saúde Coletiva,* 5 (2), p. 313-332, 2002.

LYNCH, Christian Edward Cyril. "A multidão é louca, a multidão é mulher": a demofobia oligárquico-federativa da Primeira República e o tema da mudança da capital. *História, Ciências, Saúde - Manguinhos,* Rio de Janeiro, v. 20, n. 4, out.-dez., 2013, p. 1491-1514.

MENSAGEM apresentada ao Congresso Nacional na Abertura da primeira sessão da Terceira Legislatura pelo Presidente da República Prudente J. de Morais Barros. Rio de Janeiro, Imprensa Nacional, 1897.

MENSAGEM do Dr. Governador da Bahia ao Presidente da República sobre os antecedentes e ocorrências das expedições contra Antônio Conselheiro e seus sequazes. Bahia. Typographia do "Correio de Notícias", 1897.

MORAES BARROS, Manuel de. [119ª sessão] Anais do Senado Federal, v. 3, Rio de Janeiro: Imprensa Nacional. 7 de out., 1897.

MOTA, André. *Tropeços da medicina bandeirante:* medicina paulista entre 1892-1920. São Paulo: Edusp, 2005.

NEVES, Margarida de Souza. "Os cenários da República: o Brasil na virada do século XIX para o século XX". In: FERREIRA, Jorge e DELGADO Lucília de Almeida Neves (orgs). *O Brasil Republicano*: O tempo do liberalismo excludente. Da proclamação da República à Revolução de 1930. Rio de Janeiro: Civilização Brasileira, v. 1, 2013.

NINA RODRIGUES, Raimundo. *As coletividades anormais*. Prefácio e notas de Arthur Ramos. Brasília: Senado Federal, Conselho Editorial, 2006.

O Brasil é ainda um immenso hospital. Discurso pronunciado pelo Prof. Miguel Pereira, por ocasião do regresso do prof. Aloysio de Castro, da Rep. Argentina, em Outubro de 1916. Nota da Redação. *Revista de Medicina*: orgam do Centro Acadêmico "Oswaldo Cruz" da Faculdade de Medicina e Cirurgia de São Paulo. São Paulo, vol. 3, n. 22, agosto de 1922.

O Archivo Illustrado: Encyclopedia Noticiosa, Scientifica e Litteraria. São Paulo, anno I, n. 10, agosto de 1899.

O PAIZ, Rio de Janeiro, 7 out., 1897.

ROCHA, Francisco Franco da. "Épidémie de folie religieuse au Brésil" par le dr. Nina Rodrigues. *Revista Médica de São Paulo*. São Paulo, ano II, n. 8, 15 de agosto de 1899, p. 237-238.

RUDÉ, George. *A multidão na História*. Estudo dos movimentos populares na França e na Inglaterra, 1730-1848. Rio de Janeiro: Campus, 1991.

"Propaganda activa e segura, em prol do saneamento do Brasil": ações médico-sanitárias e educativas nas zonas rurais paulistas e o combate ao tracoma

Angélica Pall Oriani[1]

Ariadne Lopes Ecar[2]

Introdução

Oscar Thompson foi nomeado Diretor do Ensino do estado de São Paulo em dois períodos, de 1909 a 1911 e de 1917 a 1920. Em seu primeiro mandato, criou escolas com "feição agrícola",[3] com vistas a aproveitar as lições do ensino intuitivo e evidenciar a vida no campo pela perspectiva higiênica, econômica e das belezas naturais, em oposição ao urbanismo. O Diretor de Ensino enviou comunicado aos diretores de grupos escolares informando

1 Angélica Pall Oriani é Pós-Doutora em Educação pela UNESP-Marília (2020). Doutora e Mestre em Educação pela Unesp-Marília. Atualmente é coordenadora do curso de Pedagogia e professora das licenciaturas no Centro Universitário Sagrado Coração de Jesus em Bauru. E-mail: oriani.a.p@gmail.com.

2 Ariadne Lopes Ecar é professora do Programa de Pós-Graduação em Educação da Universidade Ibirapuera, professora colaboradora na Universidade de São Paulo (Colaborador III - Doutor), pós-doutoranda pela FM/USP (Departamento de Medicina Preventiva) e Doutora em Educação pela USP. E-mail: ariadneecar@gmail.com.

3 SÃO PAULO. Anuário do Ensino do Estado de São Paulo, 1910. Disponível em http://www.arquivoestado.sp.gov.br/site/acervo/repositorio_digital/anuarios_ensino. Acesso em abril de 2013.

que fossem ministrados fatos agrícolas aos alunos do 4º ano, experimentalmente, dando prioridade às atividades realizadas fora da sala de aula.

> Na aula de linguagem a redação de cartas sobre os motivos da vida agricola e pequenas composições sobre scenas campestres, cujos assumptos tenham servido de thema às palestras do professor com a classe; na aula de arithmetica, a resolução de problemas que interessem ao agricultor; na aula de geographia, o estudo analytico dos produtos do municipio do Estado e do paiz; na aula de historia a procedencia de algumas de nossas plantas mais importantes (o cafeeiro, a canna de assucar, o algodoeiro, etc.); na aula de geometria algumas medições e divisões no pateo do recreio; na aula de sciencias physicas, o estudo e observação dos ventos, da chuva, geada, da luz e do calor nas suas relações com a lavoura, darão ao ensino este caracter agricola sem que dahi resulte sobrecarga para o programa ou perturbarção no desenvolvimento deste.[4]

Para o Diretor de Ensino não havia necessidade de criar uma disciplina sobre agricultura, no entanto, as aulas serviriam para promover o carisma dos alunos pelo meio em que viviam. A ideia de Thompson foi se ampliando e em seu primeiro mandato contratou o agrônomo norte-americano Clinton Dewitt Smith, professor na Escola Agrícola Prática "Luiz de Queiroz", para ministrar um curso sobre ensino de agricultura nas escolas primárias.[5]

A indicação de amor à terra tendo em vista a higiene e a economia não era aleatória, mas intencional. Oscar Thompson casou-se em 1906 com Henriqueta Bastos, filha de Henrique Bastos "abastado capitalista",[6] e em arti-

4 Idem. p. 27-28.

5 MENNUCCI, Sud. *Pelo sentido ruralista da civilização:* subsídios para a história do ensino rural no estado de São Paulo (1892-1935). São Paulo: Revista dos Tribunais, 1935.

6 *CORREIO PAULISTANO.* 20 de março de 1906. Disponível em http://memoria.bn.br/DocReader/DocReader.aspx?bib=090972_06&pesq=%22Oscar%20Thompson%22&-pasta=ano%20190. Acesso em 28 de dezembro de 2019.

go publicado no jornal[7] há a informação de que ele idealizou a Associação dos Cafeicultores Paulistas.

Logo após a saída de Thompson do cargo de Diretor do Ensino, João Chrysostomo Bueno dos Reis Junior assumiu a pasta por seis anos. De acordo com Warde,[8] João Chrysostomo deu continuidade aos projetos de diretores anteriores, inclusive Thompson. O apelo à higiene nas escolas tão logo pode ser visto na publicação do Código Sanitário de 1911, ao trazer prescrições para a Inspeção Médico-Sanitária das Escolas[9] sobre a construção dos prédios escolares, bem como a escolha dos móveis e métodos, as posições e as atitudes, a distribuição das disciplinas, horas recreios e exercícios. Além disso, deveria ser dada atenção à profilaxia das doenças transmissíveis, ao exame individual de docentes, alunos e funcionários, e, também, à vacinação e revacinação dos sujeitos que frequentavam a escola.[10]

Em 1916, a Lei n. 1.541 remodelou a Inspeção Médica Escolar, passando a fazer parte da Diretoria Geral da Instrução Pública, intensificando as "preocupações em relação ao exame físico dos alunos e ao registro dos dados coletados, os quais deveriam compor a ficha sanitária individual".[11] No ano seguinte, Oscar Thompson reassumiu a Diretoria de Ensino exaltando a

7 *CORREIO PAULISTANO*. 01 de dezembro de 1935. Disponível em http://memoria.bn.br/DocReader/Hotpage/HotpageBN.aspxbib=090972_08&pagfis=10164&url=http://memoria.bn.br/docreader#. Acesso em 28 de dezembro de 2019.

8 WARDE, Mirian Jorge. A formação e a carreira na instrução pública paulista de João Chrysostomo Bueno dos Reis Junior. *Revista OLHARES*, v. 7, n. 3 - Guarulhos, novembro, 2019.

9 ROCHA, Heloísa Helena Pimenta. Entre o exame do corpo infantil e a conformação da norma racial: aspectos da atuação da Inspeção Médica Escolar em São Paulo. *História, Ciências, Saúde* - Manguinhos, Rio de Janeiro, v. 22, n. 2, abr.-jun. 2015. p. 371-390.

10 SÃO PAULO. Assembleia Legislativa do Estado de São Paulo. Decreto n. 2.141, de 14 de novembro de 1911. Reorganiza o Serviço Sanitario do Estado. Disponível em https://www.al.sp.gov.br/repositorio/legislacao/decreto/1911/decreto-2141-14.11.1911.html. Acesso em 28 de dezembro de 2019.

11 ROCHA, Idem, ibidem. p. 377.

relevância da normativa que facilitaria a identificação de alunos "robustos, doentes, fracos e débeis".[12]

Em 1918, Oscar Rodrigues Alves, Secretário do Interior, propôs a Vital Brazil ministrar o Curso Elementar de Hygiene, inicialmente, a inspetores, diretores de grupos escolares e professores objetivando "generalizar na escola e fora della, uma propaganda activa e segura, em prol do saneamento do Brasil".[13] Apesar de estar restrito a determinando grupo de educadores, consideramos que o Curso Elementar de Hygiene ofertado pelo Instituto Serumtherápico teve importante influência na disseminação dos preceitos higiênicos veiculados nas escolas públicas paulistas, sobretudo no que se relaciona à população do interior do estado, contribuindo para criar representações a respeito da vida rural por meio de discursos.[14]

Destarte, conseguimos identificar o uso intencional da propaganda sanitária nas escolas como dispositivo civilizatório que, até meados do século XX, buscava regenerar a população doente do interior do país. O combate às doenças no espaço escolar evidencia, portanto, as articulações entre ações e saberes médico-sanitários e pedagógicos, particularmente quando tomamos como exemplo as atividades de prevenção e de combate ao tracoma, enfermidade que abatia de modo mais intenso a população sertaneja.

De natureza epidêmica, o aparecimento do tracoma se relaciona às más condições higiênicas e sanitárias. O tracoma tem origem bacteriana (*Chlamydia trachomatis*), pode ser transmitido de forma direta - quando há contato com indivíduos contaminados - ou de forma indireta - por meio do compartilhamento de objetos utilizados por alguém contaminado, como toalhas e lençóis. Após a contaminação, o tracoma gera uma inflamação ocular crônica que produz cicatrizes no tecido conjuntivo da pálpebra, que pode virar para o interior dos olhos e feri-los mediante o contato com os cílios. As

12 SÃO PAULO. Anuário do Ensino do Estado de São Paulo, 1917. Disponível em http://www.arquivoestado.sp.gov.br/site/acervo/repositorio_digital/anuarios_ensino. Acesso em maio de 2013. p. 25.

13 SÃO PAULO. Anuário do Ensino do Estado de São Paulo, 1918. Disponível em http://www.arquivoestado.sp.gov.br/site/acervo/repositorio_digital/anuarios_ensino. Acesso em maio de 2013. p. 230.

14 CHARTIER, Roger. *A história cultural.* Entre práticas e representações. Lisboa: DIFEL, 1990.

lesões que resultam desse atrito entre cílios e olhos podem gerar alterações nas córneas e até mesmo causar cegueira.[15] As estratégias para o tratamento do tracoma dependem da condição das lesões e da quantidade de pessoas atingidas, mas incluem a aplicação de colírios e de pomadas oftalmológicas, que seriam formas de interromper a transmissão da bactéria. As medidas preventivas para o controle epidemiológico visando evitar o aparecimento do tracoma e tratá-lo, passava pela escola e pelas ações educativas, pois as melhorias das condições sanitárias e higiênicas – indispensáveis para o não aparecimento do tracoma – eram consideradas (e ainda o são) cruciais para a prevenção e o combate dessa doença.

O escrutínio dessas ações médico-sanitárias e educativas, conforme divulgadas de modo enaltecido em alguns documentos produzidos no âmbito da administração educacional do estado de São Paulo, especialmente entre as décadas de 1930 e 1940, contribui quando se tem como proposta problematizar a importância atribuída à disseminação da propaganda sanitária por meio da/nas escolas. Particularmente no caso do tracoma, as funções de tais ações articuladas às políticas de saúde paulistas oferecem indícios que reforçam a representação que foi construída acerca do sertanejo como um ser atrasado e doente.

O Curso Elementar de Hygiene do Instituto Serumtherápico

Criado em 1901, o Instituto Serumtherápico teve como escopo inicial produzir *séruns* combativos à peste bubônica. Posteriormente, passou a produzir soros antiofídicos por causa do grande número de acidentes e mortes pela picada de serpentes. À época, Vital Brazil Mineiro da Campanha dirigia o Instituto, e, provavelmente, aproveitou sua experiência advinda das missões sanitárias no interior do estado, da clínica em Botucatu e do Instituto Bacteriológico na década de 1890.

Logo que o Instituto Serumtherápico foi criado, a Diretoria de Ensino propôs a Vital Brazil a instalação de uma escola isolada, ficando sob a responsabilidade do Instituto as instalações físicas e por parte do estado a nomeação de professores. A primeira professora nomeada foi Eunice Caldas, irmã de Vital Brazil, e até 1919 foi a que mais tempo trabalhou na escola intercalando

---

15 BRASIL. Ministério da Saúde. Fundação Nacional da Saúde. Manual de Controle do Tracoma. Brasília, 2001.

com outros professores.[16] Provavelmente, o fato de o Instituto Serumtherápico ter uma escola em funcionamento em seu terreno possibilitou o convite para que Vital Brazil ministrasse o curso, além de sua expertise como médico sanitarista.

Como Diretor do Ensino, Oscar Thompson enviou cartas aos diretores de grupos escolares paulistas comunicando a abertura de um curso que teria por objetivo divulgar a higiene pública elementar e higiene rural dentro e fora da escola, a fim de contribuir com o Serviço Sanitário do estado na campanha de "saneamento pelo interior".[17] A população rural era o foco do curso, que, de acordo com Oscar Thompson necessitava "evitar moléstias a que estava endemicamente sujeita" e conhecer os meios de combatê-las.[18] Oscar Thompson finalizou a missiva dizendo que a intervenção da escola possibilitaria "melhorar as condições de vida e de trabalho da população rural".[19]

A abertura do primeiro curso ocorreu em 16 de agosto de 1918, às 13 horas, no Instituto Serumtherápico e contou com a presença de Oscar Thompson, Arthur Neiva – Diretor do Serviço Sanitário – e 32 diretores de escolas do interior do Estado de São Paulo. Estiveram presentes dirigentes de escolas normais e os inspetores Joaquim Luis de Brito, Aristides J. de Castro e José Carlos Dias, responsáveis pela primeira turma do curso.

As 14 aulas foram divididas nas seguintes partes: recreativa, na qual o grupo visitaria museus e instituições que estivessem voltadas ao cuidado da saúde; expositiva, com aula teórica ministrada pelos professores Vital Brazil, Crissiúma, João Florêncio, Afrânio do Amaral, Nova Gomes, Dorival C. Penteado, Octávio Veiga. p. de Araújo, Arlindo de Assis, Hoene, Vieira Mello e Arthur Motta; e prática, momento no qual os cursistas poderiam praticar o que aprenderam. O quadro abaixo explicita cada parte do curso.

---

16 ECAR, A. L. *Debates sobre ensino rural no Brasil e a prática pedagógica de Noêmia Saraiva de Mattos Cruz no Grupo Escolar Rural de Butantan (1932-1943)*. 2017. 294 f. Tese (Doutorado em Educação), Faculdade de Educação, Universidade de São Paulo, São Paulo, 2017.

17 SÃO PAULO. AEESP, 1918. Op.cit. p. 213.

18 Idem. p. 214.

19 Idem, ibidem. p. 214.

Quadro 1 - Cronograma do primeiro Curso Elementar de Hygiene - Instituto Serumtherapico

LIÇÕES	PARTE RECREATIVA/ responsável pela lição	PARTE EXPOSITIVA/ responsável pela lição	PARTE PRÁTICA/ responsável pela lição
Primeira 16/08/1918		Problema do saneamento - Papel da escola no saneamento - Histórico do Instituto - Noções geraes de sorotherapia - Dr. Vital Brazil	Visita ao Instituto - Sangria de um cavallo para preparo do sôro - Injecções de toxina - Extracção de peçonha - Modo de preparal-a e empregal-a - Dr. Vital Brazil
Segunda 17/08/1918	Visita ao Desinfectório - Dr. Crissiúma	Transmissores de moléstias - Dr. Vital Brazil	Exame de differentes ecto-parasitas, cuja biologia mais interessam a hygiene - Dr. J. Florencio
Terceira 19/08/1918	Visita ao Museu Ipiranga - Dr. J. Florencio	Ancilostomose, ascaridiose, oxyuridiose - Dr. J. Florencio	Exame de fezes para pesquiza de óvulos parasitorios - Exame macroscopico e microscopico de Ancilostoma duodenalis, Ascaris lombricoides e de Oxyuros vermiculares - Dr. P. de Araújo
Quarta 20/08/1918	Visita ao Hospital de Isolamento e Instituto Bacteriologico - Dr. V. Brazil	Tenias e filarias - Dr. Afrânio do Amaral	Exames de peças anatomicas com cistecercus - Exame de tenias e filarias - Dr. Afrânio do Amaral
Quinta 21/08/1918	Visita ao Instituto Pasteur - Dr. Nova Gomes	Diphteria e peste - Dr. Dorival C. Penteado	Exames de preparações de bacillus diphterias - Exames de culturas de diphteria Preparao e dosagem da toxina diphterica - Dosagem de sôro anti-diphterico - Dr. Dorival C. Penteado
Sexta 22/08/1918	Visita ao Hospital de Misericórdia - Dr. Afrânio do Amaral	Tetano, febre typhoide e dysenteria bacillar - Dr. Octavio Veiga	Exame de culturas e preparações de tétano e febre typhoide. Exames de peças anatômicas

Setima 23/08/1918	Visita ao Guapira - Dr. Afrânio do Amaral	Tuberculose e lepra - Dr. Crissiúma	Exames de culturas de bacillus de Koch e de preparados - Exames de animaes tuberculosos - Preparo e emprego de tuberculina
Oitava 24/08/1918	Visita ao Dispensario Clemente Ferreira - Dr. Nova Gomes	Raiva e trachoma - Dr. Nova Gomes	Esterilização de instrumentos - Injecções sub-cutaneas, intra-muscular e endovenosa - curativos de urgência - Dr. Arlindo de Assis
Nona 26/08/1918	Visita ao Instituto Vaccinogênico - Dr. P. de Araújo	Variola, sarampo e outras moléstias eruptivas - Dr. A. de Assis	Vaccinação contra varíola - Exame microscopico do sangue normal dos homens e dos animaes
Decima 27/08/1918	Visita ao Instituto de Protecção à Primeira Infância e Amas de Leite - Dr. P. de Araújo	Impaludismo - Dr. João Florencio	Exames de preparados fixados de plam vivax e pl. falsiparum; exame de hematoparios de animaes.
Undecima 28/08/1918	Visita ao Posto de Prophylaxia contra verminose - Dr. Hoene	Molestia de Chagas, outros trypanomiasis, Úlcera de Bauru - Dr. J. Florêncio	Exames de triatomas infectados. Exame de sangue de animaes infectados - Dr. J. Florêncio
Duodecima 29/08/1918	Visita ao matadouro de Osasco - Dr. Afrânio do Amaral	Ophidismo - Dr. V. Brazil	Capturas de serpentes, extracção de veneno - identidade das principaes espécies peçonhentas - Dr. J. Florêncio
Decima terceira 30/08/1918	Visita à Inspeção Médico Escolar - Dr. Vieira Mello	Alcoolismo, tabagismo e outros envenenamentos - Dr. P. de Araújo	Experiências demonstrativas da efficacia dos soros anti-peçonhentos - Dr. J. Florêncio
Decima quarta 31/08/1918	Visita a Cotia - Dr. Arthur Motta	Agua, exgotos e apparelhos sanitarios - Dr. Octavio Veiga	Exame microscopico e bacteriologico de aguas - Dr. Octavio Veiga

Fontes: Relatório Anual do Instituto Serumtherápico, 1918.
Anuário do Ensino do Estado de São Paulo, 1918.

É interessante perceber que o curso foi planejado de modo dinâmico e intuitivo, de acordo com as prescrições para o ensino da época. As visitas proporcionavam o conhecimento aos serviços prestados, sobretudo por órgãos do estado, funcionando como propaganda e incentivo para iniciativas no interior. Os temas ministrados de forma expositiva eram seguidos da parte prática, buscando reforçar o aprendizado.

Não encontramos a especificação de cada tema, mas gostaríamos de destacar a aula inaugural ministrada por Vital Brazil, que, dentre outros assuntos, abordou o "Papel da escola no saneamento". A historiografia da Educação tem mostrado como a escola foi conclamada a resolver "males" do Brasil, mote recorrente no discurso de republicanos, que, inclusive, denominavam os professores primários de construtores do país. A esperança de que da escola irradiaria feixes para iluminar o "obscurantismo" brasileiro, se acentuou com a 1ª Guerra Mundial e a chegada da gripe espanhola. De certa forma, a escola era o braço do estado que mais havia se expandido naquele momento, e por isso, local de disseminação de conhecimentos, práticas, diretrizes, normas, inclusive relacionados aos temas da saúde.

A primeira turma foi composta por 32 diretores de escolas reunidas e grupos escolares de Aparecida, Areias, Bananal, Caçapava, Cachoeira, Cruzeiro, Cunha, Guaratinguetá, Jacareí, Jambeiro, Lorena, Mogi das Cruzes, Paraibuna, Pindamonhangaba, Piquete, Queluz, Quiririm, Redenção da Serra, Salesópolis, Santos, São Bento de Sapucaí, São José dos Campos, São Luiz do Paraitinga, Santa Branca, Taubaté e Ubatuba, cidades localizadas no Vale do Paraíba paulista, região importante na produção de café no século XIX.[20]

No dia 31 de agosto de 1918, último dia do curso, os participantes responderam a um questionário sobre a presença de doenças na localidade de instalação da escola, sobre vacinação, acidentes ofídicos, e interesse em organizar um museu escolar. Segundo Oscar Thompson, a organização de um museu desenvolveria a observação dos alunos levando-os a conhecer "as coisas

20 SAES, Flávio Azevedo Marques. O estado de São Paulo no século XX: café, indústria e finanças na dinâmica da economia paulista. In: ODALIA, Nilo; CALDEIRA, João Ricardo de Castro (Orgs.) *História do estado de São Paulo:* a formação da unidade paulista. São Paulo: Editora UNESP; Imprensa Oficial; Arquivo Público do Estado, 2010. p. 13-40.

nacionais" profundamente.[21] O Diretor de Ensino compreendia nacionalismo e sanitarismo como complementares e associadas ao "novo" ao declarar que "a escola nova sob o ponto de vista da hygiene, sob o ponto de vista da saúde physica dos alumnos" realizaria o "ideal concebido".[22] A partir da década de 1920, os ideais escolanovistas foram incorporados às políticas públicas de ensino em vários estados brasileiros com orientações para uma nova organização das escolas, inclusive no que diz respeito às prescrições de higiene.

Ao final do curso, Gastão Stang, Diretor da Escola Normal de Guaratinguetá, proferiu agradecimento aos palestrantes e à inciativa do curso em desenvolver temas sobre o saneamento rural, considerando "uma obra de alcance extraordinário, verdadeiramente meritória, de amparo e proteção às gerações porvindouras, que hão de pela 'scola nova' (sic.) constituir a 'pátria nova'".[23] Finalizando, Stang homenageou Vital Brazil por seu empenho no desenvolvimento da ciência no Brasil.

É interessante observar o destaque feito às expressões "escola nova" e "pátria nova", pois já se esboçava a necessidade de reformar a escola tendo em vista os ideais da escola ativa, que vinham sendo divulgados na Europa no final do século XIX. De acordo com Ferrière (1934), a escola ativa abarcava atividades com a natureza, o cuidado de si e do outro, o brincar, o incentivo à instalação de museu e biblioteca, aulas-passeio, trabalhos com marcenaria e agricultura. Cabe pontuar que os nomes que mais se destacaram na veiculação de uma educação nova na Europa eram médicos como Maria Montessori (1870-1952), Ovide Decroly (1871-1932) e Edouard Claparède (1873-1940), e seus estudos tiveram grande ressonância no Brasil.

No dia 1º de setembro de 1918, os diretores das escolas ofereceram um almoço a Vital Brazil e Oscar Thompson no Hotel do Oeste. Aproveitando a oportunidade, Augusto Ribeiro de Carvalho, Diretor do Grupo Escolar de Jacarehy fez um discurso sobre a prosperidade nacional, levantando pontos sobre a instrução e a higiene argumentando que o desenvolvimento do país ocorreria a partir dos esforços conjugados da medicina e da educação. Continuou a explanação propondo a introdução de "cursos industriais" nos

21 SÃO PAULO, AEESP, 1918. Op.cit. p. 232.

22 Idem. p. 233.

23 Idem, ibidem. p. 219.

grupos escolares. A longa preleção, entremeada por elogios aos cientistas do curso e exaltações ao estado paulista e à pátria, demonstrava a crença que de São Paulo sairia "a irradiação do sol - a sciencia - para illuminar o paiz inteiro".[24] A reflexão desenvolvida por Augusto Ribeiro nos permite perceber uma inclinação do ideal da educação para o trabalho, condizente com os preceitos capitalistas, que foi um dos pontos-chave dos eventos organizados pela Associação Brasileira de Educação (ABE) na década de 1920, como pontuou Carvalho.[25] A ideia também foi bastante divulgada em São Paulo ao se criar o Instituto de Organização Racional do Trabalho (IDORT) na década de 1930, tendo como membros fundadores os escolanovistas Lourenço Filho e Fernando de Azevedo.

No dia seguinte, os cursistas visitaram a Escola Profissional Masculina do Brás pela manhã e o Gabinete de Psicologia Experimental e Antropologia Pedagógica da Escola Normal de São Paulo à tarde; em seguida, se agruparam no anfiteatro do Jardim de Infância, onde Vital Brazil conduziu uma reunião ressaltando a importância do curso realizado. Oscar Thompson finalizou estimulando os cursistas a que propagandeassem o saneamento pelo Brasil.

> Forçoso é reconhecer que a escola publica paulista, com o impulso que está recebendo do Butantan, se vae apparelhando para desempenhar o papel sanitário que lhe está reservado no nosso meio. Senão, vêde. Com a Inspecção Médico-Escolar, ella proporciona saúde ao educando; sob a égide do Butantan, vae ella ensinar ao mestre as medidas de que deve se utilizar para manter essa mesma saúde, mediante a diffusão dos preceitos de hygiene. E ainda vae além: - vae evidenciar os recursos de que pode ella dispôr, no sentido de evitar moléstias ou de combatê-las, divulgando os conhecimentos necessários à descoberta de seus agentes transmissores para anniquilá-los.[26]

---

24 Idem, ibidem. p. 229.

25 CARVALHO, Marta Maria Chagas de. *Molde nacional e fôrma cívica:* higiene, moral e trabalho no projeto da Associação Brasileira de Educação (1924-1931). Bragança Paulista: EDUSF, 1998.

26 SÃO PAULO, AEESP, 1918. Op.cit. p. 232-233.

Percebemos que Oscar Thompson pensava em qualificar a escola para lidar com as moléstias e difundir preceitos de higiene, e ainda, se educação e saúde agissem juntas poderiam contribuir para o progresso do país. A justificativa se dava pelo viés econômico; se, por um lado a população se beneficiava com a educação e saúde ofertadas, por outro, não havia realmente um projeto que pensasse na educação e saúde como um direito humano. Thompson ressaltou também a relevância do civismo citando os preceitos para ser um bom cidadão que, na sua visão, consistiam em "1) Amar a liberdade; 2) Defender a Pátria; 3) Pagar impostos; 4) Votar; 5) Cooperar na política; 6) Servir no júri; 7) Respeitar a lei; 8) Fiscalizar; 9) Falar bem a sua língua; 10) Não desdenhar a civilidade".[27] Tais condições faziam parte do "Decálogo Cívico" publicado no manual "O que o cidadão deve saber" da Liga Nacionalista de São Paulo, escrito por Sampaio Dória.

Após Thompson, tomou a palavra Gustavo Kuhlman, Diretor do Grupo Escolar de Parahybuna para discursar em nome de seus colegas. Em sua exposição, teceu considerações sobre formar o brasileiro e construir uma nova pátria pela ciência, arte e moral brasileira, e foi enfático ao afirmar "sejamos homens e sejamos Brasileiros! Sejamos Brasileiros e sejamos professores! Sejamos professores e sejamos sacerdotes da Pátria! Da Pátria Nova que há de surgir da Escola Nova!".[28]

Sobre as outras duas edições do Curso Elementar de Hygiene ofertadas pelo Instituto Serumtherápico não encontramos muitas informações. Sabemos que o segundo curso iniciou-se em setembro de 1919 e o terceiro foi ministrado em 1920.

No Anuário do Ensino do Estado de São Paulo, consta que o segundo curso manteve o cronograma do primeiro acrescentando temas sobre doenças venéreas, alimentos falsificados e coleções de sementes de árvores, e contou com a participação de grupos escolares e escolas reunidas de Batatais, Brodowski, Cajurú, Casa Branca, Cravinhos, Franca, Igarapava, Iguape, Ituverava, Mato Grosso de Batatais, Orlândia, Pontal do Sertãozinho, Ribeiro Preto, Barnabé (Santos), São Bernardo, São Sebastião, São Simão e Vale de Tambaú. No terceiro curso participaram diretores de escolas normais de Itapetininga, São Carlos,

27 Idem. p. 236-241.

28 Idem, ibidem. p. 249.

Campinas, Piracicaba, Pirassununga, Botucatu, Casa Branca, e grupos escolares da cidade de São Paulo (Arouche, Consolação, José Bonifácio, Regente Feijó, Penha, São João, Liberdade, Campos Sales e Brás). A maior parte das cidades se concentrava na malha ferroviária e no litoral do estado de São Paulo.

Marcelo de Oliveira, Diretor da Escola Normal de São Carlos, expôs suas impressões sobre o curso de 1920 elogiando a iniciativa e enfatizando a necessidade de erradicação das superstições e simpatias, do alcoolismo e moléstias que assolavam as zonas rurais. Exemplificou se reportando à imagem do Jeca, elucidativa de todas as mazelas pelas quais o país passava, somada à do negro abandonado ao "aniquilamento psíquico e à degradação moral" e à do germânico, que a despeito de sua "raça forte", sofria por falta de profilaxia. Para ele, a solução estava na higiene e na alfabetização.

Assim como o Instituto Serumtherápico, o Instituto de Higiene ofereceu um curso de higiene escolar no ano de 1920, em forma de preleções, sobre transmissão de doenças para divulgação dos princípios higienistas para professores de escolas públicas. O curso estava sob a direção do Dr. Darling e estava organizado da seguinte forma:

> Higiene escolar; demonstração de contaminação bacteriana através da tosse, espirro, beijo; presença de bactéria em alimentos crus; bactérias encontradas nos copos das bebidas mais usuais e análise da água; parasitas intestinais; insetos transmissores de doenças; exposição de pôsteres sobre higiene escolar.[29]

O conteúdo era semelhante ao do Curso de Higyene realizado no Instituto Serumtherápico. A partir de 1921, o Instituto de Higiene passou a oferecer "curso intensivo de Higiene Rural e instrução em Higiene para as alunas da Escola Normal".[30]

29 ROCHA, Heloísa Helena Pimenta. *A higienização dos costumes:* Educação escolar e saúde no projeto do Instituto de Hygiene de São Paulo (1918-1925). Campinas, SP: Mercado de Letras; São Paulo: FAPESP, 2003. p.137.

30 Idem. p. 131.

A prevenção e o combate ao tracoma nas zonas rurais paulistas

Com a publicação do Decreto n. 5.884, de 21 de abril de 1933, que estabeleceu o Código de Educação de São Paulo[31] foi instaurada a prática de avaliação e acompanhamento das atividades dos professores primários. Para a organização administrativa dessa avaliação, o estado de São Paulo foi dividido em 21 regionais[32]; com isso, cada uma das delegacias de ensino, bem como os seus responsáveis, os delegados de ensino, tinham a função de zelar pela expansão do sistema de ensino, pela condução da educação primária e relatar as práticas executadas em sua região.

Essa prestação de contas das atividades de avaliação e supervisão de cada um dos delegados de ensino está concretizada nos *Relatórios das delegacias regionais de ensino,*[33] um conjunto de documentos oficiais que contêm o detalhamento das atividades administrativo-pedagógicas desenvolvidas no âmbito de cada uma das delegacias regionais de ensino.

Elaborados sob os auspícios da inspeção e da avaliação e produzidos por delegados de ensino, cujo poder de classificação e de ordenação do mundo social estava autorizado a partir do viés da autoridade avaliativa das práticas de ensino, tais relatórios permitem compreender as representações como práticas culturais,[34] as quais contribuem para o processo de construção de uma determinada realidade no que se refere à educação.

---

31 O Código de Educação foi elaborado sob a responsabilidade de Fernando de Azevedo, que ocupou o cargo de Diretor Geral da Instrução Pública de São Paulo entre janeiro e julho de 1933.

32 As regionais de ensino foram instaladas nas seguintes cidades: São Paulo, Araraquara, Bauru, Botucatu, Campinas, Casa Branca, Guaratinguetá, Itapetininga, Jaboticabal, Lins, Piracicaba, Pirassununga, Presidente Prudente, Ribeirão Preto, Rio Claro, Rio Preto, Santa Cruz do Rio Pardo, Santos, São Carlos, Sorocaba e Taubaté.

33 Entre o período de 1933 – quando a prática de elaboração dos relatórios foi instituída – e 1945, quando não houve mais a obrigatoriedade, foram elaborados ao menos 68 relatórios. Destes, 62 estão digitalizados e armazenados no site do Arquivo Público do Estado de São Paulo. Como não havia padrão ou modelo a seguir, alguns relatórios são bem descritivos, apresentam fotos, figuras e outros elementos; enquanto outros são mais objetivos e apresentam menos informações além das necessárias.

34 CHARTIER, Roger. O mundo como representação. *Estudos avançados*, São Paulo, v. 5, n. 11, jan./abr. 1991. Disponível em http://www.scielo.br/scielo.php?pid=S0103 40141991000100010&script=sci_arttext.

Tais representações são construídas a partir de relações de forças entre os que detêm o poder de classificar, nomear e decidir e os que têm o poder de aceitar ou resistir a essa definição; de todo modo, as lutas de representação que se travam geram conflito na tentativa de imposição de uma concepção de mundo social de um grupo a outro ou dentro do próprio grupo e por esse motivo não há neutralidade na elaboração e no ordenamento do mundo social.

Sopesando essas questões, seguir a leitura dada pelos administradores da educação acerca das ações médico-sanitárias executadas nas escolas primárias do interior paulista permitiu identificar o processo de validação das ações executadas no espaço escolar, as quais se articulavam aos saberes médico-sanitários.

No *Relatório de 1940* da *Delegacia Regional do Ensino de Araraquara*, por exemplo, o delegado regional do ensino, José Clozel, afirma: "Relativamente à higiene e à puericultura, pouco se fez além do que determina o programa. Houve, no entanto, trabalhos dignos de louvores, como, por exemplo, a campanha contra o tracôma, realizada no Grupo Escolar de Roberto, do município de Itajobí".[35] Esse delegado de ensino relata:

> Contristava-nos a presença de alunos tracomatosos, inferiorizados perante colegas sãos, com diminuição da acuidade visual [...] Tendo a adjunta deste estabelecimento, D. Irací Fernandes da Silva, feito no período de 15 de Agosto a 20 de Outubro de 1939, um curso de tracomologia pratica para professores primarios, no Instituto da Secção do Tracoma[36] e animada do desejo de por em pratica os ensinamentos que recebera sobre o combate a profilaxia dessa molestia, solicitamos ao departamento de Saúde do Estado, o fornecimento do material e medicamentos indispensáveis para esse fim.[37]

---

35 CLOZEL, José. RELATÓRIO DA DELEGACIA REGIONAL DE ARARAQUARA. Relatório de 1940 da Delegacia Regional do Ensino de Araraquara. 1941. 88 p. Disponível em http://200.144.6.120/uploads/acervo/periodicos/relatorios_educacao/RDRAR1940.pdf. Acesso em 18 de janeiro de 2020.

36 A Secção do Tracoma vinculada ao Departamento de Saúde do Estado e à Secretaria da Educação e Saúde Pública tornou-se Instituto do Tracoma e Higiene Visual, a partir do Decreto-Lei n. 17.028, de 6 de março de 1947.

37 Idem. p. 17-18.

Ainda de acordo com o esse delegado apresenta, ao realizar o exame de vista nos alunos do estabelecimento de ensino, a professora adjunta constatou que 43% deles eram tracomatosos, o que correspondia a 85 de 199 matriculados. A situação era relatada em tom de reclame, particularmente em relação aos pais que, por ignorância às prescrições ou falta de confiança no diagnóstico realizado, não continuavam o tratamento em casa após o curativo ter sido feito na escola pela professora.

> O quadro abaixo vem confirmar o conceito de que o tracoma é a "molestia da miseria e da sujeira", pois este estabelecimento acusa no ano em curso, a matricula geral de 199 alunos, assim distribuidos: residentes na zona rural: 159 alunos, idem na séde do distrito: 40 alunos; total: 199 alunos.[38]

Nota-se o tom acusativo da associação feita entre a falta de asseio, a população rural e o aparecimento do tracoma. De modo semelhante, o delegado regional do ensino da região de Lins, Sylvio da Costa Neves, vincula diretamente a questão da higiene e a população sertaneja, no *Relatório de 1936* da *Delegacia Regional do Ensino de Lins*, ao afirmar:

> [...] os serviços de abastecimento de água e esgottos já se ultimando nas cidades de Lins, Araçatuba, Pennapolis e com inicio nas outras, são factores que porão a zona da Noroeste entre as mais adeantadas do Estado.
> Entretanto, o mal importado penetra e aqui se alastra ao lado dos locaes que, o desconhecimento dos habitos de hygiene facilita a disseminação, nos sitios. São elles o trachoma, o amarelão e a maleita, estes dois últimos regionais.[...] Pondo em prática o programa delineado pela Directoria de Ensino no sentido de promover o saneamento rural attravez da intima colaboração entre os postos de hygiene e as escolas primárias, os professores ruraes da delegacia regional do Ensino de Lins e o Posto de Hygiene do mesmo município estão realizando um proveitoso trabalho de assitencia sanitaria em favor das po-

38 Idem, ibidem. p.18 (grifos nossos).

> pulações da roça. Convenientemente preparados pelo medico do Posto, os professores primarios auxiliam nos exames de laboratorio e no tratamento das verminoses; prestam serviços de vaccinação anti-variolica; realizam a educação hygienica e orientam as crianças das escolas no combate ás endemias.[39]

Pelo fato de o tracoma ser transmitido por meio do contato com um indivíduo ou os seus pertences contaminados, a prevenção ao aparecimento, a identificação dos tracomatosos e o tratamento se tornavam ações indispensáveis para o combate a essa endemia.

De forma exemplar, os excertos dos relatórios concretizam não somente as preocupações que acometiam os administradores da educação de regiões localizadas no interior paulista no que se refere ao ensino de noções básicas de higiene, saúde e salubridade, mas, principalmente, a avaliação desses indivíduos quanto ao que parecia ser muito evidente: sanear a população passava pela escola, especialmente a que habitava a zona rural.

A educação, como afirma Rocha,[40] era o eixo da política sanitária do estado de São Paulo, e era no espaço escolar que as proposições e ações que visavam constituir um brasileiro sadio ganharam significado, em parte devido à ação dos educadores formados e preparados para assumirem a função de educadores sanitários.[41]

No cerne das políticas educacionais que abrangiam a educação do corpo, as defesas acerca da divulgação de práticas higiênicas trazem à tona o modo por meio do qual as ações pedagógicas vão se imiscuindo às ações médico-sanitárias, e, inspecionar, examinar, medicar e curar tornam-se ações também envolvidas ao plano das atividades e encargos docentes.[42] Particularmente, no

---

39 NEVES, Sylvio da Costa. RELATÓRIO DA DELEGACIA REGIONAL DE LINS. Relatório de 1936 da Delegacia Regional do Ensino de Lins, 1937. p. 126. Disponível em http://200.144.6.120/uploads/acervo/periodicos/relatorios_educacao/RDRLS1936.pdf. Acesso em 18 de janeiro de 2020.

40 ROCHA (2003), Ibidem.

41 BERTUCCI, Liane. Dois momentos, um ideal: educação e saúde para formar o brasileiro. São Paulo, 1918; Paraná, 1928. *Anais do Congresso Brasileiro de História da educação*, IV, IV, Goiânia: UCG, 2006. p. 1-7.

42 ROCHA (2003) Ibidem.

caso do tracoma, são as ações docentes que perpetuam uma tentativa de combater o avanço da moléstia.

Com isso, o discurso médico-sanitário adentra o espaço escolar e é utilizado como ferramenta para a busca e produção de "tipos" ideais, os quais se distanciam do caipira e doente e se aproximariam de um brasileiro regenerado por meio de hábitos higiênicos e sadios. Nesse papel, os *Relatórios das delegacias regionais de ensino* cumprem com a função de classificar o real e reforçam a representação do sertanejo como um ser atrasado e doente.

Considerações finais

Os desdobramentos e as influências de ações como a proposição do Curso Elementar de Hygiene em 1918, puderam ser sentidos nos anos posteriores, e isso se deve à importância que assumiu, no conjunto das medidas e ações desenvolvidas, o esforço de fazer com que educação e saúde se vinculassem.

As políticas educacionais elaboradas ao longo das primeiras décadas do século XX evidenciavam as defesas endossadas por médicos, intelectuais e administradores da educação acerca da importância da socialização de práticas higiênicas e sanitárias, sobretudo em zonas rurais ou para habitantes desses locais.

As descrições contidas nos *Relatórios das delegacias regionais de ensino*, particularmente as que tematizavam as ações de combate e prevenção ao tracoma, ao serem analisadas dentro da função que cumprem como ordenadoras de um real, permitem uma aproximação importante acerca de alguns processos. Quando vistas sob os auspícios da classificação, da percepção e da categorização, tais "falas autorizadas" trazem à tona um conjunto de valores divisores do mundo social naquele momento.

Desse modo, vale questionar o sentido atribuído às ações médico-sanitárias nas escolas primárias do interior do estado produzido em paralelo à propaganda higiênica, que buscava prevenir o aparecimento de doenças como o tracoma e à acusação de que a população rural era o principal grupo acometido por essa doença, porque lhe faltava higiene, educação e boas condições sanitárias. O escrutínio de tais questões permite refletir acerca das medidas que vinculavam essas ações conjuntas – médico-sanitárias e pedagógicas – por meio de políticas públicas que foram executas no Estado de São Paulo durante o século XX.

Referências bibliográficas

BERTUCCI, Liane. Dois momentos, um ideal: educação e saúde para formar o brasileiro. São Paulo, 1918; Paraná, 1928. *Anais do Congresso Brasileiro de História da educação*, IV, IV, Goiânia: UCG, 2006, p. 1-7.

BRASIL. Ministério da Saúde. Fundação Nacional da Saúde. *Manual de Controle do Tracoma.* Brasília, 2001.

CARVALHO, Marta Maria Chagas de. *Molde nacional e fôrma cívica*: higiene, moral e trabalho no projeto da Associação Brasileira de Educação (1924-1931). Bragança Paulista: EDUSF, 1998.

CHARTIER, Roger. O mundo como representação. *Estudos avançados,* São Paulo, v. 5, n. 11, jan./abr. 1991. Disponível em http://www.scielo.br/scielo.php?pid=S0103-40141991000100010&script=sci_arttext.

______. *A história cultural.* Entre práticas e representações. Lisboa: DIFEL, 1990.

CLOZEL, José. RELATÓRIO DA DELEGACIA REGIONAL DE ARARAQUARA. *Relatório de 1940 da Delegacia Regional do Ensino de Araraquara.* 1941. 88 p. Disponível em http://200.144.6.120/uploads/acervo/periodicos/relatorios_educacao/RDRAR1940.pdf. Acesso em 18 de janeiro de 2020.

CORREIO PAULISTANO. 01 de dezembro de 1935. Disponível em http://memoria.bn.br/DocReader/Hotpage/HotpageBN.aspx?bib=090972_08&pagfis=10164&url=http://memoria.bn.br/docreader#. Acesso em 28 de dezembro de 2019.

______. 20 de março de 1906. Disponível em http://memoria.bn.br/DocReader/DocReader.aspx?bib=090972_06&pesq=%22Oscar%20Thompson%22&pasta=ano%20190. Acesso em 28 de dezembro de 2019.

ECAR, A. L. *Debates sobre ensino rural no Brasil e a prática pedagógica de Noêmia Saraiva de Mattos Cruz no Grupo Escolar Rural de Butantan (1932-1943).* 2017. 294 f. Tese (Doutorado em Educação), Faculdade de Educação, Universidade de São Paulo, São Paulo, 2017.

FERRIÈRE, Adolphe. *A Escola Activa.* Tradução e notas de Domingos Evangelista. Porto, Portugal: Editora Educação Nacional, 1934.

MENNUCCI, Sud. *Pelo sentido ruralista da civilização: subsídios para a história do ensino rural no estado de São Paulo (1892-1935).* São Paulo: Revista dos Tribunais, 1935.

NEVES, Sylvio da Costa. RELATÓRIO DA DELEGACIA REGIONAL DE LINS. *Relatório de 1936 da Delegacia Regional do Ensino de Lins.* 1937. 126 p. Disponível em http://200.144.6.120/uploads/acervo/periodicos/relatorios_educacao/RDRLS1936.pdf. Acesso em 18 de janeiro de 2020.

ROCHA, Heloísa Helena Pimenta. Entre o exame do corpo infantil e a conformação da norma racial: aspectos da atuação da Inspeção Médica Escolar em São Paulo. *História, Ciências, Saúde* – Manguinhos, Rio de Janeiro, v. 22, n. 2, abr.-jun. 2015, p. 371-390.

______. *A higienização dos costumes*: Educação escolar e saúde no projeto do Instituto de Hygiene de São Paulo (1918-1925). Campinas, SP: Mercado de Letras; São Paulo: FAPESP, 2003.

SAES, Flávio Azevedo Marques. O estado de São Paulo no século XX: café, indústria e finanças na dinâmica da economia paulista. In: ODALIA, Nilo; CALDEIRA, João Ricardo de Castro (Orgs.) *História do estado de São Paulo*: a formação da unidade paulista. São Paulo: Editora UNESP; Imprensa Oficial; Arquivo Público do Estado, 2010, p. 13-40.

SÃO PAULO (Estado). Decreto n. 5.884, de 21 de abril de 1933. Institue o Codigo de Educação do Estado de São Paulo. Disponível em http://www.al.sp.gov.br/repositorio/legislacao/decreto/1933/decreto-5884-21.04.1933.html. Acesso em 28 de dezembro de 2019.

______. Decreto-Lei n. 17.028, de 6 de março de 1947. Dispõe sobre a transformação da Secção do Tracoma do Departamento de Saúde do Estado em Instituto do Tracoma e Higiene Visual. Disponível em https://www.al.sp.gov.br/repositorio/legislacao/decreto.lei/1947/decreto.lei-17028-06.03.1947.html. Acesso em 28 de dezembro de 2019.

SÃO PAULO. Assembleia Legislativa do Estado de São Paulo. Decreto n. 2.141, de 14 de novembro de 1911. Reorganiza o Serviço Sanitario do Estado. Disponível em https://www.al.sp.gov.br/repositorio/legislacao/decreto/1911/decreto-2141-14.11.1911.html. Acesso em 28 de dezembro de 2019.

______. Lei n. 1541 de 30 de dezembro de 1916. Remodela a Inspecção Medica Escolar. Disponível em https://www.al.sp.gov.br/repositorio/legislacao/lei/1916/lei-1541-30.12.1916.html. Acesso em 28 de dezembro de 2019.

WARDE, Mirian Jorge. A formação e a carreira na instrução pública paulista de João Chrysostomo Bueno dos Reis Junior. *Revista OLHARES*, v. 7, n. 3 – Guarulhos, novembro, 2019.

O Feijão na cultura alimentar caipira e nos discursos médicos em São Paulo na Primeira República (1890-1920)

Leopoldo Fernandes da Silva[1]

Introdução

> A batalha das vitaminas, a esperança do equilíbrio das proteínas, terão de atender as reações sensíveis e naturais da simpatia popular pelo seu cardápio, desajustado e querido (...) O *psicodietista* sabe que o povo guarda sua alimentação tradicional porque está habituado; porque aprecia o sabor; porque é a mais barata e acessível. Pode não nutrir mas enche o estômago (Cascudo, *História da Alimentação no Brasil*. p. 14-15).

No prefácio de sua obra pioneira do campo da alimentação em ciências humanas, no Brasil, Luís da Câmara Cascudo informa o leitor que a ideia original de escrever sobre o tema consistia a elaboração de trabalho conjunto com o médico Josué de Castro. Finalmente, esse projeto em coautoria fora descartado, pois, nas palavras de Cascudo, ele estava preocupado com a comida e Castro, com a fome.[2] Esse acontecimento simboliza o estabelecimento de duas vertentes de análise sobre alimentação no Brasil, que percorrem trajetórias distintas

---

1 Doutor em História pela FFLCH/USP. Pós-doutorando em Saúde Coletiva pela Faculdade de Medicina/USP. E-mail: lefer08silva@gmail.com.

2 CASCUDO, Luís da Câmara. *História da Alimentação no Brasil*. 4º ed. São Paulo: Global, 2011. p. 11.

e paralelas na pesquisa acadêmica: a alimentação enquanto fenômeno cultural e histórico, abordado pelas ciências humanas; e a alimentação como nutrição humana, constituída no âmbito das ciências biomédicas. Na segunda metade do século XX, a elaboração de políticas alimentares para combater a fome indicou a necessidade de convergência dessas perspectivas nutricional e cultural, para que estas políticas pudessem efetivamente obter êxito.[3]

Em São Paulo, a alimentação enquanto nutrição humana esboça os seus contornos a partir da década de 1920, quando os conhecimentos biomédicos sobre alimentação, produzidos nas décadas anteriores, foram incorporados ao campo da epidemiologia, constituindo-se em instrumentos de ação sanitária no âmbito das políticas de saúde pública. Nesse contexto, os inquéritos alimentares assumiram relevância no escopo de trabalho dos médicos sanitaristas. O levantamento estatístico dos hábitos alimentares e o tratamento dos dados obtidos, a partir do instrumental das ciências bioquímicas, possibilitaram reconhecer mazelas nutricionais, bem como formular estratégias de modificação dos hábitos alimentares, para os diferentes segmentos sociais, implementadas em instituições coletivas como escolas e fábricas.[4]

Na década de 1970, o surgimento do campo da saúde coletiva na medicina se caracterizou pela abordagem multidisciplinar do conhecimento biomédico, possibilitando reconstituir a complexidade do objeto da alimentação em seus aspectos nutricionais, socioeconômicos, culturais e históricos. Nesse contexto, a médica Ana Maria Canesqui elaborou uma crítica da abordagem estritamente nutricional dos hábitos alimentares, que norteava as pesquisas epidemiológicas junto às populações de baixa renda, enfatizando o menosprezo dos médicos sanitaristas em relação aos aspectos culturais da alimentação. A hegemonia desse paradigma científico nas intervenções sanitárias no âmbito da alimentação limitou as possibilidades de êxito dessas políticas, entre as décadas de 1920 e 1970, pela oposição entre as propostas científicas e a cultura popular:

---

3 CONTRERAS, Jesús; GRACIA, Mabel. *Alimentação, sociedade e cultura*. Rio de Janeiro: Editora Fiocruz, 2011. p. 11-12.

4 RODRIGUES, Jaime. *Alimentação, vida material e privacidade*: uma história social de trabalhadores em São Paulo nas décadas de 1920 a 1960. São Paulo: Alameda, 2011.

> As análises que atribuem às populações economicamente desfavorecidas, conceitos "errôneos" a respeito da alimentação, e tomam tais "erros" como causa de uma prática alimentar deficiente, revelam um preconceito cientificista. Este preconceito consiste em estabelecer comparações entre um esquema ideal "científico", proposto pelos agentes da moderna nutrição, com o esquema formulado pela própria população, mostrando apenas a distância entre um e outro. Esquece-se, na maioria das vezes, que as categorias utilizadas pelos "objetos de pesquisa" prendem-se a uma prática que se encontra efetivamente condicionada às possibilidades reais de manipulação de recursos materiais e simbólicos, numa situação de classe específica.[5]

Propomos neste artigo abordar os primórdios desse embate entre a perspectiva científica da nutrição humana e os hábitos alimentares arraigados na cultura popular. Com esse objetivo, analisamos em perspectiva histórica o papel do feijão na alimentação do caipira de São Paulo, nas décadas iniciais do regime republicano, e o lugar designado para ele pelos médicos no enquadramento da alimentação nas biociências, constituindo a disciplina de higiene alimentar.

No período, a alimentação do caipira se transformou em um objeto de ação medico-sanitária no bojo da construção de um ideal de nacionalidade, articulado em termos de território e população, que ganhou força com a Primeira Guerra Mundial. A questão racial que orientava o debate sobre a adaptação do brasileiro à civilização moderna, iniciado no século XIX, foi matizada pelo diagnóstico da medicina quanto à origem sanitária do problema da nacionalidade, constituindo-se a higiene como o instrumento para a superação do distanciamento entre o campo e a cidade, investindo a alimentação como dimensão importante desse processo.[6]

A interiorização das políticas e instituições de saúde pública em São Paulo, na Primeira República, se caracterizou pelos conflitos políticos e ten-

5 CANESQUI, Ana Maria. A Dietética Popular (Comida de Pobre; comida de Rico). *Revista Saúde em Debate*. São Paulo, nº 4, jul./ago./set. de 1977. p. 48.

6 RIBEIRO, Maria Alice Rosa. *História Sem Fim*... um inventário da saúde pública (1880-1930). São Paulo: Unesp, 1993.

sões sociais desencadeados nesse encontro entre o rural e o urbano, transformando a cultura caipira em uma verdadeira ameaça ao êxito das políticas sanitárias.[7] Para apreender a dimensão cultural da qual dependia a implementação das ações de saneamento rural, a observação de Sérgio Buarque de Holanda é oportuna, pois os grupos sociais possuem mecanismos que os predispõem a serem mais ou menos suscetíveis em "admitir ou rejeitar a intrusão de hábitos, condutas, técnicas e instituições estranhos à sua herança de cultura".[8]

Na Primeira República, a própria representação da identidade paulista estava em construção em face às transformações socioeconômicas e urbanas, no bojo do processo de expansão cafeeira. Os novos valores de modernidade e civilidade se chocavam com os valores e hábitos tradicionais vigentes entre os paulistas. A figura do caipira expressava o incômodo resultante desse processo, passando a ocupar um lugar ambíguo na identidade paulista, associada a um passado que deveria ser superado.[9]

Na criação artística, literária e na narrativa histórica, elaboradas no período, substitui-se o caipira pelo mito bandeirante na representação simbólica da identidade paulista. Os valores modernos de progresso, arrojo, disciplina, que caracterizariam as elites paulistas republicanas, são transmitidos para o mito bandeirante com o propósito de legitimar essa nova posição político-econômica, ao mesmo tempo em que cria um *ethos* próprio aos paulistas, símbolo do destino histórico de liderança na construção da nacionalidade.[10]

A partir da obra de Holanda, a alimentação se constituiu em um campo de pesquisa nesse debate mais amplo sobre a história de São Paulo e as transformações socioeconômicas, urbanas e culturais, no período da Primeira República. Na configuração do campo da história da alimentação em São Paulo, a construção simbólica desta singularidade paulista consiste na predominância do milho sobre a mandioca como o principal alimento das popu-

7 MOTA, André. *Tropeços da Medicina Bandeirante:* Medicina Paulista entre 1892-1920. São Paulo: Edusp, 2005.

8 HOLANDA, Sérgio Buarque de. *Caminhos e Fronteiras*. 3º ed. São Paulo: Companhia das Letras, 1994. p. 55.

9 FERREIRA, Antônio Celso. *A Epopéia Bandeirante*: letrados, instituições e invenção histórica, 1879-1940. São Paulo: Unesp, 2002.

10 SANTOS, Marco Cabral dos; MOTA, André. *São Paulo 1932*: memória, mito e identidade. São Paulo: Alameda, 2010.

lações em um amplo território desbravado e colonizado pelos paulistas, nos séculos XVII e XVIII.[11]

Carlos Alberto Dória e Marcelo Corrêa Bastos retomam esta concepção territorial da formação dos hábitos alimentares, cristalizada no termo "Paulistânia", mobilizando-a para apreender a configuração e a extensão de uma culinária caipira paulista, que transcende a evolução das circunscrições geopolíticas desse território. Nessa perspectiva temporal de longa duração, a Primeira República demarca o início do apagamento desses modos de comer em face aos processos de urbanização e industrialização dos alimentos. Para os autores, médicos e instituições de saúde pública do período desempenharam papel relevante na transformação dos hábitos alimentares em São Paulo e no consequente apagamento dessa culinária caipira.[12]

A predominância do milho sobre a mandioca na caracterização dos hábitos alimentares nos sertões paulistas se insere no esboço de um quadro geral da alimentação brasileira, representado pelo tripé alimentar: feijão, farinha e carne seca. No entanto, se o milho e a mandioca se intercambiam nessa perspectiva territorial da formação histórica da alimentação, o feijão permanece como alimento fundamental nesse tripé alimentar, entre os diversos segmentos sociais, nas populações rurais ou urbanas.[13]

A abordagem histórico-cultural do feijão aponta caminhos promissores para esse objeto de pesquisa em trabalhos como de Adriana Leme,[14] sobre a produção e consumo da leguminosa no Brasil, na segunda metade do século XX, no qual a autora observa a existência de vínculos simbólicos estabelecidos entre o feijão e a construção de um imaginário nacional. Viviane Aguiar analisou os processos políticos e a trajetória intelectual de construção simbólica

---

11 HOLANDA, 1994. Op.cit. p. 186.

12 DÓRIA, Carlos Alberto; BASTOS, Marcelo Côrrea. *Culinária Caipira da Paulistânia*: a história e as receitas de um modo antigo de comer. São Paulo: Três Estrelas, 2018.

13 SILVA, Paula Pinto e. *Farinha, feijão e carne-seca*: um tripé culinário no Brasil colonial. São Paulo: Editora Senac São Paulo, 2005.

14 LEME, Adriana Salay. *Feijão, o dono das tradições*: representação identitária e consumo efetivo no Brasil (1973-2009). Dissertação (mestrado em História) - FFLCH-USP, São Paulo, 2015.

do virado de feijão em prato "tipicamente" paulista e sua integração, como "virado à paulista", no patrimônio imaterial do estado de São Paulo.[15]

Na próxima seção, reconstituímos o papel do feijão na cultura alimentar caipira pela análise dos modos de produção e consumo da leguminosa, enfatizando os aspectos simbólicos atribuídos ao feijão, que o configuram em elemento central na alimentação do caipira em São Paulo. Na última seção, abordamos como os médicos e instituições de saúde pública paulistas analisaram o consumo de feijão, em um contexto de surgimento da ciência da nutrição humana, reconfigurando seu lugar na alimentação segundo as estratificações sociais desencadeadas pelo processo de urbanização na Primeira República.

O "chefe da mesa": o feijão na cultura alimentar caipira

O conceito de cultura alimentar empregado neste estudo dialoga com as categorias de análise elaboradas pelo historiador Massimo Montanari, com o propósito de investigar a alimentação enquanto fenômeno cultural-histórico: os modos de produção, de preparo e consumo dos alimentos. Em nossa pesquisa, enfatizamos a análise dos modos de produção e de consumo como instrumentos analíticos para apreender o papel do feijão nos hábitos alimentares, constituídos nesses sertões paulistas. No que se refere à esfera do consumo, discutiremos os valores simbólicos atribuídos ao feijão para compreender sua centralidade na cultura alimentar caipira.[16]

Leguminosa nativa do continente americano, domesticada pelos indígenas, o feijão foi incorporado como alimento básico dos paulistas nas expedições terrestres do século XVII, bem como nas fluviais do século XVIII, devido a sua facilidade de transporte e cultivo, bem como sua adaptação às necessidades alimentares impostas pelo movimento de incursão e ocupação do território americano. Se, por um lado, o milho se configura no alimento

---

15 AGUIAR, Viviane Soares. Do Feijão com Toucinho ao "Virado à Paulista": o percurso simbólico de uma receita na formação de um patrimônio culinário de São Paulo. *Revista Latino-Americana de História*, vol. 08, nº 22, ago/dez. de 2019.

16 MONTANARI, Massimo. *Comida como cultura*. 2º ed. São Paulo: Editora Senac São Paulo, 2013. p. 15-16.

característico dos paulistas, por outro lado, Sérgio Buarque de Holanda observou que o feijão se constituiu no "pão nosso cotidiano".[17]

Para Antônio Cândido, a alimentação do caipira se assentou nas bases materiais lançadas pela ocupação desse território interiorano, configurando-se hábitos calcados em "mínimos vitais", que se expressavam em um contexto social marcado pelo isolamento, independência e alheamento às mudanças sociais: vida de bandeirante atrofiado, sem miragens, concentrada em torno dos problemas de manutenção dum equilíbrio mínimo entre o grupo social e o meio.[18] Esse "mínimo vital" da alimentação do caipira, proporcionado pela agricultura de subsistência e pelas atividades de caça, pesca e coleta, se transformou no início do século XX com o avanço da fronteira agrícola comercial e a incorporação das culturas alimentares às dinâmicas do mercado urbano.

O historiador Ernani Bruno observou que o feijão foi "universalmente adotado" em São Paulo. A partir das evidências obtidas nos documentos coloniais, nos relatos de viajantes estrangeiros e nas memórias dos estudantes da Faculdade de Direito, o autor reconstitui a consolidação do arroz e feijão como uma combinação alimentar que, a partir do século XIX, caracteriza os hábitos alimentares em São Paulo, na capital e no interior. Bruno enfatiza as trajetórias percorridas pelo feijão para se urbanizar, conforme expressão de Holanda, ou para ganhar cidadania, segundo observou Carlos Alberto Dória.[19]

A importância do feijão, assim como do milho, na cultura de subsistência do caipira se relaciona ao ciclo de produção relativamente curto, com duração de três a quatro meses, possibilitando duas colheitas anuais. Cada ciclo se iniciava com o preparo da terra, se não fosse necessário queimar o mato virgem. A plantação de um alqueire de feijão, por uma pessoa, demandava seis dias de roçada. Após esta primeira etapa, aplicava-se trinta minutos de queimada e mais cinco ou seis dias de aração do terreno.[20]

---

17 HOLANDA, 1994. Op.cit. p. 147.

18 CANDIDO, Antônio. *Os Parceiros do Rio Bonito*: estudo sobre o caipira paulista e a transformação dos seus meios de vida. 12º ed. São Paulo/Rio de Janeiro: Edusp, 2017. p. 56.

19 BRUNO, Ernani Silva. *História e Tradições da Cidade de São Paulo*. Rio de Janeiro: José Olympio, 1953. p. 254, 262, 267, 635 e 1352.

20 CÂNDIDO, 2007. Op.cit. p. 135-136.

A semeadura do feijão poderia ser feita de dois modos: no risco ou na cavadeira. O primeiro consistia na formação de "ruas" mediante abertura de covas paralelas na terra, levando quatro dias para riscar e dezesseis dias para plantar - com a utilização da cavadeira, restringia-se o plantio aos dezesseis dias de semeadura do terreno. Entre vinte e vinte e dois dias após o plantio, realizava-se a limpa da plantação.[21]

Para a cultura do feijão, o trabalho de homens e mulheres era empregado na plantação, limpa e colheita, podendo ser mobilizada a cooperação vicinal entre vizinhos, em face da extensão de sua produção ou de vicissitudes climáticas. Ao contrário do milho e do arroz, que demandavam paióis adjacentes às roças para seu tratamento, o feijão colhido era transportado para os terreiros defronte às residências rurais onde se realizava a malhação do grão, processo no qual somente os homens se dedicavam:

> depois de bem secas as vagens ao sol, é também debulhado por sova, só que em lugar de ser batido contra uma trave, como o arroz, bate-se nele com um porrete roliço e pesado até que as vagens se abram. Vem em seguida a 'bateção' [processamento para a retirada da película dos grãos].[22]

Monteiro Lobato acrescenta outra etapa nesse modo de produção, denominada de "abanar" o feijão no terreiro.[23] O processo de "abanar" consiste no arremesso dos grãos de feijão para o alto, aparando-os, na queda, mediante o uso de uma peneira. Desse modo, separam-se os grãos dos restos de vagens e películas. As ferramentas de trabalho utilizadas consistem no machado e/ou foice, arado, cavadeira, enxada, porrete e peneira, sucessivamente empregados nas etapas acima descritas.[24]

As fontes compiladas pelos historiadores indicam a centralidade do feijão nos hábitos alimentares do caipira, vindo encontrá-la Antônio Cândido, em sua pesquisa de campo no interior paulista, em meados do século XX. Essa

---

21 A limpa do feijão consiste em retirar, com a enxada, o mato que cresce junto às ruas da plantação. Idem. p. 136.

22 MÜLLER, Nice Lecocq apud DÓRIA; BASTOS, 2018. Op.cit. p. 130.

23 LOBATO, Monteiro. *Urupês*. 2º ed. São Paulo: Globo, 2009. p. 147.

24 CANDIDO, 2017. Op.cit. p. 136.

constatação diante da permanência do feijão levou o autor a denominá-lo de o "chefe da mesa". O arroz e a farinha de milho se constituíram em seus principais acompanhamentos, estabelecendo a ementa das principais refeições diárias: o almoço, a merenda e o jantar.[25] Em uma das famílias estudadas pelo autor, das 15 refeições de comida quente realizadas na semana, registrou-se a presença do feijão em 13 delas; em outra família, das 19 refeições observadas na semana, o feijão esteve presente em todas elas.[26]

Em uma perspectiva histórica, a permanência do feijão na alimentação do caipira contrastava com a mobilidade de seus principais acompanhamentos – milho, mandioca e arroz – que estavam sujeitos a maiores flutuações em sua incidência no espaço e vigência no tempo. A carne, mesmo a de porco, não teve presença significativa na alimentação do grupo de estudo de Cândido. Nesse sentido, o autor concluiu que a expansão da lavoura comercial e os processos de urbanização, na primeira metade do século XX, levaram à redução no consumo de carne nas localidades rurais.[27]

O acesso e ocupação da terra pela população caipira se caracterizam, no século XX, pela transição de uma economia de subsistência para um sistema de parcerias nas fazendas.[28] O impacto desse processo na alimentação do cai-

25 Candido registrou as formas de transporte e consumo das refeições, bem como os horários em que se realizavam, na cidade de Bofete, na década de 1950: Partindo para a roça, o trabalhador leva, numa panelinha de mais ou menos um litro de capacidade, com a colher amarrada sobre a tampa e envolta num embornal de algodão, a comida para almoço e merenda (...) Entre 8h30 e 9 horas tem lugar o almoço; às 12 horas, a merenda. Esta é quase sempre uma refeição feita com a sobra daquela, a que se junta às vezes um elemento novo. O jantar, realizado já em casa, compõe-se de comida quente que não viajou, e sua composição não difere da do almoço. Ibidem. p. 149.

26 Ibidem. p. 151.

27 CANDIDO, 2017. Op.cit. p. 153. O historiador inglês, Edward Thompson, observou que, no século XVIII, a expansão da lavoura comercial no mundo rural britânico, no contexto do advento do capitalismo industrial moderno, acirrou as tensões entre o campo e a cidade, dificultando o acesso dessas populações rurais aos alimentos do cotidiano. THOMPSON, Edward. *Costumes em Comum:* estudos sobre a cultura popular tradicional. 7º ed. São Paulo: Companhia das Letras, 2013. p. 153.

28 Em linhas gerais, o sistema de parceria se caracterizou pela modificação na posse da terra pelo caipira, no século XX. Tradicionalmente, a agricultura de subsistência era

pira se configura pela incorporação dessa produção de subsistência ao sistema de agricultura comercial, submetendo-a às dinâmicas de preço e demanda no mercado de alimentos. Na ampliação do sistema de parcerias, os caipiras estreitavam laços de dependência com o mundo urbano para suprir suas necessidades alimentares. Essa transformação nas condições de trabalho no mundo rural, na primeira metade do século XX, resultou na deterioração da dieta do caipira, conforme as observações de Cândido.

Na década de 1970, o antropólogo Carlos Rodrigues Brandão chegou a conclusões semelhantes às de Cândido, investigando a alimentação das populações rurais de Goiás. Neste contexto, o autor demonstrou como o avanço do sistema de parcerias na organização do acesso a terra e na produção de alimentos implicava no deslocamento progressivo das famílias de lavradores do campo para as periferias das cidades. Esse processo de urbanização aprofundou a dependência desses segmentos sociais em relação ao comércio urbano para a provisão de alimentos, resultando no empobrecimento de sua alimentação, segundo as observações do próprio grupo social investigado.[29]

Para essas populações rurais de Goiás, a alimentação no sítio ou na fazenda era mais "forte" e "sadia" em comparação àquela praticada na cidade, considerada "fraca" e "deficiente". Essa distinção entre a alimentação no campo e na cidade, em perspectiva temporal, se verificava na perda progressiva da centralidade do feijão em face à ascensão do arroz como o principal alimento nas refeições diárias. Nesse arcabouço de valores simbólicos da alimentação, o feijão representa a comida "forte", enquanto o arroz simboliza o alimento "fraco".[30]

Em um contexto histórico de progressiva submissão do caipira às pressões da agricultura comercial, à imposição de noções de produtividade e trabalho regidas pelo mercado de alimentos, a percepção desses valores da alimentação

---

praticada em terras próprias, pela posse, propriedade ou como agregado da fazenda. Pelo sistema de parcerias, as populações rurais se submetem à economia das fazendas. Lavrando terra alheia, o caipira precisa destinar de 25 a 30% da produção para o proprietário das terras, bem como essa produção passa a se orientar pela dinâmica do mercado. Para saber mais, consultar CANDIDO, Antônio. Op.cit. p. 123.

29 BRANDÃO, Carlos Rodrigues. *Plantar, colher, comer*: um estudo sobre o campesinato goiano. Rio de Janeiro: Edições Graal, 1981. p. 42.

30 Idem. p. 67.

deveria se acentuar nesses segmentos sociais. A preferência por alimentos "fortes", capazes de fornecer a sensação de completude, de "sustança", como se refere Cascudo, se relacionava ao fato de que, no mundo rural, o caso mais frequente é o do comedor disposto, que antes de ser hora próxima da refeição já sente o aguilhão da fome (...) o caipira se mostra mais contente quando as digestões são lentas, pois neste caso é sensível a ilusão do estômago cheio.[31]

Esta oposição entre alimentos "fortes" e "fracos" se vinculava à ideia do potencial do alimento em deixar a pessoa sem vontade de comer ou em produzir/conservar mais energia para o desempenho das atividades diárias. Nesse sentido, o caipira valoriza combinações alimentares que caracteriza como provedoras de maior "sustança". A comida "forte" também é aquela percebida como mais "sadia", representada pela predominância do feijão em relação ao arroz, constituindo-se a leguminosa como a "base" da alimentação, pois é o alimento que "dá mais sustança" em sua percepção.

Este sistema de valores simbólicos relativos à alimentação, elaborado pelas populações rurais, foi denominado pela médica Ana Maria Canesqui de "dietética popular". Na década de 1970, o inquérito alimentar realizado pela autora, entre moradores de conjuntos habitacionais no interior de São Paulo, demonstra afinidades entre o sistema de valores simbólicos nessa localidade com aquele esboçado por Brandão, para as populações do interior de Goiás. Em ambas as pesquisas, essa dualidade na classificação dos alimentos entre gêneros "fortes" e "fracos" constituiu o principal valor simbólico nessa cultura alimentar caipira, apontando para sua continuidade espacial e temporal em meio ao processo de urbanização vigente no século XX.[32]

No interior de São Paulo, Canesqui selecionou algumas respostas dadas pelos entrevistados quando perguntados sobre o propósito da alimentação: "matá a fome"; "enchê a barriga"; "sustentá o corpo" e "dá disposição pra trabaiá", foram definições recorrentes no grupo social em foco. Entre os alimentos classificados como "fortificantes", o feijão aparece como o primeiro citado pela autora, acompanhado de seus possíveis complementos como a gordura, o toucinho ou a carne.[33]

31 CANDIDO, 2017. Op.cit. p. 180.

32 CANESQUI, 1977. Op.cit. p. 48.

33 *I*bidem. p. 49.

A análise dos modos de produção e de consumo do feijão aponta para a centralidade da leguminosa na cultura alimentar caipira. Gênero essencial da produção de subsistência no mundo rural, o feijão configurava técnicas e práticas agrícolas que materializavam um saber na transformação da natureza e na própria manutenção da vida familiar e social do caipira. No sistema de valores que ordenava e legitimava os hábitos alimentares nos sertões paulistas, o feijão constituiu a principal representação dos alimentos "fortes", que eram mais valorizados por fornecerem a sensação de completude, pois a alimentação deveria assegurar a "sustança" em um contexto socioeconômico que condicionava uma dieta baseada em mínimos vitais.

Na seção seguinte, analisamos o lugar do feijão na emergente concepção nutricional da alimentação, elaborada no contexto de organização das instituições medico-sanitárias em São Paulo, com o advento da Primeira República.

O Feijão na Higiene Alimentar

> Dia 4. Tudo vae bem. A doente tem fome intensa. Pede com instancia que lhe dêm alimentação mais sólida. Quer a todo o transe virado de feijão.[34]

Na segunda metade do século XIX, a mobilização do saber das ciências biomédicas, como instrumento político-administrativo, na organização e saneamento dos espaços urbanos transformou a alimentação em objeto de controle sanitário, nas cidades do mundo ocidental. Em São Paulo, a organização científico-tecnológica da fiscalização de alimentos ocorreu após o advento da República, no âmbito das instituições medico-sanitárias estaduais criadas no período. Esse lugar da alimentação no arranjo institucional republicano expressava as novas condições de abastecimento dos alimentos em São Paulo com o desenvolvimento da produção e consumo de alimentos industrializados, nacionais ou importados, que despertavam suspeitas quanto à possibilidade de adulteração ou falsificação dos produtos.[35]

---

34 CARVALHO, Arnaldo Vieira. Um caso de gastrectomia total. In: DANTES, Maria Amélia Mascarenhas; SILVA, Márcia Regina Barros da (org.). *Arnaldo Vieira de Carvalho e a história da medicina paulista (1867-1920).* 1º Ed. Rio de Janeiro: Fundação Miguel de Cervantes, 2012. p. 325.

35 RIBEIRO, 1993. Op.cit. p. 119.

A formação do campo disciplinar da bacteriologia transformou o paradigma das ciências biomédicas com a descoberta da origem microbiana das doenças. A pesquisa científica sobre os meios de transmissão das moléstias contagiosas converteu os alimentos de origem animal, como a carne, o leite e seus derivados, em possíveis vetores de transmissão de doenças com potencial epidêmico.[36]

Nesse período, paralelamente aos problemas de falsificação e contaminação dos alimentos, os conhecimentos em bioquímica reconfiguraram o papel da alimentação nas práticas médicas, possibilitando estabelecer os alicerces teóricos e empíricos do futuro campo da nutrição humana.[37] Nessa terceira dimensão, as transformações operadas na segunda metade do século XIX nas relações entre as ciências biomédicas, a alimentação e os processos de urbanização, constitui o lugar no qual o feijão será debatido entre os médicos de São Paulo.

A articulação dos conhecimentos em bioquímica com a alimentação possibilitou, por um lado, definir a unidade de medida da energia dos alimentos, a caloria; por outro lado, descobriu-se a existência de substâncias alimentares que desempenham funções específicas nos organismos vivos: as proteínas, carboidratos, gorduras e vitaminas. Esses novos conhecimentos sobre a alimentação permitiram aos médicos ampliar sua esfera de ação do abastecimento dos alimentos para o seu preparo e consumo, promovendo os hábitos alimentares a objetos de intervenção do saber médico e das políticas públicas de saúde.[38]

Essa terceira dimensão das transformações no campo da alimentação no âmbito da medicina, na Primeira República, constituiu uma disciplina com seu próprio saber denominada Higiene Alimentar. Analisamos alguns trechos de artigos para jornais e discursos elaborados pelos médicos de São Paulo, buscando mapear o lugar do feijão nesse novo saber sobre alimentação.

---

36 SILVA, Leopoldo Fernandes da. *Da Praça do Mercado ao Matadouro*: política e abastecimento de gêneros alimentícios em São Paulo nas décadas finais do Império e iniciais da República (1867-1910). Tese (Doutorado em História), FFLCH-USP, São Paulo, 2018.

37 LUCA, Tânia Regina de. *A Revista do Brasil*: um diagnóstico para a (N)ação. São Paulo: Unesp, 1999. p. 220.

38 Idem. p. 220-221.

Na passagem do século XIX para o XX, o médico Eduardo Magalhães se tornou uma referência clínica no tratamento de problemas gastrointestinais, angariando prestígio ao publicar artigos sobre alimentação nos jornais da cidade. O interesse da imprensa periódica por essa especialidade médica se relacionava, por um lado, pela alta incidência de morbidades gastrointestinais nos índices demográfico-sanitários, sobretudo no âmbito da mortalidade infantil em São Paulo; por outro lado, a "dyspepsia" surgia como uma doença do estômago que acometia, principalmente, os grupos sociais mais abastados, sendo atribuída aos novos hábitos alimentares adquiridos no processo de urbanização.[39] No que se refere ao feijão, Magalhães observa

> Os alimentos indigestos, é claro, são o martyrio do estomago. O uso habitual do feijão é péssimo para certas pessoas (...) O feijão é bom alimento para quem pode digerir bem, e não para as creanças, para os estômagos femininos, ou para o homem de pouca atividade corpórea.[40]

Na literatura médica do período, o feijão se constitui em alimento sujeito a estratificações sociais em seu consumo. Não se lhe recomendava às mulheres ou crianças, supostamente, pela sua incapacidade de digeri-lo "bem". Na Primeira República, Sant'anna observou que se intensifica a tendência de atribuir alimentos distintos entre os sexos, segundo novos padrões estéticos e de valores para cada sexo.[41] Na cultura caipira, não se registrou qualquer interdição ao consumo de feijão.[42]

---

39 LEVENSTEIN, Harvey A. Dietética contra gastronomia: tradições culinárias, santidade e saúde nos modelos de vida americanos. In: FLANDRIN, Jean Louis; MONTANARI, Massimo. *História da Alimentação.* 7º ed. Trad. de Luciano Vieira Machado e Guilherme J. F. Teixeira. São Paulo: Estação Liberdade, 1998.

40 MAGALHÃES, Eduardo. A dyspepsia. *O Estado de São Paulo*, São Paulo. p. 3, 14 abr. 1898.

41 SANT'ANA, Denise Bernuzzi de. A cultura na ponta do garfo: estética e hábitos alimentares na cidade de São Paulo – 1890/1920. *Cadernos Pagu* (39), jul/dez de 2012. p. 178.

42 ARAÚJO, Alceu Maynard. *Medicina Rústica.* 3º ed. São Paulo: Martins Fontes, 2004. p. 209-210.

Em relação ao sexo masculino, na visão de Magalhães, recomendava-se o feijão apenas para aqueles que pudessem "digerir bem". O estômago e a digestão adquirem centralidade nos discursos médicos sobre alimentação. O "homem de pouca atividade corpórea" também não deveria consumi-lo, implicando, em contrapartida, a existência do "homem de muita atividade corpórea", ao qual era permitido o consumo de feijão.

Desse modo, por exclusão, indicava-se o consumo de feijão apenas para os homens das classes operárias ou para aqueles que executassem tarefas que envolviam amplo dispêndio de energia, conforme arrematou o médico: o operário, o trabalhador em geral (...) usa (...) uma alimentação quase invariavel, monótona, não conhece os alimentos indigestos, o feijão e a carne sêcca, ao almoço e no jantar, são digeridos perfeitamente.[43]

Essa associação do feijão com a alimentação do trabalhador, do pobre em geral, também se verifica em artigo do médico, Luiz Pereira Barreto, reproduzido no livro Antologia da Alimentação no Brasil, de autoria de Luís da Câmara Cascudo. Publicado originalmente no ano de 1922, sob o título de "A Higiene da Mesa", esse artigo aponta para a centralidade da digestão como elemento articulador do pensamento médico relativo à higiene alimentar.[44] No sistema de valores proposto pela disciplina, estabelecia-se a localização de cada alimento segundo o seu "grau de digestibilidade". Esse sistema de relações dos alimentos se construía na interface entre a composição energética e nutricional dos gêneros alimentícios e a capacidade de cada organismo em particular de assimilá-los, segundo sua posição social, faixa etária, sexo e atividade profissional. Os médicos mobilizavam categorias analíticas baseadas em estratificações sociais produzidas no processo de urbanização. Quando o tópico da higiene alimentar era abordado em textos destinados ao público em geral, esse sistema de valores dos alimentos se operava pela dualidade entre a digestão "fácil" ou "difícil". Para o feijão, Barreto não poupou elogios, no entanto, estabelecendo ressalvas:

> É, sem dúvida, ouro maciço, vale ouro de lei. Mas é preciso que ele não seja ingerido senão por estômagos irrepreensíveis quan-

43 MAGALHÃES, 1898. Op.cit. p. 3.

44 BARRETO, Luís Pereira. A Higiene da Mesa. In: CASCUDO, Luís da Câmara. *Antologia da Alimentação no Brasil*. 2º ed. São Paulo: Global, 2008.

> to ao grau de capacidade digestiva. É alimento sadio, de valor nutritivo sem igual para o trabalhador de machado, para os moços, para os homens vigorosos; mas não serve para os intelectuais, nem para os velhos, que vivem em atmosfera confinada, absorvendo pouco oxigênio.[45]

Quando escreveu seu texto, Barreto contabilizava mais de oito décadas de vida. Assim como na perspectiva de Magalhães, as estratificações sociais no consumo de feijão transformavam a leguminosa em alimento adequado apenas para os homens, operários ou lavradores, jovens e homens "vigorosos", qualificando esses estômagos como capazes de enfrentar as vicissitudes da digestão do feijão. Para os intelectuais, "velhos" e todos aqueles que viviam em "atmosfera confinada", referindo-se, provavelmente, a multiplicidade de profissões em escritórios, comércios e repartições públicas, no âmbito da economia urbana, o feijão não apenas deixava de ser recomendado, como deveria ser evitado. Ambos os médicos retiram as mulheres do rol de consumidores elegíveis do feijão. Desse modo, a leguminosa se constitui em alimento simbólico para a compreensão dos processos de atribuição de alimentos específicos segundo uma divisão sexual/etária, bem como na concepção de valores específicos a cada sexo.

Esse novo enquadramento do feijão na higiene alimentar o deslocava de sua posição central na cultura alimentar caipira, para recolocá-lo como gênero característico da alimentação de segmentos sociais específicos nas sociedades modernas, principalmente operários e trabalhadores rurais. Nesse sentido, a leguminosa simbolizou as dicotomias vigentes naquela sociedade entre o rural e o urbano, entre o pobre e o rico, entre o arcaico e moderno, equacionadas pela representação do feijão como alimento característico de um passado que deveria ser superado, em face aos conhecimentos da nutrição humana:

> Nos tempos da escravidão entre nós, a nossa cozinha nacional celebrizou-se pelo modo hábil e seguro com que manejava o emprego do feijão, do angu de milho e da gordura. Um instinto científico certeiro guiou os nossos avós. O feijão encerra 22 a 25% de proteínas; é, portanto, mais rico do que a carne, que só

45 Ibidem. p. 27.

> contém 20%. O milho encerra (...) 68 a 69% de amido (...) um dos mais ricos hidratos de carbono. A gordura do porco completava a obra, fazendo da associação dos três materiais um modelo de conjunto alimentar (...) [no entanto] É de noção elementar que os albuminoides tirados do reino vegetal não são jamais de tão fácil digestão como os que nos vêm do reino animal.[46]

A análise dos alimentos pelas ciências biomédicas reconheceu o potencial nutritivo do feijão, especialmente no que se refere à quantidade de proteínas contidas na leguminosa, ultrapassando inclusive a carne nesse aspecto. No entanto, na perspectiva de Barreto, as proteínas de origem vegetal condicionavam uma assimilação mais difícil em comparação às proteínas animais, recomendando aos homens de prestígio na cidade, vinculados às tarefas intelectuais e profissões liberais, o consumo da carne em preponderante proporção: [pois] é ela a mais ativa fonte de energia cerebral nos tempos modernos.[47] Nesses discursos médicos, o feijão se associava simbolicamente com a alimentação do passado, com os costumes populares, enquanto a carne se constituía em alimento símbolo da modernidade, ordenando os alimentos não apenas pelo seu valor nutritivo, mas pelas estratificações sociais no mundo urbano.

Nesses discursos médicos, a representação do feijão possui um caráter ambíguo. Por um lado, seu potencial nutritivo foi reconhecido pela calorimetria e a bioquímica dos alimentos, que se constituíam no suporte científico da higiene alimentar; por outro lado, as novas necessidades nutricionais se elaboravam segundo concepções sociológicas de estratificação social no âmbito da economia urbana, determinando que o consumo de feijão se restringisse às classes trabalhadoras. Todavia, esse lugar da leguminosa na higiene alimentar possuía seus dissidentes, sem, contudo, que a ambiguidade abandonasse o diagnóstico médico sobre a leguminosa.

Na segunda década do século XX, Alberto Seabra se configurou em uma das primeiras vozes a defender uma alimentação baseada no consumo de gêneros vegetais. Na sua visão, o feijão se qualificava como o prato da resistência nacional [mas] também culpado de muitos males, corrigíveis simplesmente

46 Ibidem. p. 26,27.

47 Ibidem. p. 27.

pela mudança de maus habitos mastigatórios.[48] Ainda que não esclareça quais seriam os males atribuídos ao feijão, Seabra nos apresenta outra dimensão do processo digestivo: a mastigação. Nessa perspectiva, as implicações digestivas relativas ao feijão poderiam ser superadas pela transformação da mastigação em atividade consciente, constituindo-se em etapa do processo digestivo passível de intervenção e controle pelo indivíduo.

Em discurso na cerimônia de formatura da primeira turma de médicos diplomados pela Faculdade de Medicina e Cirurgia de São Paulo, em 1918, o diretor da instituição, Arnaldo Vieira de Carvalho, diagnosticou o problema alimentar do caipira nos seguintes termos:

> meus jovens colegas, a mais eficiente das causas de definhamento de nossas populações e de sua vulnerabilidade pelos germes infecciosos, é ser o nosso sertanejo, o nosso caipira, o brasileiro enfim um eterno faminto, nunca saciado, não sabendo comer como deve, impedido de comer como precisa. Ele vive a iludir o estômago com enorme volume de mandioca pouco nutritiva e com pesadas cargas de feijão inerte que, graças aos maus dentes e à péssima mastigação, transita-lhe pelos intestinos retendo avarentamente nas couraças intactas de episperma os tesouros de proteína, privando-o assim de alimentos plásticos para a constituição do arcabouço.[49]

O posicionamento do diretor da Faculdade de Medicina cristaliza uma inflexão no discurso médico sobre a higiene alimentar, aproximando-a da concepção de saúde pública, emergente após a Primeira Guerra Mundial, de educação sanitária. Carvalho admite a centralidade do estômago para a abordagem médica da alimentação humana, explicando os mecanismos fisiológicos subjacentes ao estado nutricional do caipira.

48 SEABRA, Alberto. Hygiene da alimentação. *A Panoplia*, São Paulo. p. 232, nº 5, out., 1917.

49 CARVALHO, Arnaldo Vieira de. "Discurso do Paranynpho na Cerimônia da Collação de Grau". *Annaes Paulistas de Medicina e Cirurgia* (São Paulo). 1919; X(1). p. 96.

O médico atribui à alimentação um papel central na etiologia das morbidades que acometiam o caipira, articulando um processo em que a alimentação é ao mesmo tempo a causa e o efeito das condições de saúde no mundo rural. A "mandioca pouco nutritiva" e o "feijão inerte" não forneciam os nutrientes necessários para a "constituição do arcabouço", no entanto, o problema não se assentava apenas nos alimentos em si, mas também na saúde bucal, na mastigação inadequada e nas próprias condições sociais em que essas populações do sertão viviam.

Arnaldo Vieira de Carvalho observa que o brasileiro era um eterno faminto, nunca saciado, não sabendo comer como deve, impedido de comer como precisa, configurando determinações socioeconômicas que condicionavam a alimentação e a saúde do caipira. Essas determinações socioeconômicas antecipam as duas perspectivas de análise dos médicos e sanitaristas, debatidas nas décadas seguintes, sobre o problema alimentar e as formas de erradicá-lo mediante políticas públicas de saúde e alimentação. A primeira perspectiva consiste no estudo das possibilidades de aquisição dos alimentos pelas populações rurais, que os impediam de comer de forma adequada, segundo a higiene alimentar; a segunda perspectiva se cristalizou no debate sobre a ignorância popular quanto às necessidades nutricionais relativas à ideia de uma alimentação saudável, como causa do problema alimentar brasileiro.

A incorporação desses determinantes socioeconômicos nas análises médicas da alimentação reconfigurava a disciplina da higiene alimentar, centrada no estômago e na digestão dos alimentos, abrindo o caminho para o surgimento do campo da nutrição, no âmbito da epidemiologia, a partir da década de 1920.

Em São Paulo, nas primeiras duas décadas do século XX, os discursos médicos sobre alimentação se basearam nos conhecimentos bioquímicos para classificar os alimentos segundo seu potencial energético e qualidades nutricionais. Esse saber biomédico da alimentação possibilitou manipular os hábitos alimentares segundo valores e ideais construídos, também, pelas estratificações sociais caracterizadas pelo processo de urbanização, configurando a disciplina de higiene alimentar. Nesse sentido, o feijão assume um caráter ambíguo pelo reconhecimento de suas qualidades nutricionais, no entanto, estigmatizado como alimento de digestão "difícil", que deveria ser evitado pelas mulheres, crianças e homens dedicados aos trabalhos "intelectuais", como definiu Luiz Pereira Barreto.

Considerações Finais

Neste estudo, analisamos o papel do feijão na cultura alimentar caipira em contraste com o novo lugar da leguminosa proposto pelos médicos de São Paulo, na Primeira República, no enquadramento da alimentação humana como objeto da higiene alimentar. Esta concepção surgiu como uma primeira tentativa de sistematização dos conhecimentos das biociências sobre a nutrição humana. No âmbito dessa disciplina, o feijão perde sua centralidade como alimento de todo o dia, na expressão da cultura alimentar caipira, para se situar como um alimento destinado aos homens, sobretudo dos estratos sociais dedicados aos trabalhos manuais.

A análise histórica do papel do feijão nos hábitos alimentares nos sertões paulistas e o seu lugar no discurso médico sobre alimentação em São Paulo, na Primeira República, aponta para os caminhos distintos percorridos entre a alimentação na esfera da cultura popular e no âmbito dos conhecimentos biomédicos, cuja desarticulação se constituiu no principal entrave na formulação de políticas alimentares, durante o século XX. Este estudo sobre o feijão se configura em uma tentativa de promover o diálogo interdisciplinar entre a cultura alimentar, entendida nos termos da história da alimentação, e a constituição do saber biomédico sobre a alimentação, como um aspecto que integra o processo de formação do saber e das práticas médicas em saúde coletiva.

Referências bibliográficas

AGUIAR, Viviane Soares. Do Feijão com Toucinho ao "Virado à Paulista": o percurso simbólico de uma receita na formação de um patrimônio culinário de São Paulo. *Revista Latino-Americana de História*, vol. 08, nº 22, ago/dez. de 2019. Disponível em: <http://projeto.unisinos.br/rla/index.php/rla/article/view/1058/386543>. Acesso em: 28 fev. 2020.

ARAÚJO, Alceu Maynard. *Medicina Rústica*. 3º ed. São Paulo: Martins Fontes, 2004.

BRANDÃO, Carlos Rodrigues. *Plantar, colher, comer*: um estudo sobre o campesinato goiano. Rio de Janeiro: Edições Graal, 1981.

BRUNO, Ernani Silva. *História e tradições da cidade de São Paulo*. Rio de Janeiro: José Olympio, 1953.

CANDIDO, Antonio. *Os parceiros do Rio Bonito*: estudo sobre o caipira paulista e a transformação dos seus meios de vida. 12º ed. São Paulo/Rio de Janeiro: Edusp, 2017.

CANESQUI, Ana Maria. A Dietética Popular (Comida de Pobre; comida de Rico). *Revista Saúde em Debate*. São Paulo, nº 4, jul./ago./set. de 1977, p. 48. Disponível em: <http://www.docvirt.com/asp/saudeemdebate/default.asp>. Acesso em: 05 de maio 2020.

CARVALHO, Arnaldo Vieira de. "Discurso do Paranynpho na Cerimônia da Collação de Grau". *Annaes Paulistas de Medicina e Cirurgia* (São Paulo). 1919; X(1), p. 96.

CASCUDO, Luís da Câmara. *Antologia da Alimentação no Brasil*. 2º ed. São Paulo: Global, 2008.

______. *História da Alimentação no Brasil*. 4º ed. São Paulo: Global, 2011.

CONTRERAS, Jesús, GRACIA, Mabel. *Alimentação, sociedade e cultura*. Rio de Janeiro: Editora Fiocruz, 2011.

DANTES, Maria Amélia Mascarenhas; SILVA, Márcia Regina Barros da (org.). *Arnaldo Vieira de Carvalho e a história da medicina paulista (1867-1920)*. 1º Edição. Rio de Janeiro: Fundação Miguel de Cervantes, 2012.

DÓRIA, Carlos Alberto; BASTOS, Marcelo Côrrea. *Culinária caipira da paulistânia*: a história e as receitas de um modo antigo de comer. São Paulo: Três Estrelas, 2018.

FERREIRA, Antônio Celso. *A epopéia bandeirante*: letrados, instituições e invenção histórica, 1879-1940. São Paulo: Unesp, 2002.

FLANDRIN, Jean Louis; MONTANARI, Massimo. *História da Alimentação*. 7º ed. Trad. de Luciano Vieira Machado e Guilherme J. F. Teixeira. São Paulo: Estação Liberdade, 1998.

HOLANDA, Sérgio Buarque de. *Caminhos e Fronteiras*. 3º ed. São Paulo: Companhia das Letras, 1994.

LEME, Adriana Salay. *Feijão, o dono das tradições*: representação identitária e consumo efetivo no Brasil (1973-2009). Dissertação (mestrado em História) – FFLCH-USP, São Paulo, 2015.

LOBATO, Monteiro. *Urupês*. 2º ed. São Paulo: Globo, 2009.

LUCA, Tânia Regina de. *A Revista do Brasil:* um diagnóstico para a (N) ação. São Paulo: Unesp, 1999.

MAGALHÃES, Eduardo. A dyspepsia. *O Estado de São Paulo*, São Paulo, p. 3, 14 abr. 1898. Disponível em: < https://acervo.estadao.com.br/pagina/#!/18980414-7086-nac-0003-999-3-not/tela/fullscreen> Acesso em: 14 Ago. 2020.

MONTANARI, Massimo. *Comida como cultura*. 2ºed. São Paulo: Editora Senac, 2013.

MOTA, André. *Tropeços da Medicina Bandeirante*: Medicina Paulista entre 1892-1920. São Paulo: Edusp, 2005.

RIBEIRO, Maria Alice Rosa. *História Sem Fim...* um inventário da saúde pública (1880-1930). São Paulo: Unesp, 1993.

RODRIGUES, Jaime. *Alimentação, vida material e privacidade*: uma história social de trabalhadores em São Paulo nas décadas de 1920 a 1960. São Paulo: Alameda, 2011.

SANT`ANNA, Denise Bernuzzi de. A cultura na ponta do garfo: estética e hábitos alimentares na cidade de São Paulo – 1890/1920. *Cadernos Pagu* (39), jul./dez. de 2012, p. 178. Disponível em: <https://www.scielo.br/scielo.php?pid=S0104-83332012000200006&script=sci_arttext>. Acesso em: 14 Ago. 2020.

SANTOS, Marco Cabral dos; MOTA, André. *São Paulo 1932*: memória, mito e identidade. São Paulo: Alameda, 2010.

SEABRA, Alberto. Hygiene da alimentação. *A Panoplia*, São Paulo. p. 232, nº 5, out. 1917. Disponível em:http://memoria.bn.br/DocReader/DocReader.aspx?bib=377880&Pesq=hygiene%20da%20alimenta%c3%a7%c3%a3o&pagfis=390>. Acesso em: 14 Ago. 2020.

SILVA, Leopoldo Fernandes da. *Da praça do mercado ao matadouro*: política e abastecimento de gêneros alimentícios em São Paulo nas décadas finais do Império e iniciais da República (1867-1910). Tese (Doutorado em História), FFLCH-USP, São Paulo, 2018.

SILVA, Paula Pinto e. *Farinha, feijão e carne-seca:* um tripé culinário no Brasil colonial. São Paulo: Editora Senac, 2005.

THOMPSON, Edward. *Costumes em Comum:* estudos sobre a cultura popular tradicional. 7º ed. São Paulo: Companhia das Letras, 2013.

Desterritorialização e expropriação cultural dos caiçaras do Litoral Norte Paulista

Patricia Teixeira Tavano[1]

Introdução

Na faixa litorânea do Rio de Janeiro até o Paraná podemos encontrar uma população tradicional chamada de caiçaras. São geograficamente distantes e historicamente distintas, não são homogêneos em suas características, tampouco em suas práticas, contudo, a proximidade com o mar e uma relação de interdependência de sustento através da pesca, associado às formas de produção agrária de subsistência, em especial da mandioca, ou exploradora dos recursos naturais do local, faz com que sejam assemelhadas e albergadas em uma designação única.

O termo caiçara tem origem na palavra Tupi-guarani caá-içara, que designava as estacas colocadas ao redor das tabas ou aldeias, assim como a armadilha feita com galhos fincados na água para cercar e aprisionar os peixes, prática típica de pesca da população indígena litorânea. Com o tempo, o termo também começa a ser utilizado para identificar as palhoças que são erguidas nas praias para proteger a canoas, redes e outros equipamentos

1 Pedagoga, Doutora em Educação pela Universidade de São Paulo, professora da Universidade Federal do Mato Grosso do Sul. E-mail: patricia.tavano@ufms.br.

utilizados na pesca marinha, e depois envereda para os povoados e populações litorâneas.[2, 3]

Ocupando atualmente do litoral sul fluminense até norte paranaense, essa população tradicional se formou num processo de miscigenação entre índios, portugueses e negros, e sua cultura é bastante tributária dos indígenas indígena, por seus "instrumentos de trabalho (coivara, canoas, fabricação da farinha), no vocabulário diferenciado dos demais habitantes"[4] das regiões em que se fixam, e caracterizam-se pela "fraca acumulação de capital, dependência limitada da economia de mercado, importância das relações de parentesco, tecnologias manuais de pouco impacto sobre a natureza".[5]

A população caiçara é muito mais um grupo cultural que um grupo étnico, é ligado ao mar, mas também à terra e à mata, e se organiza em comunidades, em pequenos aglomerados humanos que têm no território sua cultura existencial, estabelecendo uma série de relações simbólicas esse território, que, mesmo sofrendo sua interferência, é lido pelo caiçara a partir de sinais da natureza que permitem ou não – de acordo com a interpretação dessa população – essa interferência.[6] Caiçaras mantém, através de séculos de ocupação das faixas litorâneas, uma série de ações simbólicas que representam sua cultura de inter-relação e interdependência com a terra, as águas, vegetação e animais que coexistem no mesmo espaço físico, por eles explorado mas também resguardado.

---

2 ADAMS, Cristina. As populações caiçaras e o mito do bom selvagem: a necessidade de uma nova abordagem interdisciplinar. *Revista de Antropologia*, v. 43, n. 1, 2000. p. 145-182.

3 DIEGUES, Antonio Carlos Sant'anna. *Diversidade biológica e culturas tradicionais litorâneas:* o caso das comunidades caiçaras, São Paulo, NUPAUB-USP, Série Documentos e Relatórios de Pesquisa, n. 5, 1988.

4 DIEGUES, Antonio Carlos Sant'anna. *O mito moderno da natureza intocada.* 6 ed. São Paulo: Hucitec; NUPAUB, 2008. p. 142.

5 DIEGUES, 2008. p. 142.

6 RAIMUNDO, Sidnei. *As ondas do litoral norte (SP):* Difusão espacial das práticas caiçaras e do veraneio no Núcleo Picinguaba do Parque Estadual da Serra do Mar (1966-2001). Tese (doutorado). Instituto de Geociências da Unicamp, 2007

Fixação e circulação das comunidades litorâneas

O processo de colonização do território brasileiro – de base agrícola e explorador dos recursos naturais – levou à inicial fixação das pessoas na costa marítima, organizando aglomerados humanos de relativa monta, ao lado de pequenos aglomerados que mantinham relação pontual com os primeiros. Estes pequenos povoados foram submetidos às modificações do processo de reconstrução da sociedade brasileira de maneira mais sutil e menos agressiva, preservando suas culturas originais em maior grau, o que os levou a se configurarem como comunidades tradicionais, em uma contraposição à urbanização e organização da cultura capitalista. Além das particularidades de colonização, as características geográficas do solo brasileiro contribuíram para a formação destas pequenas comunidades hoje designadas tradicionais.

A barreira geográfica da Serra do Mar se impõe, constituindo-se em um fator de isolamento relativo das comunidades litorâneas,[7] levando a uma redução de trocas e comunicações, sem, contudo, impedi-las, o que garantiu a permanência de práticas e ações específicas da comunidade. Souza e Loureiro sinalizam que

> Apesar das suas atividades tradicionais estarem intimamente relacionadas à biodiversidade local, da qual dependem para a reprodução material e cultural, esses povos não estão isolados e livres de influências das relações socioeconômicas da cultura hegemônica capitalista, estando em diferentes graus de contato e dependência dos centros urbanos.[8]

Ou seja, as comunidades caiçara acabam por se encontrarem em um estado de isolamento relativo, visto que há dificuldade de comunicação e trocas, mas não há impossibilidade. A circulação de ideias, técnicas e artes é premente, é possível e é efetivamente feita, contudo, há um dificultador geográfico que restringe essa circulação. As distâncias, os morros, os mares são barreiras na-

---

7 ADAMS, 2000. Op.cit.

8 SOUZA, Vanessa Marcondes de; LOUREIRO, Carlos Frederico Bernardo. Povos tradicionais caiçaras, educação escolar e justiça ambiental na península da Juatinga, Paraty-RJ. *Revista de Educação Ambiental,* v. 23, n. 1. p. 54-78, 2018. p. 55.

turais, mas há também um dificultador cultural na forma de resistência dessas comunidades à permanência e manutenção das especificidades culturais de cada comunidade. Muito as aproxima, muito as afasta. Os caiçaras desenvolvem e perenizam uma gama de conhecimentos em relação à mata, à caça, à pesca, à agricultura que lhes são próprios e que revelam um etnoconhecimento destas populações em relação ao seu território.[9]

A população caiçara tem, então, um rol de conhecimento culturalmente desenvolvido e transmitido, que inclui permissões e proibições, baseadas no empirismo e no processo de aculturação que a miscigenação cultural proporciona, assim como no processo de preservação dessas práticas através da resistência da interculturalidade com as populações urbanas.

Para Mussolini,[10] as populações caiçaras conhecem

> muito bem as propriedades das plantas ao seu redor – para remédios, para construções, para canoas, para jangadas – bem como os fenômenos naturais presos à terra e ao mar e que os norteia no sistema de vida anfíbia que levam, dividindo suas atividades entre a pesca e a agricultura de pequeno vulto, com poucos excedentes para troca ou para venda: os ventos, os movimentos das águas, os hábitos dos peixes, seu periodismo, a época e a lua adequadas para pôr abaixo uma árvore ou lançar à terra uma semente ou uma muda ou colher o que plantou.

O conhecimento empírico da comunidade sobre seu espaço físico baseava-se na observação dos fluxos naturais e na transmissão dessas observações, permitindo ao caiçara identificar os momentos ideais de ir ao mar, quais técnicas de pesca utilizar a cada momento, como, onde e quando plantar, quais plantas coletar e seus usos. Estas são todas habilidades aprendidas, em um aprendizado ligado à apropriação do espaço e socialização das percepções, atitudes e resultados, constituindo um grupo de práticas culturais que moldam a visão de mundo do caiçara, porque seu espaço físico não é apenas um espaço ocupado, mas um território produzido e reproduzido material e simbolica-

9 DIEGUES, 2008. Op.cit.

10 MUSSOLINI, Gioconda. *Ensaios de antropologia indígena e caiçara*. Rio de Janeiro: Paz e Terra, 1980. (Coleção Estudos Brasileiros, v. 38). p. 226.

mente, como sinaliza Diegues:[11] "A posse social do espaço marítimo implica não somente em relações com o meio ambiente, com a sociedade, mas também em conexões simbólicas com o mundo não-material".

A construção da racionalidade caiçara é distinta da construção da racionalidade da população urbana. O caiçara constrói seu mundo e suas explicações a partir de uma relação não-material com a natureza, que descortina todo um universo simbólico que se interpõe na relação do caiçara com o mar, com a terra, com as plantas. Há toda uma representação das forças da natureza de forma mítica e simbólica, que explicam e justificam as ações e atitudes tanto do caiçara quanto de seu espaço. Assim, há momento para ir ao mar e há locais que o mar aceita a pesca, o pescador ambicioso que não respeitar esse momento do mar, sofrerá as consequências, passará por perigos e perderá seu trabalho, pois voltará sem peixe, correndo mesmo o risco de perder sua vida:

> A estreita relação desses pescadores com o ambiente e sua maior dependência leva à associação de ciclos naturais (chegada de cardumes) com explicações míticas e religiosas. As comunidades caiçaras do litoral sudeste pescam sem temor em estuários fechados, mas temem a passagem das barras de mar, onde podem ocorrer naufrágios.[12]

Há momentos para pescar, para caçar, para plantar, para colher, para circular e para estar. As populações caiçaras são pequenas, mas organizadas em comunidades litorâneas com núcleos familiares que se apropriavam do espaço compartilhado a partir de sua interpretação desse espaço.

Há um canal aberto do Youtube chamado Chico Abelha,[13] cujo foco é registrar a fala de pessoas em suas diversas formas culturais, que realizou uma série com os caiçaras de Ubatuba publicada no ano de 2019. Uma das entre-

11 DIEGUES, A. C. Conhecimento Tradicional e Apropriação Social do Ambiente Marinho. In: RODRIGUES, E.; PAULA, A. C.; ARAUJO, C. M (orgs). *Roteiros Metodológicos:* plano de Manejo de Uso Múltiplo das Reservas Extrativistas Federais. Brasília: IBAMA. p. 125-157, 2004. p. 131.

12 Idem. p. 131.

13 O canal Chico Abelha está disponível para acesso gratuito através do link https://www.youtube.com/user/chicobee/featured.

vistas traz Seu Neco, caiçara com mais de 70 anos, nascido no Prumirim, em Ubatuba, que relata que quando ele era criança:

> Nós era uma família que... só nós... Quando eu morava no Prumirim de Fora, a gente tinha a família do Marcolino, tinha a família do irmão do meu avô, mas o irmão do meu avô não tinha família, era só ele sozinho.[14]

Essencialmente três famílias compunham a comunidade do Prumirim nos anos 1940: a família dele, com seus pais, irmãos e avós; a família do irmão do seu avô, que morava em uma casa sozinho mas tinha seus filhos nos arredores; e uma terceira família que não tinha grau de parentesco com eles. Considerando a falha de memória que Seu Neco possa ter em relação à quantidade de pessoas que efetivamente estavam em sua comunidade já que era uma criança, seu depoimento reforça o tamanho reduzido das comunidades e a acomodação dos caiçaras em zonas mais próximas ao mar para facilitar o acesso à pesca, construindo toda uma racionalidade mítica, simbólica, que justifica suas ações herdadas culturalmente.

Contudo, apesar de fortemente ligadas ao mar, essas comunidades também exploravam as regiões de mata na base do morro, longe do mar, os chamados sertões, onde também desenvolviam a agricultura de subsistência (além dos roçados próximos ao mar), o extrativismo de vegetais, madeira, e alguma caça.

Os sertões não são o local de moradia do caiçara por excelência, ainda que eles pudessem lá morar nos períodos de preparo da terra, de colheita, e alguns membros isolados ou famílias da comunidade ali fixassem suas moradias por motivos diversos - como o caso da família do Seu Neco que é contratada para cuidar de um sítio. Os sertões são locais de coletar, de plantar, de buscar ervas, madeira, mas são também locais de trânsito, uma das formas de comunicação dos caiçaras com outras comunidades caiçaras e com os centros urbanos.

Chamados de "anfiteatros da Serra do Mar" por Raimundo[15], era nessa área de mata, no pé do morro, antes de adentrar a mata fechada da Serra e de

14 CHICO ABELHA. *Seu Neco* – Ubatuba/SP. Youtube. 7 de out. de 2019. Disponível em: https://www.youtube.com/watch?v=bzrT7_utf8k. Acesso em 10 mar 2020.

15 RAIMUNDO, 2007. Ibidem.

começar a sua subida efetivamente, que se constituíam as trilhas de comunicação e de transporte. Estas trilhas pelos sertões eram utilizadas para acessar outras comunidades caiçara e os centros urbanos próximos de suas comunidades, para trocarem excedentes, adquirem produtos, mas também trocarem conhecimentos e renovando suas comunidades através da chegada e partida de novos integrantes.

Raimundo[16] descreve uma série de rotas pelo sertão, rotas obrigatórias de escoamento e venda de produção, por onde circulavam, todo o tempo, os caiçaras e seus produtos. Um dos exemplos descritos pelo autor é a trilha do atualmente chamado Sertão do Ubatumirim, localizado na área norte da cidade de Ubatuba. A população caiçara de Ubatuba que produzia café, utilizava esse sistema de trilhas desde o século XIX para escoar sua produção rumo à cidade carioca de Paraty. Essas trilhas sertanejas também eram utilizadas para escoar o excedente de farinha de mandioca e para a aquisição de materiais e serviços em Paraty, tornando essas trilhas verdadeiras estradas que cortavam as matas do sertão entre Ubatuba e Paraty.

Dadas as características de lavoura de rotação que os caiçaras herdaram dos indígenas, a área utilizada para plantação pelas comunidades era bastante extensa, ocupando grandes zonas nos sertões, que, por serem distantes das áreas de moradia contavam com um emaranhado de trilhas bem demarcadas para o acesso adequado à lavoura, reforçando o uso dessas trilhas sertanejas.

Na série de entrevista que Chico Abelha realiza com os caiçaras de Ubatuba para seu canal no Youtube, encontramos também a entrevista com Dona Maria Joana, octogenária moradora do Itaguá, filha de pescador e de uma benzedeira. Sua entrevista relata o encontro com o futuro marido em uma Festa do Divino acontecida em São Luiz do Paraitinga, cidade distante cerca de 50 km de Ubatuba,[17] configurando outro uso para as trilhas sertanejas: a ida às festividades das comunidades e os encontros amorosos.

Assim, as regiões chamadas sertões constituíam-se em parte da comunidade caiçara. Ao serem utilizadas como rotas de comunicação, mas tam-

16 Idem.

17 CHICO ABELHA. *Dona Maria Joana - benzedeira* – Ubatuba/SP. Youtube. 26 de set. de 2019. Disponível em https://www.youtube.com/watch?v=yyofMpYgveU. Acesso em 10 mar 2020.

bém como locais de produção, os sertões se integram ao cotidiano caiçara, ainda que não sejam o local por excelência de moradia, são os locais de produção, de onde os caiçaras retiram seu sustento quando o mar não lhes provê, onde obtém produtos distintos dos de origem marítima, por onde se comunicam e trocam produtos e conhecimentos. Ainda assim, os sertões são locais de passagem, não é onde o caiçara fica por escolha própria, ele transita e trabalha nos sertões.

Outra forma de comunicação era pelos corredores marítimos, possivelmente um meio de comunicação mais rápida que as trilhas sertanejas, mas dependente das intempéries do mar. As comunidades caiçaras embarcadas seguiam pelo mar, aportando em diversos pontos do litoral paulista e sul fluminense, estabelecendo um pequeno comércio, mas também se ajudando. O depoimento obtido pela pesquisadora Claudia Pilan[18] dimensiona esse fluxo de pessoas e produtos:

> Naquele tempo viajavam para Santos em canoas de voga. Levavam ovos, galinhas, palmito, laranja, batata-doce. Levavam até leitões e cabritos. Era tudo na base do remo, e para remar uma canoa de voga é preciso seis homens, cada remador com dois remos grandes.

As trilhas marítimas e sertanejas compunham um verdadeiro emaranhado de comunicação entre as populações que deixavam de ser isoladas para se tornar semi-isoladas, mas é preciso dimensionar a dificuldade dessa comunicação e transporte. As trilhas pelos sertões são íngremes, abertas a facão na mata, por onde passam homens e animais carregados, levando dias de caminhada para chegar a outra comunidade ou a um centro urbano. A viagem pelo mar não é mais fácil, também leva dias, exige muitos homens e um planejamento específico para embarcar animais, e está sujeita às intempéries das marés.

18 PILAN, Claudia Regina. *O caiçara de Ubatuba:* transformações históricas de sua identidade coletiva e proposta de autotransformação como alternativa para sua sobrevivência. Mestrado. Programa de Psicologia Social. Pontifícia Universidade Católica de São Paulo, 2006. p. 25.

As dificuldades de trânsito entre as comunidades e mesmo com os centros urbanos, que levam a um isolamento relativo das comunidades, leva a população das comunidades a se manter pequena mas extremamente solidária:

> Intensos traços de solidariedade uniam os grupos domésticos vizinhos, colaborando para que a entreajuda fosse regra e padrão de conduta e mesmo de sobrevivência (...) trocava-se alimentos, mas também se oferecia trabalho, solidariedade nos tempos difíceis, de carências, doenças, carências, acidentes e mortes.[19]

As comunidades acabavam por se organizar de forma a garantirem sua sobrevivência, com alimentos, construções, e cuidados. Cada núcleo familiar cuidava e era cuidado por outro, construindo laços de pertencimento à comunidade, que, apesar de pequena e com tecnologias primitivas, estabelecia seus rituais de manutenção da vida comunitária.

Práticas tradicionais

As populações caiçaras se reconhecem em sua fé. Professando a fé católica, ainda que com um sincretismo com religiões de matriz africana, estas populações mantém uma série de festividades religiosas ao longo do ano, como a Festa do Divino Espírito Santo que ocorre no mês de julho, e conta com a peregrinação do Divino através das casas da comunidade ao longo dos meses de março a junho, reforçando os laços da comunidade, mas também estendendo esses laços a outras comunidades que se juntavam no mês de julho para festejar.

As festas eram momentos para celebrar, conhecer novas pessoas, rever velhos amigos e reforçar os laços de pertencimento a uma população ao mesmo tempo distante geograficamente, mas que se aproxima em suas práticas, garantindo o acolhimento nas situações de necessidades.

A distância dos centros urbanos acaba por distanciar os caiçaras de formas de atendimento social sistematizado, como apoio governamental, mas também de atendimento médico. Marcílio[20] registra que até a virada do século XX, no litoral norte paulista havia apenas um médico-cirurgião na zona

19 MARCÍLIO, Maria Luiza. *Caiçara:* terra e população. São Paulo: Paulinas, Cedhal, 1986. p. 134.

20 Idem.

urbana, que certamente não atendia as populações caiçaras a contento, como podemos observar no depoimento registrado por Costa:[21]

> Eram 13 [irmãos]. Alguns morreram aqui tinha muito doença antigamente... tosse comprida, sarampo. Naquele tempo não tinha recurso, o médico pra vir vinha a cavalo, vinha da Ilha do Poço, lá da Ilha Anchieta. Não é como é agora. Então a gente sofria.

O depoimento coletado por Ana Paula Costa refere-se a uma situação do atendimento médico anterior à década de 1960, que é reforçado pelo depoimento a seguir:

> Minha mãe teve 13 filhos, mas muito deles morreu. Porque você sabe que naquele tempo aqui não tinha nada. Isso aqui era um caminhozinho, não tinha estrada, não tinha... E muita mulher morreu de parto. Não tinha médico, não tinha nada.[22]

Altas taxas de natalidade associados a altas taxas de mortalidade. Contudo o relativo isolamento das comunidades trazia vantagens: essas populações não eram atingidas por epidemias, situações sanitárias mais características dos conglomerados urbanos, onde a concentração populacional facilita a transmissão intensa. Apesar de ter registro de mortalidade elevada pela febre amarela nos períodos epidêmicos da doença, os caiçaras estavam mais sujeitos a verminoses, disenterias, febres, doenças gástricas.[23]

A ausência de uma entidade médica instituída não deixava a comunidade descoberta de atendimento para suas mazelas. Ainda que algumas das vezes elas não pudessem resolver o problema, a apropriação pelas práticas de cura estava dentro da própria comunidade, através do uso de ervas:

21 COSTA, Ana Paula Fonseca. *Refúgio dos Peixes:* a Cultura Caiçara da Vila De Picinguaba. Trabalho de Conclusão de Curso de Jornalismo. Univap - Universidade Do Vale Do Paraíba. Fca – Faculdade De Comunicação e Artes. 2006. 76 p. São José dos Campos. Disponível em: https://biblioteca.univap.br/dados/00002a/00002ae6.pdf . Acesso em 15 de abril de 2020. p. 60.

22 Idem. p. 57-58.

23 MARCÍLIO, 1986. Op.cit.

> Várias espécies nativas têm sido largamente empregadas pela população, algumas com estudos químicos e/ou farmacológicos que dão suporte a este uso, outras empregadas seguindo o conhecimento empírico ou tradicional da população.[24]

O uso de ervas, que atualmente são reconhecidas como medicinais, fazia parte do cotidiano do caiçara, herança de seus antepassados, conhecimento transmitido oralmente, como indica Seu Neco ao Canal Chico Abelha[25]:

> Eu aprendi sozinho, vendo, ouvindo, com o povo antigo, né! Antigamente os pessoal dava ideia das prantas, que que era, pra que serve o que, aquelas prantas, e a gente foi pegando a tioria e foi sabendo pra que que as pranta servia (...) aí quando foi um dia eu tava num posto de saúde, chegou um senhor de idade, ele e a mulher, aí ela [esposa de Seu Neco] tava com os braço ondeado, tudo aqui, aí ele falou: que que é isso aí? Falei isso aí e câncer de pele. Aí ele preguntou pra mim: o senhor conhece babosa? Falei conheço, em casa tem. Senhor conhece confrei? Conheço, em casa tem. O senhor sabe que o confrei é o primeiro remédio pra essa coisa de pele aí. Aí só que ele parou, ele num quis falar proque ele tava num posto de saúde e o médico num gosta disso. Né, médico num gosta. Aí, ni que ele ficou quieto, aí quando foi a mulher falou pra ele: fala pra ele, fala pra ele! Aí ele pegou e falou pra mim: o senhor pega babosa corta ela e passa em cima disso aí, e faz e pega o ... confrei, o senhor pega ele, lava a folha dele dá uma esquentadinha no fogo, enxuga a folha dele e depois dá uma esquentadinha no fogo e pisa ele ... A gente fala soca! a língua do caiçara é essa! o senhor faz ele, pega e pisa e pega um pano e coloca isso. Eu falei tudo bem. E cheguei em casa tinha né (...) e eu peguei: vamo fazer! Fiz! notro dia ama-

24 REIS, M.S.; MARIOT, A.; Di STASI, L. C. Manejo de populações naturais de plantas medicinais na floresta atlântica. In: DIEGUES, Antônio Carlos; VIANA, Virgilio M. Viana (orgs). *Comunidades tradicionais e manejo dos recursos naturais da Mata Atlântica.* 2. ed. São Paulo: HUCITEC; NUPAUB; 2004. p. 95-102. p. 96.

25 CHICO ABELHA, 2019. Op.cit.

> nheceu tudo seca! (...) tinha aquelas ferida no braço, tudo aqui, passou tudo (...) secou tudo, não volto mais!

O conhecimento das ervas e seus usos, conhecimento esse adquirido através de transmissão oral, é o que se reflete no relato de Seu Neco. Ele vai adquirindo os conhecimentos ao longo de sua vida, às vezes observando, em outras lhe dão alguma orientação que ele testa e comprova a resolução do problema gerador, ao que ele vai orientar outras pessoas que tenham condições de enfermidade semelhantes, em um ciclo contínuo. Seu Neco é um caiçara com acesso a ervas e que se dispõe a observar e aprender a como usá-las, que aprende a curar uma série de mazelas de sua comunidade com uso dos recursos naturais, em um misto de empirismo e magia. Nenhuma dessas ervas utilizadas por Seu Neco passaram pelo crivo do método científico antes de serem colocadas em uso, elas foram sendo utilizadas ao longo de gerações, e o começo de seu uso pode ter se perdido no tempo, pois são as mesmas ervas que os bisavós dos caiçaras utilizavam, e antes deles seus bisavós.

Parte dessa dimensão temporal nos é dada na entrevista de Denise Luiz, erveira caiçara do Sertão de Ubatumirim, na cidade de Ubatuba.[26] A erveira relata que cresceu no quintal medicinal de sua bisavó, e conviveu toda a infância e parte da vida adulta com erveiros reconhecidos na sua região e foi montando um quintal medicinal próprio, com plantas que ela mesma coletou e outras que a comunidade levou.

A entrevista da erveira reforça dois aspectos da entrevista de Seu Neco. Primeiro, a dimensão ancestral do conhecimento do uso das ervas, nenhum deles sinaliza exatamente quando começou a ser feito o uso, ambos são vagos e indicam que sempre foi assim, sinalizando para os mais velhos, para os bisavós como sinônimo de antiguidade, reforçando a perda do exato alinhamento temporal, pois isso não é importante, o importante é que o uso atual esteja ancorado em uma tradição incorporada à história caiçara e que até o momento se mostra viável e, portanto, é mantida.

---

26 LUIZ, Denise. *Os quintais medicinais que curam e promovem a saúde dos povos tradicionais*. Entrevista ao Observatório de Territórios sustentáveis e Saudáveis da Bocaina. 02 de julho de 2019. Disponível em https://www.otss.org.br/post/entrevista-os-quintais-medicinais-que-curam-e-garantem-a-saude-dos-povos-tradicionais. Acesso em 10 de dezembro de 2019.

Outro aspecto é a dimensão da construção coletiva desses conhecimentos. Tanto Seu Neco quanto Denise Luiz – o primeiro de maneira mais informal a segunda já institucionalizada, pois faz parte de uma instituição que atua no Sertão do Ubatumirim, o Ervário Caiçara[27] – reconhecem e relatam a construção de seus conhecimentos de maneira coletiva, seja através do convívio com os antigos que ensinam o uso das ervas, seja através da aquisição de novas plantas por membros da comunidade. Isso dá uma dimensão ao erveiro de coletividade e de necessidade de retribuir à comunidade que o formou, pois sem essa comunidade ele não teria seu papel específico ali e poderia ser apenas mais um pescador, mais um roceiro.

Retomando a fala de Seu Neco, vale notar que não é apenas a erva em si que cura a doença de pele de sua esposa, mas a erva associada ao ritual, é preciso seguir a indicação de uso de maneira completa para se obter o efeito desejado. Denise Luiz também reforça esses rituais ao indicar que determinadas ervas se usa como chá, para outras situações deve-se usar um xarope. Isso faz todo sentido se nos reportarmos à medicina alopática em que alguns princípios ativos devem ser ministrados na forma de comprimidos, outros de cápsulas, outros injetáveis, sucessivamente, caracterizando rituais alopáticos.

Entretanto, no caso dos erveiros, os rituais – por mais simples que possam ser, como um chá – reforçam a dimensão da ancestralidade, da força da tradição, reconectando o caiçara com sua história comunitária. De tal forma, que ao lado dos erveiros, as benzedeiras são figura recorrente na tradição caiçara, operando seus rituais de cura pela fé.

As benzedeiras, figuras constantes na história brasileira, também estão presentes na comunidade caiçara. D. Maria Joana, benzedeira de 80 anos entrevistada pelo Canal Chico Abelha, nos ajuda a entender o papel desta figura na comunidade caiçara. Em sua entrevista relata que aprendeu as rezas e o uso de ervas com sua mãe:

27 O Ervário Caiçara é um quintal medicinal que compõe um espaço de preservação das tradições caiçaras localizado no Sertão do Ubatumirim chamado Casa da Tia Joana. O Ervário foi reestruturado e retomou suas atividades em 2019. Mais informações sobre o Ervário podem ser obtidas no link: http://www.findglocal.com/BR/Ubatuba/416246078902377/Erv%C3%A1rio-Cai%C3%A7ara

> Quando eu tinha meus filhos pequenos (...) aí a mãe perguntou se eu queria aprender benzer as pessoas, ensinar remédio caseiro, aí eu falei que sim (...) eu via ela benzendo, e eu não sabia nem ler nem escrever, né, mas eu aprendi, decorei né![28]

Analfabeta, com cinco filhos pequenos, D. Maria Joana aprende as rezas e o uso das ervas oralmente, em uma transmissão direta de sua mãe que vai passando o que ela deveria fazer para cada uma das mazelas que as pessoas apresentassem. Ainda em atividade quando é entrevistada por Chico Abelha no ano de 2019, a já octogenária benzedeira ainda não passou seus conhecimentos para nenhuma das mulheres de sua família porque "ninguém quer, isso é coisa de velho", deixando subentendido que esta seria uma atividade feminina, pois da mesma forma que ela aprendeu com sua mãe, que aprendeu com a mãe dela, sucessivamente, a linha natural de sucessão seria que alguma de suas filhas, ou netas ou bisnetas aprendesse com ela e seguisse adiante. Também reforça a tendência à extinção da figura da benzedeira, como nos traz um dos entrevistados de Costa:[29]

> Antigamente tinha mulher que rezava... mas agora não tem não. Antes era as benzedeiras que faziam, agora já morreu tudo e a gente não aprendeu essas coisas. Eu sei tirar o cobreiro. Senta e não vê que passou um sapo, barata, cobra, pega cobreiro. Tem que rezar e cortar aquilo, três vezes.

As benzedeiras vão desaparecendo, restando apenas alguns de seus conhecimentos e para alguns elementos específicos, como o "tirar cobreiro" do entrevistado de Costa.[30] O trecho transcrito a seguir da entrevista de D. Maria Joana nos traz elementos muito significativos da inserção desta figura cultural na comunidade caiçara:

---

28 MOTA, André. *Tropeços da medicina bandeirante*: medicina paulista entre 1892-1920. São Paulo: EDUSP, 2005. p. 17.

29 COSTA, 2006. Op.cit. p. 67.

30 Idem.

O povo que chega aqui, com risipela, cobrero que pega né, mau olhado, quebrante a criança, susto! .... Ela [sua mãe] me ensinou tudo, né (...) eu benzo com o rosário, porque não tem mais 'pranta', antigamente tinha, já não tem mais 'pranta' aqui, morre tudo com a enchente (...) [sua mãe] benzia com essa, como é, guiné ... arruda também! (...) quando a criança tava doente receitava, fazia xarope de poejo, né ... as pessoas também tomar chá de hortelã, essas coisas (...) [as rezas] entra Pai Nosso primeiro, né, Ave Maria e Santa Maria, é a oração que ela [sua mãe] fazia (...) pra benzê risipela... as palavras é assim: em nome do pai, filho, espírito santo amén, né, risipela vermelhinha sai do corpo do cristão, eu benzo com essas palavras da Virgem da Conceição, aí é Pai Nosso, Ave Maria e Santa Maria, né (...) até agorinha há pouco uma família ... eu falei pra mulher, porque escuta só, a menina tem 6 anos, a menina não dorme, não deixa a mãe dormir, bate gospe no rosto da mãe, bate, não deixa, na casa toda ... e eu já falei pra ela: a senhora passou susto quando a senhora tava grávida? não! A senhora teve alguém desavença perto da sua casa que morava perto da sua casa, né? Aí ela disse que sim, que a mulher brigava muito com o marido, não sabia por que motivo, né, e a menina ficava assustada, começava a chorar. A senhora precisa levar essa menina num médico bão pra fazer um exame e batizar a menina, que 6 anos e não é batizada! (...) [se recusa a benzer a criança] por que ela não é batizada, não aceitava as rezas! tem que levar pra batizar! a menina, seis anos! Nem vai na religião crente, como falam, nem na católica! (...) quando um temporal tá formando, aí eu benzo o tempo, corta com o rosário, água benta e a faca, que a minha mãe me ensinou (...) é assim, em nome do Pai, o Filho, o Espírito Santo, eu corto o vento e ventania em nome de Jesus Cristo e Virgem Maria, manda essa tempestade, o sagrado mais sagrado, em nome de Deus e Nosso Senhor e a Virgem Maria e em nome do Pai, e Filho e Espírito Santo, e aí risca três vezes no chão. Aquilo ó![31]

31 CHICO ABELHA, 2019. Op.cit.

Há um rol de mazelas que Dona Maria Joana benze e outras não, pois observamos a indicação para que leve a menina a um médico, o que nos indica que sua atuação tem limites a respeitar, limites que podem ser a gravidade da situação, mas também um limite ritualístico. Sua atuação pode ser associada ou não ao uso de ervas, mas está diretamente vinculada à fé católica, pois todas as suas rezas – "as palavras" como ela se refere – são orações católicas, como o Pai Nosso, a Ave Maria, ou utilizam elementos marcantes da fé católica, ao chamar em nome de Jesus Cristo e da Virgem Maria para mandar a tempestade embora e usar água benta. Reforça a ação ancorada na fé o fato de ela não benzer a menina que não é batizada, pois a ausência do batismo impede que a menina aceite as rezas, fala característica da religião católica que indica na ausência do batismo um descumprimento do pacto com o Divino, submetendo o indivíduo à própria sorte, marcando também o limite ritualístico.

A ausência do batismo é um impeditivo para que o ritual funcione, para que a própria Dona Maria Joana acredite que sua reza seja eficiente, pois não há onde se ancorar. Suas rezas não estão deslocadas das rezas maiores, das que ocorrem na igreja, elas estão em comum acordo, elas são ecos daquelas. A benzedeira não benze em seu nome, benze em nome de Jesus Cristo, em nome da Virgem Maria, ela é um intermediário entre a divindade e a cura, pois não é ela que cura, é a Divindade. Mas, para que a cura divina se processe é necessário que o corpo esteja preparado através do aceite prévio deste corpo do poder da divindade, aceite esse que se dá pelo batismo.

Historicamente as comunidades caiçaras são bastante vinculadas à religião católica, e a entrevista desta benzedeira reforça essa característica. É também da entrevista de Dona Maria Joana que dimensionamos o impacto das alterações ambientais causaram no cotidiano do caiçara. Ela cita a construção de um camping e o alto fluxo de turistas para justificar as enchentes que fizeram com que fosse necessário substituir o uso de ervas como guiné e arruda, que eram utilizadas nos rituais da benzedeira, para o uso exclusivo do Rosário de Nossa Senhora, pois as enchentes na cidade acabaram com as ervas. O camping e outras mudanças são reflexo do processo de venda turística do Litoral Norte do Estado de São Paulo, que encontrou grande suporte na construção da Rodovia Rio-Santos.

Desterritorialização da BR 101

No Litoral Norte, as questões geográficas mantinham o relativo isolamento dos caiçaras dos centros urbanos. Com pouco contato com outras comunidades urbanas, os caiçaras se organizam numa forma de exploração recorrente e acentuada do seu espaço físico, dele retirando todo seu sustento e provento, criando o que Mussolini[32] designa como uma "intimidade muito pronunciada entre o homem e seu habitat". Essa relação de dependência garantiu às comunidades caiçaras sua sobrevivência e enraizamento da sua cultura, porém sofrerá um ruptura expressiva com a construção da Rodovia Rio-Santos.

Na década de 1960, o governo federal estatiza muitas áreas de sertões transformando-as em Parques Nacionais e Reservas Ecológicas. Isso se deu porque essas áreas estavam sob intensa exploração imobiliária, de madeireiros e de mineradores, o que levou a uma ação para preservação do que restava da Mata Atlântica original na Serra do Mar. A transformação em reservas ecológicas do que restava da Serra do Mar, poderia ter sido uma garantia da manutenção do modo de vida do caiçara, habitante tradicional que não era o responsável pela degradação ambiental, ao contrário, dependia desse meio para sua sobrevivência. Porém, a legislação criada impedia a fixação de populações humanas nessas áreas de reserva, e expulsou, compulsoriamente, as comunidades ali instaladas:

> os moradores tradicionais foram severamente tolhidos de exercer, no interior dessas áreas, suas atividades habituais, como a agricultura, o extrativismo e a pesca. Impossibilitados de continuar em seu modo de vida tradicional, parte considerável deles foi obrigada a migrar, engrossando as favelas de inúmeras cidades costeiras (...) no processo de desapropriação, sua qualidade de "posseiros", sem títulos da terra, colocaram-nos em desvantagem aos grandes proprietários e empresas que anteriormente já se haviam apossado de parte de seus territórios ancestrais.[33]

---

32 MUSSOLINI, 1980. Op.cit. p. 226.

33 DIEGUES, 2008. Op.cit. p. 134

As populações tradicionais do Litoral Norte são expulsas das áreas onde elas se fixaram por séculos em nome de uma preservação que elas mesmas já garantiam, pois estas áreas eram sua forma de subsistência. São expulsas das áreas flutuantes - que utilizavam de maneira mais facultativa, por exemplo para a rotação do roçado - mas também foram expulsas de áreas mais permanentes que estivessem em zonas intermediárias às de preservação - onde constituíam moradias, mesmo que temporárias, roçado, extrativismo, colheita - pois não possuíam títulos de posse das terras. Essas áreas eram ocupadas por seus ancestrais, cujos títulos de terra eram inexistentes em seus nomes, assim, os caiçaras são obrigados a sair destes espaços e buscar novos espaços, indo "engrossar as favelas".

Tempo contínuo, com a criação das Reservas Ecológicas, há o movimento de exploração imobiliária expressivo na região através da concessão estatal de grandes lotes para exploração turística, impondo um novo ritmo ao Litoral Norte, o ritmo da exploração dos recursos naturais para o turismo, o que é coroado pela abertura da Rodovia Rio-Santos (a BR-101). Raimundo[34] sinaliza que o prolongamento da BR-101, interligando Santos ao Rio de Janeiro, na década de 1970, gerou novos processos de re-territorialização na região, com a determinação do turismo como principal atividade econômica, a partir instalação de equipamentos como pousadas, restaurantes, postos de serviços ao veraneio, e a construção de segundas residências junto à orla.

A Rodovia cortou o território caiçara ao meio, território esse constituído por zonas de moradia na faixa litorânea e zonas de plantação, circulação e extração nos sertões. A estrada segue parte do percurso já traçado pela circulação humana na região, delimitando a zona litorânea numa margem e a zona dos sertões na outra margem.

A faixa litorânea possuía, então, todos os atrativos naturais para a exploração para o turismo, na contrapartida da faixa dos sertões, onde se mantinha a mata, isso fez com que o caiçara fosse expulso da faixa litorânea, pois economicamente mais atrativa. Ainda para dar conta da expansão turística e suas necessidades, algumas antigas trilhas dos sertões são alargadas, outras pavimentadas e convertem-se em estradas de comunicação entre a BR 101 e outras zonas das cidades, dificultando a fixação do caiçara também nos sertões.

34 RAIMUNDO, 2007. Op.cit.

A pavimentação da BR 101 facilitaria a vida do caiçara, que não precisaria mais andar por trilhas florestais à pé para escoar sua produção e poderia utilizar o sistema de transporte na própria rodovia, como ônibus e caminhões. O mesmo com a pavimentação de algumas de suas trilhas, facilitando o trânsito de pessoas e bens de consumo.[35]

Causaria, também, uma reconfiguração nas relações comerciais, pois a Rio-Santos facilitaria a comunicação com os centros urbanos mais próximos às comunidades, fazendo com que o caiçara se concentrasse no eixo constituído pela Rio-Santos para escoar seus produtos, para fazer suas compras, para suas necessidades cotidianas, e reduzindo o contato com outras comunidades mais distantes, substituindo, pela facilidade de acesso, outras comunidades caiçaras e outras cidades pelo centro urbano imediatamente acessível pela estrada. Esta é uma facilitação na vida cotidiana, reduzindo as distâncias, mas é também uma perda cultural, pois altera significativamente a circulação de ideias, produtos, pessoas entre as diversas pequenas comunidades, inserindo-as no contexto urbanizado das cidades.

Ao lado disso, o caiçara é expulso da mata mais ampla, pois área de preservação que não se permite a extração tampouco a plantação; e do litoral pois área de exploração econômica e turística. Aos caiçaras sobraria parte das áreas dos sertões que não tivessem grande valor econômico para o turismo de então, e que tampouco invadissem as áreas de preservação natural.

> Os caiçaras não foram dizimados em confrontos, mas pouco a pouco estão sendo expulsos de seus locais de origem devido a pressões de toda ordem (...) Sua identidade se dilui nos novos costumes e valores que a vida moderna impõe e com os quais os caiçaras também se identificam, ou são por eles seduzidos, facilitando a dominação.[36]

A população original, tradicional de Ubatuba não é eliminada, ela é aculturada para a vida urbana, sofrendo um processo de despersonificação de suas tradições, de suas raízes e perdendo seu território original. Marcílio[37] pontua

35 Idem.

36 PILAN, 2006. Op.cit. p. 48.

37 MARCÍLIO, 1986. Op.cit.

que na década de 1940, a população de Ubatuba era formada essencialmente por caiçaras, que totalizavam 3227 pessoas, essencialmente uma comunidade de pescadores, lavradores, produtores de farinha de mandioca, extratores da Serra do Mar. No ano de 1970, a população registrada é de 15.203 habitantes, uma multiplicação da população à custa não do crescimento da população local, mas do afluxo intenso de pessoas de outras regiões para trabalhar na nova frente de exploração turística ou para desfrutar desta nova zona. Pessoas de culturas distintas que ajudam a destruir a economia camponesa:

> A especulação desenfreada e o turismo anárquico e desgovernado expulsaram o velho caiçara de suas terras e, em seu lugar, implantaram a destruição ecológica, a avidez fundiária e o vazio humano das casas de fim de semana.[38]

A economia caiçara era baseada na troca e venda de excedentes, venda do pescado, da farinha de mandioca, e na extração de produtos da mata. Ao ser expulso das suas duas frentes de inserção, o mar e a mata, a economia caiçara sofre, não há mais onde coletar madeira, frutas, ervas, não há mais onde plantar mandioca, café. O caiçara é jogado em uma economia financeira, mediada pelo dinheiro e não mais pelo excedente, tudo o que ele precisa ele tem de comprar, e seu local de produção não existe mais, ele tem de vender sua força produtiva em troca de dinheiro. A economia caiçara sofre mas como um reflexo do sofrimento da sua cultura, do seu estilo de vida.

Quando o caiçara é expulso da mata, ele perde sua relação com a terra que lhe provê não apenas alimentos, mas madeira, medicamentos, e sentimento de pertencimento à terra, pois o sertão é parte do seu território. Os sertões litorâneos dos caiçaras são zonas geográficas que se reconfiguram ao longo dos tempos. Inicialmente, são as regiões longínquas das praias, tal qual os colonizadores designavam, os interiores não povoados e inexplorados, que para os litorâneos eram as matas. Quando as comunidades caiçaras começam a explorar estas áreas para pequenas roças, extração de madeira, coleta de frutas, pequenas caças, os sertões são reconfigurados como parte de seu espaço geográfico e cultural, agora não apenas a faixa litorânea tem circula-

38 Idem. p. 49.

ção de pessoas e organização social, mas também os sertões, antes distantes e inexplorados, agora mais um espaço da comunidade, uma parte de sua cultura numa apropriação do espaço enquanto território caiçara.

Com o violento recorte que a Rio-Santos causa no território caiçara, só restam duas opções de moradia: os novos espaços urbanos determinados pelas empreendedoras, as novas favelas urbanas, ou alguns antigos sertões pois zonas de baixo valor econômico ao empreendimento imobiliário. Os caiçaras que resolvem ficar mais próximos dos aglomerados urbanos, sujeitam-se à favelização, o restante migra para os sertões, zonas antes de extração e lavoura, fracamente povoada que se tornam os locais de moradia, os locais que sobraram para as populações pois não interessavam à exploração imobiliária. Os sertões são, então, o lugar dos expulsos mas também as novas zonas de vulnerabilidade social. Longe dos locais de sustento, agora as cidades, com a restrição de coleta e pesca, o caiçara sertanizado sofre com a precarização da dieta alimentar, com as distâncias entre sua moradia e local de trabalho – agora as cidades –, com a falta de atendimento pelo poder público, e se vê, novamente, relegado a própria sorte e dependente da sua comunidade, combalida, exígua e concentrada em um pequeno trecho de terra, longe do mar e da comunicação com outras comunidades de apoio.

Os caiçaras são expulsos pelo governo das matas, e expulso das faixas litorâneas pelos exploradores imobiliários mediante pagamento ínfimo por suas terras, muitas vezes de forma violenta e nada amigável. Priscila Siqueira em seu livro "Genocídio dos Caiçaras"[39] denuncia a forma como essa população tradicional foi tratada e eliminada de seus espaços.

> (...) com a construção da Rio-Santos o negócio engrossou: a empresa contratou um policial reformado da PM carioca, entre os anos de 1972 e 1973, que bateu e desrespeitou muita gente, até que acabou matando dois posseiros (...) A empresa então começou a chamar os caiçaras para fazer um 'acordo' com eles, dando o que bem entendia pelas terras.[40]

39 SIQUEIRA, Priscila. *Genocídio dos caiçaras*. São Paulo: Massao Ohno; Ismael Guarnelli, 1984.

40 Idem. p. 28.

> O terror praticado por Gibrail é constante. Ele chegou a ter no Sono uma numerosa criação de búfalos, que comia toda a plantação caiçara, até mesmo o sapé que servia de cobertura para suas moradias: "os búfalos entravam na escola, punham medo nas crianças, que não queriam mais ir pra aula, e deixavam elas cheinhas de bernes".[41]

Uma sucessão de ações são empreendidas pelas construtoras. Desde ações claramente violentas e desproporcionais, à compra de suas propriedades e ações judiciais diversas, visto nem todos possuíam os títulos de posse das terras, sendo expulsos por ações judiciais e as terras destinadas pelo estado para a incorporação imobiliária. Os que não quiseram ceder e vender suas terras, foram achacados, agredidos, isolados, seu sustento retirado, suas famílias ameaçadas.

Há uma reconfiguração do espaço geográfico e cultural. O que antes era território caiçara volta a ser uma zona geográfica com o esvaziamento da cultura e população caiçara, que é substituída por construções e populações voltadas para hospedagem, alimentação, diversão e convivência dos turistas. Os caiçaras desterritorializados são submetidos a uma nova ordem econômica e social, onde alguns se inseriram no mercado de trabalho imobiliário emergente, vendendo sua mão de obra para os turistas na forma de empregados domésticos, empregados das empresas de construção, garçons, pedreiros, recepcionistas, caseiros das propriedades de veraneio, cozinheiros, outros se dedicam ao artesanato e comércio de produtos nativos ou estabelecem pequenos pontos de comércio como bares e mercearias. Alguns seguem no mar, mas já em uma nova condição de trabalho, não mais de subsistência, mas de extração e venda do pescado para os turistas e novos moradores.[42, 43]

As relações com a terra se modificam. As populações tradicionais tem nos ciclos naturais da terra sua existência, o regime de chuvas, as marés, os períodos próprios para plantio, para queimada, para extração, as práticas re-

41 Ibidem. p. 47.

42 AMORIM, Edvaldo Gonçalves de. *Ubatubra era caiçara:* a des(re)territorialização do espaço frente às políticas públicas. Mestrado. Programa de Planejamento Urbano e Regional. São José dos Campos. Universidade do Vale do Paraíba, 2014.

43 RAIMUNDO, 2007. Op.cit.

ligiosas e de cura, são os pontos de convergência de uma cultura interligada aos elementos da natureza. Essa relação íntima com a natureza é artificializada com a chegada de uma tecnologia estranha ao ambiente, uma tecnologia trazida pela pressa e aceleração dos processos naturais, pois não se pode mais esperar a época das frutas, é preciso ter frutas no momento que o turista chega, não há mais como aguardar a natureza e agir conforme seu ritmo, é preciso impor um ritmo urbano e acelerado à natureza:

> Como você faz para a previsão do tempo?
> Hoje a gente já usa a internet.
> Mas e o jeito mais tradicional?
> A gente já a mudança pelo vento, pela maré, passarinho começa a gritar a gente já vê que vai mudar o tempo. *O urubu começa a tomar banho, a gente já sabe que vai ter tempo ruim. A gente vê o céu, se vê rabisco no céu, já sabe que vai ter frente fria... Daí já se prepara pra mudança.*[44]

Os antigos ainda preservam suas memórias de outros tempos, de outras formas de relação com a natureza, os mais jovens já não têm mais essa opção. Nesse depoimento dado a Ana Paula Costa,[45] o trecho em destaque é o depoimento de um morador octagenário entrevistado pela pesquisadora. Observa-se a diferença da relação com os elementos naturais, através da explicitação de elementos claros e precisos sobre a reação dos animais, do céu, e o que se espera quando isso ocorre. O depoimento não destacado foi dado por um morador jovem, que já perdeu a relação completa da cadeia natural, indica-se que se o passarinho começa a gritar o tempo vai mudar, mas como ele mudará não está claro.

O território, enquanto parte do se saber caiçara é fragmentado, extirpado e remodelado, relegando o morador tradicional a uma posição subalterna, submissa e subsumida em seu próprio território. O caiçara desterritorializado perde as relações de comunidade e se insere no cotidiano da urbanização, esquecendo suas práticas e tratando sua cultura como "coisa de velho", pois é preciso acompanhar a nova ordem da economia do capital.

44 COSTA, 2006. Op.cit. p. 64 (grifo nosso).

45 Idem.

CONSIDERAÇÕES FINAIS

O caiçara é um reconhecimento e pertencimento cultural enraizado em sua relação com a terra, com o mar, com a natureza, nas formas de interpretar e conviver com a realidade mágica que determina suas ações.

Organizados em pequenas comunidades, os caiçaras mantinham um equilíbrio com seu ambiente, ocupando zonas e trilhas litorâneas e sertanejas que compunha um território alargado, onde as comunidades circulavam e se significavam. Nesses espaços, território ancestral, as comunidades se apoiavam através de uma economia de troca, extração, roçados, pesca e fé, mantendo sua integridade física e espiritual através de práticas ritualísticas das benzedeiras e dos erveiros.

O processo de urbanização agressiva que sua cultura é forçada a aceitar teve efeitos deletérios e duradouros. Expulsos e humilhados são obrigados a aceitar a deterioração de sua cultura para sobreviverem em uma nova situação social de favelização e pobreza.

No novo século, diversas organizações buscam recuperar a cultura caiçara, porém, conseguirão reculturalizar os territórios expropriados?

REFERÊNCIAS BIBLIOGRÁFICAS

ADAMS, Cristina. As populações caiçaras e o mito do bom selvagem: a necessidade de uma nova abordagem interdisciplinar. *Revista de Antropologia*, v. 43, n. 1, p. 145-182, 2000.

AMORIM, Edvaldo Gonçalves de. *Ubatuba era caiçara*: a des(re)territorialização do espaço frente às políticas públicas. Mestrado. Programa de Planejamento Urbano e Regional. São José dos Campos. Universidade do Vale do Paraíba, 2014.

CHICO ABELHA. *Dona Maria Joana - benzedeira* – Ubatuba/SP. Youtube. 26 de set. de 2019. Disponível em https://www.youtube.com/watch?v=yyofM-pYgveU. Acesso em 10 mar 2020.

______. *Seu Neco* – Ubatuba/SP. Youtube. 7 de out. de 2019. Disponível em: https://www.youtube.com/watch?v=bzrT7_utf8k. Acesso em 10 mar 2020.

COSTA, Ana Paula Fonseca. *Refúgio dos Peixes:* a cultura caiçara da vila de Picinguaba. Trabalho de conclusão de curso de jornalismo. Univap - Universidade do Vale do Paraíba. Fca – Faculdade De Comunicação E

Artes. 2006. 76 p. São José dos Campos. https://biblioteca.univap.br/dados/00002a/00002ae6.pdf.

DIEGUES, Antonio Carlos Sant'anna. Conhecimento tradicional e apropriação social do ambiente marinho. In: RODRIGUES, E.; PAULA, A. C.; ARAUJO, C. M. (org.). *Roteiros Metodológicos*: plano de Manejo de Uso Múltiplo das Reservas Extrativistas Federais. Brasília: IBAMA, p. 125-157, 2004.

______. *Diversidade biológica e culturas tradicionais litorâneas*: o caso das comunidades caiçaras. São Paulo: NUPAUB-USP, Série Documentos e Relatórios de Pesquisa, n. 5. 1988.

______. *O mito moderno da natureza intocada.* 6 ed. São Paulo: Hucitec; NUPAUB, 2008.

LUIZ, Denise. *Os quintais medicinais que curam e promovem a saúde dos povos tradicionais.* Entrevista ao Observatório de Territórios sustentáveis e Saudáveis da Bocaina. 02 de julho de 2019. Disponível em https://www.otss.org.br/post/entrevista-os-quintais-medicinais-que-curam-e-garantem-a-saude-dos-povos-tradicionais. Acesso em 10 de dezembro de 2019.

MARCÍLIO, Maria Luiza. *Caiçara*: terra e população. São Paulo: Paulinas, Cedhal, 1986.

MUSSOLINI, Gioconda. *Ensaios de antropologia indígena e caiçara.* Rio de Janeiro; Paz e Terra, 1980. (Coleção Estudos Brasileiros, v. 38).

PILAN, Claudia Regina. *O caiçara de Ubatuba*: transformações históricas de sua identidade coletiva e proposta de autotransformação como alternativa para sua sobrevivência. Mestrado. Programa de Psicologia Social. Pontifícia Universidade Católica de São Paulo, 2006, 84p.

RAIMUNDO, Sidnei. *As ondas do litoral norte (SP)*: Difusão espacial das práticas caiçaras e do veraneio no Núcleo Picinguaba do Parque Estadual da Serra do Mar (1966-2001). Tese (doutorado). Instituto de Geociências da Unicamp. 2007

REIS, M.S.; MARIOT, A.; Di STASI, L. C. Manejo de populações naturais de plantas medicinais na floresta atlântica. In: DIEGUES, Antônio Carlos; VIANA, Virgilio M. Viana (orgs). *Comunidades tradicionais e manejo dos recursos naturais da Mata Atlântica.* 2. ed. São Paulo: HUCITEC; NUPAUB; C E C, 2004, p. 95-102.

SIQUEIRA, Priscila. *Genocídio dos caiçaras*. São Paulo: Massao Ohno; Ismael Guarnelli, 1984.

SOUZA, Vanessa Marcondes de; LOUREIRO, Carlos Frederico Bernardo. Povos tradicionais caiçaras, educação escolar e justiça ambiental na península da Juatinga, Paraty-RJ. *Revista de Educação Ambiental*, v. 23, n. 1, p. 54-78, 2018.

O ESTUDO DO PROCESSO DE INTERIORIZAÇÃO DO PROFISSIONALISMO MÉDICO E O DESENVOLVIMENTO

Fábio de Oliveira Almeida[1]

INTRODUÇÃO

A interiorização do profissionalismo médico representa um processo social cuja trajetória se tornou secular no país. Implica um problema de interesse, tanto sociológico e histórico como à produção de políticas de saúde. Relaciona-se ao acesso diferencial à assistência médica, que acompanha outros impasses históricos do desigual desenvolvimento das diversas regiões do interior brasileiro. Nesta análise, desenvolvimento implica não somente crescimento econômico: engloba ainda a geração de liberdades substantivas e oportunidades sociais – como é o caso do acesso a serviços médicos e de saúde em geral.[2] Duas recentes expressões de políticas de saúde, quais sejam, o "Programa Mais Médicos" (implantado na presidência de Dilma Rousseff) e, no atual mandato de Jair Bolsonaro, as ações em torno do "Programa Médicos pelo Brasil", apesar de seus diferentes propugnadores, contextos e escopos, expressam o caráter problemático da difusão da assistência médica – em especial, a localidades e grupos sociais mais pobres e isolados dos territórios social e economicamente mais desenvolvidos. Tais políticas públicas evidenciam consequências atuais do impacto histórico da interiorização da medicina e,

---

1 Doutor em Sociologia. E-mail: fabioliveiral@yahoo.com.br.

2 SEN, Amartya. *Desenvolvimento como liberdade.* São Paulo: Companhia das Letras, 2010.

por decorrência, de suas práticas, valores e ideias, assim como de suas relações, instituições e grupos sociais, ou seja: aquilo que designa o conceito de profissionalismo médico.[3]

Tal como tratado adiante em relação ao Estado de São Paulo, mesmo com a relativa persistência desse antigo e dilemático quadro social, há décadas é possível observar médicos atuando em diversas localidades brasileiras, o que evidencia efeitos do referido processo de interiorização. Dados os laços sociais e institucionais que médicos criam ao permanecerem em diferentes localidades, podem-se verificar desdobramentos de sua interiorização que afetam alternativos atores e contextos sociais, sendo possível encontrar períodos históricos distintos em sua influência nas várias regiões do país. Principalmente quando sua origem é mais antiga, o impacto desse processo pode atingir camadas mais profundas da vida social interiorana. É notório o envolvimento de médicos com a política, com questões sanitárias ou legais que atingem seus aliados e concorrentes no campo da saúde, bem como outros atores e fenômenos sociais – o que remonta, pelo menos, ao início da República.[4] Por isso, a pesquisa sociológico-histórica pode oferecer significativas possibilidades à investigação de como a profissão e assistência médicas têm se inserido no interior brasileiro.

A difusão do profissionalismo médico tem deixado registros históricos e vivências de pessoas e grupos sociais a partir dos quais diferentes pesquisas podem ser desenvolvidas. Talvez se pudesse avançar ainda mais nesse cami-

---

3 ALMEIDA, Fabio de Oliveira. *Ondas de interiorização do profissionalismo médico e o desenvolvimento em São Carlos.* Tese de Doutorado. Programa de Pós-Graduação em Sociologia da Universidade Federal de São Carlos. São Carlos, 2016.

4 TELAROLLI, Rodolpho. *Britos*: república de sangue. Araraquara: Edições Macunaíma, 1997; MARINHO, Maria Gabriela S.M.C.; SALLA, Fernando. A Medicina e a Lei: o Código Penal de 1890 e o exercício de curar. Práticas médicas e autos criminais em Bragança: assimetrias da modernização. In: MOTA, André; MARINHO, Maria Gabriela S.M.C. *Práticas médicas e de saúde nos municípios paulistas;* a história e suas interfaces. São Paulo: USP, Faculdade de Medicina/Casa de Soluções e Editora, 2011; MOTA, André; BADDINI, Cássia Maria. Dilemas revelados e mito desfeito: Sorocaba e a epidemia de febre amarela na República Velha. In: MOTA, André; MARINHO, Maria Gabriela S.M.C. *Práticas médicas e de saúde nos municípios paulistas:* a história e suas interfaces. São Paulo: USP, Faculdade de Medicina/Casa de Soluções e Editora, 2011.

nho, se a opção analítica viesse a observar desenvolvimentos da sociologia das profissões – especialmente seus estudos históricos sobre o profissionalismo e a respeito dos processos de profissionalização de diferentes carreiras, tal como a medicina.[5] Em tais estudos, a partir de um frequente diálogo entre sociologia e história, percebe-se como a análise de fontes históricas pode ser fundamental na elucidação de condicionantes sociais que afetam o profissionalismo médico, esclarecendo o seu caráter histórico-processual.

Diante isso, a análise de diferentes fontes de dados assume sentido estratégico para os esforços de pesquisa sobre o processo de interiorização do profissionalismo médico, sendo tal demonstrado de maneira rigorosa através de evidências obtidas a partir de determinados trabalhos que investigam historicamente a área de saúde brasileira, os quais tomam a realidade dos municípios interioranos como o seu universo privilegiado.[6] Desde fontes diversas, essas análises investigam aspectos que podem ser reconhecidos como alternativos condicionantes históricos que interferem na realidade do profissionalismo médico interiorano. Como se argumenta abaixo, é por essa razão que neste capítulo são destacadas vantagens em se adotar uma perspectiva metodológi-

5 STARR, Paul. *The transformation of American medicine:* the rise of a sovereign profession and the making of a vast industry. New York: BasicBooks, 1982; TORSTENDAHL, Ralf; BURRAGE, Michael, ed. *Professions in Theory and History:* rethinking the Study of the Professions. London: Sage, 1990a; TORSTENDAHL, Ralf; BURRAGE, Michael. *The formation of professions:* knowledge, state and strategy. London: Sage, 1990b; JOHNSON, Terry; LARKIN, Garry; SAKS, Mike. (ed.). *Health professions and the state in Europe.* London/New York: Routledge, 1995; COELHO, Edmundo Campos. *As profissões imperiais:* medicina, engenharia e advocacia no Rio de Janeiro – 1822-1930. Rio de Janeiro: Editora Record, 1999; MCCLELLAND, Charles E. *The German experience of professionalization: modern learned professions and their organizations from the early nineteenth century to the Hitler era.* New York/Port Chester/Melbourn/Sydney: Cambrigde University Press, 2002; FREIDSON, Eliot. *Profissão médica:* um estudo de sociologia do conhecimento aplicado. São Paulo: Editora UNESP; Porto Alegre, Sindicato dos Médicos, 2009; LARSON, Magali Sarfati. *The rise of professionalism:* monopolies of competence and sheltered markets (with a new introduction by the author). New Brunswick/London: Transaction Publisher, 2014.

6 TELAROLLI, 1996. Op.cit; MOTA; MARINHO, 2011. Op.cit; ALMEIDA, 2016. Op.cit.

ca que focalize a interiorização do profissionalismo médico desde o plano das próprias localidades onde este se manifesta.

Ainda que fontes bibliográficas e acervos públicos municipais sejam relevantes neste tipo de empreendimento analítico, outras fontes também devem ser exploradas. É o que acontece com registros de entidades médicas de dentro ou fora de determinado município. Podem ser muito úteis, igualmente, fontes impressas ou digitais de publicações médicas ou outras voltadas ao público em geral. Também se devem considerar dados estatísticos oficiais, outros registros governamentais, além de arquivos não-médicos mantidos fora de determinada localidade, mas que contenham informações acerca de fatos e processos sociais havidos em dado município ou região, os quais afetam o profissionalismo médico. Tais fontes ainda podem ser esclarecedoras, pois os médicos frequentemente se conectam a processos sociais e mantêm laços econômicos, políticos, culturais e profissionais com atores sociais e instituições de municípios, estados e/ou países distintos de onde atuam. É nesse sentido que fontes orais podem complementar a análise pretendida, ao oferecerem dados não consolidados em registros formais, esclarecendo dinâmicas médicas de determinada localidade, ou desta com a vida social e médico-profissional de fora. Como trata Jounart: "(...) o oral nos revela o "indescritível", toda uma série de realidades que raramente aparecem nos documentos escritos".[7]

A seguir, busca-se esclarecer como diferentes ângulos de observação e distintas fontes históricas podem contribuir no estudo do referido processo de interiorização. Este objetivo será operacionalizado explorando-se dados de duas pesquisas desenvolvidas por este autor sobre o profissionalismo médico no Estado de São Paulo, as quais resultaram em uma dissertação de mestrado[8] e uma tese de doutorado.[9] Nos dois casos, a realidade médica no interior é

7 JOUNART, Philippe. "Desafios a história oral do século XXI". In: FERREIRA, Marieta de Moraes; FERNANDES, Tania Maria; ALBERTI, Verena (org.). *História oral: desafios para o século XXI*. Rio de Janeiro: Editora FIOCRUZ, 2000. p. 33.

8 *Idem*. *Reforma e política paulista:* as relações entre o processo de profissionalização dos médicos de São Paulo e políticas de saúde do governo estadual de Adhemar de Barros (1947-1951). Dissertação (mestrado em Sociologia) PPGS/UFSCar. São Carlos, 2010; *Idem*, *Profissionalismo médico paulista e reforma na saúde adhemarista*. São Carlos: EdUFSCar, 2013.

9 ALMEIDA, 2016. Op.cit.

investigada em sua relação com o desenvolvimento socioeconômico e político paulista, se bem que o caminho trilhado em cada pesquisa tenha sido diverso. Apesar do tema da interiorização do profissionalismo médico ter sido explorado, em si mesmo, apenas no doutorado, o desenvolvimento da dissertação de mestrado, a partir dos dados então levantados, acabou por oferecer subsídios à reflexão de aspectos centrais desse processo no território paulista – o que foi mais tarde aproveitado para o doutorado. Em realidade, na dissertação de mestrado pode-se perceber o mesmo processo de interiorização, mas sob outra perspectiva de análise. Exploram-se diferentes fontes (de tipo documental, bibliográficas e orais), que forneceram dados desde: estudos realizados por pesquisadores especializados; determinados registros públicos e outros ligados a certas entidades privadas (médicas ou não); fontes escritas específicas e esparsas; além de entrevistas baseadas em história oral, realizadas com atores sociais envolvidos com o processo de interiorização.

Este processo é investigado, em primeiro lugar, a partir da pesquisa de mestrado e conforme políticas de saúde estaduais do governo Adhemar de Barros (1947-1951) interferiram em sua dinâmica no estado de São Paulo, quando o foco recai sobre o impulso à socialização da medicina. Aqui já se percebe como a interiorização do desenvolvimento socioeconômico, combinado a efeitos de políticas estatais de saúde, influenciaram mudanças nos serviços médicos do interior. Na sequência, desde a tese de doutorado, a interiorização é observada como um processo social de longa duração, assim reconhecido no contexto de determinada localidade da região central do estado de São Paulo, qual seja: o município de São Carlos. Neste caso, considerou-se como ponto de partida o início da República (quando a localidade se torna um município autônomo), seguindo-se até o ano de 1988, momento em que a história brasileira sofre relevante inflexão com o processo de redemocratização e a promulgação da atual Constituição Federal. Esta criou o Sistema Único de Saúde – SUS, responsável por promover significativas mudanças na área de saúde brasileira. A interiorização do profissionalismo médico em São Carlos é analisada sob a influência de seu desenvolvimento urbano-industrial.

Em ambos os estudos, foram fundamentais fontes de dados sobre a área de saúde e a medicina, sendo estas combinadas com outras fontes, o que permitiu tratar de diversas dimensões do processo de interiorização, o qual, como se procura mostrar, é condicionado por uma pluralidade de fatores históricos.

É por conta disso que, na análise de tal processo histórico, torna-se estratégica uma perspectiva epistemológica multicausal.[10] Diante disso, nas demais seções deste capítulo, almeja-se capturar, acerca do referido processo de interiorização: tanto, de um lado, aspectos de sua trajetória secular e dados de sua realidade em uma conjuntura específica como, de outro lado, parte da diversidade de dimensões e condicionantes históricos que acompanham a sua materialização, considerando sua relação com o desenvolvimento. Tomando-se como referência o interior paulista, esclarece-se como alternativas fontes de dados podem contribuir neste esforço de investigação.

Processos exteriores em sua influência sobre diferentes localidades: o papel de políticas de saúde estaduais na interiorização do profissionalismo médico paulista

Em primeiro lugar, apresenta-se uma análise dos efeitos de políticas de saúde estaduais sobre o profissionalismo médico do interior paulista durante o segundo mandato do governador Adhemar de Barros (1947-1951), quando São Paulo avançava industrialmente, de tal modo a exigir mudanças nas políticas de saúde diante das novas demandas da população. É aqui onde se enquadra a reforma na saúde deste governo.[11] Para o desenvolvimento deste estudo, além de fontes bibliográficas, mobilizaram-se determinados dados documentais, presentes no Arquivo Edgard Leuenroth/UNICAMP e na Biblioteca da Associação Paulista de Medicina – APM. No primeiro, analisaram-se, durante o período em destaque, informações extraídas de seu acervo do jornal O Estado de São Paulo. Já em relação às fontes da APM, pesquisaram-se dados da Revista da APM, desde 1930 (ano de criação da entidade) até 1947, quando se encerra o governo adhemarista.

Com base nos materiais assim pesquisados, percebe-se que Adhemar de Barros, no referido mandato como governador, experimentou conflitos com os médicos da capital e do interior paulista, pois os profissionais servidores públicos estaduais experimentavam uma situação desfavorável junto aos órgãos

10 WEBER, Max. "A 'objetividade' do conhecimento nas Ciências Sociais". In: COHN, G, org. *Max Weber*: sociologia. São Paulo: Editora Ática. p. 79-127, 1983.

11 ALMEIDA, 2016. Op.cit.

estatais onde trabalhavam.[12] Mas os médicos paulistas também vivenciaram um processo de fortalecimento, mobilizando-se por todo o estado de São Paulo pela equiparação da categoria em relação ao grupo de advogados servidores estaduais, que possuíam uma posição relativamente superior no serviço público.

Tal mobilização médica reagiu à expansão e interiorização da burocracia paulista na área de saúde, a qual criou uma secretaria estadual de saúde pública e novos centros de saúde e postos sanitários, além de Delegacias Regionais de Saúde – que se distribuíram entre distintos municípios do estado. O desenvolvimento de tais estruturas e seus serviços de saúde representou um importante fator a interferir na realidade médica de várias localidades do interior, vindo a impulsionar o processo de organização associativa dos médicos: especialmente através de um movimento coletivo criado em torno da equiparação – o Movimento de Assembleia Permanente – o qual, igualmente, contou com a participação de outras entidades médicas, tais como, da APM, que à época também verificou a interiorização de suas estruturas representativas para todas as regiões paulistas.

Essa realidade condicionou não apenas as relações entre adhemarismo e profissão médica, em meio a um processo internacional de expansão da medicina socializada,[13] mas afetou a interiorização do profissionalismo médico no estado de São Paulo. A socialização da medicina implicava a extensão de serviços estatais de saúde em diversos países. Tanto por difundir estruturas político-administrativas e de prestação de serviços de saúde como por criar vagas de trabalho para médicos nos serviços públicos, a socialização produziu importantes consequências à interiorização do profissionalismo médico em todas as localidades do interior do estado.

Da mesma forma que em outras regiões e estados brasileiros, a socialização havida no território paulista atingiu diversos municípios interioranos: como São Carlos, onde, entretanto, assumiu sentido específico enquanto um fenômeno de mudança histórica que representou parte de uma trajetória secular de interiorização do profissionalismo médico.

---

12 Idem. "Coesão e interesses da medicina paulista diante do populismo adhemarista: contradições e ambivalências". *Sociedade e Cultura*, v. 1, 2011. p. 131-139.

13 Idem. "A socialização da medicina na era do adhemarismo". *História, Ciências, Saúde – Manguinhos*, Rio de Janeiro, vol. 21, n. 04. p. 1379-1396, 2014.

A interiorização ao nível de uma localidade do estado de São Paulo: o caso do município de São Carlos

O estudo acerca da interiorização do profissionalismo médico em São Carlos revelou como esse processo foi condicionado pela paralela interiorização do desenvolvimento urbano-industrial que atinge o município.[14] Esse desenvolvimento foi, em parte, impulsionado pelos efeitos locais da ação do Estado nacional brasileiro e a consequente interiorização de suas estruturas e políticas públicas.[15] A pesquisa estruturou-se segundo determinada periodização sobre a ocorrência do processo de interiorização, reconhecido como um processo social de longa duração. A pesquisa caminhou desde 1889, com a criação da República – logo após a elevação de São Carlos a condição de município autônomo (1880) – até 1988, com a criação do Sistema Único de Saúde – SUS através da promulgação da atual Constituição Federal, o que gerou novas condições ao profissionalismo médico e à vida social brasileira.

Pesquisaram-se fontes bibliográficas e documentais, além de entrevistas baseadas em história oral temática. Para além da estrita análise de fontes bibliográficas, foram feitas buscas em arquivos, tais como: da antiga Faculdade de Medicina da Bahia (hoje ligada à Universidade Federal da Bahia – UFBA), onde se analisaram dados de teses doutorais defendidas por médicos que atuaram em São Carlos no princípio da República; já, na Fundação Pró-Memória de São Carlos (da Prefeitura Municipal de São Carlos), verificaram-se livros de impostos municipais desde 1889 até 1945, os quais revelaram informações de impostos pagos por fazendeiros, industriais e diferentes tipos de profissionais (como médicos), constantes dos "Livros de Impostos sobre Assucar e Café" e "Livros de Impostos sobre Indústrias e Profissões". Essas fontes demonstraram quantos médicos trabalharam em São Carlos naquela época, quantos foram fazendeiros e quais atuavam em áreas rurais ou urbanas. Ainda na Fundação Pró-Memória, investigaram-se, entre 1889 e 1914, fontes de um influente jornal local daquele tempo, o Correio de São Carlos, que trouxe esclarecimentos sobre: a relação da medicina com as instituições políticas, sociais e da área de

14 ALMEIDA, 2016. Op.cit.

15 KERBAUY, Maria Teresa Mliceli. *A morte dos coronéis:* política interiorana e poder local. Araraquara: FCL-Laboratório Editorial/UNESP São Paulo: Cultura Acadêmica Editora, 2000.

saúde são-carlense; a participação médica em importantes movimentos políticos do período; e a respeito da tentativa de criação de uma Casa de Saúde durante a Primeira República – o que não se concretizou, mas que evidenciou aspectos relevantes do profissionalismo médico local.

Outros dados complementares, relativos às primeiras décadas do período republicano, também foram obtidos em edições periódicas da revista médica "Boletim", publicada pela Academia de Medicina de São Paulo - AMSP, a qual, àquela época, denominava-se Sociedade de Medicina e Cirurgia de São Paulo - SMCSP (a mais importante associação profissional da medicina paulista na Primeira República). Tais dados encontram-se na sede da AMSP (capital paulista). Analisaram-se tais fontes desde 1895 (quando da criação da entidade) até 1930. Com isso, foi possível observar determinadas relações entre o grupo médico de São Carlos e demais profissionais e instituições médicas de fora.

Já em relação ao subperíodo de 1930 a 1948, verificaram-se informações extraídas da Revista da APM, as quais foram encontradas na Biblioteca da Associação Paulista de Medicina - APM. Esta surgiu em 1930, logo se tornando a principal entidade médica paulista até a criação do Conselho Regional de Medicina do Estado de São Paulo - CREMESP, em 1956. Nas edições da referida revista, observaram-se dados relativos ao subperíodo mencionado, os quais foram, entre 1948 e 1988, substituídos por outras fontes identificadas na Sociedade Médica de São Carlos - SMSC. Esta surge em 1948, e logo a se filia à APM e à Associação Médica Brasileira - AMB, tornando-se a representante local da APM e da AMB na região de São Carlos. Assim, para o subperíodo que se inicia com a criação da SMSC, as fontes privilegiadas foram extraídas de Atas de Reuniões dessa associação profissional, as quais passam a assumir centralidade na análise até o final de 1988, oferecendo dados a respeito da medicina local e de sua relação com fatos e realidades médicas (ou não), internas e/ou externas ao município de São Carlos.

Ademais, e mesmo para parte do subperíodo anterior a 1948, analisaram-se entrevistas baseadas em história oral temática,[16] obtidas com 16 pessoas de diferentes perfis sociais. Foram entrevistados médicos de várias especialidades, além de outros cidadãos são-carlenses que, além de pacientes, por

16 MEIHY, José Carlos Sebe Bom; RIBEIRO, Susana L. Salgado. *Guia prático de história oral*. São Paulo: Contexto, 2011.

vezes demostraram outras conexões com a medicina e a área de saúde local. Preferiu-se entrevistar pessoas mais velhas e com mais longa permanência em São Carlos, de modo que talvez acumulassem mais vivências quanto à realidade e história locais, sua área de saúde e grupo médico. Se as entrevistas com os médicos trouxeram dados para a pesquisa, a partir de um ponto de vista situado dentro da própria medicina são-carlense, com os dados ligados aos demais entrevistados, pôde-se analisar outras perspectivas e informações sobre os mesmos aspectos (ou outros), agora abalizados por visões oriundas desde fora da carreira médica.

Entrevistaram-se 10 médicos de distintas especialidades e origens sociais, os quais já haviam possuído, ou ainda possuíam quando da realização das entrevistas, clínicas ou consultórios no município, além de já terem atuado em pelo menos uma das duas instituições hospitalares de São Carlos do período tratado na pesquisa: Santa Casa de Misericórdia e Casa de Saúde e Maternidade São Carlos. Vários profissionais trabalharam em serviços públicos de saúde. Todos construíram carreiras longas e se filiaram à SMSC. Houve quem já tivesse assumido cargos políticos em governos municipais. Formaram-se em diferentes instituições de ensino superior, de dentro e de fora do estado de São Paulo.

Por sua vez, foram entrevistados outros 06 indivíduos, identificados aqui como cidadãos são-carlenses. Procurou-se obter dados a partir de informantes com perfis sociais diferenciados em termos ocupacionais e de origem social. Desse modo, os entrevistados ou eram são-carlenses por nascimento e habitavam há bastante tempo a localidade ou, simplesmente, moravam e/ou trabalhavam no município desde muitos anos. Houve quem já tivesse se aposentado na época da pesquisa. Diferentemente do que aconteceu com os médicos, no conjunto dos demais informantes conseguiu-se entrevistar mulheres. Tal diferença se deve ao fato de somente ter havido uma entrada mais acentuada de mulheres na medicina local recentemente, sendo que não se encontrou médicas com maior tempo de permanência em São Carlos para concederem entrevistas.

A combinação de entrevistas com médicos e outras pessoas (de diferentes perfis sociais) criou uma situação de relativo contraponto, contraste e complementação de dados, permitindo se fazer ponderações acerca das informações coligidas e dos lugares e visões sociais daqueles que as forneceram.

Esse esforço crítico foi favorecido pela paralela análise de dados bibliográficos e documentais.

A pesquisa ainda analisou certos documentos avulsos, que contribuíram com dados mais ou menos difusos sobre distintos aspectos estudados: aqui se encontram, tanto publicações impressas como outras de arquivos digitais *online*, os quais foram combinados às outras fontes escritas e orais. Esse amplo conjunto de dados permitiu que se investigassem, entre 1889-1988, as conexões entre profissionalismo médico, desenvolvimento urbano-industrial e centralização política estatal, o que condicionou três fases ou ondas de interiorização do profissionalismo médico em São Carlos e dois períodos de transição.

A primeira fase ou onda de interiorização do profissionalismo médico (1889-1930) aconteceu em meio ao início da República, à relativa descentralização política coronelista e ao crescimento da economia cafeeira paulista e são-carlense, o que provocou o primeiro impulso à economia urbana local, a criação dos primeiros serviços de saúde pública e assistência médica – tais como da Delegacia de *Hygiene* ou Saúde (órgão estadual) e da Santa Casa de Misericórdia de São Carlos – além do estabelecimento de um inicial mercado médico. Os profissionais da medicina, então de perfil generalista, logo se inseriram na estratificação social do município, criando relações de aliança – inclusive matrimoniais – com a elite agrária e facções que dividiam localmente o Partido Republicano Paulista – PRP. Nessa época, predominou a atividade médica liberal de consultórios particulares, o atendimento gratuito a indigentes e na Santa Casa de Misericórdia, além de haver certa concorrência aos médicos desde praticantes de curas populares, parteiras e homeopatas.[17]

Depois de anos sob tais condições, a dinâmica que marca esta primeira fase começa a atravessar importante desagregação em torno dos anos 1920 e 1930. Tal se estabeleceu graças a uma combinação de fatores socioeconômicos, políticos e profissionais, internos e externos a São Carlos, com impacto sobre a medicina local, configurando o primeiro período de transição (1930-1948). Dentre os processos que influenciaram essa mudança histórica, têm-se: queda da economia cafeeira e consequente crise demográfica e do mercado médico

17 Idem. "Profissionalismo médico e poder local em São Carlos". In: BONELLI, Maria da Gloria; SIQUEIRA, Wellington Luiz (org.). *Profissões republicanas:* experiências brasileiras no profissionalismo. São Carlos: EdUFSCar, 2016.

local; ocorrência de movimentos políticos contra o sistema coronelista vigente (tais como as revoluções de 1924, 1930 e 1932). Esse quadro de transição, marcado especialmente pela forte inflexão promovida pela Revolução de 1930, alterou as relações entre Estado e sociedade, campo e cidade, gerando outro equilíbrio de forças entre classes e grupos sociais, e entre as esferas de poder político local/municipal, estadual e nacional, o que veio a fragilizar as bases de influência dos médicos de São Carlos desde sua aliança com o capital agrário.[18]

Estimulados por avanços acumulados até a década de 1910, tanto no desenvolvimento socioeconômico e político local como em termos de crescimento da população e das instituições de saúde do município, os médicos são-carlenses lançaram-se, ainda no princípio da mesma década de 1910, no esforço de criar um novo hospital, paralelo à Santa Casa de Misericórdia, ou seja, o Instituto Sancarlense Casa de Saúde. Este seria estabelecido por médicos locais que se cotizariam para construir e manter esta organização privada e lucrativa, que atenderia aos pacientes mais abastados que tivessem condições de arcar com os custos dos serviços médicos. Aparentemente, os médicos chegaram a reconhecer que a população mais bem situada na estratificação social do município estava em processo de ascensão, a ponto de sustentar o funcionamento de um novo hospital. Mas a crise ao mesmo tempo econômica, demográfica e social, que se seguiu ao declínio da cafeicultura, barrou o crescimento do grupo médico local e impediu a criação do novo hospital, explicitando efeitos adversos sobre o profissionalismo médico desde o contexto social (local e de fora) em crise.

Por outro lado, a decadência do setor cafeeiro também afetou negativamente a inserção social e profissional da medicina de São Carlos a partir de sua dimensão política. Os médicos procuravam se posicionar e reagir coletivamente aos referidos processos de mudança envolvendo-se nas mobilizações políticas e armadas do período. Depois da revolução de 1930, a derrota paulista no levante de 1932 significou não apenas um revés às elites cafeeiras, mas uma oportunidade para um maior impulso urbano-industrial, ao mesmo tempo em que trouxe o declínio de algumas carreiras de médicos que se envolveram com o conflito, além da possibilidade de ascensão profissional e

18 ALMEIDA, 2016. Op.cit.

política de outros que vieram a ocupar os espaços criados pela nova circunstância histórica.[19]

Esse contexto encontrou sentido particular em São Carlos. Apesar dos problemas sociais e políticos que afetaram o município nos anos 1930, a dinâmica de poder local mudou pouco até o final da Era Vargas, permanecendo os médicos como importantes segmentos de elite do município, ainda envolvidos nas antigas clivagens políticas estabelecidas na circunscrição local do PRP a partir das rivalidades e alianças entre grupos de famílias de grandes cafeicultores. Foi apenas ao final da Era Vargas, quando se verificou mudanças mais significativas nessa conformação.[20] Dentre os condicionantes históricos que contribuíram para tanto, podem-se apontar: intensificação do processo de centralização do Estado brasileiro, que fragilizou as elites locais; emergência de novos partidos políticos nacionais (e fim dos estaduais, como o PRP); crescimento da burocracia estatal, inclusive nas áreas de saúde pública e assistência médica previdenciária; expansão de grupos e classes sociais urbanos; e também, maior impulso à industrialização do país.

Diante dessa cambiante realidade histórica, nota-se que, embora a anterior aliança com grandes fazendeiros não tenha sido desfeita, esta deixa, no entanto, de ser tão fundamental para os rumos da profissão médica em sua inserção local e, em especial, diante das esferas de poder político estadual e nacional. Isso levou o grupo médico do município a se deparar com a necessidade de encontrar uma nova forma de organização coletiva, resultando no que veio a marcar a nova fase de interiorização do profissionalismo médico em São Carlos.

Essa segunda fase ou onda de interiorização do profissionalismo médico (1948-1966) foi caracterizada, principalmente, pela reação médica à centralização do Estado brasileiro e a consequente expansão dos serviços de saúde estatais, ou seja, o que ficou conhecido, na linguagem médica, como socialização da medicina. Tal reação firmou-se a partir da criação da Sociedade Médica de São Carlos (1948) e seu envolvimento com outras organizações médicas estaduais e de âmbito nacional que se estruturavam à época, a fim de lidar com o ganho em importância dos serviços de saúde estatais. Este foi ainda um

19 SANTOS, Marco Cabral dos; MOTA, André. *São Paulo 1932:* memória, mito e identidade. São Paulo: Editora Alameda, 2010.

20 ALMEIDA, 2016. Op.cit.

momento de maior participação dos médicos de São Carlos em mobilizações de colegas paulistas e de outros estados, quando a SMSC se filia à APM, a AMB e ao Movimento de Assembleia Permanente (que lutou pela equiparação no citado governo Adhemar). Houve, nesta fase, importante movimento de filhos de famílias são-carlenses que saíram do município para estudar medicina, voltando depois para desenvolverem suas carreiras. Os profissionais ainda mantêm o perfil tipicamente generalista. A socialização da medicina ganha espaço através dos serviços de saúde pública estaduais e de assistência médica previdenciária do governo federal. A prática liberal em consultórios privados e o atendimento a indigentes continuam importantes, mas passam a dividir espaço com o trabalho nos serviços públicos de saúde.[21]

O período de transição seguinte – entre 1966, com a criação do Instituto Nacional da Previdência Social - INPS, e 1971, quando surgem os convênios da UNIMED São Carlos – levou os profissionais são-carlenses a reagirem a certos dilemas que afetavam sua condição profissional, tais como: aprofundamento de problemas no sistema previdenciário; fechamento do sistema político com a ditadura militar desde 1964 – o que tornou a contestação política (inclusive médica) mais difícil; impulso a universalização da assistência médica estatal – o que produziu contraditórios reflexos à organização de serviços médicos em São Carlos, com o crescimento da demanda por serviços sem um correspondente aumento do investimento público; novo avanço industrial local, com crescimento de segmentos operários e médios urbanos; e, enfim, desenvolvimento do setor de convênios médicos.[22]

Por ampliar a cobertura assistencial a um círculo maior de pacientes, a partir de uma única fonte de recursos, deteriorada desde o tempo dos Institutos de Aposentadoria e Pensões – IAP's, o INPS acabou aprofundando problemas do sistema previdenciário brasileiro. A despeito do alinhamento histórico de médicos com demais segmentos da elite local, estadual e nacional, os profissionais são-carlenses tiveram pouca margem para contestar os

21 Idem. "A socialização da medicina no interior paulista: o caso de São Carlos - SP (1889-1988)". *Estudos de Sociologia*, v. 23. p. 237-254, 2019.

22 Idem. "Medicina e saúde nos anos 60 e 70: ditadura militar e centralização política, desenvolvimento urbano-industrial, elites e redes de poder em São Carlos". In: MOTA, André; NEMI, Ana (org.). *Medicina e contextos de exceção:* histórias, tensões e continuidades. Santo André: Editora UFABC, 2017.

problemas orçamentários e de pagamentos por serviços prestados ao sistema médico-previdenciário. Isso aconteceu, visto ter-se ampliado a distância do comando do sistema previdenciário da realidade médica local em razão do processo de centralização política e porque se tornou mais delicada a contestação política durante a ditadura militar. Os médicos são-carlenses ainda experimentaram novas dificuldades, dada a ampliação da chamada medicina de grupo, que, na década de 1960, já buscava acessar o mercado médico local. Tais organizações, através de planos e seguros de saúde, assalariavam médicos e restringiam sua autonomia quanto a realização de procedimentos de saúde.

Afora a prática liberal, as atividades do INPS, outros atendimentos gratuitos a indigentes e os serviços de saúde pública estaduais, São Carlos passou a integrar ações de convênios médicos privados. Dentre estes, surgiram aqueles da medicina de grupo empresarial (sem maior penetração local), outros organizados em sistemas de autogestão (CASSI - Banco do Brasil e CABESP - Banco do Estado de São Paulo, cuja importância foi maior), por determinada cooperativa médica (UNIMED São Carlos), outros mantidos pela Casa de Saúde e Maternidade São Carlos (hospital privado criado por médicos locais nos anos 1960), além de certos contratos de médicos que prestavam seus serviços a específicas instituições são-carlenses. Esse impulso dos convênios médicos e a crise previdenciária marcam esta fase de transição, sendo o encaminhamento dado pelos médicos a tais problemas, aquilo que veio a caracterizar a última fase de interiorização do profissionalismo médico. Isso aconteceu através do próprio setor de convênios, com a criação da UNIMED São Carlos, em 1971, e, na sequência, dos convênios da Casa de Saúde e Maternidade São Carlos, o que inaugurou a reação médica local ao quadro descrito acima, pois tais convênios representavam alternativas favoráveis ao seu profissionalismo.

Tal é o que se discute como terceira fase ou onda de interiorização do profissionalismo médico (1971-1988), na relação entre, de um lado, um novo avanço urbano-industrial e, de outro, mudanças internas ao profissionalismo médico local. Focalizam-se, assim, algumas mudanças importantes, tais como: emergência dos citados convênios da Casa de Saúde e Maternidade São Carlos com indústrias locais e da UNIMED São Carlos; ampliação da Santa Casa e seu entrosamento com a UNIMED São Carlos; e participação da UFSCar e da USP São Carlos em melhorias hospitalares e nos serviços de enfermagem locais. Esse quadro deslocou as preocupações médicas do processo de socialização para os emergentes convênios privados. Com o desenvolvimento industrial e o crescimento demográfico, entre 1960-1970, verificou-se ampliação do mercado médico são-carlense. Graças a maior difusão de cursos de medicina no período, incorporou-se novos profissionais especialistas, debilitando o perfil médico generalista em São Carlos.[23]

De um mercado médico menor e mais fechado, São Carlos passou a atrair novos profissionais e pacientes de localidades vizinhas. Isso impulsionou os convênios médicos – em especial, a UNIMED São Carlos, que respondeu bem a maior demanda por serviços médicos, à crise da medicina previdenciária, ao encarecimento da medicina tecnológica[24] e às pressões de outros convênios privados. No período, a UFSCar e a USP São Carlos se articulam ao crescimento do município, à influentes grupos locais e aos médicos, participando de melhorias hospitalares e nos serviços de enfermagem são-carlenses, como: ampliação e modernização da Santa Casa e criação do curso de Enfermagem na UFSCar. A Santa Casa ainda veio a estabelecer contrato com a UNIMED, encontrando, assim, uma saída para seus custos crescentes. A Casa de Saúde, a partir de seus convênios com indústrias locais, favoreceu seus médicos. Desde então, embora os serviços públicos continuassem como alternativa aos médicos, a prática liberal perderia crescente espaço aos convênios privados.[25]

Considerações finais

A interiorização do profissionalismo médico, em sua relação com o fenômeno do desenvolvimento, foi analisada acima a partir de diferentes fontes de dados e sob dois possíveis ângulos de observação: tanto considerando efeitos de condicionantes externos sobre a realidade de diversas localidades paulistas; como verificando a realidade de determinado município do estado de São Paulo, observado segundo específicos condicionantes internos e externos que conferiram sentido peculiar ao seu caso de interiorização.

Com a maior integração de diferentes regiões do país – graças ao desenvolvimento urbano-industrial e a centralização do Estado brasileiro du-

23 Idem.

24 SCHRAIBER, Lilia Bilma. *O médico e seu trabalho*: limites da liberdade. São Paulo: Editora Hucitec, 1993.

25 ALMEIDA, 2016. Op.cit.

rante o século XX – as relações entre diferentes fenômenos sociais e as localidades/municipalidades interioranas foram alteradas, ao mesmo tempo em que, paralelamente, suas interconexões com os âmbitos de poder estadual e federal foram rearranjadas. Todo esse contexto passou a interferir no processo de interiorização do profissionalismo médico. Assim como no estado de São Paulo e no exemplo do município de São Carlos, em outras localidades brasileiras também pode ter existido, segundo combinações determinadas, linhas de continuidade histórica e outras vias de mudança, articulando cada localidade ou região a vários fenômenos sócio-históricos e à distintas esferas de poder, com diferentes desdobramentos a interiorização do profissionalismo médico.

Como destacado anteriormente, a depender do foco de pesquisa, a interiorização também pode ser investigada: ou segundo uma conjuntura específica, mais delimitada na dimensão temporal (tal como no governo adhemarista); ou em seu desenvolvimento de longo prazo (caso de São Carlos). Da mesma forma, pode-se tratar da particular realidade de um município ou considerar a dinâmica de diversas localidades ou regiões, situadas em esferas de distintas dimensões socioespaciais – sejam de nível estadual (como o território paulista), sejam de âmbito mais elevado, como das macrorregiões ou do Estado nacional. Deve-se ainda reconhecer a possibilidade de se estudar a interiorização conforme o seu condicionamento por processos sociais de alcance variável: sejam mais circunscritos – vide as relações familiares interligando médicos e fazendeiros na Primeira República em São Carlos; sejam de escopo maior – expressos antes, por exemplo, na vinculação da interiorização com a difusão internacional da medicina socializada ou em sua conexão com a industrialização brasileira.

Todas essas e outras possibilidades analíticas decorrem da multidimensionalidade do processo de interiorização do profissionalismo médico e seu diversificado condicionamento histórico. Por isso, sua investigação demanda a exploração de diferentes fontes de dados. A realização de estudos históricos e/ou comparativos, que verifiquem aproximações ou distanciamentos entre específicos processos de interiorização, havidos em distintas regiões ou localidades – inclusive de estados ou macrorregiões diversos – poderia levar a uma compreensão mais apurada sobre a difusão do profissionalismo médico no interior brasileiro. Apesar da complexidade de tal empreendimento, sua realização - e conexão com o problema do desenvolvimento - poderia mais bem esclarecer um dilema social secular, não apenas paulista, mas nacional: relativo à dinâmica entre o fenômeno do desenvolvimento e a desigualdade na difusão da medicina e seus serviços profissionais entre distintas regiões e localidades interioranas.

Referências

ALMEIDA, Fabio de Oliveira. *Reforma e política paulista:* as relações entre o processo de profissionalização dos médicos de São Paulo e políticas de saúde do governo estadual de Adhemar de Barros (1947-1951). Dissertação (mestrado em Sociologia) PPGS/UFSCar. São Carlos, 2010.

______. Coesão e interesses da medicina paulista diante do populismo adhemarista: contradições e ambivalências". *Sociedade e Cultura*, v. 1, p. 131-139, 2011.

Profissionalismo médico paulista e reforma na saúde adhemarista. São Carlos: EdUFSCar, 2013.

______. A socialização da medicina na era do adhemarismo". *História, Ciências, Saúde - Manguinhos*, Rio de Janeiro, vol. 21, n. 04, p. 1379-1396, 2014.

______. *Ondas de interiorização do profissionalismo médico e o desenvolvimento em São Carlos.* Tese de Doutorado. Programa de Pós-Graduação em Sociologia da Universidade Federal de São Carlos. São Carlos, 2016.

______. "Profissionalismo médico e poder local em São Carlos". In: BONELLI, Maria da Gloria; SIQUEIRA, Wellington Luiz (org.). *Profissões republicanas:* experiências brasileiras no profissionalismo. São Carlos: EdUFSCar, 2016.

COELHO, Edmundo Campos. *As profissões imperiais:* medicina, engenharia e advocacia no Rio de Janeiro - 1822-1930. Rio de Janeiro: Editora Record, 1999.

FREIDSON, Eliot. *Profissão médica:* um estudo de sociologia do conhecimento aplicado. São Paulo: Editora UNESP; Porto Alegre, Sindicato dos Médicos, 2009.

JOHNSON, Terry; LARKIN, Garry; SAKS, Mike. (ed.). *Health professions and the state in Europe.* London/New York: Routledge, 1995.

JOUNART, Philippe. "Desafios a história oral do século XXI". In: FERREIRA, Marieta de Moraes; FERNANDES, Tania Maria; ALBERTI, Verena (org.). *História oral:* desafios para o século XXI. Rio de Janeiro: Editora FIOCRUZ, 2000.

KERBAUY, Maria Teresa Mliceli. *A morte dos coronéis:* política interiorana e poder local. Araraquara: FCL-Laboratório Editorial/UNESP São Paulo: Cultura Acadêmica Editora, 2000.

LARSON, Magali Sarfati. *The rise of professionalism: monopolies of competence and sheltered markets (with a new introduction by the author)*. New Brunswick/London: Transaction Publisher, 2014.

MARINHO, Maria Gabriela S.M.C.; SALLA, Fernando. A medicina e a lei: o Código Penal de 1890 e o exercício de curar. Práticas médicas e autos criminais em Bragança: assimetrias da modernização. In: MOTA, André; MARINHO, Maria Gabriela S.M.C. *Práticas médicas e de saúde nos municípios paulistas:* a história e suas interfaces. São Paulo: USP, Faculdade de Medicina/Casa de Soluções e Editora, 2011.

MCCLELLAND, Charles E. *The German experience of professionalization:* modern learned professions and their organizations from the early nineteenth century to the Hitler era. New York/Port Chester/Melbourn/Sydney: Cambrigde University Press, 2002

MOTA, André; BADDINI, Cássia Maria. Dilemas revelados e mito desfeito: Sorocaba e a epidemia de febre amarela na República Velha. In: MOTA, André; MARINHO, Maria Gabriela S.M.C. *Práticas médicas e de saúde nos municípios paulistas:* a história e suas interfaces. São Paulo: USP, Faculdade de Medicina/Casa de Soluções e Editora, 2011.

MEIHY, José Carlos Sebe Bom; RIBEIRO, Susana L. Salgado. *Guia prático de história oral.* São Paulo: Contexto, 2011.

MOTA, André; NEMI, Ana (org.). *Medicina e contextos de exceção:* histórias, tensões e continuidades. Santo André: Editora UFABC, 2017.

SANTOS, Marco Cabral dos; MOTA, André. *São Paulo 1932:* memória, mito e identidade. São Paulo: Editora Alameda, 2010.

SCHRAIBER, Lilia Bilma. *O médico e seu trabalho:* limites da liberdade. São Paulo: Editora Hucitec, 1993.

TELAROLLI, Rodolpho. *Britos*: república de sangue. Araraquara: Edições Macunaíma, 1997.

WEBER, Max. "A 'objetividade' do conhecimento nas Ciências Sociais". In: Cohn, Gabriel (org.) *Max Weber:* sociologia. São Paulo: Editora Ática, 1983.

SEN, Amartya. *Desenvolvimento como liberdade*. São Paulo: Companhia das Letras, 2010.

STARR, Paul. *The transformation of American medicine:* the rise of a sovereign profession and the making of a vast industry. New York: BasicBooks, 1982.

TORSTENDAHL, Ralf; BURRAGE, Michael, ed. *Professions in theory and history:* tethinking the study of the professions. London: Sage, 1990.

TORSTENDAHL, Ralf; BURRAGE, Michael. *The formation of professions:* knowledge, state and strategy. London: Sage, 1990.

2ª. PARTE

Dos velhos males às novas doenças

Procura-se o barbeiro: a doença de Chagas e a caça aos triatomíneos pelo interior de São Paulo, 1910-1918

Ewerton Luiz Figueiredo Moura da Silva[1]

Introdução

Na noite do dia 26 de outubro de 1910, Carlos Chagas proferiu uma conferência nos salões da Academia Nacional de Medicina sobre a descoberta de uma nova tripanossomíase humana[2] verificada no povoado de Lassance, em Minas Gerais, e transmitida por um inseto hematófago de hábitos noturnos, o barbeiro (pertencente ao gênero *Triatoma*). A enfermidade estava associada aos danos causados pelo *Trypanosoma cruzi* no organismo humano, como

1 Historiador, Doutorando do Departamento de Saúde Coletiva-FMUSP e bolsista FAPESP. E-mail: ewertonfigueiredo@usp.br.

2 A única tripanossomíase humana conhecida, até 1909, era a doença do sono ou tripanossomíase africana. A enfermidade era transmitida por uma mosca de hábitos hematófagos e ribeirinhos – a tsé-tsé – e seus sintomas coincidiam com o desenvolvimento do *Trypanosoma gambiense* sobre o organismo humano: inchaço dos gânglios cervicais e estado febril com a presença do parasita na corrente sanguínea e linfática; e sonolência, cada vez mais acentuada, quando o flagelado atingia o Sistema Nervoso Central através do líquido cefalorraquidiano. A doença, em seu estágio final, não tinha cura e conduzia suas vítimas ao óbito com escaras de decúbito em seus corpos. Cf. AMARAL, Isabel. "Bactéria ou parasita? A controvérsia sobre a etiologia da doença do sono e a participação portuguesa, 1898-1904", *História, Ciência e Saúde – Manguinhos*, Rio de Janeiro, nº 4, vol. 19, 2012. p. 1275-1300. Disponível em <http://www.scielo.br/pdf/hcsm/v19n4/ahop0512.pdf>. Acesso em 20 out. 2019.

perturbações cardíacas, nervosas e endócrinas.[3] Coincidentemente, os primeiros casos humanos de infecção parasitária foram identificados por Chagas em uma região interiorana que também sofria com a incidência do bócio, o que levou o cientista a creditar ao *Trypanosoma cruzi* o hipertireoidismo encontrado nos habitantes dos sertões mineiros[4] e ao médico Miguel Pereira a batizar a doença como *thyroidite parasitaria*.[5]

A descoberta científica conferiu a Carlos Chagas significativo prestígio entre os seus pares que o elegeram, em situação excepcional, como sócio titular da Academia Nacional de Medicina na mesma noite de sua conferência. Cerca de vinte dias depois, em São Paulo, Vital Brazil propôs o nome do colega de Manguinhos para ingressar como membro honorário da Sociedade Paulista de Medicina e Cirurgia, indicação logo aprovada pela casa. O então diretor do Instituto Butantan aproveitou a oportunidade para lembrar que no estado de São Paulo a doença de Chagas era ainda ignorada pela ausência de pesquisas científicas:

> Seria interessante [...] fazer-se um inquérito scientifico para verificar se nas zonas em que existe o 'chupança' encontram-se doentes de papo, hypertrophia da glandula thyroide que é um dos característicos da molestia de Chagas.[6]

Embora os casos reportados da doença fossem desconhecidos em terras paulistas, a presença do inseto transmissor era uma realidade atestada por Arthur Neiva, médico baiano interessado na entomologia do barbeiro e que re-

---

3 CHAGAS, Carlos. "Nova entidade mórbida do homem". *Brazil-Medico*, Rio de Janeiro, n° 43, vol. 24, nov. 15. 1910. p. 423-428.

4 MARQUES, Rita de Cássia; MITRE, Sérgio Munir. "Bócio endêmico em Minas Gerais: a pesquisa biomédica na terra dos 'papudos'". In: NASCIMENTO, Dilene; CARVALHO, Diana. (org). *Uma história brasileira das doenças*. Brasília: Paralelo 15, 2004. p. 182-193.

5 DELAPORTE, François. *A doença de chagas*. História de uma calamidade continental. Ribeirão Preto: Holos, 2003. p. 62.

6 SOCIEDADE DE MEDICINA E CIRURGIA DE SÃO PAULO. *Archivo da Sociedade de Medicina e Cirurgia de São Paulo*, n° 6, vol. 1, nov.16.1910. p. 337-338.

cebeu espécimes vindas de Itapura,[7] e pelo Museu Paulista, então dirigido por Hermann von Ihering, que guardava triatomíneos enviados dos municípios de Franca e de Barretos, mas também de outros estados da federação como Minas Gerais, Bahia e Espírito Santo.[8] Considerando o papel do barbeiro para a transmissão da tripanossomíase e sua presença no campo, a revista agrícola *Chácaras e Quintaes* publicou fotografias do inseto, para que seus leitores pudessem reconhecê-lo, e recomendações de como o mesmo deveria ser eliminado:

> É preciso confessarmos que, por emquanto, a prophylaxia ainda não está estudada, que a unica defesa efficaz contra os cascudos e barbeiros consiste na vigilancia, de modo a não lhes dar tregoas e na limpeza acurada e contínua da morada e dos moveis.[9]

Enquanto Carlos Chagas conferia à *thyroidite parasitaria* um sentido de calamidade nacional – doença produtora de degenerados em vastas regiões do Brasil, apesar de reconhecer que os dados sobre a distribuição geográfica daquela doença eram ainda incipientes[10] – as elites paulistas mostravam-se mais preocupadas em saber se aquela ameaça detectada em Minas Gerais estava ou não presente dentro dos limites territoriais do estado de São Paulo, em especial nas áreas de produção cafeeira em franca expansão. Este desejo ficou evidenciado quando o jornal *O Estado de São Paulo* noticiou a chegada de Carlos Chagas à capital, a convite da Sociedade Paulista de Medicina e Cirurgia, e o que era esperado de sua visita:

7 NEIVA, Arthur. "Informações sobre a biologia do Conorhinus megistus Burm". *Memórias do Instituto Oswaldo Cruz*, Rio de Janeiro, nº 2, vol. 2. 1910. p. 206-212. Disponível em <http://www.scielo.br/pdf/mioc/v2n2/tomo02(f2)_206-212.pdf>. Acesso em15 jul. 2019.

8 IHERING, Rodolpho von. "Percevejos brasileiros hematófagos". *Characas e Quintaes*, São Paulo, nº 2, vol. 3, fev. 1911. p. 24.

9 *Idem*, "Como se desenvolve o barbeiro (chupança) e como extirpá-lo?". *Chacaras e Quintaes*, São Paulo, nº 4, vol. 3, abr. 1911. p. 9.

10 CHAGAS, Carlos. "Moléstia de Chagas. Conferência realizada em 7 de agosto na Academia Nacional de Medicina". *Brazil-Medico*, Rio de Janeiro, n° 37, vol. 25, 1 out., 1911. p. 373-375.

> O Dr. Carlos Chagas tem procurado limitar a geografia médica da molestia que tão bem estudou. Ele nos dirá se tem notícias de casos verificados no território do estado de São Paulo, que mais de perto nos interessa. Não será para admirar que isto se dê, porque o lustrado pesquisador corresponde-se com todos os que lhe podem oferecer elementos para o seu juízo em relação aos domínios da molestia. Não será de admirar, ainda, porque em S. Paulo teem sido encontrados alguns exemplares do barbeiro e espécies vizinhas.[11]

Chagas esteve em São Paulo entre os dias 5 e 7 de setembro de 1912 e na ocasião realizou uma conferência sobre os aspectos clínicos da tripanossomíase brasileira, descrevendo-a como uma doença que "não encontra na nosologia outra entidade morbida que lhe exceda em consequencias funestas" e por ser "em pathologia humana, a entidade mais multiforme", devido aos danos causados na glândula tireoide, no Sistema Nervoso Central e na musculatura cardíaca.[12] Apesar do êxito de sua conferência, Carlos Chagas não respondeu às indagações que para os paulistas eram fundamentais. Afinal, havia casos de infecção parasitária pelo estado? E os triatomíneos identificados em São Paulo eram portadores do *Trypanosoma cruzi*? A necessidade em obter estas respostas atraiu o olhar dos médicos paulistas para os municípios do interior.

O olhar da capital para o sertão: desencadeada a caça ao barbeiro e a busca por doentes

As transformações econômico-demográficas, amparadas pelo pacto federativo estabelecido com a República, permitiram às oligarquias paulistas desenvolverem sua própria estrutura médico-sanitária, cuja pedra angular foi o Serviço Sanitário. Este órgão, criado em 1891, esteve subordinado à Secretaria do Interior e foi o responsável pelas ações de saúde pública em São Paulo. Sua direção, entre 1898 e 1917, esteve a cargo

11 O ESTADO de São Paulo, São Paulo, 05 set. 1912. p. 3. Disponível em <http://acervo.estadao.com.br/pagina/#!/19120905-12316-nac-0003-999-3-not/tela/fullscreen>. Acesso em 02 dez. 2019.

12 CHAGAS, Carlos. "O mal de Chagas". *Archivo da Sociedade de Medicina e Cirurgia de São Paulo*, São Paulo, nº 9-10, vol. 3, set-out., 1912. p. 34-66.

de Emílio Ribas e suas ações coordenaram o Laboratório Farmacêutico, o Laboratório de Análises Químicas, o Laboratório Bacteriológico, o Instituto Vacinogênico, o Desinfectório Geral, o Hospital de Isolamento e o Butantan.[13] Estes estabelecimentos compunham a base para a pesquisa científica e para a produção de soros, vacinas e medicamentos que serviam de apoio às medidas sanitárias adotadas no estado de São Paulo.[14]

A organização do Serviço Sanitário e suas sucessivas reformas refletiram conflitos e tensões entre o poder estadual e as atribuições municipais.[15] Emílio Ribas, crítico da autonomia municipal para o combate das doenças que grassavam pelo estado, foi o artífice de uma reforma em 1906 que extinguiu praticamente todas as iniciativas municipais na área da saúde pública, centralizando estas atribuições nas mãos das autoridades estaduais. Entretanto, os obstáculos para debelar determinadas epidemias, como a febre amarela, e o receio de perda do domínio político em alguns redutos municipais conspiraram para uma nova reforma, em 1911, que restituiu às municipalidades grande parte das ações de saúde pública em seus territórios – como a responsabilidade pela vacinação e a manutenção de hospitais de isolamento.[16] Em contrapartida, caberia às autoridades estaduais, entre outras prerrogativas: a confecção de vacinas e soros, a fiscalização do exercício da medicina e o estudo científico de todas as questões relativas à saúde pública.[17]

---

13 ALMEIDA, Marta Carvalho de. *República dos invisíveis:* Emílio Riba, microbiologia e saúde pública em São Paulo (1891-1917). Dissertação (mestrado em História) – Universidade de São Paulo, São Paulo, 1998.

14 HOCHMAN, Gilberto. *A era do saneamento.* São Paulo: Hucitec, 2006. p. 216-217.

15 MOTA, André. *Tropeços da medicina bandeirante.* Medicina paulista entre 1892-1920. São Paulo: Edusp, 2005. p. 58-61.

16 MOTA, André; BADDINI, Cássia Maria. "Dilemas revelados e mito desfeito: Sorocaba e a epidemia de febre amarela na República Velha". In: MOTA, André; MARINHO, Maria Gabriela S.M.C. *Práticas médicas e de saúde nos municípios paulistas: a história e suas interfaces.* São Paulo: FMUSP / CD.G Casa de Soluções e Editora, 2011. p. 153-183.

17 SÃO PAULO. *Decreto n.2.141, de 14 de novembro de 1911. Regulariza o Serviço Sanitário do Estado.* São Paulo. Disponível em: <https://www.al.sp.gov.br/repositorio/legislacao/decreto/1911/decreto-2141-14.11.1911.html>. Acesso em: 25 ago. 2019.

Desta forma, a coordenação de pesquisas laboratoriais para a identificação de casos de infecção parasitária pelo *Trypanosoma cruzi* em São Paulo ficaram a cargo do poder estadual, o que explica o primeiro movimento do Instituto Bacteriológico, em 1912, de examinar na capital portadores de hipertireoidismo procedentes do interior do estado, sem, contudo, identificar casos da doença. Em dezembro do mesmo ano, Vital Brazil, ao abrigo de uma rede de permuta de ampolas de soros antiofídicos por serpentes vivas,[18] que mantinha o Butantan em contato com proprietários e autoridades dos municípios do interior do estado, solicitou que os mesmos remetessem ao Instituto os barbeiros que porventura viessem a encontrar. Para conseguir os insetos, o Butantan fez uso do envio de espécimes ressecados para instruir alguns proprietários que desconheciam o barbeiro[19] e de anúncios na revista Chácaras e Quintaes:

> O Instituto Sôrotherapico deste estado (em Butantan, Pinheiros) está completando alguns estudos sobre os *barbeiros* ou *chupanças,* insectos sugadores de sangue humano e transmissores de molestia gravíssima [..] Para este fim pede aos que estiverem em condições de remettel-os para aquelle endereço em caixinhas de phosphoros ou semelhantes pelo correio.
>
> Será conveniente virem juntos em uma caixa somente os chupanças apanhados em uma mesma casa, e que as caixas sejam marcadas com o nome ou as iniciais do morador d'ella e a localidade.
>
> Em retribuição aos chupanças que forem remetidos o Instituto envia uma ampola de sôro contra mordeduras de cobras.[20]

Apesar do protagonismo assumido por Vital Brazil nos primeiros anos de existência do Butantan, havia todo um corpo

18 MOTT, Maria Lúcia; et.al. "A defesa contra o ofidismo de Vital Brazil e a sua contribuição à saúde pública brasileira". *Cadernos de História da Ciência* – Instituto Butantan, São Paulo, nº 2, vol. 7, jul., 2011. p. 98-99. Disponível em <http://periodicos.ses.sp.bvs.br/scielo.php?script=sci_arttext&pid=S1809763420110002000007&lng=pt>. Acesso em: 23 set 2018.

19 INSTITUTO BUTANTAN. *Correspondência de 22 de abril de 1917*. Acervo do Instituto Butantan/Núcleo de documentação.

20 INSTITUTO BUTANTAN. *Chacaras e Quintaes*. São Paulo, n° 3, vol. 14, 1916. Acervo da Biblioteca Mário de Andrade.

técnico que em 1914 era constituído por onze pessoas,[21] entre eles o médico João Florêncio Gomes. Além dos estudos que desenvolveu sobre o ofidismo, Florêncio Gomes esteve à frente dos estudos sobre triatomíneos no Instituto, colaborou com Émile Brumpt na descrição de uma nova espécie de triatomíneo (*Triatoma chagasi*) e com o curso de Parasitologia da Faculdade de Medicina e Cirurgia de São Paulo.[22]

Entre os anos de 1912 e 1916, o Butantan recebeu barbeiros de localidades como Mogi-Guaçu, Santa Rita do Passa Quatro, Descalvado e Pirassununga, capturados em estações ferroviárias ou nas míseras habitações dos sertões paulistas. No Instituto, Florêncio Gomes e Bruno Rangel Pestana examinaram as fezes dos insetos em busca de tripanosomas e elaboraram um mapa do estado com a indicação dos municípios que remeteram os barbeiros.[23]

Paralelamente e à semelhança dos esforços empreendidos pelo Butantan, o Instituto Pasteur de São Paulo executou seus próprios estudos sobre a doença de Chagas a partir de 1913. Apesar de configurar como um estabelecimento privado e dedicado à fabricação de vacinas antirrábicas, o Instituto Pasteur, sob a direção de Antonio Carini, desenvolveu uma agenda de pesquisa voltada para as doenças veterinárias – como o mal das cadeiras e a febre aftosa – mas também às doenças que atingiam o homem – como a sífilis, a malária e a ancilostomíase.[24] Estes estudos colocaram o Instituto em contato com pecuaristas, médicos e autoridades do interior do estado, que contribuíram para a remessa de barbeiros ao Pasteur. No laboratório, Antonio Carini e Jesuíno Maciel observaram flagela-

---

21 INSTITUTO BUTANTAN. *Instituto Serumtherapico do estado de São Paulo*, São Paulo: Pocai-Weiss, 1914. p. 37. Disponível em: http://docvirt.com/docreader.net/DocReader.aspx?bib=livrossp&pagfis=24355 Acesso em 16. Mar. 2018.

22 SOCIEDADE DE MEDICINA E CIRURGIA DE SÃO PAULO. *Boletim da Sociedade de Medicina e Cirurgia de São Paulo*, nº 4, vol. 2, 1919.

23 GOMES, João Florêncio. "Triatomas e moléstia de Chagas no Estado de S. Paulo". *Anais do Primeiro Congresso Medico Paulista*, São Paulo, vol. 2, 1916. p. 195-196.

24 TEIXEIRA, Luiz Antonio. *Ciência e saúde na terra dos bandeirantes:* a trajetória do instituto Pasteur de São Paulo no período de 1903-1916 [livro eletrônico]. Rio de Janeiro: Fiocruz, 1995.

> dos nos intestinos daqueles insetos e, em seguida, infectaram cobaias com o conteúdo intestinal extraído dos triatomíneos. Passado alguns dias, verificaram no sangue destes animais a presença do *Trypanosoma cruzi*.[25] A partir deste movimento de envio de insetos para os laboratórios da capital paulista, os Institutos Butantan e Pasteur confirmaram a existência de barbeiros infectados no estado, mas faltava a constatação de casos de infecção parasitária em humanos.

Diante da existência de triatomíneos portadores do tripanosoma e goradas as primeiras tentativas de examinar na capital os doentes com hipertireoidismo procedentes do interior, o Instituto Bacteriológico enviou o assistente Theodoro Bayma, em janeiro de 1913, para a fazenda "Aurora", no município de Palmeiras, a fim de examinar indivíduos suspeitos de portarem a doença de Chagas. Na propriedade chegou a examinar uma família de colonos italianos: a matriarca e o primogênito apresentavam hipertrofia da glândula tireoide, porém o *Trypanosoma cruzi* não foi verificado nas amostras coletadas da família. A viagem de Bayma continuou pelos municípios de Casa Branca, São João da Boa Vista e São José do Rio Pardo, e nestes locais observou a infestação de triatomíneos nas propriedades agrícolas, sem identificar insetos infectados.[26] Entretanto, em Ribeirão Preto, ao examinar um grupo de crianças com pequenas hipertrofias na glândula tireoide, Bayma obteve êxito na verificação do tripanosoma em uma cobaia inoculada com o sangue de uma menina de 13 anos chamada Laura Lorenzato.[27]

Ainda no ano de 1913, Jesuíno Maciel percorreu os municípios de Brotas, Pirassununga e Annapolis e coletou amostras sanguíneas de pessoas com sintomas clínicos da doença. Depois de inocular este material em cobaias, Maciel conseguiu reconhecer o *Trypanosoma cruzi* nos cortes muscula-

25 CARINI, Antonio; MACIEL, Jesuíno. A existência da moléstia de Chagas no estado de São Paulo. *Anais Paulistas de Medicina e Cirurgia*. 1914, mar., 2 (3). p. 75-79.

26 BAYMA, Theodoro. "Um caso de mixedema congênito. Apontamentos sobre a distribuição do 'triatoma' no estado de São Paulo". *Revista Médica de São Paulo*, São Paulo, n° 6, vol. 16, 1913. p. 103-105.

27 Idem. "Moléstia de Carlos Chagas (nota sobre sua verificação parasitológica no homem, em São Paulo)". *Revista Médica de São Paulo*, São Paulo, n° 1, vol. 17, 1914. p. 3.

res de um animal que recebeu o sangue de Zulmira – uma menina negra, de 10 anos de idade e moradora em um mísero casebre no município de Brotas infestado de barbeiros.[28]

As pesquisas realizadas pelos Institutos Bacteriológico e Pasteur confirmaram a existência da doença de Chagas no interior paulista. Mesmo com o registro de apenas dois casos em todo o estado, Antonio Carini e Jesuíno Maciel apontaram para a sua generalização em São Paulo:

> Esta observação prova, pois, a existencia da molestia de Chagas no Estado de São Paulo: acreditamos mesmo que ella não seja rara e que existam multiplos focos com não pequenos numeros de casos.[29]

Apesar de não ter identificado nenhum caso de infecção pelo *Trypanosoma cruzi* em humanos, o Butantan também enviou seus técnicos para o interior. Em outubro de 1915, Octavio Veiga foi designado por Vital Brazil para percorrer alguns municípios paulistas a fim de coletar dados sobre as principais doenças e acidentes ofídicos naquelas localidades. Sobre a doença de Chagas, Veiga coletou dezenas de triatomíneos para o Butantan e, na companhia de médicos interioranos, observou muitas famílias com hipertireoidismo em Ribeirão Preto e suspeitou de alguns casos em Barretos e em Orlândia:

> Tem observado o Dr. Xavier varios casos muito suspeitos de molestia de Chagas casos esses que são muito frequentes na localidade e para que melhor eu me apercebesse dessa sua affirmativa fez-me observar alguns doentes que foram por elle tratados e que embora bem melhores ainda estavam bem anêmicos com tachycardia e phenomenos rachiticos. Disse também já ter o Dr. Carini tido opportunidade de ver inffestados alguns triatomíneos que lhe enviara de Pitangueiras o Coronel Francisco Catoni.[30]

28 CARINI; MACIEL, 1914. Op.cit. p. 75-79.

29 Ibidem. p. 77.

30 INSTITUTO BUTANTAN. *Relatório anual de 1915*. Acervo Butantan/Núcleo de documentação. p. 14.

O barbeiro e a lavoura cafeeira

Na ocasião do Primeiro Congresso Médico Paulista, realizado entre os dias 3 e 10 de dezembro de 1916, a elite médica procurou mostrar aos visitantes o desenvolvimento e o progresso científico alcançado por São Paulo.[31] Neste contexto, a apresentação dos resultados obtidos pelas pesquisas conduzidas por Arthur Neiva, Theodoro Bayma, Antonio Carini, Jesuíno Maciel e João Florêncio Gomes sobre a distribuição dos triatomíneos pelo estado de São Paulo, em um momento em que escasseavam trabalhos detalhados sobre a disseminação geográfica dos barbeiros em outros estados brasileiros, revestiu-se de significados quanto ao protagonismo paulista sobre os assuntos relacionados à saúde pública.

Estes estudos, constituídos a partir de amplo material entomológico enviado por vários atores municipais como prefeitos, secretários, médicos, farmacêuticos, fiscais sanitários, chefes de estações ferroviárias e proprietários rurais, foram resumidos e apresentados por Florêncio Gomes. Dos 185 municípios paulistas, 62 remeteram barbeiros aos institutos sediados na capital e, destes, 29 enviaram insetos portadores do *Trypanosoma cruzi.* As espécies predominantes no estado eram: a *Triatoma infestans* (capturada em 47 municípios), a *Triatoma megista* (caçada em 13 municípios) e a *Triatoma sordida* (apanhada em 11 municípios).[32] Para a melhor apresentação destes dados, um mapa do estado foi confeccionado com a discriminação das localidades fornecedoras dos triatomíneos.

31 MOTA, 2005. Op.cit. p. 53.

32 GOMES, João Florêncio. Triatomas e molestia de Chagas no estado de S. Paulo. *Annaes do Primeiro Congresso Medico Paulista*, São Paulo, 1916, 2. p. 193-214. p. 196.

Distribuição geográfica dos triatomíneos pelo estado de São Paulo, 1916

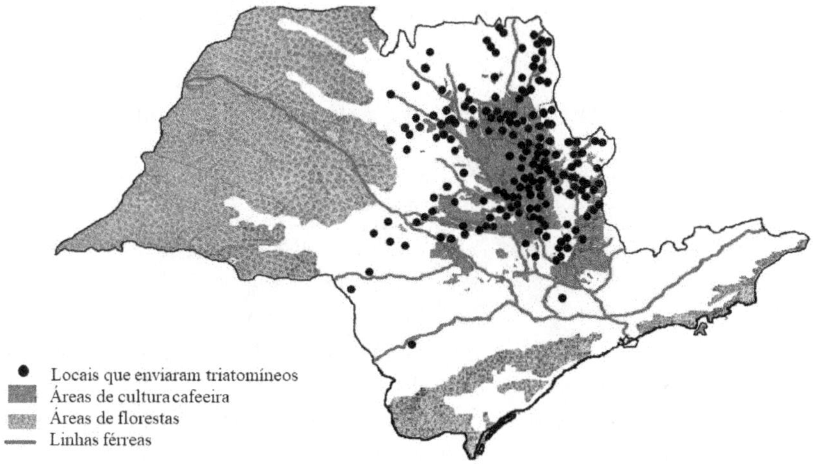

Fonte: Este mapa foi confeccionado a partir dos originais: "Distribuição geográfica das triatomas no estado de S. Paulo" in GOMES, João Florêncio. "Triatomas e moléstia de Chagas no Estado de S. Paulo". *Anais do Primeiro Congresso Medico Paulista*, São Paulo, vol.2. 1916. p. 198. e COMISSION GÉOGRAFIQUE ET GÉOLOGIQUE DE SÃO PAULO. *Carté Générale de L'État de São Paulo*. 1910. Disponível em http://www.novomilenio.inf.br/santos/mapas/mapa230g.jpg. [acesso em 2 dez 2018]

A expansão da lavoura cafeeira pelas regiões oeste, norte e nordeste do estado foi acompanhada progressivamente pela abertura de ferrovias, pela derrubada das matas nativas, pelo extermínio dos indígenas, por conflitos violentos pela posse da terra e pela instalação de fazendas e núcleos urbanos, tais como: Ribeirão Preto, Jaú, Brodowski, Batatais, Cajurú e Espírito Santo do Pinhal.[33] Estes mesmos municípios – produtores de café, a riqueza responsável por praticamente toda a receita obtida pelo estado e sustentáculo da preeminência paulista na economia nacional desde a década de 1880[34] – estavam também infestados por barbeiros. A produção total da safra pau-

33 FERREIRA, Antonio Celso. *A epopeia bandeirante:* letrados, instituições, invenção histórica (1870-1940) [online]. São Paulo: Editora Unesp, 2002.

34 LOVE, Joseph. *A locomotiva: São Paulo na federação brasileira 1889-1937*. Rio de Janeiro: Paz e Terra, 1982.

lista de café de 1914/1915 foi de 36.826.030 arrobas, desta cifra, 26.538.740 arrobas, ou 72% da produção total, provinham de localidades que enviaram barbeiros para a capital. Já os municípios onde foram capturados triatomíneos contaminados responderam por 12.026.680 arrobas ou 37% de toda a safra estadual.[35]

Distribuição dos triatomíneos por municípios paulistas, 1916

<table>
<tr><td colspan="2">Municípios que enviaram triatomíneos infectados pelo Trypanosoma cruzi</td><td>Municípios que enviaram triatomíneos livres de infecção parasitária</td></tr>
<tr><td>Número de triatomíneos infectados</td><td>Localidades</td><td rowspan="6">Agudos, Annapolis, Araraquara, Araras, Barretos, Batatais, Bauru, São João da Bocaina, Brodowski, São João da Boa Vista, Rio Claro, Cravinhos, Jardinópolis, Dois Córregos, Faxina, Monte Alto, Ibitinga, Piratininga, Patrocínio do Sapucaí, Itapira, Jundiaí, Campinas, Porto Ferreira, Ituverava, Matão, Monte Azul, Orlândia, São Carlos, Santa Cruz da Conceição, Taquaritinga, Piraju, Santa Cruz do Rio Pardo e Rio Preto.</td></tr>
<tr><td>De 1 a 3</td><td>Santa Rosa, Igarapava, Jaboticabal, Espírito Santo do Pinhal e Descalvado.</td></tr>
<tr><td>De 4 a 6</td><td>Santa Rita do Passa Quatro, Itápolis e Pirassununga.</td></tr>
<tr><td>De 7 a 9</td><td>Tambaú, Mogi Guaçu e Cajurú.</td></tr>
<tr><td>De 10 a 12</td><td>Mogi-Mirim e Lençóis.</td></tr>
<tr><td>Alguns/ um ou mais</td><td>Casa Branca, Franca, Bebedouro, Leme, Jaú, Ribeirão Preto, Sertãozinho, Mococa, Pitangueiras, Apiaí, São José do Rio Pardo, São Simão, Brotas, Caconde, Serra Azul e Palmeiras.</td></tr>
</table>

Fonte: GOMES, João Florêncio. "Triatomas e moléstia de Chagas no Estado de S. Paulo". *Anais do Primeiro Congresso Medico Paulista*, São Paulo, vol. 2, 1916. p. 202-218

Os rearranjos ambientais e biológicos, provocados pela intervenção humana, proporcionaram condições para a disseminação de doenças como a

35 SECRETARIA DA AGRICULTURA, COMÉRCIO E OBRAS PÚBLICAS. *Boletim da directoria de industria e commercio*. São Paulo: Tipografia Brasil de Rothschild and Comp, nº 6, vol. 10, 1916. p. 454-457.

tripanossomíase ao potencializarem o contato entre humanos, vetores e parasitos. Estes insetos parasitavam originalmente os animais selvagens, mas a derrubada das matas, o plantio da lavoura e a construção das habitações humanas atuaram para destruir ou afugentar parte da fauna preexistente e, com ela, as fontes de alimento dos triatomíneos. As precárias moradias erguidas com o uso do barro, da madeira, do cipó e do sapé, bem como as áreas destinadas à criação de animais, como os galinheiros, formaram espaços propícios aos barbeiros, pois possibilitaram o abrigo durante o dia e o alimento durante a noite, procedente do sangue dos habitantes humanos e de seus animais domésticos. Por sua vez, o transporte destes insetos pelo estado foi intensificado pelo incremento da densidade demográfica e pelo desenvolvimento da malha ferroviária, patrocinados pela cafeicultura paulista:

> A diffusão dessa praga [o barbeiro] se tem feito a custa dos trabalhadores nomades, colonos, etc. que procedem de localidades já infectadas, transportando quase sempre nas vestes e mesmo em pequenos objectos, as larvas do insecto que podem ter as dimensões de um percevejo commum e assim serem facilmente conduzidas.

Os primeiros trabalhos desenvolvidos em São Paulo sobre a distribuição dos triatomíneos ocorreram entre 1912 e 1916, justamente em um momento histórico de inflexão quanto à mão de obra presente no estado como consequência da Primeira Guerra Mundial, pois o conflito contribuiu para a redução do fluxo imigratório para o Brasil e a maior atração que as cidades e as zonas agrícolas pioneiras exerciam sobre os recém-chegados acentuaram o desequilíbrio em relação às áreas rurais mais antigas. Tais fatores colocaram na ordem do dia questões relacionadas ao combate dos problemas sanitários, que flagelavam aquelas localidades, para a plena recuperação dos inúmeros jecas tatus para a agricultura capitalista.

> A malária, as dysenterias, a opilação, a febre typhoide, o trachoma, a ulcera de Baurú, a molestia de Chagas, a lepra, a peste, etc... são problemas sanitarios que estão reclamando solução urgente nas zonas ruraes, crescendo de anno para anno o alastramento desses males evitáveis.

Embora a tripanossomíase americana integrasse o rol das endemias que assolavam o meio rural paulista, era ainda uma doença com diagnóstico difícil, o que tornava sua identificação bastante problemática. A especificidade da doença de Chagas conferia a esta doença uma espécie de "não-lugar", se por um lado era reconhecida como entidade mórbida essencialmente crônica, de quadro clínico polimórfico e disseminada pelos recantos do país, por outro, as dificuldades em localizar o agente patogênico no organismo humano, o *Trypanosoma cruzi* (presente na corrente sanguínea na fase aguda, mas alojado nos tecidos musculares, em especial no cardíaco, na fase crônica) comprometiam a identificação da doença nos enfermos e, com ela, as estatísticas dos infectados e dos eventuais óbitos.

O protagonismo dos institutos paulistas, no mapeamento da distribuição dos triatomíneos e na identificação de casos da doença no estado, não significou a ausência de intercâmbios científicos com o Instituto Oswaldo Cruz. Estes foram substancializados, por exemplo, com o envio de barbeiros capturados em São Paulo para o Rio de Janeiro, mas também pela presença no estado de cientistas da capital federal. Em março de 1918, Eurico Vilella, em colaboração com o médico André Pio, verificou o primeiro caso da forma aguda da doença de Chagas no estado em um menino de 16 meses. A criança vivia em uma choupana infestada de barbeiros a 200 metros da estação da Prata – na Estrada de Ferro Mogiana – em São João da Boa Vista. O caso foi reportado nos jornais paulistas, entre eles o periódico operário *O Combate* que aproveitou para tecer críticas às autoridades sanitárias do estado:

> E´extraordinario! O Serviço Sanitário de S.Paulo, com um colega de Carlos Chagas á frente, com os seus delegados de saúde e seus serviços de prophylaxia não déra pela coisa! E o Instituto do Butantan tam pouco! Foi preciso que um medico do Rio viesse ao nosso Estado, accidentalmente, para proclamar o resultado a que chegou!
>
> Mas, na verdade, nada disso deve causar admiração. O Codigo Sanitario sahiu hontem publicado no "Diario Official". Pois nem um só dos seus 800 artigos refere-se á molestia de Chagas.

Em 1917, Emílio Ribas foi substituído por Arthur Neiva na direção do Serviço Sanitário e, neste mesmo ano, um novo código sanitário foi aprovado para o estado de São Paulo. O documento entrou em vigor em abril de 1918 e, pela primeira vez, parte de suas regulamentações estendiam-se às regiões campestres - pois até então, o mito da vida saudável no campo traduzia-se pela ausência de legislação sanitária naquelas áreas, apesar da existência do tracoma, da malária e da ancilostomíase que mostravam o outro lado da vida campesina. De fato, como destacou o jornal *O Combate*, a doença de Chagas não foi mencionada diretamente em nenhum artigo do novo código sanitário. No entanto, dois de seus artigos (672 e 673) proibiram a utilização do barro no reboco das paredes e do sapé na cobertura dos telhados das moradias.

Considerações finais

Apesar da ausência de uma menção de destaque no código sanitário de 1917, a doença de Chagas atraiu os olhares dos institutos experimentais da capital para os municípios do interior paulista na busca por doentes e por barbeiros infectados, produzindo o estudo mais completo sobre a distribuição geográfica dos triatomíneos realizado no Brasil no início do século XX. Assim reconheceu Arthur Neiva, em 1923, quando se referiu às pesquisas paulistas "continuam sendo as mais importantes existentes quanto ao que se refere ao estudo da distribuição desses hemípteros entre nós". Entretanto, a relevância destes estudos não assumiu uma forma prioritária na agenda de pesquisa dos institutos paulistas e as publicações sobre a doença de Chagas em São Paulo tornaram-se rarefeitas no início dos anos 1920. As razões deste desalento possivelmente relacionaram-se com as críticas levantadas contra o trabalho de Carlos Chagas na Academia Nacional de Medicina no final de 1922 - associadas com a abrangência epidemiológica da doença e com a prioridade da descoberta científica - e com as dificuldades vividas pelos três institutos paulistas: a crise enfrentada pelo Butantan com a debandada de cientistas provocada pela saída de Vital Brazil em junho de 1919; a incorporação do Instituto Pasteur à administração pública em 1916, devido às dificuldades financeiras, e a limitação de suas atividades à elaboração e à aplicação de vacinas antirrábicas em 1919 e a longa agonia do Bacteriológico com a falta de pessoal e de recursos até a transferência de suas funções para o Butantan em 1925.

REFERÊNCIAS BIBLIOGRÁFICAS

ALMEIDA, Marta Carvalho de. *República dos invisíveis:* Emílio Riba, microbiologia e saúde pública em São Paulo (1891-1917). Dissertação (mestrado em História) - Universidade de São Paulo, São Paulo, 1998.

AMARAL, Isabel. "Bactéria ou parasita? A controvérsia sobre a etiologia da doença do sono e a participação portuguesa, 1898-1904", *História, Ciência e Saúde - Manguinhos*, Rio de Janeiro, nº 4, vol. 19, 2012, p. 1275-1300. Disponível em <http://www.scielo.br/pdf/hcsm/v19n4/ahop0512.pdf>. Acesso em 20 out. 2019.

BAYMA, Theodoro. "Moléstia de Carlos Chagas (nota sobre sua verificação parasitológica no homem, em São Paulo)". *Revista Médica de São Paulo*, São Paulo, nº 1, vol. 17, 1914, p. 3.

______. "Um caso de mixedema congênito. Apontamentos sobre a distribuição do 'triatoma' no estado de São Paulo". *Revista Médica de São Paulo*, São Paulo, nº 6, vol. 16, 1913, p. 103-105.

CARINI, Antonio; MACIEL, Jesuíno. "A existência da moléstia de Chagas no estado de São Paulo". *Anais Paulistas de Medicina e Cirurgia*. São Paulo, nº 6, vol. 2, 1914, p. 75-79.

CHAGAS, Carlos. "Moléstia de Chagas. Conferência realizada em 7 de agosto na Academia Nacional de Medicina". *Brazil-Medico*, Rio de Janeiro, nº 37, vol. 25, 1 out., 1911, p. 373-375.

______. "Nova entidade mórbida do homem". *Brazil-Medico*, Rio de Janeiro, nº 43, vol. 24, nov. 15, 1910, p. 423-428.

______. "O mal de Chagas". *Archivo da Sociedade de Medicina e Cirurgia de São Paulo*, São Paulo, nº 9-10, vol. 3, set-out., 1912, p. 34-66.

COMISSION GÉOGRAFIQUE ET GÉOLOGIQUE DE SÃO PAULO. *Carté Générale de L'État de São Paulo*, 1910. Disponível em http://www.novomilenio.inf.br/santos/mapas/mapa230g.jpg. Acesso em 2 dez. 2018.

DELAPORTE, François. *A doença de chagas*. História de uma calamidade continental. Ribeirão Preto: Holos, 2003.

FERREIRA, Antonio Celso. *A epopeia bandeirante:* letrados, instituições, invenção histórica (1870-1940) [online]. São Paulo: Editora Unesp, 2002.

GOMES, João Florêncio. "Triatomas e moléstia de Chagas no Estado de S. Paulo". *Anais do Primeiro Congresso Medico Paulista*, São Paulo, vol. 2, 1916, p. 193-214.

HOCHMAN, Gilberto. *A era do saneamento*. São Paulo: Hucitec, 2006.

IHERING, Rodolpho von. "Como se desenvolve o barbeiro (chupança) e como extirpá-lo?". *Chacaras e Quintaes*, São Paulo, nº 4, vol. 3, abr., 1911.

______. "Percevejos brasileiros hematófagos". *Characas e Quintaes*, São Paulo, nº 2, vol. 3, fev., 1911.

INSTITUTO BUTANTAN. *Chacaras e Quintaes*. São Paulo, n° 3, vol. 14, 1916. Acervo da Biblioteca Mário de Andrade.

______. *Correspondência de 22 de abril de 1917*. Acervo do Instituto Butantan/ Núcleo de documentação.

______. *Instituto Serumtherapico do estado de São Paulo*, São Paulo: Pocai-Weiss, 1914. p. 37. Disponível em: http://docvirt.com/docreader.net/DocReader.aspx?bib=livrossp&pagfis=24355 Acesso em 16. Mar., 2018.

______. *Relatório anual de 1915*. Acervo Butantan/Núcleo de documentação.

KROPF, Simone. "Carlos Chagas e os debates e controvérsias sobre a doença do Brasil (1909-1923)", *História, Ciência e Saúde - Manguinhos*, Rio de Janeiro, n° 1, vol. 16, 2009, p. 23-30. Disponível em <http://www.scielo.br/pdf/hcsm/v16s1/10.pdf>. Acesso em 20 out. 2019.

LOVE, Joseph. *A locomotiva: São Paulo na federação brasileira 1889-1937*. Rio de Janeiro: Paz e Terra, 1982.

MARQUES, Rita de Cássia; MITRE, Sérgio Munir. "Bócio endêmico em Minas Gerais: a pesquisa biomédica na terra dos 'papudos'". In: NASCIMENTO, Dilene; CARVALHO, Diana. (org). *Uma história brasileira das doenças*. Brasília: Paralelo 15, 2004, p. 182-193.

MOTA, André. *Tropeços da medicina bandeirante*. Medicina paulista entre 1892-1920. São Paulo: Edusp, 2005.

______; BADDINI, Cássia Maria. "Dilemas revelados e mito desfeito: Sorocaba e a epidemia de febre amarela na República Velha". In: MOTA, André; MARINHO, Maria Gabriela S.M.C. *Práticas médicas e de saúde nos municípios paulistas:* a história e suas interfaces. São Paulo: FMUSP / CD.G Casa de Soluções e Editora, 2011, p. 153-183.

MOTT, Maria Lúcia; et.al. "A defesa contra o ofidismo de Vital Brazil e a sua contribuição à saúde pública brasileira". *Cadernos de História da Ciência – Instituto Butantan*, São Paulo, nº 2, vol. 7, jul., 2011, p. 98-99. Disponível em <http://periodicos.ses.sp.bvs.br/scielo.php?script=sci_arttext&pid=S1809763420110002000078&lng=pt>. Acesso em: 23 set 2018.

NEIVA, Arthur. "Informações sobre a biologia do Conorhinus megistus Burm". *Memórias do Instituto Oswaldo Cruz*, Rio de Janeiro, nº 2, vol. 2, 1910, p. 206-212. Disponível em <http://www.scielo.br/pdf/mioc/v2n2/tomo02(f2)_206-212.pdf>. Acesso em15 jul. 2019.

______; PINTO, Cesar. "Dos hemipteros hematophagos do norte do Brazil com a descripção de duas novas espécies". *Brazil-Medico*, Rio de Janeiro, n° 9, vol. 37, 1923, p. 73.

O COMBATE, São Paulo, 11 abr. 1918, p. 1. Disponível em <http://memoria.bn.br/DocReader/DocReader.aspx?bib=830453&pesq=molestia%20de%20Chagas&pasta=ano%20191>. Acesso em 02 dez. 2019.

O ESTADO de São Paulo, São Paulo, 05 set., 1912, p. 3. Disponível em <http://acervo.estadao.com.br/pagina/#!/19120905-12316-nac-0003-999-3-not/tela/fullscreen>. Acesso em 02 dez. 2018.

RIBEIRO, Maria Alice. *História sem fim*... inventário da saúde pública. São Paulo: Editora Unesp, 1993.

SÃO PAULO. *Decreto n.2918, de 9 de abril de 1918*. Dá execução ao Código Sanitário do estado de São Paulo. Disponível em <https://www.al.sp.gov.br/repositorio/legislacao/decreto/1918/decreto-2918-09.04.1918.html>. Acesso em 02 dez., 2019.

SECRETARIA DA AGRICULTURA, COMÉRCIO E OBRAS PÚBLICAS. *Boletim da directoria de industria e commercio*. São Paulo: Tipografia Brasil de Rothschild and Comp, n° 6, vol. 10, 1916.

SERVIÇO SANITÁRIO. *Relatório anual de 1914*. Acervo do Arquivo Público do Estado de São Paulo. Fundo Secretaria de Negócios do Interior.

SILVA, Ewerton Luiz Figueiredo Moura; MOTA, André. A doença de Chagas em terras paulistas nos primeiros anos do século XX. In: BENCHIMOL, Jaime; AMARAL, Isabel (Org.). *Medicina e ambiente:* articulação e desafios no passado, presente e futuro. Belo Horizonte: Fino Traço, 2019, p. 110-130.

SILVA, Luiz Jacintho. Desbravamento, agricultura e doença: a doença de chagas no estado de São Paulo. *Cadernos de Saúde Pública*. São Paulo, nº 2, vol. 2, 1986, p. 124-140.

SOCIEDADE DE MEDICINA E CIRURGIA DE SÃO PAULO. *Archivo da Sociedade de Medicina e Cirurgia de São Paulo*, nº 6, vol. 1, nov. 16, 1910, p. 337-338.

______. *Boletim da Sociedade de Medicina e Cirurgia de São Paulo*, nº 4, vol. 2, 1919.

STEPAN, Nancy. *Gênese e evolução da ciência brasileira*. Oswaldo Cruz e a política de investigação científica e médica. Rio de Janeiro: Editora Artenova, 1976.

TEIXEIRA, Luiz Antonio. *Ciência e saúde na terra dos bandeirantes:* a trajetória do instituto Pasteur de São Paulo no período de 1903-1916 [livro eletrônico]. Rio de Janeiro: Fiocruz, 1995.

VILLELA, Eurico. "Fórma aguda da doença de Chagas. Primeira verificação no Estado de S. Paulo". *Brazil-Medico*, Rio de Janeiro, nº 9, vol. 22, 1918.

A questão do câncer no interior paulista: entre a tradição e a cancerologia

Elder Al Kondari Messora[1]

Introdução

Não é nada fácil escrever sobre a história do câncer nos sertões. Na historiografia há uma lacuna saliente, enquanto a coleta de fontes ainda requer um garimpo minucioso e engajado por parte dos historiadores. Esse texto faz parte de um esforço inaugural, um pouco acanhado, mas necessário para se construir um primeiro chão de reflexão historiográfica sobre os significados do câncer no sertão paulista.

Nosso itinerário daqui em diante assume São Paulo como recorte geográfico. Cronologicamente daremos início em fins do século XVII, com a descoberta de uma lagoa mágica e seguiremos até o ano de 1920, quando será proposto a fundação do Instituto do Radium de São Paulo.

Todo texto estará divido em três partes. Na primeira, intitulada "O lugar da magia" busco demonstrar como desde o século XVIII existiam medidas terapêuticas contra o câncer que eram aplicadas sobre os doentes, e se elas estiveram associadas a "medicina erudita"[2] da época de alguma maneira, essa

1 Historiador, doutorando do Departamento de Medicina Preventiva da Faculdade de Medicina da Universidade de São Paulo, Bolsista Capes. E-mail: elder.m@fm.usp.br.

2 Optamos pelo termo "medicina erudita" para se referir as práticas médicas aceitas por autoridades oficiais. Trata-se das práticas aprendidas nas escolas de Medicina e que se diferenciavam das práticas populares de cura. Essa diferenciação é mais

mesma medicina, por sua vez, estava inteiramente relacionada com a magia e o mistério características dessas regiões. A segunda parte leva o título de "Ausência de câncer, ausência de progresso" e, nela, utilizo de alguns dados numéricos sobre a incidência dos tumores malignos em cidades do interior paulista para constatar, curiosamente, como a ausência dessa moléstia estava associada ao atraso nas condições de vida dos caboclos interioranos. Por fim, em "Socorro à metrópole", apresento um quadro onde a elite médica paulistana, acompanhada paralelamente pelo desenvolvimento da cancerologia, busca desenvolver um instituto próprio para o tratamento do câncer que, por requerer tecnologias caríssimas, solicitam ajuda para as câmaras municipais das cidades do interior ao defender que o combate contra o câncer era, agora, uma luta de todo povo paulista.

O lugar da magia

Em fins do século XVII, quando chegou a Salvador a notícia de que fora encontrado um ouro escuro e meio fosco no córrego do Tripuí – termo indígena para se referir a "águas de fundo sujo" – o governador-geral, João de Lencastro, imediatamente escreveu para o rei de Portugal para alertá-lo sobre a descoberta.

Essas notícias que chegaram à capital do Império ultramarino foram produzidas pelos habitantes da vila de São Paulo de Piratininga, que haviam avançado pelo interior do continente em busca do chamado "ouro vermelho", termo cunhado por Padre Vieira para se referir ao sangue dos nativos capturados e escravizados por esses exploradores.[3] O curioso é que eles acabaram encontrando muito mais do que o que buscavam – e não me refiro ao ouro miúdo em forma de pedrinhas faiscantes que estavam espalhadas pelo leito dos rios. Não. Interessa-nos as notícias do descobrimento daquela que ficou conhecida como a "Prodigiosa Lagoa Grande", que se encontrava na Comarca do Rio das Velhas, na Capitania de São Paulo e Minas de Ouro (Figura 1).

---

explorada por CARVALHO, Antonio Carlos Duarte de. *Feiticeiros, burlões e mistificadores:* criminalidade e mudança das práticas populares de saúde em São Paulo, 1950-1980. São Paulo: Editora Unesp, 2005. p. 16.

3 SCHWARCZ, Lilia Moritz; STARLING, Heloisa Murgel. *Brasil:* uma biografia. São Paulo: Companhia das Letras, 2015.

As virtuosas águas dessa lagoa eram dotadas de qualidades mágicas, capazes de curar "várias pessoas dos achaques". Uma testemunha ocular teria dito que se tratava de uma líquido tão cristalino que era possível ver, apesar dos trinta e cinco palmos de profundidade, o seu fundo rochoso. Segundo o observador, nem sangue nem sabão uniam-se às águas que mais lembravam uma "vidraça transparente". Diferentemente de outras lagoas, nela não se via aves, tampouco mosquitos ou moscas em suas margens.

Muitas pessoas a visitavam para tratar suas moléstias. Banhavam-se nela e viam-se, pouco tempo depois, totalmente curadas daquilo que as incomodava. Uma dessas chamava-se Luzia, escrava de Lourenço Ribeiro. A mulher já havia sido examinada pelo doutor Antônio Cialle e diagnosticada com câncer "nas partes pudendas". Banhou-se no rio e suas queixas diminuíram, pouco tempo depois estava "quase sã".

Figura 1 – "Prodigiosa lagoa descoberta nas Congonhas das Minas do Sabará, que tem curado a várias pessoas dos achaques, que nesta Relação se expõem", 1749

Essa história se repete também com outras doenças, mas o cancro é figura recorrente. Também Antônio, homem pardo, via-se acometido por um tumor em um dos olhos. Foram três dias de banhos para que ele conhecesse a melhora. A explicação médica para o fenômeno, após as "experiências químicas, que manda a Arte, e recomendam os autores", estava no fato daquelas águas conterem dois minerais importantíssimos: o vitriolo e o aço. Combinação poderosa contra queixas cutâneas, lepras, verrugas e tumores.

Posteriormente foi a vez do sobrinho do Padre Manoel Nunes Neto, o capelão de Nossa Senhora da Soledade do Sabará, visitar a Lagoa Grande. O pobre coitado sofria com um câncer no lábio superior, que já alcançava as cartilagens do nariz. Seu caso era grave e por isso foram necessários dois meses de banhos frequentes, mas que ainda assim foram insuficientes. Os médicos que o atendiam, então, disseram-lhe que o intenso frio da estação impedia que seus machucados cicatrizassem e solicitaram que ele voltasse em outra época do ano. Infelizmente, não houve registro do seu retorno.

Apesar desse último caso, os enfermos não deixaram de buscar a Lagoa, considerada um dos "maiores tesouros, que a Divina Providência permitiu a toda esta América", e interessa-nos perceber que não eram apenas os boatos ou a efetividade de sua água milagrosa que lhe garantiam a fama, mas a incapacidade de a Medicina lidar com os tumores malignos também alimentava a angústia da população e a mobilizava por alternativas.

No século XVIII o câncer era percebido como um desequilíbrio humoral ou mesmo um acidente. A opinião geral era de que se tratava de uma doença fatal e que o melhor a fazer seria não "irritá-la" – concepção que não demoraria ser subvertida para a ideia de que quanto antes extraí-la, melhor. Mas essa segunda opção vinha acompanhada de um doloroso tributo físico (e financeiro) que deveria ser pago pelo paciente ao cirurgião, sem que o segundo pudesse oferecer qualquer garantia de cura. Para piorar, há que se destacar, médicos eram figuras raríssimas na colônia, e poucos eram os farmacêuticos ou boticários.

Tudo isso favorecia para que àqueles acometidos por câncer se sentissem sozinhos diante do infortúnio que o azar (ou o pecado) lhe causara. Assim, o anseio pela morte era comum, haja vista a assombração dessa possibilidade se manifestar em lancinantes dores locais, com ou sem tratamento médico. Restava aos enfermos a entrega esperançosa aos milagres ou a magia, de modo que àqueles que assumiam o protagonismo no combate à doença distante da "civilização", eram místicos e religiosos que sugeriam locais sagrados, rituais, mezinhas ou mesmo recursos indígenas para dar cabo da doença.

Com efeito, os pajés ameríndios conheciam as virtudes de muitas ervas e raízes, além de serem versados no preparo de rituais e magia. Dizia-se que esses pajés chupavam as partes ulceradas e doloridas do corpo adoecido e sopravam fumaça de tabaco sobre as feridas dos doentes, alcançando resultados surpreendentes. Também fazia parte do processo aplicar massagens e fricções, assim como promover ameaças por meio de cantos capazes de afugentar os espíritos causadores de moléstias.[4]

Em uma das epístolas elaboradas pelo jesuíta espanhol José de Anchieta (1534-1597), considerado um dos fundadores da vila de São Paulo de Piratininga, está descrito importantes aspectos das relações entre os jesuítas e os indígenas, assim como um curioso relato sobre como os segundos tratavam o câncer.

> Os índios facilmente curam o cancro (cuja cura é noutro lugar tão difícil). Eles chamam essa doença com o mesmo nome que nós, no entanto curam-na. Aquecem ao lume um bocado bem amassado de argila, daquela com que fazem as vasilhas, e aplicam-no quente, tanto quanto a carne o pode suportar, nos braços do cancro, que paulatinamente morrem; e repetem isto muitas vezes, até que, enfraquecidas as pernas e o corpo, ele se desagrega e cai por si. Recentemente isto mesmo foi comprovado ao ser experimentado numa certa escrava de portugueses (que padecia desta doença).[5]

Sobre essa terapêutica perpetrada pelos indígenas e divulgada por Anchieta, o versado Diogo Toledo Lara Ordonhez, nascido em São Paulo em 1756 e futuro deputado eleito pela Província paulista no recém fundado império brasileiro, clamava aos céus para que "Oxalá tivesse sido tão grande a eficácia desse tratamento! Seria uma preciosa descoberta para a humanidade", mas segundo ele era aos "médicos e cirurgiões de espírito filantrópico [que]

4 MIRANDA, Carlos Alberto Cunha. *A arte de curar nos tempos da colônia:* limites e espaços da cura. Recife: Ed. Universitária da UFPE, 2017.

5 Traduções realizadas por João Guimarães. O original pode ser visto em Anchieta (1799. p. 12).

compete esse esforço". Entretanto, ele mesmo havia presenciado doentes atacados de úlceras "serem totalmente curados por cataplasmas compostos simplesmente de água e farinha de painço",[6] o que se tratava de um modo de curar o câncer similar ao recordado pelo jesuíta.

Temos, portanto, que os tratamentos eram heterogêneos. Isso ocorria justamente porque os seus fundamentos não residiam em protocolos padronizados ou eram formalizados por um grupo fechado de especialistas. Afinal, o que havia de precisamente formulado a respeito do câncer? Da antiguidade até a primeira metade do século XX, suas permanências referiam-se a sua nomenclatura e sua impossibilidade de cura. Fora isso, o que existia especialmente por parte do paciente era o medo da morte iminente, a esperança em alguma melhoria e a incerteza sobre seu próprio futuro. Isso era o câncer antes mesmo de estar localizado na topografia física do sujeito, e era em meio ao excesso de sentimentos individuais e vácuo etiológico que propostas terapêuticas eram formuladas.

Mesmo os médicos – os poucos existentes na colônia até o primeiro quarteto do século XIX –, carentes de ingredientes curativos, se apropriavam do receituário indígena ou africano, e utilizavam daquilo que o meio possibilitava para tratar seus pacientes, como a pólvora, o enxofre e até fluídos de animais.[7] Diogo Toledo nos informa que presenciou alguns pacientes já ulcerados serem tratados "com materiais quentes à guisa de cautério", resultando em um tratamento doloroso e ineficiente em comparação com a proposta indígena. O que explicaria, por exemplo, os motivos que levaram alguns médicos a estudarem as propriedades da Lagoa Grande, bem como sugerir que seus pacientes se banhassem nela.

Entretanto, em meados do século XIX, a cancerologia começou a se desenvolver gradativamente no continente europeu, enquanto na capital paulista seus apregoadores buscavam proeminência a partir do primeiro quarteto do século XX.[8] Junto desse esforço se construía uma concepção própria – "oficial" – do que

---

6 ANCHIETA, Josephi de. *Epistola quamplurimarum rerum naturalium quae S. Vicentii (nunc S. Pauli) provinciam*. Olisipone. Typis Academiae, 1799. p. 38.

7 Sobre as características da chamada "medicina colonial", ver RIBEIRO, Márcia Moisés. *A ciência dos trópicos:* a arte médica no Brasil do século XVIII. São Paulo: HUCITEC, 1997.

8 MESSORA, Elder Al Kondari. *A construção de um novo mal:* representações do câncer em são Paulo, 1892-1953. Dissertação (mestrado). Faculdade de Medicina da Universidade de São Paulo. Programa de Medicina Preventiva. São Paulo, 2017.

seria o câncer, e a força dessa representação requestaria a "universalidade", rechaçando toda e qualquer alternativa de tratamento para a doença. Curiosamente, a epidemiologia do câncer e os elementos simbólicos que fundamentavam suas representações se tornariam indicadores de avanço civilizacional em oposição a ideia de "sertão",[9] ponto que será abordado no tópico a seguir.

Ausência de câncer, ausência de progresso

Em 1898, o jornal Correio do Sertão anunciava a abertura de uma "Clinica hydroterapica" na cidade de Jaboticabal. Seus métodos eram impressionantes e a empresa se oferecia abertamente aos clientes nos seguintes termos: "Cura todas a moléstias incuráveis, [..] inclusive o cancro e as paralisias".[10]

Não era um anúncio comum. Poucos médicos ou farmacêutico nas cidades do interior paulista se ofereciam para tratar de tumores malignos. O que existia era um ou outro liberal tentando ganhar a vida, porque mais do que o câncer, era a febre amarela a verdadeira questão de saúde nessas regiões. Isso se dava porque essa epidemia emergia como um obstáculo para a política de imigração de massas que subsidiava a vinda de trabalhadores estrangeiros. A ideia era que boa parte fosse absorvida pelas fazendas de café,[11] mas o grande número de incidências de febre amarela fazia com que líderes políticos de outros países impedissem a vinda de seus cidadãos ao Brasil. Portanto, a preocupação com a saúde da população – isto é, a concepção de saúde pública da época – estava atrelada aos interesses econômicos dos cafeicultores.

Bem ambiciosos, foi justamente graças a lavoura cafeeira que a economia paulista sofreu uma extraordinária reviravolta e que o chamado "Alto Sertão"[12]

9 "Para os letrados sejam de ciências ou de literatura, essa região era enigmática, poderia aludir ao espaço do mítico, do misterioso e do diferente". Mais informações em MOI, Cláudia. *Explorações do olhar:* ciência e arte nas fotografias da Comissão Geográfica e Geológica de São Paulo. Dissertação (mestrado). Universidade Estadual de Campinas; Instituto de Artes. Campinas, São Paulo, 2005. p. 53.

10 Jornal *LAVOURA E COMMERCIO*, 24 de março de 1900.

11 RIBEIRO, Maria Alice R. *História sem Fim...* Inventário da Saúde Pública, 1880-1930. Tese (doutorado). Universidade Estadual de Campinas. Instituto de Economia. São Paulo, 1993. p. 15-20.

12 "Alto Sertão" ou Oeste Paulista abrange áreas de terra que hoje vão de Campinas à Rio Claro, São Carlos, Araraquara, Catanduva, Piraçununga, Casa Branca e Ribeirão Preto.

foi explorado. Até o último quarteto do século XIX, São Paulo era tida como uma província "acanhada, interiorana, isolada", ocupada por gente "atrasada" e agarrada a "costumes antigos",[13] mas quando o café se tornou um dos principais produtos de exportação do Brasil, não apenas a capital se desenvolveu como ocorreu um certo deslocamento demográfico para o interior. Com as lavouras ocorreu o mesmo, do Vale do Paraíba até o Oeste Paulista, por conta da terra roxa que favorecia a plantação.

Essa expansão deu origem a um grupo com poder econômico suficiente para disputar com outras oligarquias o domínio político do país. Tratava-se dos "novos bandeirantes",[14] fazendeiros para quem os rincões do interior nada mais eram do que lacunas territoriais hora desabitada, hora ocupada por "indígenas ferozes" que deveriam ser acossados em nome da irredutível égide do progresso e do "ouro verde".[15] Entretanto, a febre amarela aparecia como um obstáculo para o bom decorrer de todo esse desenvolvimento, assim como seria pouco depois o tracoma e a ancilostomíase, por isso ela precisava ser enfrentada.

Então não havia espaço para o câncer. Não ainda. Em termos epidemiológicos, seu acometimento sobre a população era irrisório e, consequentemente, não representava um entrave econômico para os grandes fazendeiros, exceto em casos muito específicos, como informava um manual para melhoria da economia rural do começo do século, que dizia ser importante cuidar do cancro... nos vegetais, para que as plantações não fossem arruinadas. Segundo o autor, assim como o cancro que acometia os seres humanos, nas plantas ele também pode-

13 MOI, 2005. Op.cit. p. 53.

14 Os "novos" bandeirantes foram personagens resgatados de uma memória rude e bruta reputada pelos jesuítas para se tornarem o verdadeiro "mito paulista", ganhando nova roupagem publicitária nos primeiros anos da República. Essa representação asseguraria aos paulistas (brancos e civilizados) as mesmas qualidades atribuídas aos bandeirantes: "desbravadores do sertão", "valentes", "empreendedores" e "laboriosos". ABUD, Kátia Maria. *O sangue intimorato e as nobilíssimas tradições:* a construção de um símbolo paulista: o bandeirante. Tese (doutorado). Departamento de História da Universidade de São Paulo, 1985.

15 BEIER, José Rogério e MARHTIN, Daniel. *Aspectos da representação do território paulista em sua cartografia impressa:* uma análise carto bibliográfica (1833-1932), Confins [online], 34, 2018.

ria ser identificado pelo humor corrosivo que esvaia das feridas, bem como ser curável ou incurável, dependendo da mão habilidosa que o extirpar.[16]

No que se refere as pessoas doentes, hora ou outra alguém fazia algum alarde, como no jornal Lavoura e Commercio (24 de março de 1900), que no artigo intitulado "Um perigo" estava descrito o caso de um rapaz que comprou um selo para que fosse aplicado em uma carta e, ao umedecê-lo com a língua, começou a sentir dores na boca que nenhum remédio foi capaz de aliviar. Pouco tempo depois, quando a "tenacidade do mal fê-lo recorrer à ciência", o pobre sujeito terminou diagnosticado com cancro. Outro caso está na publicação O Criador Paulista, periódico voltado aos pecuaristas, que dizia que "certos higienistas pensam mesmo que o rato é um grande disseminador do câncer".[17] Então era isso, o câncer não passava de causos que alimentavam eventualmente os jornais e o imaginário social.

A mudança sobre essa perspectiva se daria primeiro na capital antes de se irradiar pelo sertão, o que ocorreria apenas a partir de 1920. Em termos simbólicos, vale destacar que o câncer era chamado de "doença da civilização", locução que se generalizou no país quando o médico Alcindo de Azevedo Sodré publicou na revista especializada Brasil Médico (1904) um estudo sobre a incidência do câncer no Brasil, deixando claro as dificuldades de se obterem dados estatísticos sobre a doença – já que não havia registros oficiais fora das capitais – e que os poucos casos existentes se davam porque o país era atrasado.[18]

Entretanto, como a capital paulista deslanchava economicamente graças ao café, a imigração, e todo aparato institucional que se consolidava, seus administradores a posicionaram como baluarte de iniciativas modernizadoras e, frente a isso, o médico Olympio Portugal refez os estudos de Sodré em 1910, tendo como recorte o Estado de São Paulo. Em sua pesquisa, o médico paulista chegou numa conclusão diferente de seu predecessor: se para o resto do Brasil

16 VELLOSO, José Mariano da Conceição. O Fazendeiro do Brazil, cultivador, melhorado na economia rural dos gêneros já cultivados, e de outros, que se podem introduzir; e nas fabricas, que lhe são próprias, segundo o melhor, que se tem escrito a este assumpto, 1806. p. 251-252.

17 Periódico *O Criador Paulista*, 1928. p. 116.

18 TEIXEIRA, Luiz Antonio; FONSECA, Cristina M. *De doença desconhecida a problema de saúde pública:* o INCA e o controle do câncer no Brasil. 1. Ed. Rio de Janeiro, 2007. p. 27.

o câncer não era um problema, em São Paulo, "o que apuram as estatísticas, sem face à dúvida, é a curva ascensional da cancerose". Assim, parecia lógico que deveriam ser os paulistas e, mais especificamente, a "medicina bandeirante",[19] aquela encarregada de lidar com a "doença da civilização".

A publicação de Olympio Portugal, que em seguida foi divulgada também no jornal O Estado de S. Paulo, alçou a doença para um patamar de consideração até então inexistente. Os anuários estatísticos demográficos do Estado de São Paulo, elaborados por um órgão submetido ao Serviço Sanitário,[20] começaram a apresentar além das tabelas numéricas, capítulos dedicados ao "Câncer e outros tumores malignos"; enquanto na Faculdade de Medicina e Cirurgia de São Paulo, inaugurada em 1913, o primeiro estudo a respeito da moléstia data de 1919,[21] isto é, mesmo ano de formação da primeira turma de médicos. Veríamos se formar nesse processo uma comunidade de especialistas que, autodenominados "cancerologistas", reforçariam o monopólio de atendimento aos ditos "cancerosos".[22]

Contudo, a estatística referente aos tumores malignos no interior de São Paulo ainda "deixava muito a desejar". Ao menos era o que afirmava o diretor da Seção de Estatística Demógrafo-Sanitária, Dr. Jaime Serva, em 1906. Em sua análise,[23] isso era culpa da irregularidade com que os cartórios enviavam seus dados ao Serviço Sanitário,[24] mas não só. Com efeito, a baixa incidência de câncer no sertão também refletia, segundo a concepção médica do período, o atraso nas condições de vida dos caboclos interioranos.

19 MOTA, André. *Tropeços da Medicina Bandeirante:* Medicina Paulista entre 1892-1920. São Paulo: EDUSP, 2005. p. 47.

20 O Serviço Sanitário do Estado de São Paulo surgiu em 1892, subordinado à Secretaria de Estado do Interior. Essa instituição era responsável pelas crises epidêmicas e sua principal instância era a Diretoria de Higiene (que seria renomeada Diretoria do Serviço Sanitário), encarregada pelo cumprimento das posturas e normas sanitárias no interior e na capital.

21 COMPARATO, S. *Electro-coagulação no tratamento dos tumores accessiveis...*, 1919.

22 BERTOLLI FILHO, Cláudio. Representações sociais do câncer e dos cancerosos em São Paulo: 1900-1950. *Salusvita*, Bauru, vol. 21, n. 2, 2002. p. 86.

23 Disponível no Relatório da Secretaria do Interior para o ano de 1905 e 1906.

24 RIBEIRO, 1993. Op.cit. p. 36.

Assim, também do ponto de vista da saúde, construía-se um "sertão" definido como contraponto ao mundo dos "civilizados". Se nas construções discursivas dos homens letrados de São Paulo emergiram contrastes dicotômicos que faziam referências ao interior e a capital, ao arcaico e o moderno, ao caipira e o civilizado,[25] sob a perspectiva médica essa mesma oposição se daria entre àqueles que padeciam de endemias rurais – indicador de "atraso sanitário" – e os que sofriam com câncer.

Restava aos órgãos de saúde pública alcançarem essa região, erradicando parte das moléstias endêmicas, higienizando os ambientes insalubres e reabilitando o caboclo interiorano. Era essa, pois, a função da "medicina bandeirante": regenerar o filho paulista pela eliminação das doenças – compreendidas como sinônimo de distúrbios biológicos, mas também de preguiça, falta de higiene, maus hábitos ou costumes inadequados. Assim, implementava-se medidas de saneamento básico, iluminação e combate a epidemias, tudo sob a mediação dos trilhos ferroviários que interligavam as fazendas de café aos portos litorâneos e o sertão à capital.

Mas se, por um lado, o câncer estava incluso nesse ideário, por outro, nunca chegou a ser foco de combate direto nessas regiões, mesmo com o aumento de suas cifras, conforme nos mostram as tabelas referentes as cidades de Campinas, Ribeirão Preto, São Carlos e capital (disponíveis na página seguinte). Desse modo, restava aos doentes buscarem por tratamentos nos poucos consultórios médicos ou farmácias que se dispunham a lidar com tumores malignos. Busca que geralmente levava à instituições e figuras de nome ou título duvidoso, como era o caso do "Dr." José Lassala y Mercader, que se dizia formado no exterior e vendia seus serviços para atender pacientes com câncer e sífilis, indo à casa do doente nos arredores de Campinas. Seu tratamento era apenas homeopático, baseado em chás e elixires.[26] Também existia a já citada Clinica hydroterapica de Jaboticabal, ou do farmacêutico João R. de Escobar, que dizia garantir curas infalíveis contra o câncer por meio de remédios caseiros, elaborados com "misteriosas ervas, raízes e cascas", entre outras substâncias ilegíveis no seu anúncio.[27]

25 MOTA, 2005. Op. cit. p. 55.

26 Jornal *O Estado de S. Paulo*, 11 de dezembro de 1875.

27 Jornal *Correio de Campinas*, 2 de maio de 1888.

SÃO CARLOS				RIBEIRÃO PRETO				CAMPINAS				CAPITAL			
Ano	*População*	*Óbitos gerais*	*Óbitos câncer*	*Ano*	*População*	*Óbitos gerais*	*Óbitos câncer*	*Ano*	*População*	*Óbitos gerais*	*Óbitos câncer*	*Ano*	*População*	*Óbitos gerais*	*Óbitos câncer*
1894	-	-	-	1894	-	-	-	1894	-	-	-	1894	150.000	4.214	19
1895	-	-	-	1895	-	-	-	1895	-	1.757	12	1895	170.000	5.191	29
1896	-	-	-	1896	-	1.724	8	1896	-	2.600	7	1896	200.000	5.799	61
1897	-	-	-	1897	-	950	2	1897	-	1.904	11	1897	230.000	5.237	51
1898	-	-	-	1898	-	865	8	1898	-	1.577	7	1898	260.000	5.083	57
1899	-	-	-	1899	-	877	5	1899	-	1.480	16	1899	260.000	4.279	48
1900	-	-	6	1900	-	888	2	1900	-	1.456	11	1900	260.000	4.108	52
1901	-	-	8	1901	-	807	6	1901	-	1.736	11	1901	286.000	4.514	66
1902	-	-	8	1902	-	1.234	12	1902	-	1.782	12	1902	286.000	5.199	68
1903	-	-	4	1903	-	1.081	3	1903	-	1.569	10	1903	286.000	4.604	84
1904	-	-	7	1904	-	820	9	1904	-	1.537	21	1904	286.000	4.922	100
1905	-	-	8	1905	-	980	6	1905	-	1.648	16	1905	286.000	4.852	89
1906	-	-	8	1906	-	1.064	7	1906	-	1.733	19	1906	286.000	5.406	80
1907	-	-	5	1907	-	886	7	1907	-	1.815	22	1907	300.000	5.129	128
1908	-	-	7	1908	-	868	13	1908	-	1.840	20	1908	300.000	5.760	143
1909	-	-	10	1909	-	744	22	1909	-	1.694	28	1909	300.000	5.757	117
1910	-	-	-	1910	-	996	15	1910	-	1.679	30	1910	314.000	6.246	153
1911	-	-	-	1911	-	879	19	1911	-	1.776	38	1911	358.000	6.933	156
1912	-	-	11	1912	-	1.135	13	1912	-	1.840	25	1912	400.000	9.858	200
1913	-	-	9	1913	60.000	1.123	24	1913	100.000	1.865	25	1913	480.000	9.301	201
1914	-	-	12	1914	60.000	1.199	17	1914	100.000	1.877	36	1914	485.000	8.491	197
1915	-	-	9	1915	60.000	968	20	1915	100.000	1.687	26	1915	500.000	7.621	255
1916	-	-	10	1916	54.839	1.062	22	1916	99.376	1.842	39	1916	584.901	8.176	272
1917	-	-	12	1917	54.839	1.104	31	1917	89.746	2.160	46	1917	470.872	7.908	280
1918	-	-	10	1918	56.000	1.126	15	1918	105.160	2.054	48	1918	528.295	14.811	286
1919	46.000	-	13	1919	59.000	1.043	28	1919	103.744	1.971	41	1919	528.295	9.985	288
1920	45.200	-	11	1920	62.600	1.101	34	1920	105.000	2.176	34	1920	581.435	10.565	308
1921	55.592	-	10	1921	70.384	1.308	22	1921	118.377	2.091	36	1921	590.453	11.252	337
1922	56.764	-	9	1922	71.663	1.203	25	1922	120.757	1.876	51	1922	637.823	11.473	346
1923	-	-	-	1923	69.983	1.233	25	1923	150.304	2.943	53	1923	741.326	12.292	355

Percebemos que os dados[28] referentes a capital estão mais completos nessas tabelas, diferentemente dos casos de Campinas, São Carlos e Ribeirão Preto.[29] Curiosamente, o crescimento do câncer se dava completamente alheio às melhorias sanitárias que eram introduzidas no meio, seja na capital ou nas cidades do Oeste Paulista. O número de mortes era módico, mas sua escalada impassível. Cenário que levou alguns médicos a conjecturar, em meados da década de 1920, que havia pouca incidência de câncer na região, não pela ausência de progresso (que os dirigentes paulistas e a medicina bandeirante haviam se encarregado de promover), mas devido subnotificações. A verdade, argumentavam, era que existia uma "enorme quantidade de charlatanismo e de incompetência de numerosos médicos que fecham os olhos ante a gravidade do mal".[30] Portanto, lidar com o câncer nos sertões seria antes lidar com médicos ignorantes e curandeiros de toda estirpe, e só assim os registros civis do interior forneceriam dados precisos para se "aspirar o mínimo alcance nosológico"[31] e levar "o interior e sua capital ao paraíso da higiene e da elevação da raça paulista".[32]

Socorro à metrópole

Entre as funções da Diretoria de Higiene, que fazia parte do Serviço Sanitário, estava a de fiscalização do exercício profissional da medicina e da farmácia. Segundo determinação do órgão, era obrigatório o título conferido ou reconhecido por faculdade de medicina brasileira para seus praticantes. Assim, o

---

28 Os números referentes a São Carlos foram retirados do *Annuario Demographico de 1922* (vol. II), enquanto os outros estão presentes no *Annuario Demographico de 1923* (vol. I).

29 Há muita incoerência nas tabelas da Seção de Estatística Demógrafo-Sanitária, especialmente no que diz respeito ao número da população. Ainda assim, apesar da repetição da quantidade populacional ano após ano, o número de óbitos por câncer aumentava, favorecendo retoricamente aos defensores da cancerologia no processo de construção do câncer como uma questão de saúde pública, especialmente na capital.

30 FABBRI, Honório. *O problema hygienico do cancer.* These Doutoral, Faculdade de Medicina de São Paulo, 1929. p. 101

31 PORTUGAL, Olympio. O problema do câncer. *O Brazil-Médico: Revista Semanal de Medicina e Cirurgia*, ano XXIV, nº 4, 22 de janeiro de 1910. p. 43.

32 MOTA, 2005. Op.cit. p. 43.

tratamento não poderia ser proposto por qualquer um, mesmo nos casos de uma doença de etiologia desconhecida e de tratamento ineficaz, como era o câncer.

Em médio prazo, esse processo desencadeou uma mudança cultural significativa, porque os curandeiros passariam a ser procurados quase que exclusivamente apenas nos casos em que o doente não tinha qualquer possibilidade cura. A "medicina erudita" ganhou prioridade no tratamento sobre qualquer tipo de doença, mas no particular caso do câncer, essa "possibilidade de cura" sequer existia, por mais que os cancerologistas informassem que o diagnóstico precoce garantiria maiores chances de sobrevida. O que não valia muito, já que os esculápios não conseguiam realizar esse reconhecimento de antemão.

Por isso os clínicos da Faculdade de Medicina e Cirurgia defendiam que "cursos especializados de cancerologia" seriam vantajosos porque fariam "o médico mais apto a estabelecer o diagnóstico precoce do terrível flagelo e, ao mesmo tempo, o instruiria sobre o tratamento mais eficaz que deveria empregar".[33] Entretanto, antes disso se efetivar, é claro que àqueles que estavam doentes tomavam atitudes perante sua enfermidade, buscando tratamento e compreensão junto daqueles que obravam na esfera sobrenatural, mesmo ilegalmente. Frente a essa disputa, que também era mercadológica, ocorreu a incorporação, pela medicina erudita, de muitos daqueles procedimentos de cura tradicionalmente utilizados pela população. Movimento que fez parte do processo de consolidação da cancerologia sobre as práticas populares de cura.[34]

Com efeito, havia muitos tipos de cancros. Alguns poderiam ser curados com pranchetas cobertas de ceroto mercurial ou pomadas com calomelano, mas outros não requereriam mais do que banhos aromáticos com vinho. Em casos de muita dor, sobre o tumor deveria ser aplicada uma solução concentrada de ópio. Se após a cicatrização da úlcera o tumor permanecesse endurecido, dever-se-ia recorrer ao mercúrio – mas com atenção, apenas no caso de cancros fagedênicos endurecido, porque em outros casos o metal líquido poderia ser fatal. Noutras circunstâncias a sangria era recomendada, assim como vômitos e purgantes. Ao menos eram essas as instruções contidas no livro *O médico e o cirurgião da roça* (1847), que ensinava uma série de medidas terapêuticas contra o câncer que poderiam ser efetuadas em casa. Preparar

33 FABBRI, 1929. Op.cit.

34 CARVALHO, 2005. Op.cit. p. 18.

unguento digestivo para ser aplicado sobre cancros corrosivos, ou selecionar plantas, como a cicuta ou beladona, para o mesmo empreendimento, está entre suas páginas. Nos casos mais graves de câncer, o livro sugere o uso de venenos enérgicos, como arsênico.

Essas terapêuticas foram reproduzidas também no século XX. Em 1922, o médico francês, André Vergley, que atuava na cidade de Jaú, sugeria aos esculápios brasileiros justamente o uso de composições arsenicais para o tratamento de tumores malignos, enquanto outros doutores serviam-se de sulfato de cobre diluído. Injeções de cálcio, magnésio e a "oxigenação" dos tecidos também estiveram entre suas práticas, numa sequência mirabolante de tentativas e erros experimentais sem qualquer acompanhamento póstumo dos pacientes.[35]

O livro *Prática elementar da homeopatia para qualquer pessoa estranha completamente à medicina* (1866) sugeria abstinência sexual, moderação nos prazeres e tratamento homeopático seguido com perseverança. Além disso, para qualquer afecção carcinomatosa, valeria o uso de medicamentos indígenas, e João R. de Escobar, o farmacêutico de Campinas que prometia curas infalíveis contra os tumores malignos, concordava plenamente quando utilizava de ervas misteriosas em sua terapêutica.

Fato é que entre a descoberta da Grande Lagoa e as promessas de cura de Escobar, temos um processo de longa duração que diz respeito a crença inveterada na eficácia da magia. Antes do Estado se tornar um poderoso gestor da saúde – e em São Paulo, esse processo se daria a partir de 1892, com o surgimento do Serviço Sanitário –, eram as famílias que cuidavam dos sujeitos enfermos. Não por acaso, orações e ervas aromáticas, ou mesmo feiticeiros, burlões e mistificadores[36] de toda espécie faziam parte dos recursos disponíveis pela gestão privada e passional dos sujeitos enfermos e seus familiares. Mas isso estaria prestes a mudar.

A partir de 1910, o que muitos praticantes dessa medicina erudita passaram a fazer contra a doença era incentivar o uso de procedimentos radioterápicos. Uma série aparelhos de raios-X chegaram em São Paulo nesse período, especialmente na capital. Quem acompanhou esse processo foi o

35 BERTOLLI FILHO, Cláudio. Op.cit. p. 85.

36 CARVALHO, 2005. Op.cit.

médico Arnaldo Vieira de Carvalho, então diretor da Faculdade de Medicina e Cirurgia de São Paulo, que atento ao tratamento por meio de radium que ocorria na Europa, passou ele mesmo a defender "a ideia de tomarmos a iniciativa da fundação do instituto de rádio de São Paulo".[37]

Arnaldo já havia lidado com pacientes com câncer antes e publicado um artigo em que rejeitava o designativo "cancro" em favor de "tumores malignos" ou "câncer", definindo-o como uma entidade mórbida específica e de caráter hereditário, consequência da multiplicação descontrolada das células.[38] Como suas ideias eram seguidamente reiteradas por seus pares, a Sociedade de Medicina e Cirurgia de São Paulo logo começou uma campanha para a construção de um instituto especializado em câncer; e o governo patrocinou a ida de alguns médicos para estudar a questão do radium na Europa e nos Estados Unidos durante o ano de 1920.

Esse elemento químico tinha um preço tão elevado que chegou a ser considerado como índice de medida do progresso médico de São Paulo,[39] que teria a maior quantidade do país. Mas justamente por ser tão valioso, o radium não poderia ser distribuído para diversos hospitais, tampouco ser adquirido por médicos liberais. Assim, seria necessário seu acúmulo e concentração em um único órgão. Para que isso se efetivasse, Arnaldo Vieira de Carvalho, encaminhou cartas para diversas empresas, bancos e entidades filantrópicas solicitando contribuições financeiras, mas esse esforço se mostrou insuficiente, até que, por fim, o médico convidou inúmeros municípios pelo interior de São Paulo para participar do empreendimento.

Em 1923 temos refletido uma certa esperança nos escritos divulgados pelo anuário demográfico do Serviço Sanitário, que continha os registros de Campinas e Ribeirão Preto. "Diante dessa situação sóbria, da letalidade do câncer, nos consolam hoje certas promessas com que nos acena o futuro", relatava. "O diagnostico precoce do mal conduz frequentemente à cura; o empre-

37 TEIXEIRA, Luiz Antonio; LANA, Vanessa. Arnaldo Vieira de Carvalho e a Sociedade de Medicina e Cirurgia de São Paulo. In: DANTES, Maria Amélia Mascarenhas; SILVA, Márcia Regina Barros da. (org.). *Arnaldo Vieira de Carvalho e a história da medicina paulista (1867-1920).* Rio de Janeiro: Fundação Miguel de Cervantes, 2012. p. 13-14.

38 BERTOLLI FILHO, 2002. Op.cit.

39 Jornal *O Estado de S. Paulo*, 10 de janeiro de 1939.

go do rádio descortina novos horizontes, que a ciência dos nossos dias explora com intensa ansiedade e profunda convicção". Parecia estar se construindo, finalmente, um certo consenso sobre a questão do câncer. "Já é preocupação paulista a instalação nesta Capital de um instituto de rádio", [resta-nos esperar] "para de modo prático e realmente produtivo melhor aparelhar e orientar os clínicos em matéria de diagnóstico do câncer e para aplicação terapêutica do raio".[40] Seria a partir da metrópole que essa luta se irradiaria para todo o Estado – mas a capital precisaria de socorro.

Arnaldo Vieira de Carvalho escrevia...

> [...] a luta contra o cancro baseia-se no metal maravilhoso – o radium – cuja descoberta revolucionou a ciência em geral e a terapêutica das degenerações malignas em particular. Será ele o eixo do futuro Instituto, cuja eficiência dependerá da quantidade desse precioso elemento que é caríssimo. [...] já apelamos para os ricos, para o comércio, para a indústria – para a capital em resumo – e deles, até hoje, apenas obtivemos quatrocentos e sessenta contos que, se não são uma ninharia, não correspondem, todavia, ao que esperávamos, dada a grandeza do fim colimado.
> [...] Lembre-se os não ricos que a eles, principalmente, interessa a criação da instituição do radium, apanágio dos opulentos ao alcance dos necessitados. Lembrem-se também dos milagres da cooperação – se concorrerem todos com alguns mil réis, em horas, amontoaremos os mil contos precisos. E em nosso Estado se combaterá o cancro com a mesma energia e eficácia com que isso se faz nos grandes centros da civilização.
> Povo paulista, concorrei, pois, para o Instituto do Radium![41]

40 SÃO PAULO. *Annuario Demographico*, vol I: Capital, Santos, Campinas e Ribeirão Preto. Serviço Sanitário do Estado de S. Paulo, 1923. p. 255.

41 Essa mensagem foi publicada no jornal O Estado de S. Paulo, em 30 de junho de 1920, após o falecimento do médico paulista. Seu propósito era homenagear o médico paulista por seu engajamento com as coisas públicas da cidade. Não tivemos acesso as cartas escritas para as câmaras municipais, apenas às respostas enviadas para Arnaldo. Nelas estavam, de maneira geral, os nomes dos contribuintes e o valor total das doações.

As respostas por parte das câmaras municipais foram majoritariamente positivas, com auxílios financeiros e votos de esperança e solidariedade na "obra humanitária" empreendida pelo médico Arnaldo Vieira de Carvalho, que faleceria pouco depois de começado sua campanha. O edifício seria concluído em 1929 e receberia o nome de seu ideólogo, Instituto "Arnaldo Vieira de Carvalho", funcionando até os dias de hoje em terreno anexo ao hospital central da Santa Casa de Misericórdia, na parte que faz ângulo com as ruas Marques de Itu e Cesário Mota Júnior. Nele, pessoas de todo Estado de São Paulo seriam tratadas gratuitamente e os munícipios ficariam encarregados de trazer os doentes sob sua responsabilidade – como de fato ocorreu, e o primeiro paciente registrado, com apenas 15 anos de idade, vinha de Araçatuba.[42] Assim, a luta contra o câncer seria de todos os paulistas e o combate no sertão seria travado na capital.

Referências

ABUD, Kátia Maria. *O sangue intimorato e as nobilíssimas tradições:* a construção de um símbolo paulista: o bandeirante. Tese (doutorado). Departamento de História da Universidade de São Paulo, 1985.

ANCHIETA, Josephi de. *Epistola quamplurimarum rerum naturalium quae S. Vicentii (nunc S. Pauli) provinciam*. Olisipone. Typis Academiae, 1799.

BEIER, José Rogério e MARHTIN, Daniel. *Aspectos da representação do território paulista em sua cartografia impressa: uma análise carto bibliográfica (1833-1932)*, Confins [online], 34, 2018.

BONJEAN, L. F. *O medico e o cirurgião da roça.* Novo tratado completo de medicina e cirurgia doméstica adaptado á inteligência de todas as classes do povo. Tomo I. Rio de Janeiro, 1847.

CARVALHO, Antonio Carlos Duarte de. *Feiticeiros, burlões e mistificadores*: criminalidade e mudança das práticas populares de saúde em São Paulo, 1950-1980. São Paulo: Editora Unesp, 2005.

42 O registro de atendimento está em um antigo caderno com o título de Radio Cirurgia de Homens. Seus dados têm início no ano de 1929, quando o Instituto abriu suas portas em um prédio independente do hospital central da Santa Casa, onde funcionou durante os 9 anos anteriores em um espaço da enfermaria. Portanto, a primeira pessoa atendida refere-se a primeira atendida nessa nova construção.

COMPARATO, S. *Electro-coagulação no tratamento dos tumores accessiveis e a sua technica operatória*. These Doutora, Faculdade de Medicina de São Paulo, 1919.

CORREIO DE CAMPINAS, 2 de maio de 1888.

FABBRI, Honório. *O problema hygienico do cancer*. These Doutoral, Faculdade de Medicina de São Paulo, 1929.

FILHO, Cláudio Bertolli. *Representações sociais do câncer e dos cancerosos em São Paulo: 1900-1950*. Salusvita, Bauru, v. 21, n. 2, p. 83-100, 2002.

LAVOURA E COMMERCIO, 24 de março de 1900.

MARTINS, João Vicente. *A pratica elementar da homeopathia pelo Doutor Mure ou Conselhos Clinicos para qualquer pessoa, estranha completamente à medicina, poder tratar-se e a muitos doentes, conforme os preceitos da homeopatia, confirmados pelas experiencias dos doutores*. Rio de Janeiro, 1866.

MESSORA, Elder Al Kondari. *A construção de um novo mal*: representações do câncer em são Paulo, 1892-1953. Dissertação (mestrado). Faculdade de Medicina da Universidade de São Paulo. Programa de Medicina Preventiva. São Paulo, 2017.

MIRANDA, Carlos Alberto Cunha. *A arte de curar nos tempos da colônia*: limites e espaços da cura. Recife: Ed. Universitária da UFPE, 2017.

MOI, Cláudia. *Explorações do olhar*: ciência e arte nas fotografias da Comissão Geográfica e Geológica de São Paulo. Dissertação (mestrado). Universidade Estadual de Campinas; Instituto de Artes. Campinas, São Paulo, 2005.

MOTA, André. *Tropeços da Medicina Bandeirante:* Medicina Paulista entre 1892-1920. São Paulo: EDUSP, 2005.

PORTUGAL, Olympio. O problema do câncer. *O Brazil-Médico: Revista Semanal de Medicina e Cirurgia*, ano XXIV, nº 4, 22 de janeiro de 1910.

RIBEIRO, Márcia Moisés. *A ciência dos trópicos:* a arte médica no Brasil do século XVIII. São Paulo: HUCITEC, 1997.

RIBEIRO, Maria Alice R. *História sem Fim...* Inventário da Saúde Pública, 1880-1930. Tese (doutorado). Universidade Estadual de Campinas. Instituto de Economia. São Paulo, 1991.

S/A. *Prodigiosa lagoa descuberta nas Congonhas das Minas do Sabará, que tem curado a varias pessoas dos achaques, que nesta Relação se expõem*, 1749

SÃO PAULO. *Annuario Demographico,* vol I: Capital, Santos, Campinas e Ribeirão Preto. Serviço Sanitário do Estado de S. Paulo, 1923.

______. *Annuario Demographico,* vol II: São Carlos, Guaratinguetá, Botucatú e Interior do Estado. Serviço Sanitário do Estado de S. Paulo, 1922.

SCHWARCZ, Lilia Moritz; STARLING, Heloisa Murgel. *Brasil:* uma biografia. São Paulo: Companhia das Letras, 2015.

TEIXEIRA, Luiz Antonio; FONSECA, Cristina M. *De doença desconhecida a problema de saúde pública:* o INCA e o controle do câncer no Brasil. 1ª ed. Rio de Janeiro: Instituto Nacional do Câncer, 2007.

______; LANA, Vanessa. Arnaldo Vieira de Carvalho e a Sociedade de Medicina e Cirurgia de São Paulo. In: DANTES, Maria Amélia Mascarenhas Dantes; SILVA, Márcia Regina Barros da. (Org.). *Arnaldo Vieira de Carvalho e a história da medicina paulista (1867-1920).* Rio de Janeiro: Fundação Miguel de Cervantes, 2012.

VELLOSO, José Mariano da Conceição. *O Fazendeiro do Brazil, cultivador, melhorado na economia rural dos gêneros já cultivados, e de outros, que se podem introduzir; e nas fabricas, que lhe são próprias, segundo o melhor, que se tem escrito a este assumpto,* 1806.

Tracoma no século XIX: uma doença do sertão paulista

Soraya Lodola[1]

Cristina de Campos[2]

Introdução

O tracoma[3] foi uma enfermidade oftálmica contagiosa que virou endêmica no século XIX em vários países da Europa, da Ásia e da América. No continente europeu, os países afetados foram a Holanda, Bélgica, França,

1 Doutora em Política Científica e Tecnológica – Instituto de Geociências Unicamp. E-mail: sorayalodola@gmail.com.

2 Doutora em Arquitetura e Urbanismo pela Universidade de São Paulo. Professora colaboradora do Programa de Pós-Graduação em Política Científica e Tecnológica do Instituto de Geociências da Universidade Estadual de Campinas e Professora do Programa de Pós-Graduação em Arquitetura e Urbanismo da Universidade São Judas. E-mail: crcampos@unicamp.br.

3 O tracoma é uma enfermidade oftálmica bacteriana contagiosa que pode levar à cegueira se as reinfecções forem recorrentes. Sua transmissão ocorre de maneira direta, por meio do contato com os enfermos, ou de forma indireta, por objetos contaminados como lençóis, toalhas, roupas, ou, ainda, por vetores mecânicos, como as moscas. Apesar de 25% dos casos de tracoma serem assintomáticos, a maioria apresenta lacrimejamento, sensação de corpo estranho, fotofobia e pouca secreção purulenta (LUNA, 1993).

Itália, Alemanha, Suíça, Irlanda, Escócia e Inglaterra e, no continente americano, Bolívia, Chile, Argentina, Brasil, Cuba, Canadá e Estados Unidos.[4]

No Brasil, existem indícios de que a doença chegou em meados de 1800, provavelmente quando alguns ciganos infectados foram expulsos de Portugal para as províncias do Maranhão e do Ceará.[5] A forma endêmica foi observada em 1876 quando o médico oftalmologista cearense Moura Brasil, ao retornar dos seus estudos na Europa, alertou que a doença já havia se espalhado por várias regiões do Ceará, atingindo desde o Vale do Cariri até o município de Crato.[6] David Ottoni, outro médico especialista em doenças oftálmicas, ao identificar o tracoma naquela região, publicou suas impressões no Archivo Clínico em 1897 e, no ano seguinte, na revista *O Brazil-Medico*. O médico relatou:

> Eu vi, nesses centros, infelizes que associavam-se na sua desgraça e contratando um guia formavam grupos de 10, 12 e mais e pegando um na extremidade de um bastão, cuja outra extremidade era segurada por outro e assim dispostos vagavam pelas ruas das cidades ou pelas estradas, valendo-se da caridade dos que passavam.[7]

Os focos da endemia ficaram restritas àquela região até no final do século, quando foram observados alguns casos no Espírito Santo, Rio de Janeiro, Minas Gerais, Paraná, Santa Catarina e Rio Grande do Sul.[8] Situações epidêmicas em algumas regiões foram relatadas somente na década de 1910, como

---

4 OTTONI, David. "Clinica Ophtalmologica - Conjunctivite granulosa". *Brazil - Medico*, Rio de Janeiro, ano XII, n. 41, 1898; TRACOMA, "Organizacion Panamericana de la Salud". *Boletin de la Oficina Panamericana*, n. 7 vol. 7, jul., 1928. p. 839; PAPARGONE, Ernerto. "Il Tracoma e sue complicazioni". *Soceitá Editrice Libraria*, Milano, n. 16, 1922.

5 BURNIER, Penido. "O Tracoma no Brasil: sua origem e difusão". *Arquivos do Instituto Penido Burnier*, Campinas, Fascículo 1, vol. 1, março de 1932.; LUNA, Expedito J. *A epidemiologia do tracoma no Estado de São Paulo*. Dissertação (Mestrado em Ciências Médicas), FCM - Unicamp, Campinas, 1993.

6 Idem.

7 OTTONI, 1928. Op.cit. p. 11.

8 OTTONI, 1928; BURNIER, 1932. Op. cit.

é o caso do Rio do Janeiro que detectou os primeiros casos de tracoma entre escolares em 1915.

Na região sudeste, São Paulo foi exceção apresentando uma intensa disseminação pelo sertão ainda na década de 1880, quando imigrantes infectados chegaram no estado para trabalharem nas lavouras de café em expansão.

A expansão da cafeicultura e a chegada do tracoma no sertão

Em meados do último quartil do século XIX, a província de São Paulo, dotada de terras em abundância para a expansão das plantações de café, assumiu a posição de liderança na pauta agroexportadora brasileira.[9]

Para manter as taxas de crescimento era necessário, dentre outras coisas, garantir a manutenção e ampliação da mão de obra. O governo provincial, ciente de tais demandas, promoveu uma política de imigração no final do século XIX que oferecia subvenção de passagens, assistência e hospedagem, principalmente para os italianos.[10]

Com essa prática, houve uma crescente introdução de imigrantes, chegando ao patamar de, somente em 1887, entrarem no estado 33 mil pessoas com subsídios governamentais, dentre os quais, 28.840 italianos.[11]

O problema é que com a introdução de elevado número de imigrantes no estado sem controle sanitário na zona portuária, o tracoma, que era endêmico na Itália, ingressou em São Paulo. De acordo com as observações de

9 MELO, José E. V. "Café com açúcar: A formação do mercado consumidor de açúcar em São Paulo e o nascimento da grande indústria açucareira paulista na segunda metade do século XIX". *Saeculum* (UFPB), vol. 14, 2006. p. 64-93; MARQUESE, Rafael; TOMICH, Dale. O Vale do Paraíba escravista e a formação do mercado mundial do café no século XIX. In: GRINBERG, Keila; SALLES, Ricardo (org). *O Brasil Imperial* .Volume II, 1831-1870). Rio de Janeiro: Civilização Brasileira, 2009. p. 339-383.

10 STOLCKE, Verena. *Cafeicultura:* Homens, Mulheres e Capital (1850-1980). São Paulo: Ed. Brasiliense, 1986.

11 BAENINGER, Rosana; PERES, Roberta Guimarães; DEMÉTRIO, Natália Belmonte. *Atlas temático:* Observatório das migrações em São Paulo. Campinas: Núcleo de Estudos de População - NEPO/Unicamp, 2013.

Gustavo de Oliveira Godoy,[12] Secretário do Estado dos Negócios do Interior de São Paulo, não havia tracoma antes da grande imigração europeia de 1887, quando chegaram os imigrantes da Itália, nação que há mais de 40 anos sofria com os percalços da enfermidade.[13]

A Itália foi um país que sofreu vários ciclos epidêmicos inconstantes desde o século 1 a.C. quando foram encontrados os primeiros registros da doença em Roma. A maior disseminação italiana aconteceu no século XIX quando as tropas de Napoleão voltaram das regiões endêmicas do Egito e transmitiram a doença por toda a Europa.[14]

As proporções dessa última endemia na Itália foram registradas pelo médico oftalmologista italiano Ernesto Papargone no seu livro "Il Tracoma e sue complicazioni" escrito em 1922. Como podemos observar na imagem 1, no período entre 1880 e 1884, o tracoma estava presente em quase todo o território italiano, inclusive em Câmpania, uma área portuária com grande fluxo de habitantes e um importante foco de disseminação de tracoma.

---

12 SÃO PAULO - ESTADO. *Relatório da Secretaria do Interior, annos de 1907 e 1908.* São Paulo: Duprat & Comp., 1908.

13 De acordo com dados apresentados no Relatório da Secretaria do Interior de São Paulo referente aos anos de 1907-1908, o índice de positividade de tracoma na Itália chegava a 84% em algumas regiões (São Paulo – Estado, *op. cit.*, 1908).

14 TAYLOR, H.R. "Tracoma. Doyne lecture: tracoma, is it history?" *Eye - journal of The Royal College of Ophthalmologists*, n. 23, 2009. p. 2007-2022. Disponível em https://www.nature.com/articles/eye2008432. Acesso em: 04 dez. 2017.; SCHELLINI, Silvana.; SOUSA, Roberta. "Tracoma: ainda uma importante causa de cegueira". *Revista Brasileira de Oftalmologia*, n. 71, vol. 3, 2012. p. 199-204. SCHLOSSER, Katherine. "History of Trachoma". *International Trachoma iniciative. Special edition.* 15 may 2011. Disponível em: http://www.trachomacoalition.org/resources?keys=&field_topic_tid%5B%5D =18. Acesso em 02 set. 2018.

Imagem 1 – Cartografia do tracoma na Itália entre 1880 e 1884

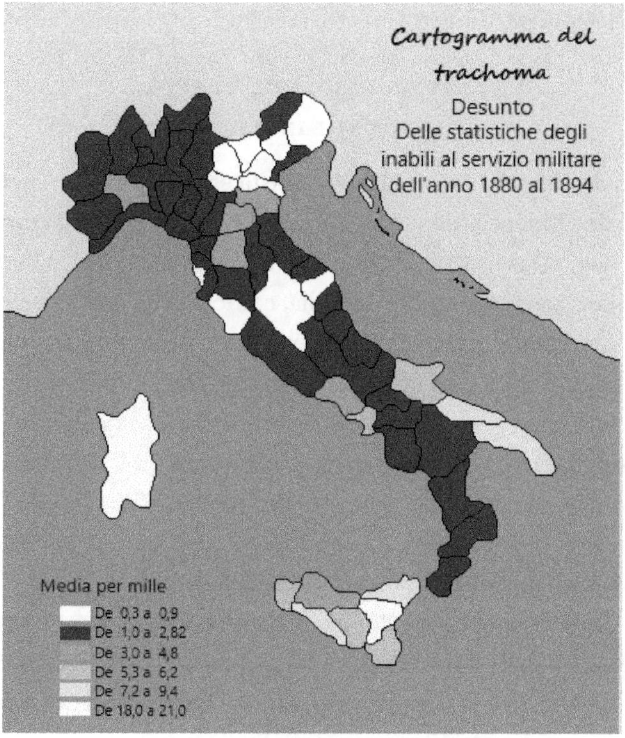

Fonte: adaptado de Papargone (1922).

A introdução do tracoma em São Paulo deu-se através da emigração de italianos que estavam adoentados. Por ser uma enfermidade altamente contagiosa, esses enfermos, ao se dirigirem aos portos e embarcarem nos navios com destino às terras intercontinentais, acabavam transmitindo o tracoma para as pessoas sãs. Chegando em terras paulistas, os imigrantes afetados continuavam a transmitir o tracoma ao passarem pela Hospedaria dos Imigrantes na capital e, dias depois, pelos trens que os levavam até as fazendas de café, situadas em sua maioria na zona oeste do estado.[15]

15 GUNN, Philip. "A importância histórica da fronteira cafeeira na ocupação territorial de São Paulo". *Boletim Técnico São Paulo*, São Paulo, n. 8, 1992. p. 59-72.

Com esse trajeto, o tracoma rapidamente atingiu uma grande parcela da população do sertão, chamando a atenção de médicos, da imprensa e dos órgãos internacionais.

As repercussões do tracoma na comunidade internacional

Parte substancial da agricultura paulista era destinada ao mercado internacional. A dependência de países como os Estados Unidos, como principal comprador das safras de café, da Inglaterra, como uma das financiadoras dos produtos e processos cafeeiros, e da Itália, como a principal parceira de braços imigrantes, desenhava um cenário em que era preciso manter uma boa imagem do país no exterior. Aos fazendeiros recaia a responsabilidade de garantir a produção e, ao estado, a incumbência de auxiliar nas demais operações, inclusive na ampliação da oferta de mão de obra para a agricultura.

Os esforços governamentais, entretanto, só surtiriam efeito se as condições ambientais fossem salubres, garantido um ambiente isento de enfermidades. Os poderes públicos tinham a consciência de que as condições precárias de higiene "inibiam a chegada de novos contingentes de imigrantes, afugentando igualmente os negociantes que buscavam estabelecer elos econômicos com o país".[16] Assim, como indica Blount[17] a "região tinha que ser saudável para atrair colonos e mantê-los sadios".

Embora houvesse certo empenho para melhorar o saneamento e extinguir epidemias,[18] essas medidas não foram suficientes para impedir as constantes queixas dos órgãos internacionais sobre as condições insalubres das terras paulistas.[19] Se, no final do século XIX, São Paulo já tinha sofrido diversas críticas em

16 BERTOLLI FILHO, Claudio. *História Social da tuberculose e do tuberculoso*: 1900-1950. Rio de Janeiro: Fiocruz, 2001. p. 61.

17 BLOUNT, J. A. "A administração da saúde pública no Estado de São Paulo: o serviço sanitário de 1892-1918". *Revista de Administração de Empresas*, n. 4, vol. 12, 1972. p. 46.

18 São Paulo possuía um grande aparato sanitário composto por institutos de pesquisa, de análises químicas, desinfetórios e hospitais. Além deste, o governo promovia campanhas e instalações de comissões sanitárias para combater algumas enfermidades infectocontagiosas como a febre amarela e a varíola, por exemplo.

19 RIBEIRO, Maria Alice. *História sem fim:* um inventario da saúde pública, São Paulo, 1880-1930. São Paulo: Editora da Universidade Estadual Paulista, 1993. p. 182.

razão da epidemia da febre amarela, no início do século XX, o estado voltou a chamar a atenção da comunidade exterior, só que desta vez em decorrência da endemia do tracoma.[20]

As notícias sobre a proliferação do tracoma em São Paulo foram publicadas na comunidade internacional tanto pelos médicos italianos Ernesto Papargone e Alberto Benedetti, quanto pela "Organizacion Panamericana de La Salud", que apontaram o estado como uma localidade com alto índice de periculosidade, estando ao lado de países como a Argentina, Índia, Itália e Egito.[21]

Em 1906, o vice-cônsul italiano também imprimiu suas observações sobre seus conterrâneos em terras paulistas. Além de denunciar um completo abandono do colono nas fazendas sem assistência médica, sem mestres-escolas e sem padres, ele demonstrou preocupações com a extensão do tracoma e com a ausência de um projeto governamental mais eficaz para controlar a endemia. Queixas sobre o tracoma também foram relatadas em 1907 pelo Comissário Geral da Emigração Italiana, L. Renaudi, que observou que a doença piorava as condições gerais dos trabalhadores rurais que, sem um atendimento médico eficiente, pediam repatriamento ou ficavam à deriva, pedindo esmolas pelas estradas em um avançado estado de debilidade visual.[22]

A bordo dos navios que faziam rotas intra e intercontinentais, a endemia de tracoma em São Paulo virou notícia entre os viajantes e comandantes. Duas situações exprimem a preocupação em relação ao porto de Santos. Uma delas foi a descrição da escritora italiana Cesarina Lupati, que, ao retornar para a Itália depois de 2 anos morando na Argentina, descreveu em seu livro como foi sua viagem de volta para a terra natal:

> (...) não tocamos nos portos do Brasil, portanto não podemos estar infeccionados. Agora é só o Brasil que tem o privilégio das doenças infectivas. O navio, não tocando em Santos, não tinha embarcado os que repatriariam do Brasil, a triste e costumada

20 GAMBETA, Wilson Roberto. *Soldados da Saúde* - A formação dos Serviços de Saúde Publica em São Paulo (1889-1918). Dissertação (mestrado) - FFLCH-USP, São Paulo, 1988.

21 IL "TRACOMA"(...) "Il "tracoma" nelle Fazendas - L'opera benemerita del prof. Cav. Alberto Benedetti". *L'Emigrato Italiano in America,* ano V, mar. 1911. p. 10.

22 RIBEIRO, 1993. Op.cit. p. 182-183.

> bagagem de enfermidades e de sofrimentos que os navios italianos carregavam, ali, na torcida e melancólica terra do café. Não se viam a bordo homens curvos pelas fadigas suportadas debaixo da inclemência do sol, as faces emagrecidas com a epiderme manchada pela febre e com os olhos em chagas, pelo tracoma, as pobres criaturas do nosso sangue, que o exilio reduz à escravidão nas fazendas brasileiras.[23]

Outra passagem foi de um comandante do navio "Florianópolis" em uma viagem entre o Rio de Janeiro e Montevideo. Durante sua viagem de ida e de volta que durou 21 dias, o comandante relatou que "A higiene a bordo foi mantida tanto quanto possível, e o estado sanitário do navio continua bom. No porto de Santos rejeitei 40 e tantos passageiros de 3º [classe] suspeitos de tracoma e com destino a Montevideo".[24]

O acentuado número de enfermos, em conjunto com as notícias veiculadas internacionalmente sobre as condições sanitárias de São Paulo, fizeram com que o importante médico sanitarista Carlos Saidl, em pronunciamento na Academia Nacional de Medicina, mostrasse sua indignação ao Ministro da Agricultura, informando que "houve quem ousasse apelidar, em documento impresso em nação estrangeira, a bela terra paulista de País do Trachoma!".[25]

Com essas declarações, e unidas às denúncias de maus tratos, os consulares de países que aceitavam a política imigratória de São Paulo, retiraram o seu apoio e proibiram as iniciativas de passagens pagas como elemento motivador para a imigração. As suspensões vieram ainda em meados do século XIX com os governos prussiano e suíço[26] e, em 1902, com a Itália em decorrência do Decreto Prinetti.[27]

---

23 PICCAROLO, A. "Publicações a pedido: Interesses italianos no Brasil partes VII e VIII". *Jornal do Commercio*, Rio de Janeiro, 24 jan., 1913. p. 8.

24 LLOYD BRASILEIRO. "Lloyd Brasileiro". *Correio Da Manhã,* Rio de Janeiro, 23 nov. de 1919. p. 4.

25 SEIDL, Carlos. "A doença de Chagas". *Diário de Pernambuco*, Recife, 16 ago 1911. p. 1.

26 STOLCKE, Verena. *Cafeicultura:* Homens, Mulheres e Capital (1850-1980). São Paulo: Ed. Brasiliense, 1986. p. 32.

27 ROSSI, Adolpho. "Bollettino Dell'Emigrazione". *Ministero Degli Affari Esteri*", Roma: Tipografia Nazionale Di G. Bertero F. C., n. 7, 902. p. 35. O Decreto Prinetti foi executado com base na visita de Aldo Rossi à São Paulo. No relatório

Outra instituição que também buscou impedir a vinda de imigrantes ao Brasil foi o Conselho Superior de Emigração da Espanha. Em menção enviada ao governo em 1910, o conselheiro Fernando Merino destacou a situação precária dos espanhóis que viviam em São Paulo, principalmente em decorrência das diversas enfermidades presentes no estado e da falta de assistência médica. Destacando o tracoma, o conselheiro alegou:

> O Conselho Superior de Emigração, em sua primeira sessão, acordou por unanimidade propor ao Governo que com toda urgência disponha a proibição temporal da imigração ao Brasil com passagem gratuita, fundamentando-se para isso em razões cuja gravidade é manifesta.
> Os informes oficiais demonstram sem dar lugar à dúvida, que a situação dos imigrantes espanhóis no Brasil é verdadeiramente lastimosa. As condições do clima fazem vítimas de enfermidades, como as pulmonares, a ancilostomíase e o terrível tracoma, enfermidade que se são de difícil cura em todos os casos, são muito mais quando aqueles que se padecem ou não tem assistência médica ou não podem cumprir as prescrições facultativas, por exigir-lhes gastos muito superiores aos recursos econômicos de que dispõe, pois segundo as notícias referidas, a visita de um médico em muitas habitações do Brasil não custa menos que 100 ou 120 pesetas, e quando ocorre muitas vezes, o doente não pode se tratar onde se oferecem os serviços, pela grande distância que tem que percorrer.[28]

Até 1912, de acordo com o Ministro do Estado das Relações Exteriores do Brasil, além dos inconvenientes com a Espanha, outras nações buscaram

de Rossi, o tracoma foi mencionado quando o enviado da Comissão Geral da Emigração transitou entre as fazendas de Ribeirão Preto e identificou vários tracomatosos na região.

28 MERINO, Fernando. "Relatório do ministério das relações exteriores. Hespanha, immigração hespanhola, No. 1, Exposición: Ministerio de la Gobernación. Madri, 25 ago 1910". In: *Relatorio apresentado ao Presidente da republica dos estados unidos do Brasil pelo Ministro de Estado das Relações exteriores, compreendendo o período decorrido de 1º Janeiro a 30 abril de 1912.* Rio de Janeiro, 1912. p. 3.

desestimular a emigração para o Brasil, como a Alemanha e, posteriormente, a França.[29]

O tracoma em São Paulo repercutido nas páginas da imprensa brasileira

No Brasil, a dimensão do problema do tracoma e seu avanço sobre a população rural foi percebida, em um primeiro momento, por um grupo de médicos que circulavam e atendiam as regiões acometidas pelo mal. Estas localidades geralmente dispunham de poucos ou quase nenhum tipo de assistência à saúde, sendo comum a existência desses profissionais que ofereciam seus serviços a estas comunidades pouco assistidas. Conheciam, assim, a real dimensão da doença e sabiam que a profilaxia, sem o apoio estatal, não se sustentaria. A forma encontrada por estes médicos para divulgar e sensibilizar as autoridades públicas sobre o avanço do tracoma foi a publicação de seus pareceres e opiniões através da imprensa escrita.

O primeiro médico que publicou suas observações sobre o tracoma foi David Ottoni, um oftalmologista residente na cidade de Poços de Caldas. Como se especializou em tracoma no exterior e já prestava atendimento aos tracomatosos há anos, em 1898, depois de visitar várias regiões do Brasil, optou por escrever um artigo para a *Revista Brazil-Médico* apresentando um mapeamento das regiões atingidas e um relatório técnico detalhado sobre os sintomas, estágios da doença e tratamento. O objetivo era expor a situação dos enfermos no país e atrair a atenção de outros médicos e das autoridades governamentais sobre o indicativo de uma endemia no sertão de São Paulo.[30] Na pretensão de enfatizar a gravidade da disseminação da oftalmia, o médico cotejou o tracoma com a febre amarela e pleiteou ações governamentais para debelar a enfermidade:

> Sem os ruidosos paroxismos epidêmicos das febres de mau caráter que assolam os centros importantes da atividade paulista, ousamos, entretanto, afirmar que a conjuntivite granulosa [tra-

29 RELATÓRIO (...). *Relatório apresentado ao Presidente da republica dos estados unidos do Brasil pelo Ministro de Estado das Relações exteriores, compreendendo o período decorrido de 1º. Janeiro a 30 abril de 1912.* Rio de Janeiro, 1912.

30 OTTONI, 1928. Op.cit.

coma] não está muito longe de merecer cuidado que tem sido dispensado àquelas outras moléstias, tal a abundancia de doentes que aqui observamos, muitos dos quais já perdidos.[31]

Eusébio de Queiroz Mattoso, chefe da clínica de olhos da Santa Casa de Misericórdia de São Paulo, também utilizou as páginas da imprensa diária apontando que a ala de oftalmologia já não tinha mais capacidade para receber tantos enfermos de tracoma vindos do interior do estado. Em 21 de agosto de 1903, Mattoso escreveu nas páginas do jornal:

> O hospital da Santa Casa tem as suas duas enfermarias de moléstia dos olhos literalmente cheias, não só todos os leitos estão ocupados, como em colchões no assoalho e pelos corredores vizinhos às enfermarias. É obrigada a Santa Casa a abrigar estes infelizes, que não podem ser tratados em domicílio, vindo a consultar, pois alegam que não tem posses para pagar a hospedagem durante o tempo que têm que se sujeitar-se ao tratamento que é longo.
> (...) Urge, pois, que o governo tome uma providência, não só procurando evitar o alastramento do terrível mal, como também criando os meios para atender aos inúmeros doentes que chegam diariamente a S. Paulo. Não são só os colonos estrangeiros, não só a classe desprotegida da fortuna que está sendo contagiada, já temos observado em pessoas abastadas o flagelo de que nos ocupamos.[32]

Alguns municípios com grande incidência de enfermos tiveram destaques nos jornais de outros estados, como noticiado no jornal "O Pharol" do Rio de Janeiro em julho de 1903:

> Quem percorre Ribeirão Preto, S. Carlos, Jaú e seus municípios, entre outros, fica impressionado com a enorme quantidade de oftálmicos que encontra, sendo gerais as queixas dos fazendei-

31 Ibidem. p. 362.

32 MATTOSO, Eusebio de Queiroz. "O Trachoma". *O Estado de S. Paulo*, São Paulo, 21 ago. 1903. p. 2.

> ros acerca do número crescente de colonos que se vão tornando incapazes para os trabalhos agrícolas.[33]

Até meados de 1906, o tracoma em São Paulo foi noticiado por diversos jornais diários de São Paulo e por vários jornais do Rio de Janeiro, como a "Gazeta de Notícias", o "Jornal do Brasil" e o "Il Bersagliere", e jornais de Minas Gerais e do Paraná, como o impresso "A Republica" de Curitiba, que destacou:

> O tracoma, já disse notável médico paulista, procede da mesma origem, isto é de imigrantes infectados (...). Facílimo foi, portanto, o contágio, não tardando a manifestar-se entre a população infantil e tomando enorme incremento em poucos meses a ponto de agora, só numa escola pública d´aquele estado, constatar-se 85% de crianças atacadas![34]

O tracoma foi também debatido nas revistas médicas de São Paulo e Rio de Janeiro, como a "Brazil-Medico", a "Revista Médica de São Paulo" e o "Boletim da Sociedade de Medicina e Cirurgia de São Paulo". Foi tema de teses de medicina e apresentado nos Congressos "Scientifico Latino Americano", sendo um deles sediado no Rio de Janeiro em 1905.[35]

As situações relatadas por diversos atores, como representantes governamentais do estado de São Paulo e da Itália, médicos, imprensa nacional e estrangeira, além de pessoas comuns e viajantes, nos dão uma noção da precariedade em que viviam esses doentes do sertão paulista. Mesmo sem um número oficial de enfermos, que foi divulgado somente em 1906,[36] esses atores arriscavam fazer estimativas dos números de tracomatosos através de suas observações. Exemplos disso, temos as publicações do "Guida dello Stato di San Paolo nel Brasile", citado por Ribeiro[37] que calculou em 1904 que cerca de

33 TRACHOMA. "Trachoma". *O Pharol*, Juiz de Fora, 29 jul. 1903. p. 3.

34 A REPÚBLICA, "Notas da véspera", *A República,* Curitiba, 30 jun. 1906. p. 1.

35 FAJARDO, Francisco. "O trachoma em S. Paulo". *O Commercio de São Paulo*, São Paulo, 12 mar. 1906. p. 1.

36 A notificação dos casos de tracoma só se torna obrigatória após 1906, quando o governo passou a criar medidas profiláticas da doença.

37 RIBEIRO, 1993. Op.cit. p. 181.

120 mil colonos estavam com tracoma no interior do estado, atingindo quase 60 mil italianos; ou, nos cálculos do médico Melo Barreto, que acreditava que a disseminação em 1903 chegava à porcentagem de 1 tracomatoso para cada 6 colonos.[38] A estimativa foi também realizada por uma viajante italiana que, ao passar pelo interior do estado, teve a impressão de que cerca de 75% dos trabalhadores das fazendas estavam com tracoma.[39] Outros atores, como o chefe da Comissão Sanitária de Ribeirão Preto, identificaram um elevado número de adultos cegos, além de um número crescente de crianças infectadas ao ponto de se poder afirmar que nenhum filho de colono escapava da enfermidade.[40] Tais relatos fizeram Ribeiro aferir que "mais da metade da zona agrícola do estado, na parte ocidental, estava tomada por doenças contagiosas: tracoma e ancilostomíase".[41]

Com as publicações e com os apelos por intervenção, o Secretário do Interior, Gustavo de Oliveira Godoy, publicou que havia urgência de implantação de medidas profiláticas contra o tracoma, pois a enfermidade se "propagou pelo estado, principalmente na zona oeste, onde o número de acometidos atingiu a uma soma tão elevada, que sobressaltou a população, e reclamou medidas governamentais para diminuir o mal até extingui-lo".[42]

Intervenção governamental

No ano de 1904, o inspetor sanitário Guilherme Álvaro foi enviado pelo Serviço Sanitário à Ribeirão Preto, uma das cidades mais importantes do novo oeste paulista, para verificar a situação dos tracomatosos no sertão. Em seu relato, Álvaro apontou que a doença se intensificava em decorrência das precárias condições sanitárias em que os imigrantes se encontravam, residindo em moradias com pouca iluminação, sem fossas, com pouca água potável e ao lado de chiqueiros e estrebarias escuras onde as moscas se proliferavam. Em conjunto com esses fatores, de acordo com o médico, unia-se a falta de higiene

38 BARRETO, Melo. "O Tracoma". *O Estado de S. Paulo*, São Paulo, 22 ago 1903. p. 4.

39 RIBEIRO, *1993*. Op.cit. p. 182.

40 Ibidem. p. 184.

41 Ibidem. p. 183.

42 SÃO PAULO - Estado, 1908. Op.cit. p. 7.

pessoal do colono que não era "amigo do asseio individual"[43] e, portanto, não lavava o rosto frequentemente e não realizava as trocas periódicas de lençóis, toalhas e lenços, que serviam como via de transmissão da doença.

Guilherme Álvaro indicou que com dores e fotofobia, os trabalhadores se afastavam das atividades nas fazendas para receberem tratamentos nas clínicas e hospitais situados nos centros urbanos das cidades. A distância até o centro, o longo prazo de tratamento e os custos, no entanto, eram fatores desmotivadores, levando os colonos a desistirem do tratamento.[44]

Com o abandono do tratamento nos primeiros sinais de melhora, era comum os trabalhadores terem reinfecções constantes, o que o levava à cegueira.[45] Nessas condições, conforme Ribeiro,[46] os trabalhadores ficavam incapazes de produzir seus próprios sustentos, tornando-os paupérrimos e virando pedintes pelas ruas e estradas.

No mesmo ano que foi realizado o estudo de Álvaro, o governo do estado elaborou um projeto especial de políticas públicas para tentar frear o tracoma. Em uma ação conjunta com diversos órgãos governamentais, foi criado uma campanha com ações simultâneas abrangendo instalação de postos de tratamento para os enfermos, controle da endemia nas escolas e vistoria de passageiros nos portos.

Dentre as medidas tomadas, a mais importante foi o "Serviço de Profilaxia e Tratamento do Tracoma", decretado em setembro de 1906. Esse serviço consistia na instalação de postos de tratamento espalhados pelos municípios de maior incidência de enfermos. No final de 1908, o serviço contava com a instalação de mais de 37 dispensários urbanos e mais 255 rurais.[47] No mapa abaixo, é possível verificar a distribuição geográfica dos postos (municípios pintados em verde).

43 ALVARO, Guilherme. "Profilaxia e Tratamento das ophtalmias do oeste de São Paulo". *Revista Médica de S. Paulo*. São Paulo, Anno VII, n. 24, 31 dez. 1904. p. 58.

44 SÃO PAULO – ESTADO, *op. cit.*

45 LOPES, Octacilio. *O Tracoma:* noções práticas para o médico não especialista. São Paulo: Grafica Oriental Barberis e Lacaze, 1944.

46 RIBEIRO, 1993. Op.cit.

47 TELAROLLI JR. Rodolfo. *Poder e Saúde:* as epidemias e a formação dos serviços de saúde em São Paulo. São Paulo: Editora da Universidade Paulista, 1996.

Imagem 2 – Mapa de postos de tracoma de 1906

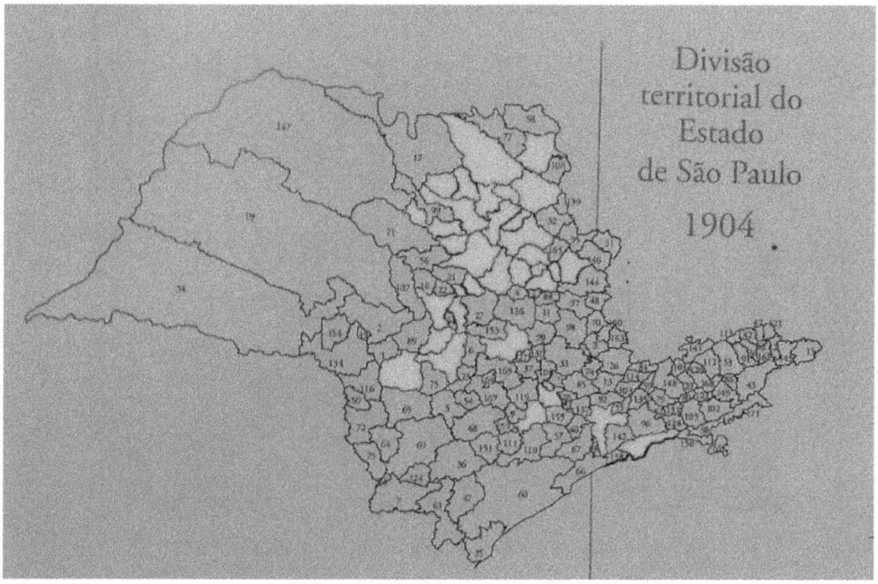

Fonte: Elaborado pela autora com base em Bassanezi et al[48] e São Paulo – Estado[49]

A inauguração dos postos foi noticiada por vários jornais de São Paulo e Rio de Janeiro. As festas de maior relevância como a de Ribeirão Preto, por exemplo, contaram com as presenças do Secretário do Interior, do Diretor do Serviço Sanitário, do Chefe do Serviço contra o tracoma e de autoridades municipais.

48 BASSANEZI, Maria Silvia C. B (et al.). *Atlas da imigração internacional em São Paulo 1850-1950*. São Paulo: Editora Unesp, 2008.

49 SÃO PAULO - ESTADO. S. S *Serviço contra o trachoma – nomeações*. São Paulo, 1906.

IMAGEM 3 – INAUGURAÇÃO DO POSTO DE TRACOMA EM RIBEIRÃO PRETO

Inauguração do Posto Anti-Trachomatoso de Ribeirão Preto
com a presença do Snr. Dr. Secretario do Interior, Director do Serviço Sanitario, Chefe do Serviço contra o trachoma, auctoridades municipaes e grande massa popular

Fonte: Ribas[50]

Os postos de atendimentos que foram todos montados nas áreas urbanas dos municípios, objetivavam avançar para o sertão para atender os trabalhadores das fazendas privadas. Em relatório, o Secretário do Interior expôs que tentaram iniciar as visitações logo no primeiro ano da criação das comissões, mas que a quantidade de enfermos que procuraram os postos dificultou a execução do plano inicial. Em suas palavras:

> O prazo de três meses foi curto para poder o serviço da comissão tomar toda a extensão a que se propunha; o número de indivíduos que comparecia diariamente aos postos era enorme, de modo que só puderam ser atendidos os doentes da cidade e

50 RIBAS, Emílio. "Relatório referente ao anno de 1906, apresentado pelo Dr. Emílio Ribas, Diretor do Serviço Sanitário ao Sr. Secretário dos Negócios do Interior". *Revista médica de São Paulo*, Anno X, n. 11, 15 jun. 1907.

> suas imediações, ficando as populações dos centros rurais mais afastados para serem atendidas posteriormente.[51]

No início de 1908, os médicos das comissões conseguiram fazer as primeiras incursões na zona rural.[52]

Com grande número de postos de tratamento e com a inserção da equipe de médicos sanitários nas fazendas conseguindo ter acesso à população rural, o Serviço Sanitário conseguiu ampliar a atuação das comissões e passou a promover campanhas contra outra enfermidade que também atacava os trabalhadores do sertão: a ancilostomose.[53]

Com essa nova atividade, o Chefe da Comissão de tracoma passou a ter outras incumbências como a obrigação de "formular conselhos e instruções para serem distribuídos em larga escala e fazer propagandas das medidas profiláticas" não somente do tracoma, mas também da ancilostomíase.

Depois de quase um ano e meio de funcionamento das comissões de tracoma, o Serviço Sanitário registrou o exame de 410.084 indivíduos, sendo identificados 104.432 tracomatosos. Nas escolas a identificação foi de quase 20 mil alunos com a doença. Entre os anos de 1906 a 1908, foram desenvolvidos 2.828.115 curativos, 1.404 cirurgias e identificados 78 cegos provenientes do tracoma.[54]

Com as comissões em funcionamento, Emílio Ribas se ausentou da direção do Serviço Sanitário para estudar a profilaxia da tuberculose,[55] um assunto que durante muito tempo fez parte da agenda do sanitarista paulista.[56] Durante sua viagem aos Estados Unidos e Europa, assumiu a direção do

51 SÃO PAULO - ESTADO. *Relatório da Secretaria do Interior, anno de 1906*. São Paulo: Typographia do Estado de S. Paulo, 1907.p. 14

52 SÃO PAULO – ESTADO. "Commissão de Prophylaxia e tratamento do trachoma. Expediente do dia 18 de março de 1907". *Diário Official*, 22 mar., 1907. p. 926.

53 Idem. p. 10.

54 SÃO PAULO - ESTADO, 1908. Op.cit.

55 Para conhecer sobre a relação de Emílio Ribas com a tuberculose, ver BERTOLLI FILHO. Op.cit.; MOTA, André. *Tropeços da medicina bandeirante:* medicina paulista entre 1892-1920. São Paulo: Editora da Universidade de São Paulo, 2005.

56 ALMEIDA, Marta. *República dos Invisíveis:* Emilio Ribas, microbiologia e saúde pública em São Paulo (1898-1917). Dissertação (Mestrado) – Faculdade de Filosofia, Letras e Ciências Humanas, Universidade de São Paulo, São Paulo, 1998.

Serviço Sanitário o médico José Bento Paula Souza permanecendo no cargo entre 16 de junho de 1908 e 31 de março de 1909.[57]

Depois de seis dias que Emílio Ribas deixou a direção do Serviço Sanitário, o governador Albuquerque Lins, em 22 de junho de 1908, extinguiu as comissões de tracoma sob a alegação de falta de verba.[58]

Em 1911, com Emílio Ribas novamente na direção do Serviço Sanitário, uma nova comissão de tracoma foi criada. Com uma verba menor, a equipe foi reduzida, sendo composta por 1 chefe de comissão, 2 chefes de zona, 16 médicos, 32 enfermeiros, 3 amanuenses e 2 auxiliares técnicos farmacêuticos.[59]

Em relação a primeira comissão, nessa nova iniciativa teve algumas alterações importantes. A primeira delas foi o caráter itinerante. Enquanto na primeira comissão os médicos atendiam em postos fixos nos municípios, saindo das suas bases somente quando solicitados, na segunda comissão, os médicos deveriam sair dos postos para prestarem atendimentos em diversas regiões, adentrando no sertão e desenvolvendo com maior intensidade a profilaxia e os tratamentos dos trabalhadores agrícolas.

O ingresso nas áreas rurais que já se iniciava com a primeira comissão, foi aumentando a cada ano com a segunda comissão. Foram realizados procedimentos médicos em 502 fazendas em 1912, no ano seguinte 550 fazendas e para o ano de 1914, 798 propriedades rurais privadas.[60]

Na segunda iniciativa, Emílio Ribas ampliou ainda mais as atividades dos postos de tracoma. Se na comissão anterior, os médicos prestavam atendimentos para a ancilostomose, a partir da nova comissão doenças como a malária, a febre tifoide, as vacinações, as mordidas de cobras e as instruções contra o alcoolismo passaram a fazer parte do arcabouço dos postos.

57 MASCARENHAS, R. S. *Contribuição para o estudo da administração sanitária estadual em São Paulo.* Tese (Docência-Livre) - Faculdade de Higiene e Saúde Pública - USP, São Paulo, 1949.

58 SÃO PAULO - ESTADO, 1908. Op.cit.

59 SÃO PAULO – ESTADO. *Decreto N. 2.141 de 14 nov 1911. Reorganiza o Serviço Sanitário.* 14 nov 1911. Disponível em: https://www.al.sp.gov.br/repositorio/legislacao/decreto/1911/decreto-2141-14.11.1911.html. Acesso em: 01 jun. 2016.

60 SÃO PAULO - ESTADO. *Relatório do Serviço Sanitário do Estado de São Paulo, annos de 1913, 1914 e 1915.* São Paulo: Typographia do Diário Official, 1917. S. PAULO. "S.Paulo". *Jornal do Commercio*, Rio de Janeiro, 10 jul. 1913. p. 5.

Em decorrência da Primeira Guerra Mundial, as Comissões de Tracoma que consumiam elevados custos de manutenção, foram suprimidas em 1914.[61] As campanhas de combate ao tracoma foram intermitentes por várias décadas. Em 1917, por exemplo, uma nova campanha foi criada, permanecendo até 1925. Na década de 1930, iniciou-se a instalação de uma rede especializada em tracoma. Na década de 1950, foi identificado uma queda na diminuição das ocorrências de tracoma, fazendo as autoridades governamentais acreditarem que o tracoma havia sido erradicado do estado. Na década de 1990 vários municípios paulistas foram identificados com tracoma, exigindo do governo estadual a implantação de novas medidas de combate à doença.[62]

Referências bibliográficas

A REPÚBLICA, "Notas da véspera", *A República,* Curitiba, 30 jun. 1906, p.1.

A.B.C.(...) *A.B.C. Projeto de orçamento para S. Paulo, perante a comissão de finanças da Câmara estadual.* Rio de Janeiro, 9 dez. 1915, p. 10.

ALMEIDA, Marta. *República dos Invisíveis: Emilio Ribas, Microbiologia e saúde pública em São Paulo (1898-1917).* Dissertação (Mestrado) - Faculdade de Filosofia, Letras e Ciências Humanas, Universidade de São Paulo, São Paulo,1998.

ALVARO, Guilherme. "Profilaxia e Tratamento das ophtalmias do oeste de São Paulo". *Revista Médica de S. Paulo.* São Paulo, Anno VII, n. 24, 31 dez 1904, p. 579-582.

BAENINGER, Rosana; PERES, Roberta Guimarães; DEMÉTRIO, Natália Belmonte. *Atlas temático: Observatório das migrações em São Paulo.* Campinas: Núcleo de Estudos de População - NEPO/Unicamp, 2013.

61 A.B.C.(...) *A.B.C. Projeto de orçamento para S. Paulo, perante a comissão de finanças da Câmara estadual.* Rio de Janeiro, 9 dez. 1915. p. 10.

62 LUNA. Op.cit. A nível nacional, medidas governamentais foram iniciadas em 1923 com algumas ações pontuais como o controle de entrada de imigrantes tracomatosos em todos os portos do país. Entre os anos de 1943 e 1955, o governo federal implantou a "Campanha Federal do Tracoma" formando médicos tracomatologistas e instalando 37 postos de tracoma em 11 estados. Em 1956 a Campanha contra o Tracoma foi reestruturado com uma atuação mais dinâmica com a busca ativa dos casos. Essa reorganização, no entanto, não conseguiu controlar a endemia que permaneceu em algumas regiões.

BARRETO, Melo. "O Tracoma". *O Estado de S. Paulo*, São Paulo, 22 ago., 1903, p. 4.

BASSANEZI, Maria Silvia C. B (et al.). *Atlas da imigração internacional em São Paulo 1850-1950*. São Paulo: Editora Unesp, 2008.

BERTOLLI FILHO, Claudio. *História Social da tuberculose e do tuberculoso:* 1900-1950. Rio de Janeiro: Fiocruz, 2001.

BLOUNT, J. A. "A administração da saúde pública no Estado de São Paulo: o serviço sanitário de 1892-1918". *Revista de Administração de Empresas*, n. 4, vol. 12, 1972, p. 40-48.

BURNIER, Penido. "O Tracoma no Brasil: sua origem e difusão". *Arquivos do Instituto Penido Burnier*, Campinas, Fascículo 1, vol. 1, março de 1932.

CASTRO, D. L. de; CASTELO BRANCO, R. M. G. "Caracterização da arquitetura interna das bacias do Vale do Cariri (NE do Brasil) com base em modelagem gravimétrica 3-D". *Rev. Bras. Geof.*, São Paulo, n. 2-3, vol. 17, nov. 1999, p. 130-144.

FAJARDO, Francisco. "O trachoma em S. Paulo". *O Commercio de São Paulo*, São Paulo, 12 mar. 1906, p. 1.

GAMBETA, Wilson Roberto. *Soldados da Saúde- A formação dos Serviços de Saúde Publica em São Paulo (1889-1918)*. Dissertação (mestrado) - FFLCH-USP, São Paulo, 1988.

GUNN, Philip. "A importância histórica da fronteira cafeeira na ocupação territorial de São Paulo". *Boletim Técnico São Paulo*, São Paulo, n. 8, 1992, p. 59-72.

IL "TRACOMA"(...) "Il "tracoma" nelle Fazendas - L`opera benemerita del prof. Cav. Alberto Benedetti". *L'Emigrato Italiano in America*, ano V, mar. 1911, p. 10.

JAHÚ... "Jahú- Posto anti-tracomatoso". *Correio Paulistano*, São Paulo, 07 fev. 1913.

LLOYD BRASILEIRO. "Lloyd Brasileiro". *Correio Da Manhã*, Rio de Janeiro, 23 nov., 1919, p. 4.

LOPES, Octacilio. *O Tracoma:* noções práticas para o médico não especialista. São Paulo: Grafica Oriental Barberis e Lacaze, 1944.

LUNA, Expedito J. *A epidemiologia do tracoma no Estado de São Paulo*. Dissertação (Mestrado em Ciências Médicas), FCM - Unicamp, Campinas, 1993.

MARQUESE, Rafael; TOMICH, Dale. O Vale do Paraíba escravista e a formação do mercado mundial do café no século XIX. In: GRINBERG, Keila; SALLES, Ricardo (org). *O Brasil Imperial*.Volume II - 1831-1870). Rio de Janeiro: Civilização Brasileira, 2009, p. 339-383.

MASCARENHAS, R. S. *Contribuição para o estudo da administração sanitária estadual em São Paulo.* Tese (Docência-Livre) - Faculdade de Higiene e Saúde Pública - USP, São Paulo, 1949.

MATTOSO, Eusebio de Queiroz. "O Trachoma". *O Estado de S. Paulo*, São Paulo, 21 ago. 1903, p. 2.

MELO, José E. V. "Café com açúcar: A formação do mercado consumidor de açúcar em São Paulo e o nascimento da grande indústria açucareira paulista na segunda metade do século XIX". *Saeculum* (UFPB), vol. 14, 2006, p. 64-93.

MERINO, Fernando. "Relatório do ministério das relações exteriores. Hespanha, immigração hespanhola, n. 1, Exposición: Ministerio de la Gobernación. Madri, 25 ago 1910". In: *Relatorio apresentado ao Presidente da republica dos estados unidos do Brasil pelo Ministro de Estado das Relações exteriores, compreendendo o período decorrido de 1º Janeiro a 30 abril de 1912.* Rio de Janeiro, 1912.

MOTA, André. *Tropeços da medicina bandeirante:* Medicina Paulista entre 1892 – 1920. São Paulo: Editora da Universidade de São Paulo, 2005.

NOTAS (...) "Notas - Cravinhos". *Correio Paulistano*, São Paulo, 17 dez. 1911, p. 1.

NOTAS (...) "Notas – Ribeirão Preto". *Correio Paulistano*, São Paulo, 12 fev. 1912, p. 2.

OTTONI, David. "Clinica Ophtalmologica – Conjunctivite granulosa". *Brazil – Medico*, Rio de Janeiro, ano XII, n. 41, 1898.

PAPARGONE, Ernerto. "Il Tracoma e sue complicazioni". *Soceitá Editrice Libraria.* Milano, n. 16, 1922.

PICCAROLO, A. "Publicações a pedido: Interesses italianos no Brasil partes VII e VIII". *Jornal do Commercio*, Rio de Janeiro, 24 jan. 1913, p. 8.

RELATÓRIO (...). *Relatório apresentado ao Presidente da republica dos estados unidos do Brasil pelo Ministro de Estado das Relações exteriores, compreendendo o período decorrido de 1º. Janeiro a 30 abril de 1912.* Rio de Janeiro, 1912.

RIBAS, Emílio. "Relatório referente ao anno de 1906, apresentado pelo Dr. Emílio Ribas, Diretor do Serviço Sanitário ao Sr. Secretário dos Negócios do Interior". *Revista médica de São Paulo*, Anno X, n. 11, 15 jun. 1907.

RIBEIRO, Maria Alice. *História sem fim: Um inventario da saúde pública, São Paulo, 1880-1930*.São Paulo: Editora da Universidade Estadual Paulista, 1993.

ROSSI, Adolpho. "Bollettino Dell'Emigrazione". *Ministero Degli Affari Esteri*", Roma: Tipografia Nazionale Di G. Bertero F. C., n. 7, 902, p. 35.

S. PAULO. "S.Paulo". *Jornal do Commercio*, Rio de Janeiro, 10 jul. 1913, p. 5.

SÃO PAULO - ESTADO. "Commissão de Prophylaxia e tratamento do trachoma. Expediente do dia 18 de março de 1907". *Diário Official*. 22 mar.1907, p. 926-927.

______. *Decreto No. 2.141 de 14 nov 1911. Reorganiza o Serviço Sanitário*. 14 nov 1911. Disponível em: https://www.al.sp.gov.br/repositorio/legislacao/decreto/1911/decreto-2141-14.11.1911.html. Acesso em: 01 jun. 2016.

______. *Relatório da Secretaria do Interior, anno de 1906*. São Paulo: Typographia do Estado de S. Paulo, 1907.

______. *Relatório da Secretaria do Interior, annos de 1907 e 1908*. São Paulo: Duprat & Comp., 1908.

______. *Relatório do Serviço Sanitário do Estado de São Paulo, annos de 1913, 1914 e 1915*. São Paulo: Typographia do Diário Official, 1917.

______. *S.S Serviço contra o trachoma - nomeações*. São Paulo, 1906.

SCHELLINI, Silvana.; SOUSA, Roberta. "Tracoma: ainda uma importante causa de cegueira". *Revista Brasileira de Oftalmologia*, n.71, vol. 3, 2012, p. 199-204.

SCHLOSSER, Katherine. "History of Trachoma". *International Trachoma iniciative. Special edition*. 15 may 2011. Disponível em: http://www.trachoma-coalition.org/resources?keys=&field_topic_tid%5B%5D =18. Acesso em 02 set. 2018.

SEIDL, Carlos. "A doença de Chagas". *Diário de Pernambuco*, Recife, 16 ago 1911, p. 1.

STOLCKE, Verena. *Cafeicultura:* homens, mulheres e capital (1850-1980). São Paulo: Ed. Brasiliense, 1986.

TAYLOR, H.R. "Tracoma. Doyne lecture: tracoma, is it history?" *Eye - journal of The Royal College of Ophthalmologists*, n. 23, 2009, p. 2007-2022. Disponível em https://www.nature.com/articles/eye2008432. Acesso em: 04 dez. 2017.

TELAROLLI JR. Rodolfo. *Poder e Saúde:* as epidemias e a formação dos serviços de saúde em São Paulo. São Paulo: Editora da Universidade Paulista, 1996.

TRACOMA, "Organizacion Panamericana de la Salud". *Boletin de la Oficina Panamericana*, n. 7 vol. 7, jul. 1928, p. 839.

______. "Trachoma". *O Pharol*, Juiz de Fora, 29 jul. 1903, p. 3.

"O mal invasor" ou as doenças que vêm do sertão: as epidemias de febre amarela em Sorocaba e Itapetininga (1897-1900)

João Paulo D'allava[1]

Gustavo Vargas Laprovitera Boechat[2]

Introdução

As cidades de Sorocaba e Itapetininga têm muito mais em comum em suas histórias do que no fato de estarem situadas na mesma região do estado de São Paulo, separadas por sessenta quilômetros, aproximadamente. Ambas têm suas origens ligadas ao comércio das tropas de muares que vinham do sul da América Portuguesa, as quais funcionavam como ponto de passagem e venda, constituindo uma memória forte em torno da cultura tropeira.

No final do século XIX e início do XX, as mudanças sanitárias e educacionais, as reformas do espaço urbano e as atividades econômicas envolvidas com a introdução da máquina a vapor fizeram com que as elites das cidades criassem em seu imagético um período de *Belle Époque* com as suas especificidades locais. É nesse contexto que a febre amarela atinge pela primeira vez a cidade de Sorocaba, que, por sua importância econômica na região, era referi-

1 Historiador, mestre em Saúde Coletiva pelo Departamento de Medicina Preventiva-FMUSP, professor da educação básica na rede particular de ensino. E-mail: jpdallava@yahoo.com.br.

2 Historiador, mestre em Saúde Coletiva pelo Departamento de Medicina Preventiva-FMUSP, professor e coordenador do Núcleo Pedagógico de História da Diretoria de Ensino de Itapetininga. E-mail: gvlboechat@gmail.com.

da na imprensa como "a porta do Sul do Estado". Esse fato causou insegurança nas cidades próximas – como Itapetininga – e, em certos momentos, levou à tomada de medidas sanitárias extremas por parte das autoridades locais. Sorocaba e Itapetininga, que estiveram a salvo da febre amarela durante as primeiras grandes epidemias do início da década de 1890, associavam a doença à insalubridade das cidades do oeste paulista – região que era comumente relacionada à ideia de *sertão*.

Sendo assim, o presente texto procura compreender como as duas cidades que buscavam um ideal de civilização, progresso e salubridade, não se reconhecendo, portanto, como integrantes dos chamados *sertões paulistas*, lidaram com as epidemias de febre amarela que provinham justamente dessa região. A partir das fontes jornalísticas e oficiais, além de estudos memorialistas, procuraremos abordar o tensionamento entre as duas cidades devido à doença.

O sertão e a historiografia do centro-sul paulista

No conjunto da produção historiográfica sobre o Brasil, o conceito de "sertão" tornou-se uma categoria importante para caracterizar e delimitar espacialmente diversas regiões. Desse modo, pode-se considerar que

> o sertão não é um lugar, mas uma condição atribuída a variados e diferenciados lugares. (...) Trata-se de um discurso valorativo referente ao espaço, que qualifica lugares segundo a mentalidade reinante e os interesses vigentes nesse processo. (...) trata-se da construção de uma imagem, à qual se associam valores culturais geralmente – mas não necessariamente – negativos, os quais introduzem objetivos práticos de ocupação ou reocupação dos espaços enfocados.[3]

Entre os anos de 1870 e 1940, "sertão" chegou a constituir categoria absolutamente essencial (mesmo quando rejeitada) em todas as construções historiográficas que tinham como tema básico a nação brasileira.[4] No momento

3 MORAES, Antonio C. R, "O Sertão: um 'outro' geográfico". *Terra Brasilis*, n. 4-5, nov. 2012. p. 2.

4 AMADO, Janaína. Região, sertão, nação. *Estudos Históricos*, RJ, v. 8, n. 15, 1995. p. 146.

em que as questões relacionadas à identidade nacional eram intensamente debatidas pela intelectualidade brasileira, alguns historiadores dedicaram-se a estabelecer o conceito de sertão como "paradigma historiográfico". Nesse intuito, contribuíram instituições como o Instituto Histórico e Geográfico Brasileiro (IHGB) e o Instituto Histórico e Geográfico de São Paulo (IHGSP), este último, especialmente, associando o sertão à construção da imagem desbravadora do bandeirante como o "herói forjado no sertão, fortalecido por este e, por isso, o grande construtor da brasilidade".[5]

Construiu-se, desse modo, uma historiografia paulista que buscava no passado elementos para referendar a posição de liderança econômica do Estado de São Paulo em relação aos outros e, desse modo, legitimar os anseios políticos de sua elite. Fatores como a dinamização e expansão da lavoura cafeeira e o crescimento populacional – impulsionado fundamentalmente pela imigração europeia – somaram-se ao advento da República, demandando a construção de uma imagem que legitimasse o discurso paulista. Nesse sentido, a figura do bandeirante é construída nesse momento e utilizada como símbolo de um "ufanismo paulista", que, apesar de se voltar para o passado, "encontrava-se firmemente implantado no presente".[6] A criação do IHGSP foi central nesse processo, pois as pesquisas históricas produzidas por seus membros foram responsáveis pela valorização e popularização da figura do bandeirante.[7]

É nesse contexto que – associado à imagem que vinha sendo construída do bandeirante – emerge na historiografia e na memorialística a figura do tropeiro. Historiadores paulistas do início do século XX, em sua maioria ligados ao Museu Paulista, foram os primeiros a dar lugar de destaque ao tropeiro dentro da história nacional. Nesse sentido, assim como o bandeirante, o tropeiro foi apropriado pela produção historiográfica da época, confirmando

5 OLIVEIRA, Ricardo de. Ficção, ciência, história e a invenção da Brasilidade Sertaneja. *Ipotesi, revista de estudos literários*, Juiz de Fora, v. 4, n. 1, 2000. p. 44.

6 QUEIROZ, M. Ufanismo paulista: vicissitudes de um imaginário. *Revista USP*, (13), 1992. p. 81-82.

7 SCHWARCZ, L. M. *O espetáculo das raças:* cientistas, instituições e questão racial no Brasil, 1870-1930. São Paulo: Cia das Letras, 2017. p. 174.

a ideia de uma "raça paulista", que apresentava como principal característica uma fácil adaptação a ambientes diferentes.[8]

Nessa perspectiva, o tropeiro foi visto como continuador do bandeirante no processo de desbravamento e ocupação do território, e as feiras de Sorocaba foram representadas como símbolo do progresso - por proporcionarem o meio de transporte que possibilitou o impulso inicial da cafeicultura, antes do advento da ferrovia - e como um espaço privilegiado na promoção da integração nacional - por permitirem a convergência de pessoas de várias regiões do país.[9]

Nos primeiros trabalhos memorialísticos sobre Sorocaba, o sertão aparece sempre associado às bandeiras e ao processo de fundação da vila. O memorialista Aluísio de Almeida estabelece, em termos gerais, as delimitações do que se concebia como "sertão" nos primeiros séculos de ocupação da região. Ao descrever o processo de desmembramento e delimitação territorial das vilas de Sorocaba, São Roque e Itu, o autor especifica seus limites e define os espaços além dessas marcas como "sertão": "Tudo o mais era o sertão indeterminado a oeste e ao sul, desde a foz do Sorocaba no Tietê até os campos de Curitiba".[10] Na definição de Almeida, "sertão (...) é o que está no interior e não propriamente o mato",[11] atestando assim a multiplicidade de significados que esse conceito carrega.

Os memorialistas em Itapetininga procuraram contar a história da cidade a partir do povoamento português e sob a ótica daqueles que estabeleceram a dita civilidade europeia no sertão desbravado por bandeirantes e tropeiros. Antônio Galvão Junior[12] afirma, ao narrar a origem histórica da cidade no século XVIII, que "a vila de Sorocaba era o marco da civilização dos valentes e destemidos peões e tropeiros. Embrenhavam-se pelo sertão, palmilhando

8 CHIOVITTI, Nancy. *Discursos do progresso:* Sorocaba e o fim da feira de muares, Dissertação (Mestrado em História). IFCH-UNICAMP, Campinas, SP, 2003. p. 36.

9 Idem. p. 36-37.

10 ALMEIDA, Aluísio. "Memória histórica sobre Sorocaba (II)", *Revista de História*, São Paulo, n. 61, v. 30, mar. 1965. p. 76.

11 *Idem*. "Memória histórica sobre Sorocaba (V)". *Revista de História*, n. 71, v. 35, set. 1967. p. 175.

12 GALVÃO JR, Antônio. *Itapetininga e sua História.* São Paulo: Gráfica Biblos LTDA, 1956. p. 9.

centenas de léguas de picadas abertas pelos aventureiros em busca das tropas de animais do Paraná".

José Luiz Nogueira[13] procura delinear a genealogia das famílias que compõem a elite da cidade, como as Vieira, Prestes, Hungria, Aires e outras, além de citar as profissões e quem são os seus descendentes. No século XVI, os bandeirantes e tropeiros percorriam a via indígena Peabiru[14] em direção ao oeste e ao sul da parte meridional da América para adentrar o sertão. Apresentando o descrédito europeu sobre a capacidade dos nativos americanos, "um povo não civilizado", em construir aquela via de uma forma tão notável, o autor cita a visão dos jesuítas da época, como uma intervenção "milagrosa feita por São Tomé". Peabiru foi considerado pelo autor como a porta de entrada da colonização do sertão sul do continente americano, onde os europeus fundariam as vilas.

Carlos Fidêncio[15] trabalha com a narrativa sucessiva dos eventos históricos de Itapetininga, como as criações de instituições públicas e privadas e algumas personalidades contemporâneas e do passado. O autor afirma que o seu objetivo é transmitir aos jovens itapetiningamos do presente que "possam encarar com mais seriedade e amor a cidade em que vivem". Contudo, também é forjar e impor um passado dos "grande heróis" da cidade e o ponto de vista da elite local sobre a história da população itapetiningana.

O sociólogo Oracy Nogueira[16, 17] faz um estudo orgânico da gênese histórica das instituições étnicas, sociais, políticas e econômicas em Itapetininga. Estes trabalhos científicos nos fornecem lucidez histórica em meio a tantos trabalhos memorialistas ao descrever tanto os aspectos do cotidiano quanto as

---

13 NOGUEIRA, José Luiz. *Genealogia de uma cidade:* Itapetininga. Volume 1. Itapetininga (SP): Gráfica Regional, 2005. p. 14.

14 Rota terrestre indígena, com largura de 8 palmos, era composta por vias ramificadas em diversas direções, que ligavam o litoral leste, da atual cidade de Cananeia-SP, à Lima no Peru.

15 FIDÊNCIO, Carlos. *Itapetininga: ontem-hoje.* Itapetininga (SP): Editora Cehon, 1986. p. 11.

16 NOGUERIA, Oracy. *Preconceito de Marca:* as relações raciais em Itapetininga. São Paulo: Editora da Universidade de São Paulo, 1998.

17 Idem. *Família e Comunidade (Um Estudo Sociológico de Itapetininga).* Rio de Janeiro: Centro de Pesquisas Educacionais, 1962.

distintas fases da história local; assim, eles funcionam como uma importante referência para este texto.

A Belle Époque sorocabana: a Manchester Paulista e seu avesso

Entre os séculos XVIII e XIX, a elite comercial sorocabana estruturou seus negócios aproveitando a intensificação da passagem de animais pelo Registro para constituir grandes fortunas, principalmente com a arrematação de impostos. A essas práticas seguia-se o investimento diversificado em atividades ligadas direta ou indiretamente à feira de animais, cujo advento proporcionava a passagem e a concentração periódica de vendedores e compradores de tropa, possibilitando "sua conformação como centro redistribuidor de muares para transporte, atraindo visitantes que estimulavam não só a compra de animais, mas também o artesanato e o comércio local".[18]

A virada do século XIX para o XX marca um período de grandes transformações em Sorocaba. O crescimento urbano e populacional – intensificado pela imigração – somado a um incipiente processo de industrialização acalentou o sonho das elites locais em transformar a cidade em uma grande metrópole industrial. É nesse contexto que é construído o mito da *Manchester Paulista*, imagem pautada no ideal de uma cidade industrial, salubre e progressista.

Nesse momento, a imprensa local exalta uma pretensa "tendência industrial" de Sorocaba, tentando se desvencilhar da imagem de cidade tropeira – associada à rusticidade e insalubridade – e apostando nas fábricas:

> Longe da agitação nervosa dos grandes centros (...) está Sorocaba, a tradicional terra da saude e, sem erro, do trabalho.
> A obra da civilisação aqui ja produs sazonados fructos, mas, como nova, não poude ainda apagar certos vestígios que para nossa historia, tambem recente, ainda servem de fontes bem expressivas.
> Contorneando a cidade de alto a baixo, por uma face, a subir margeando o rio Sorocaba, ainda está a *rua das tropas*, limitando para um lado o estreito Valle do mesmo rio. Mas as *tropas* já desappareceram;

18 BADDINI, Cássia M. *Sorocaba no Império:* comércio de animais e desenvolvimento urbano. São Paulo: Annablume: Fapesp, 2002. p. 15-16.

> [...]
> Não ha mais *feiras*.
> [...]
> Diversas industrias pequenas [...] e fabricas importantes, [...] ahi está, principalmente, o caracteristico de Sorocaba, cuja vida foi desde seus principios um tanto original.
> Aqui a iniciativa póde muito; e já grande numero de familias vivem da industria fabril, aqui já ha muitos nacionaes operarios e não *camaradas* como é commum aos filhos de outros logares.
> [...]
> Muitas e diversas casas commerciaes ha por atacado e que mesmo importão mercadorias do estrangeiro para abastecer os povos da fronteira do Paraná, que por aqui se chama *sertão*.
> [...]
> É grande cousa para os homens aproveitar a vocação, como para os homens desenvolver as tendencias.
> [...]
> Para os povos, [...] se nos afigura a *tendencia*, constituição hereditaria que inclina as massas populares a certas predilecções na actividade.
> Aqui temos a tendencia industrial e, mais precisamente, a concretisação dessa tendência.
> São agora as fabricas que, por darem trabalho, agremião o povo, que desde seus principios se occupava em artefactos diversos para exportação.[19]

O artigo destaca dois pontos que seriam fundamentais para a imagem que as elites locais pretendiam construir sobre Sorocaba: saúde e trabalho. Em relação ao último, o texto menciona o comércio de animais e as feiras ligadas ao mesmo – que ocorriam periodicamente na cidade – e afirma que, apesar da permanência de "certos vestígios", seriam práticas superadas pela economia local. O comércio de animais e passagem de tropas de muares pela cidade – práticas que já vinham sendo largamente criticadas pelas elites locais, por conta dos novos ideais de higiene e sanitarismo – teriam sido, então, substituídos pelas fábricas.

---

19 *O 15 de Novembro*, 14 fev. 1897. p. 1.

O outro aspecto destacado no artigo está relacionado a uma imagem sobre Sorocaba muito forte até a primeira epidemia de febre amarela na cidade (1897): "a tradicional terra da saúde". Epítetos como "higienopolis paulista"[20] e "*Sanatorium* de S. Paulo" apareciam na imprensa local e nos documentos oficiais como meio de reforçar o ideal que se buscava associar à cidade. Entretanto, apesar da tão exaltada higiene sorocabana, a cidade apresentava sérios problemas sanitários, como a deficiência do serviço de limpeza pública.

A remoção de lixo e das águas servidas domésticas, além da preocupação com os chamados "miasmas" repercutiam em medidas da municipalidade e artigos na imprensa. Essa situação gerava debates que muitas vezes se inseriam nas disputas políticas locais, tendo as páginas dos jornais como instrumento principal desse embate.[21]

Na virada do século XIX para o XX, eram recorrentes as reclamações de indivíduos acerca da conservação do espaço público e limpeza da cidade. Os princípios sanitaristas eram associados ao ideal de civilização, tão almejado pelas elites locais no processo de afirmação da imagem de Sorocaba como a *Manchester Paulista*, em oposição à ideia de "sertão", relacionada ao atraso, à rusticidade e às doenças. Uma reclamação publicada no jornal *A Lucta*, em 1899, demonstra bem essa ideia: "a 8 dias transita diariamente um cão quase que em estado de putrefação e ainda não foi tomada providencia a este respeito, arre! Sorocaba não é *sertão*."[22]

O termo "sertão" – ou "sertões", no plural – aparece diversas vezes na imprensa local com significado semelhante ao mostrado anteriormente. Mais comumente associado à região fronteiriça do sul do Estado, no caso de Sorocaba, também indicava áreas situadas no oeste paulista – localidades sucessivamente acometidas por epidemias, principalmente de febre amarela. O jornal *O 15 de Novembro*, de 1897, ao defender medidas sanitárias em Sorocaba em um contexto de epidemias de febre amarela nas cidades do oeste

20 *O 15 de Novembro*, 12 de abr. 1896 apud CARVALHO, Rogério L. P. *Fisionomia da cidade:* Sorocaba – cotidiano e desenvolvimento urbano – 1890-1943. Tese (Doutorado em História). FFLCH-USP, São Paulo, 2008. p. 106.

21 DALL'AVA. João P. *Sorocaba entre epidemias:* a experiência de Álvaro Soares na febre amarela e na gripe espanhola (1897-1918). Dissertação (Mestrado em Ciências), FMUSP, São Paulo, 2015. p. 87.

22 *A Lucta*, 8 out. 1899. p. 3, grifo nosso.

paulista, atentava para a necessidade de impedir a concentração de lixo nas ruas e, assim, eliminar os "miasmas" causadores de doenças. Nesse sentido, o periódico criticava a ignorância dos "caipiras" em relação às explicações científicas para as doenças:

> A intuição do rustico não é tal que possa penetrar em *causas*; apenas chega-lhe para remediar o mal, para o que procura, mesmo por instincto de conservação, o empirismo das hervas, e quanto ás causas, um *mysterio*, attribue-as a fatalidade das cousas e quando muito ao *ar*; ao *ar* que vai e vem, não ao *meio* em que vive ou que fórma para viver. E nisto que está a dificuldade de incutir-lhes regras de hygiene (...).
> (...)
> É por isso que ainda hoje grande parte do povo (...) não se quer preoccupar na remoção do lixo, nem mesmo inconveniente algum nota na actual maneira de *limpeza*.
> São, porem, de incontestaveis vantagens as praticas de hygiene que se estão vulgarizando pelas cidades mais adiantadas (...).
> (...) apezar (...) do habito e das crenças supersticiosas que ainda dominão.
> E não pareça exagero esta afirmativa, porque ainda neste seculo (e quem sabe si hoje mesmo nos *sertões*) benzia-se o *ar* (...).[23]

As críticas e considerações acima encontravam eco na preocupação das autoridades com as questões relacionadas à saúde pública em Sorocaba. A cidade que, apesar da imagem projetada por suas elites, tinha sérios problemas sanitários e de higiene, naquele momento, se via às voltas com a real possibilidade de eclosão de uma epidemia de febre amarela.

A Belle Époque Itapetiningana: a imagem de "Atenas do Sul Paulista" e os velhos problemas sociais (1870-1900)

Vinculada em seu início à Vila de Sorocaba, o bairro de Itapetininga tinha como características geográficas, segundo o viajante Auguste Saint-Hilaire, regiões alternadas por áreas onduladas, montanhosas e planas, além da vegeta-

23 *O 15 de Novembro*, 14 fev. 1897. p. 1.

ção composta ora de campos ora de matas. O povoamento português se iniciou ao lado do Rio Itapetininga, ainda no começo do século XVIII, com utilização das pastagens dos campos em fazendas de engorda de gados bovino e equino, estes que vinham do sul da América Portuguesa. Outra função do bairro era servir como passagem para os mineradores que extraíam ouro nas minas de Paranapanema e de Apiaí, os quais faziam parte da Sesmaria de Itapetininga. Dessa maneira, seguindo as ordens da Metrópole Portuguesa e da Capitania de São Vicente, a fundação da Vila de Itapetininga, em 1770, teria como função controlar, de uma forma mais rigorosa, o tráfego de ouro e dos animais.[24]

Oracy Nogueira[25] afirma que, nos séculos XVIII e XIX, Itapetininga era chamado de a "boca do sertão" devido a dois motivos. O primeiro é que o bairro ficava entre o limite geográfico do espaço do projeto de exploração econômica português, que a oeste de Itapetininga seria o sertão ainda a ser desbravado, com uma natureza ainda não alterada pelo colonizador e ocupada pelos nativos da terra. O segundo refere-se à questão populacional, pois o bairro era composto pelas três etnias (branca, indígena e negra) livres ou foragidas, naturais ou forasteiros da região, que se aproveitavam da relativa falta de policiamento local e da baixa densidade populacional para poder sobreviver sem uma grande jurisdição penal. Negros e mestiços escravizados em fuga das regiões de São Paulo, Itu, Sorocaba, Porto Feliz e do Sul procuravam tal vila.

O naturalista oitocentista Auguste Saint-Hilaire declara que de todos os locais visitados "no Brasil não presenciara em parte alguma tamanha pobreza" como em Itapetininga. Essa declaração ocorre ao descrever a simplicidade das vestimentas dos proprietários rurais e do capitão-mor do distrito, pois eram vestidos apenas por ceroulas, camisa de algodão e paletó rôto nos cotovelos, reduzido o vestuário indispensável para se evitar a nudez. As moradias, principalmente as rurais, eram compostas por casebres pequenos e ausência de conforto, com paredes de barro, cobertura de sapé, piso de terra batida, escuros por falta de janelas, enegrecidos pela fumaça e desprovidos de aposento sanitário. A fome "campeava em toda a região de maneira terrível", na qual a alimentação era à base de milho (colhido imaturo) e leite, raramente comiam carne. Entretanto, havia um contraste enorme: a mesma localidade cultivava

24 NOGUEIRA, 1998. Op.cit. p. 182.

25 NOGUEIRA, 1998,1966. Op.cit. p. 54; p. 39.

arroz, feijão, milho e toicinho, porém essa produção era vendida a Sorocaba e a caravanas que vinham do Sul e das Minas, o que deixava a população local à deriva desses produtos.

Entre os anos de 1825 e 1850, houve o surto da lavoura canavieira na Vila de Itapetininga, o que fez com que aumentasse o povoamento permanente local e se instalasse uma série de trabalhadores de ofícios manuais, como comerciantes, músicos, carpinteiros, ferreiros, ourives, oleiros, alfaiates e sapateiros. O limite da agricultura da cana de açúcar passou a ser o novo delimitador da fronteira do sertão.[26]

Entre as décadas de 1850 e 1870, Itapetininga passou por alterações nos seus aspectos sociais, políticos e econômicos, pois passou a surgir uma camada social devido à tradição familiar ou à natureza das suas condições de vida, que passou a nivelar social e politicamente com os fazendeiros locais, como os juízes, promotores, funcionários burocráticos, professores, médicos e advogados. No campo político, a Vila foi elevada à categoria de sede da comarca em 1852 e, de cidade, em 1855. No campo da economia, a agricultura canavieira passou a ser sucedida pelo algodão e pelo café, dando serviço à maioria da população local, além de ainda ter a instalação de 20 máquinas a vapor de desencaroçar e enfardar algodão.[27]

No último quartel de século XIX, a cidade de Itapetininga passou por transformações significativas em seu mapa urbano, em sua relevância política e econômica para o interior do estado de São Paulo e em seu quadro populacional e profissional. Isso ocorreu, pois passou por reformas urbanas, as quais tiveram impactos com a chegada da máquina a vapor, que, como veremos mais adiante, passara por uma mudança da imagem que a elite construiu sobre ela.

Em 1894, Itapetininga venceu a concorrência política com outras cidades da província de São Paulo e inaugurou o primeiro estabelecimento de ensino de todo o interior, com uma escola de formação de professores normalistas, que ainda funcionava como uma escola complementar e outra modelo, a qual seria uma espécie de escola prática para os mestres que ali se formariam.[28] Tal fato promoveu a projeção da imagem da cidade e, consequentemente,

26 NOGUEIRA, 1998. Op.cit. p. 183.

27 Ibidem. p. 184.

28 Ibidem. p. 186.

de seus políticos, como Fernando Prestes de Albuquerque,[29] a concorrer aos mais altos cargos políticos do estado, como presidente, senador e deputado. Devido ao grande número de professores formados, para o interior do estado de São Paulo fora criado o codinome de *Atenas do Sul Paulista*, pelo professor Francisco Fabiano Alves, como uma forma de projeção estadual e nacional da imagem política da cidade.

No campo econômico, a presença da máquina a vapor em Itapetininga passou a aumentar em alguns meios de produção local, como as de descaroçar e beneficiar algodão, atividade ligada diretamente aos interesses da elite agrária local. Em 1895, os trilhos da Estrada de Ferro Sorocabana atingiram a cidade, os quais estimularam a transferência da sede das atividades do comércio de animais. A referida estrada foi chamada de "ponta-de-linha", já que as tropas do sul vinham até o município para embarcar na sua estação. Durante uma década, Itapetininga viveu a euforia econômica de uma ambicionada modernidade socioeconômica, mas ainda continuava a ser a "boca do sertão", já que ela ficava encastoada entre a região leste do estado de São Paulo, considerada pelo mito da paulistanidade como a civilizada e a desenvolvida economicamente, e a zona de terras consideradas as mais pobres, a sudoeste.[30]

Ainda no contexto da euforia econômica, Itapetininga passava por um misto de reorganização sanitária do seu espaço urbano e de problemas de saúde pública. Os jornais locais denunciavam a presença de animais, mantidos em quintas, soltos ou abandonados, nos perímetros urbanos, que deixavam fétidas as ruas, propagando doenças e insegurança aos habitantes da cidade. A partir do final da década de 1880, a Câmara Municipal passou a baixar códigos de conduta para tentar acabar com este problema por meio de multas aos seus proprietários. Ainda foi feito por esse poder local o calçamento dos logradores públicos centrais com paralelepípedos de pedra, início da construção de rede de abastecimento de água (1889) e instalação dos esgotos sanitários (1902). Em 1893, foi fundada a Santa Casa de Misericórdia de Itapetininga justificada por uma necessidade de resolver os problemas de "caridade e de uma instituição que visasse a socorrer a classe pobre".[31] As práticas de cura eram anunciadas nos

---

29 Conhecido em Itapetininga como Coronel Fernando Prestes, é um membro da elite agrária local, que produzia algodão e café em suas propriedades agrícolas.

30 Ibidem. p. 193.

31 GALVÃO, 1956. Op.cit. p. 218.

jornais locais por profissionais de medicina e odontologia que chegavam das cidades de São Paulo, Rio de Janeiro e também da Europa com os conhecimentos certificados e atendiam a população ou vendiam nas boticas.[32]

A febre amarela chega ao "Sul do Estado"

Existe uma farta bibliografia sobre as epidemias de febre amarela nos municípios do interior do estado de São Paulo. Entretanto, a maior parte dos estudos se relaciona quase que exclusivamente às localidades ligadas ao circuito cafeeiro ou ao chamado "Oeste Paulista".[33] Nesse sentido, Campinas tornou-se o centro irradiador da febre amarela a partir da eclosão de sua primeira grande epidemia, em 1889. Essa situação se tornou recorrente a partir de então e atingiu diversos municípios do interior de São Paulo.[34] É nesse contexto que as epidemias de febre amarela atingem Sorocaba e repercutem nos demais municípios do Sul do Estado de São Paulo, como Itapetininga.

Sorocaba sofreu com duas grandes epidemias de febre amarela: a primeira em 1897, e a segunda em 1900. O tema é recorrente na historiografia local; historiadores e memorialistas reconstituíram os episódios baseados em experiências vividas, em informações noticiadas pela imprensa e na memória coletiva construída logo após a ocorrência das epidemias.[35]

Para tentar compreender a importância dada pela memória coletiva sorocabana ao episódio relacionado às epidemias, algumas hipóteses se apresentam, como o grande número de óbitos, principalmente durante a epidemia de 1900. Os números não são precisos e divergem de acordo com as fontes, mas evidenciam um alto índice de morbidade e mortalidade. Segundo a conferência realizada pelo médico Emilio Ribas – diretor do Serviço Sanitário Estadual à época das epidemias – foram 2.322 doentes notificados e 877 óbitos.[36] No registro populacional mais próximo do período das epidemias, em 1890, Sorocaba contava

32 NOGUEIRA, 1998. Op.cit. p. 188.

33 RIBEIRO, Maria A. *História sem fim...* Inventário da saúde pública, São Paulo – 1880-1930. São Paulo: Editora da Universidade Estadual Paulista, 1993.

34 Idem. p. 72.

35 DALL'AVA, 2015. Op.cit. p. 101-102.

36 RIBAS, Emilio M. *Campanhas sanitárias: febre amarela*. Conferência pronunciada no Centro Acadêmico "Oswaldo Cruz", 1922. Publicado pelo PROCIENX e CAOC da FMUSP, São Paulo, 1962. p. 5.

com 17.068 habitantes. Além disso, as epidemias ocorreram no momento em que as elites sorocabanas buscavam consolidar uma nova imagem da cidade, associando o crescimento fabril – representado pelo mito da *Manchester Paulista* – a uma pretensa salubridade natural de Sorocaba. E, nesse ponto, a epidemia de 1897 teve um impacto maior.

Sorocaba foi o principal centro de convergência de tropeiros e comerciantes ao sul de São Paulo desde o período colonial, além de ser, durante muito tempo, última vila antes dos campos de Curitiba. Com o passar do tempo, Itapetininga passa a fazer parte desse circuito, assumindo o lugar de Sorocaba como última paragem do sul paulista.[37]

A importância que Sorocaba possuía na economia regional era destacada pela imprensa local e alimentava a criação dos mais diversos epítetos para a cidade, tanto ligados ao seu potencial econômico quanto aos seus aspectos climáticos e de salubridade. Em artigos de jornais, Sorocaba era referida como "a porta do Sul do Estado", como aparece em um artigo do jornal *A Voz do Povo*, publicado no município de Tatuí, anunciando estudos do departamento de obras públicas do Estado para promover o abastecimento de água na cidade:

> Folgamos em dar esta noticia, para todos agradavel, porque nos faz crer o interesse que està agora despertando no seio do governo o Sul do Estado.
> Urge que o governo estadoal salve esta zona da epidemia da febre amarela no proximo anno, tratando desde já do abastecimento de agua e do saneamento das principaes cidades, mormente de Sorocaba, que é a porta do Sul do Estado.[38]

No artigo, a reivindicação de obras de abastecimento e saneamento vem associada à preocupação com a epidemia de febre amarela na região, destacando a importância de Sorocaba como possível centro irradiador da enfermidade. Nesse sentido, a possibilidade de uma epidemia de grandes proporções em Sorocaba colocaria em risco toda a região sul do Estado de São Paulo – que até fins do século XIX havia passado relativamente imune aos diversos surtos de febre amarela na região do oeste paulista.

37 BADDINI, 2002. Op.cit. p. 54.

38 *A Voz do Povo*, 31 mai. 1897. p. 2.

A primeira epidemia de febre amarela ocorrida na cidade, entre março e julho de 1897, começou a ocupar as páginas dos jornais locais em meados de abril, e a forma como os casos foram noticiados dependia da posição política do jornal. *O 15 de Novembro*, periódico situacionista, esforçou-se em desmentir a epidemia, classificando como "boatos" as notícias sobre casos de febre amarela em Sorocaba:

> Pessoas vindas do interior, que nos merecem plena confiança, informam-nos de que no sul do Estado circulam boatos de estar esta cidade sendo flagellada pela epidemia da febre amarela. Ora tal boato que só pode ter um intuito malefico, perverso, não tem o menor fundamento em que se estribe, é pura invenção destinada talvez a bem servir interesses pouco confessaveis. (...) É, pois destituido de todo fundamento o malevolo boato que circula no interior com relação ao estado sanitario de Sorocaba. Graças a Deus não somos flagellados por epidemias de especie alguma.[39]

Quando finalmente a imprensa situacionista reconheceu a presença da febre amarela na cidade, passou a difundir a ideia de que os casos existentes teriam sido importados de outras localidades, não tão salubres como Sorocaba. Sobre as localidades acometidas pela febre amarela, *O 15 de Novembro* afirmava: "Atacados tambem da medonha peste, volviam talvez os olhos para Sorocaba como para um abrigo certo e inaccessivel ao mal" e, tentando desmentir as notícias que alardeavam a existência de uma epidemia em Sorocaba, argumentava que "aquillo que tem fomentado o panico, em todo o caso justificavel, não passa da manifestação dalguns casos, cujo gérmen nos foi importado de lugares infeccionados".[40] A tradição de salubridade sorocabana foi tema recorrente nas páginas da imprensa durante as primeiras notícias sobre a febre amarela na cidade, termos como "o mal invasor" eram utilizados para se referir à enfermidade.

Durante a epidemia, famílias inteiras abandonaram Sorocaba, partindo do centro urbano à zona rural ou deixando a cidade em direção a outros mu-

39 *O 15 de Novembro*, 8 abr. 1897. p. 2.

40 *O 15 de Novembro*, 25 abr. 1897. p. 1

nicípios não atingidos pela febre amarela.[41] Um dos destinos mais procurados foi a cidade de Itapetininga, e a chegada de sorocabanos que fugiam da febre amarela preocupou as autoridades locais. Nesse sentido, a Câmara Municipal de Itapetininga baixou o seguinte decreto:

> O intendente apresentou mais as seguintes indicações: Que estamos grassando a epidemia de febre amarella em povoações de fácil e continua communicação com esta cidade, se representasse ao Governo sobre a urgente necessidade de enviar os desenfectores precisos para esta cidade, e Estação do Morro Alto, na Linha Ferrea Sorocabana, formando ainda esta Camara a liberdade de lembrar o mesmo Governo a possibilidade de estabelecer-se um posto de desinfecção na Estação do Boituva, perto de bifurcação da dita linha que d'ali se dirige para grande número de cidades situadas nestas formas; posto em votação foi aprovado.[42]

A preocupação da Câmara Municipal de Itapetininga era de isolar os contatos entre as duas cidades, constituindo assim um cordão sanitário para barrar os que vinham de Sorocaba. Havia uma construção de uma ideia pelo poder político e pelas autoridades sanitárias locais que o mal, no caso a febre amarela, vinha de Sorocaba e isolá-la seria uma forma de lidar com o medo da doença.

Quase um mês depois da aprovação do decreto acima mencionado, o jornal sorocabano *O 15 de Novembro* publica o que seria um "telegrama--ameaça" enviado ao "Governo do Estado" pelo presidente da Câmara e o Intendente de Itapetininga:

> Ao Dr. Presidente do Estado.
> A epidemia da febre amarela desenvolveu-se de modo assustador em Sorocaba.
> Repetimos nosso pedido de um posto de desinfecção no morro Alto, para que esta Camara não se veja na dura necessidade de prohibir a entrada de pessoas vindas daquella cidade.

41 DALL'AVA, 2015. Op.cit. p. 105.

42 Livro de ata da Câmara Municipal de Itapetininga – Sessão Ordinária, 24/04/1897.

> O povo de Sorocaba principiou já sua vinda para cá, deixando os habitantes desta em completo sobresalto.
> A camara em sua reunião extraordinária para resolver sobre o caso, invoca vossa boa vontade e patriotismo.
> Itapetininga, 14 de Maio de 1897
> O presidente, MANOEL CARDOSO. O Intendente, JOAQUIM FOGAÇA.[43]

Em seguida, o jornal comenta o telegrama e tece diversas críticas à cidade de Itapetininga:

> Esta ameaça pilherica, ou antes esta inaudita violencia, filha de um medo infundado, digna dos tempos passados, muito depõe contra a civilisação de uma cidade.
> Nós, que não temos fumaças de possuirmos grande adiantamento intellectual, jamais em igualdade de circunstancias commettemos deshumanidade de tamanho calibre.
> Em annos anteriores, quando lavrava forte a epidemia em Campinas, em Itú e outros pontos, nunca nos lembrámos, nunca tivemos siquer a idéa de negar hospitalidade a quem quer que fosse. Mesmo a pessoas de Itapetininga já concedemos hospitalidade, quando lá ha pouco tempo appareceu a variola.[44]

Não foi esta a única vez em que o poder local impôs esta restrição, pois, na epidemia de 1900, a ação novamente foi praticada: "Em mil novecentos, no mês de Fevereiro, apareceram alguns casos fatais de febre amarela nesta cidade, transmitidos por pessoas vindas de Sorocaba. Foram tomadas medidas enérgicas providências pelas autoridades locais, sendo o mal rapidamente extinto".[45]

Considerações finais

Encerradas as epidemias em Sorocaba e superados seus reflexos em Itapetininga, as duas cidades se voltaram definitivamente para a consolidação

43 *O 15 de Novembro*, 23 mai. 1897. p. 2.

44 Ibidem.

45 GALVÃO, 1998. Op.cit. p. 283.

das imagens projetadas por suas elites locais – *Manchester Paulista* e *Atenas do Sul Paulista*, respectivamente. Essas construções imagéticas contrastavam com a real situação desses municípios, que conviviam com os mais diversos problemas sanitários e de saúde pública e, por diversas vezes, viam-se impactados por epidemias, como as de febre amarela. Expressões como "boca do sertão" e "porta do Sul do Estado", referindo-se respectivamente à Itapetininga e Sorocaba, atestavam o modo como as duas cidades se compreendiam em seu contexto local: eram postos avançados da "civilização" em meio aos "sertões paulistas". Os ideais de progresso, civilização e salubridade – almejados pelas elites locais e recorrentes nas páginas da imprensa desses municípios – e o seu avesso – representado pela permanência de hábitos arcaicos e paisagens rústicas – caracterizavam, com todas as suas contradições, aspectos de uma "*Belle Époque cabocla*".[46]

Referências

A Lucta, (nov. 1899 – mar. 1900).

A Voz do Povo, (abr. – mai. 1897).

ALMEIDA, A. "Memória histórica sobre Sorocaba (II)", *Revista de História,* São Paulo, n. 61, v. 30, mar. 1965, p. 75-92.

______. "Memória histórica sobre Sorocaba (V)". *Revista de História,* n. 71, v. 35, set. 1967, p. 167-178.

AMADO, Janaína. "Região, sertão, nação". *Estudos Históricos,* RJ, v. 8, n. 15, 1995, p. 145-151.

BADDINI, Cássia M. "Salubridade pública e poder local: Sorocaba no século XIX". *Caderno de História.* Sorocaba, SP, n. 2, p. 15-25, 2006.

______. *Sorocaba no Império:* comércio de animais e desenvolvimento urbano. São Paulo: Annablume: Fapesp, 2002.

CARVALHO, Rogério L. P. *Fisionomia da cidade:* Sorocaba – cotidiano e desenvolvimento urbano – 1890-1943. Tese (Doutorado em História). FFLCH-USP, São Paulo, 2008.

CHIOVITTI, Nancy. *Discursos do Progresso:* Sorocaba e o fim da feira de muares. Dissertação (Mestrado em História), IFCH-UNICAMP, Campinas-SP, 2003.

46 CARVALHO, 2008. Op.cit. p. 243.

FIDÊNCIO, Carlos. *Itapetininga:* ontem-hoje. Itapetininga-SP: Editora Cehon, 1986.

GALVÃO JR, Antônio. *Itapetininga e sua História.* São Paulo: Gráfica Biblos LTDA, 1956.

LIVRO de ata da Câmara Municipal de Itapetininga – Sessão Ordinária, 24/04/1897.

MORAES, Antonio C. R, "O Sertão: um 'outro' geográfico". *Terra Brasilis*, n. 4-5, nov. 2012. p. 1-8.

NOGUEIRA, José Luiz. *Genealogia de uma cidade: Itapetininga.* Volume 1. Itapetininga-SP: Gráfica Regional, 2005.

NOGUERIA, Oracy. *Família e Comunidade (Um Estudo Sociológico de Itapetininga).* Rio de Janeiro: Centro de Pesquisas Educacionais, 1962.

NOGUERIA, Oracy. *Preconceito de Marca*: as relações raciais em Itapetininga. São Paulo: Editora da Universidade de São Paulo, 1998.

O 15 de Novembro (abr. – mai. 1897).

OLIVEIRA, Ricardo de. Ficção, ciência, história e a invenção da Brasilidade Sertaneja. *Ipotesi, revista de estudos literários*, Juiz de Fora, v. 4, n. 1, 2000. p. 37-53.

QUEIROZ, Maria I. P. "Ufanismo paulista: vicissitudes de um imaginário". *Revista USP*, (13), 1992. p. 78-87.

RIBAS, Emilio M. *Campanhas sanitárias: febre amarela.* Conferência pronunciada no Centro Acadêmico "Oswaldo Cruz", 1922. Publicado pelo PROCIENX e CAOC da FMUSP, São Paulo, 1962.

SCHWARCZ, Lilia. M. *O espetáculo das raças:* cientistas, instituições e questão racial no Brasil, 1870-1930. São Paulo: Cia das Letras, 2017.

O Pênfigo Tropical:

uma doença da nossa dermatologia

Jorge Augusto Carreta[1]

Introdução

Este texto trata de uma doença que foi alvo das atenções dos médicos paulistas entre os anos 1930 e 1950: o pênfigo foliáceo ou o "pênfigo tropical, como preferiam o chamar os médicos brasileiros. Doença que provocava dolorosas e assustadoras deformações no indivíduo, daí o nome popular de "fogo selvagem", ganhou um hospital próprio na capital para tratar os doentes de todo o estado de São Paulo.

A doença, que grassou nas áreas rurais ou no "sertão", ocupou quase completamente as cogitações da Sociedade Paulista de Dermatologia e Sifiligrafia, a ponto de periódico, os *Archivos de Dermatologia e Syphiligraphia de São Paulo*, transformarem-se no Boletim do Serviço do Pênfigo Foliáceo. O caráter "sertanejo" da doença fica evidente na descrição que faz o médico José Aranha Campos, do Instituto Adhemar de Barros, sobre as dificuldades iniciais de encontrar e tratar os doentes:

> (...) o médico precisava procurar o doente em casebres de pau-a-pique, onde nem luz havia para examiná-lo, percorrendo as

1 Doutor em Política Científica e Tecnológica (UNICAMP), com pós-doutorado pelo Departamento de Medicina Preventiva da Faculdade de Medicina da Universidade de São Paulo. E-mail: jorgecarreta@yahoo.com.br.

> colônias das fazendas, as casas isoladas, perdidas nas veredas ásperas do interior, longe das vias férreas, longe das estradas de rodagem...Escrito com fundamento em observações colhidas *in loco*, ainda que inéditas, visa este trabalho unicamente um objetivo: fixar a transição dos sistemas de pesquisas, do sertão para a capital, do mocambo para a enfermaria.[2]

Os estudos sobre o pênfigo e atuação para tratá-lo se inscreve no esforço da época para extirpar as doenças que caracterizavam o nosso atraso em relação às demais nações civilizadas. Ainda vemos os ecos do movimento de saneamento rural dos anos 1910 e 1920. O "imenso hospital" que era o Brasil, assim descrito no discurso do médico Miguel Pereira em 1916, ainda parece descrever o sertão paulista.[3] Segundo Hochman,[4] o alvo privilegiado do saneamento era o espaço rural. As doenças que assolavam o interior do país impediam seu desenvolvimento e enfraqueciam o brasileiro, criando um tipo indolente e incapaz, tristemente fixado no estereótipo de Monteiro Lobato, o "Jeca Tatu".

Nesse cenário surgiam e se consolidavam as novas especialidades médicas, definindo seu âmbito de atuação e elegendo as suas doenças. Como a especialidade é também o "território da doença", os médicos esforçavam-se para definir as fronteiras entre os vários campos médicos. Entre as especialidades em formação e consolidação estava a dermatologia. Os dermatologistas paulistas encontraram uma doença própria do Brasil e de São Paulo, o "nosso pênfigo", no dizer João Paulo Vieira, diretor do Serviço do Pênfigo Foliáceo. Embora presente na capital, era o interior mais flagelado pela moléstia, dirigindo para lá os olhares.

Este texto tem por objetivo mostrar a importância do "fogo selvagem" na constituição da dermatologia paulista entre os anos 1930 e 1940, através da análise de obras da época sobre a doença e dos Arquivos de Dermatologia e Sifiligrafia de São Paulo. O pênfigo tornou-se uma doença tão importante que

---

2 CAMPOS, José Aranha. *Pênfigo Folliáceo (Fogo Selvagem):* aspectos clínicos e epidemiológicos. São Paulo: Melhoramentos, 1942. p.12.

3 O discurso foi feito em 10 de outubro de 1916 na Faculdade de Medicina do Rio de Janeiro por ocasião do regresso do diretor da Instituição, Aloysio de Castro, de viagem a Argentina (Sá, 2009. p. 334).

4 HOCHMAN, Gilberto. *A era do saneamento: as bases da política de saúde pública no Brasil.* São Paulo: Hucitec, 2012.

o periódico se transformou no Boletim do Serviço do Pênfigo Foliáceo, órgão criado pelo interventor Adhemar de Barros ainda nos anos 1930.

A dermatologia na Faculdade de Medicina da Universidade de São Paulo

Entre 1920 e 1930, como assinalam Mota e Schraiber,[5] deu-se início a um conjunto de transformações corporativas vinculadas à formação dos médicos e suas especialidades, no qual o pensamento clínico conquistava mais espaço no que tocava às questões médicas e de saúde pública. Sob influência da Fundação Rockefeller, um novo modelo de ensino foi introduzido. Também é importante situar essa produção em meio ao colapso da medicina liberal,[6] modelo caracterizado pelo trabalho artesanal e desenvolvido em consultório privado. Seguindo as mudanças promovidas na política de saúde após 1930 e marcadas pela centralização, surgiu a figura do médico assalariado e ganhou força a discussão sobre as especialidades médicas.[7]

Armou-se o embate entre a "nova" e a "velha" medicina: os novos médicos teriam esquecido o passado heroico da profissão e não estariam interessados em seus reais problemas. Outro antagonismo que surgiu no período era aquele entre os "antigos generalistas" e os "novos especialistas". Como mostram Mota e Schraiber,[8] esse confronto "explicitava as mudanças de um profissional de conhecimento integral ao novo profissional, mais técnico e específico, apto às demandas tecno-assistenciais de acesso à assistência médica nos centros urbanos e rurais e com novas formas de produção social de serviços".

O trabalho médico incorporava-se gradativamente ao Estado nos anos 1930 e, nesse contexto, as áreas médicas lutavam para estabelecer sua autonomia e seus objetos de intervenção. Segundo Gabriela Marinho,[9] no caso de

5 MOTA, André e SCHRAIBER, Lilia Blima. Mudanças Corporativas e tecnológicas da medicina paulista. *História, Ciências, saúde* – Manguinhos, Rio de Janeiro, v. 16, n. 2, abr.-jun. 2009. p. 347.

6 SCHRAIBER, Lilia Blima. *O médico e seu trabalho: limites da liberdade.* São Paulo: Hucitec, 1993.

7 MOTA; SCHRAIBER, 2009. Op.cit. p. 351.

8 Idem. p. 352.

9 MARINHO, Maria Gabriela S. M. C. *Norte-americanos no Brasil:* uma história da Fundação Rockfeller na Universidade de São Paulo, 1934-1952. São Paulo: Fapesp, 2001.

São Paulo, a especialidade foi exigida como forma de possibilitar políticas no campo da pesquisa, da clínica e das organizações profiláticas, que demandavam profissionais com tratamento específico.

Foi nesse ambiente institucional que surgiu a ceroplastia na Faculdade de Medicina da Universidade de São Paulo, graças aos esforços dos professores João de Aguiar Pupo (1890-1980) e Flaminio Favero (1895-1982), responsáveis, respectivamente, pelas cátedras de dermatologia e sifiligrafia e medicina legal. O uso da *moulage*, ou representação de doenças em cera, teve um papel importante na consolidação da dermatologia como especialidade médica. O responsável pela confecção das peças foi Augusto Esteves (1891-1966), artista quase autodidata cuja carreira de modelador se iniciou com Vital Brazil no Instituto Butantan, em 1912.[10] Ele também havia trabalhado como desenhista e ilustrador no Instituto Pinheiros.[11]

Ele foi contratado em 1934 e ocupou inicialmente uma sala conseguida por Aguiar Pupo na Santa Casa de Misericórdia. Entre os anos 1930 e 1950 foi auxiliar técnico da Clínica Dermatológica, contratado por Aguiar Pupo. Nesse período, dedicou-se intensamente à *moulage* dermatológica, produzindo aproximadamente 259 peças.[12]

10 Seu trabalho no Butantan consistia em produzir desenhos (ilustrou o livro de Vital Brasil, *A defesa conta o ofidismo*) e moldes de cobras em cera. Insatisfeito com os modelos importados da Alemanha, considerados imperfeitos e frágeis, Brazil incumbiu Esteves de moldar as peças a serem usadas em ensino e pesquisa. Esteves casou-se com Alvarina, filha de Vital Brazil, em 1920, e seguiu o cientista quando este deixou o instituto Butantan e fundou o Instituto Vital Brasil em Niterói, Rio de Janeiro.

11 Segundo Ribeiro (2001), o Instituto Pinheiros Produtos Terapêuticos S. A. foi criado em 1928 por médicos treinados no Instituto Butantan. Um dos fundadores, Mário Pereira, trabalhou com Vital Brazil em seu Instituto em Niterói, assim como Esteves. O Instituto Pinheiros produzia vacinas e soros, inclusive antiofídicos, chegando a ser responsável por 80% do abastecimento do mercado nacional. Havia peças de cera de autoria de Esteves no Instituto, que se perderam quando uma empresa estrangeira o comprou.

12 LACAZ, Carlos da Silva. Museu Ceroplástico "Augusto Esteves". *Revista da Sociedade Brasileira de Medicina Tropical*, vol. 26, n. 2, p. 125-126, abr.-jun., 1993. Além de trabalhar para a cadeira de dermatologia e sifiligrafia, Esteves também atuou no Instituto Oscar Freire (IOF) sob a supervisão de Flaminio Favero. Esteves foi

Nos anos 1930, a dermatologia era uma disciplina relativamente recente e lutava para obter reconhecimento e definir seus objetos e campos de atuação. A cátedra de Clínica Dermatológica e Sifiligrafia teve a sua primeira aula ministrada pelo professor Adolpho Carlos Lindenberg, em 26 de fevereiro de 1916. O médico dirigia, desde 1907, o Serviço de Moléstias da pele da Santa Casa de São Paulo. Em 1929, Aguiar Pupo assumiu a cátedra, após passar pelas cadeiras de Química Médica e Terapia. É importante destacar que à dermatologia agregava-se a sifiligrafia, ocupada em estudar a sífilis, doença venérea cujas manifestações cutâneas a tornavam alvo das atenções dos médicos que tratavam as afecções da pele.

Não se sabe exatamente de quem foi a iniciativa de se produzir as peças em cera. No acervo do Museu Histórico encontra-se uma carta de Aguir Pupo dirigida ao médico dermatologista francês Ferdinad-Jean Darier, chefe do departamento clínico do Hôpital Saint-Louis entre 1909 e 1922, onde se encontra uma das mais importantes coleções ceroplásticas da Europa. Datada de 12 de julho de 1929, a carta sugere que os dois médicos se conheciam há algum tempo.[13] Na carta, o médico francês é chamado por Pupo de "mestre". De fato, Darier é considerado um dos nomes mais importantes da dermatologia francesa. Ele identificou a queratose folicular, afecção cutânea que ficou conhecida como "Doença de Darier". Além disso, escreveu o *Précis de dermatologie* (1909), livro-texto que se tornou referência para os estudiosos da especialidade.

Alguns trechos da carta de Pupo a Darier revela a provável filiação intelectual de Pupo à escola de dermatologia do Hôpital Saint-Louis. No primeiro deles, a admiração por Darier e pelo Saint-Louis é evidente:

---

admitido no IOF em 1937 e produziu cerca de 90 peças representando hímens, esgorjamentos, lesões por armas brancas ou de fogo, cicatrizes e acidentes de trabalho (LACAZ, 1993).

13 No Fundo Aguiar Pupo do Museu Histórico Carlos Silva Lacaz há um número dos *Annales de Dermatologie et Syphligraphie* de novembro de 1929. Na capa, há uma dedicatória de Darier a Aguiar Pupo ("Ao meu eminente colega e caro amigo"). O periódico traz um único artigo de Darier, intitulado *Lettre Du Brésil*. Nele, o médico francês trata das doenças dermatológicas presentes no Brasil (boubas, pian, blatomicoses, lepra, sífilis etc.). No começo do texto, Darier faz menção à recente viagem que fizera ao Brasil. Segundo Campbell et al. (1999. p. 6), o médico francês teria visitado São Paulo em junho de 1929.

> Vossa Individualidade, cujo brilho eleva a celebridade da tradicional escola do Hôpital Saint-Louis constitui uma preciosa fonte de saber, que todos nós admiramos, em meio a numerosos trabalhos científicos com os quais o senhor contribuiu para o progresso da medicina universal (Fundo Aguiar Pupo. Museu Histórico Carlos Silva Lacaz. Tradução própria).

Em seguida, faz referência à descoberta da doença que recebeu o nome do dermatologista francês e aos muitos trabalhos científicos por ele publicados, exaltando a sua obra principal, o *Précis de dermatologie*, "livro espetacular que nos manipulamos, que nos lemos diariamente em nossas escolas de medicina". Por fim, fica evidente a admiração pela ciência francesa:

> Eu me sirvo da oportunidade, caro e distinto mestre, para traduzir os sentimentos de amizade e admiração que, nós brasileiros, consagramos a vossa pátria, a França imortal e gloriosa pelos feitos de sua poderosa intelectualidade latina.[14]

A relação entre Pupo e Darier fornece a pista para entendermos a importância e o os possíveis usos das peças ceroplástica. A ceroplastia também indica que a dermatologia francesa era, de fato, a principal influência sobre a dermatologia brasileira. O Hôpital Saint-Louis, como vimos, reúne enorme coleção de itens representando doenças de pele. Em suas prováveis visitas à França, Aguiar Pupo conheceu essas peças e trouxe a ideia de montar um acervo próprio, priorizando a nosografia nacional. Há escassos registros dos usos dessas peças, mas supomos que eram utilizadas mormente em sala de aula. Apenas mais tarde elas se tornaram objetos de exposição.[15]

O exame dos *Archivos de Dermatologia e Syphiligraphia* também indicam à filiação da dermatologia paulista à escola francesa. Logo no primeiro número, os médicos Vicente Grieco e Mendes de Castro, responsáveis pela seção feminina do ambulatório de dermatologia e sifiligrafia da Santa Casa de

14 Fundo Aguiar Pupo. Museu Histórico Carlos Silva Lacaz. Tradução própria

15 Um bilhete de Aguiar Pupo, datado de 12 março de 1952, encontrado dentro de umas caixas que acondicionavam as peças ceroplásticas, mostra que elas tinham fins didáticos. Na nota, o professor relaciona algumas peças que deveriam ser separadas para a aula seguinte.

Misericórdia, fazem o balanço dos casos atendidos na instituição. Seguindo a tendência de combinar clínica e patologia presente nas instituições francesas, os médicos esclarecem que:

> Os diagnósticos, na sua maior parte, foram estabelecidos pelo simples exame clínico, lançando-se mão, em caso de dúvida, do auxílio do laboratório, sendo realizados exames de escamas, pelos, histopatológicos etc. Dos casos mais raros, ou por apresentarem um interesse maior por uma ou outra particularidade, foram feitas observações detalhadas, constituindo material para trabalhos futuros.[16]

Mais adiante, os médicos enfatizam que a classificação das doenças segue, "o mais perto possível", o *Précis* de Darier, que estabelece vinte e seis grupos de doenças de pele. Não se pode descartar a influência de outros centros médicos mundiais, mas podemos supor com segurança que a dermatologia francesa exerceu grande atração sobre nossos especialistas. Embora não tenha sido possível recuperar as informações sobre o processo de produção das peças de cera por Augusto Esteves, podemos supor que ele atuou intensamente na Santa Casa registrando os casos tidos como exemplares ou raros.

É curiosa a ausência de imagens das peças de cera dos *Archivos de Dermatologia e Syphiligraphia de São Paulo*. Cremos que isso pode ser explicado, em primeiro lugar, pelo avanço das técnicas fotográficas. São numerosas as fotos documentando as afecções de pele e as lâminas histológicas. Embora em preto e branco, tais registros são mais "objetivos" e impactantes.

O segundo ponto a considerar é o fato da própria natureza da representação ceroplástica. Ela não se presta à reprodução gráfica, sempre em duas dimensões. Sua atratividade vem do seu caráter tridimensional. Ela pode ser observada através de diversos ângulos e exibir em cores vivas o relevo da doença, para usar um termo caro aos estudos geográficos da pele.[17]

16 *Archivos de Dermatologia e Syphiligraphia de São Paulo*, vol. 1, n. 1, março 1937. p. 55.

17 Como observa Wilson (2013. p. 209), o estudo das doenças de pele é o estudo de espaço e do lugar. Certas doenças estão ligadas a espaços específicos (países, cidades, regiões), assim como relacionadas a lugares particulares do corpo. O corpo é, pois, um mapa.

O uso do *Précis* de Darier indica o esforço classificatório indispensável para a definição do campo próprio da dermatologia. O uso das peças de cera pode ser visto como um importante instrumento para delimitar e fixar a área de atuação da especialidade, não obstante a sua contiguidade a outros domínios da medicina, tais como a anatomia patológica e a bacteriologia.

Da mesma forma podemos ver a existência das condições institucionais que favoreceram a consolidação da dermatologia como especialidade. Inicialmente, a atuação da fundação Rockefeller e a definição de um novo modelo de organização do ensino e da pesquisa. Entre os pontos mais importantes desse modelo, podem ser destacados a limitação do número de alunos por turma, ensino em tempo integral, a organização das disciplinas em departamentos e a vinculação do ensino clínico à estrutura do hospital escola.[18] Isso favoreceu a formação de uma comunidade de médicos-pesquisadores, condição essencial para o delineamento de qualquer especialidade médica.

Em seguida, podemos citar a existência de um ambulatório de doenças de pele na Santa Casa desde antes da fundação da Faculdade de Medicina. A concentração dos doentes em um local específico permitiu o acompanhamento e a documentação de centenas de casos. As necessidades sociais de atendimento e controle da população doente casaram-se perfeitamente com o surgimento das especialidades médicas, como indica Weisz.[19]

Não obstante a influência externa, seja americana ou francesa, havia o esforço visível dos médicos nacionais para consolidar a dermatologia como especialidade e definir e tratar doenças específicas da nosografia nacional. Essa preocupação transparece no artigo de Ernesto Mendes e Vicente Grieco logo no primeiro número dos *Archivos de Dermatologia e Syphiligraphia de São Paulo.*

Segundo os autores, a dermatologia lida com um órgão dos mais complexos, que pode reagir de diferentes formas, mais ou menos intensas. Embora os modos de reação sejam limitados, não há "reações específicas e sempre iguais para uma determinada causa e para uma mesma via de introdução" (p. 27). E a dermatologia seria fundamental porque pode auxiliar na detecção de moléstias internas.

---

18 MOTA; SCHRAIBER, 2009. Op.cit. p. 347. Sobre a atuação da Fundação Rockfeller na Faculdade de Medicina de São Paulo, ver Marinho (2001).

19 WEISZ, George. The Emergence of Medical Specialization in the Nineteenth Century. *Bulletin of the History of Medicine*, vol. 77, n. 3, 2003. p. 538-575.

> Num trabalho de orientação, de pesquisa dos mecanismos patogênicos e de descobertas das leis biológicas, a parte que pertence à dermatologia é preponderante. É na pele que são realizados os "tests" e que são facilmente perceptíveis as reações. As noções adquiridas no terreno cutâneos servem para esclarecer síndromes equivalentes, desenrolando-se em regiões do organismo, que não estão ao alcance dos nossos olhos.[20]

É evidente a preocupação com delimitação do campo dermatológico. Assinala-se a relevância da dermatologia para a patologia em geral. As alterações da pele são sinais visíveis daquilo que não se apresenta aos olhos e se esconde na escuridão interna do corpo. É uma "primeira leitura" da doença; o interior que se revela através da pele, órgão extenso e plenamente visível. Para Mendes e Grieco, há afecções que só podem ser identificadas pelos dermatologistas, pois "uma mesma causa nociva tem efeitos inteiramente diferentes", como no caso das alergias.

Assim, os médicos dermatologistas vão envidar esforços para determinar quais são as doenças, os métodos de diagnóstico e a terapêutica de sua área específica. A interpretação de Abbot[21] sobre a formação das modernas profissões pode auxiliar no entendimento do surgimento e consolidação das especialidades médicas.

Segundo Abbot, um fenômeno central da vida das profissões é a definição de suas jurisdições. Para esse autor, a profissionalização é essencialmente um problema de jurisdição. Desse modo, a trajetória histórica de uma profissão, ou uma especialidade profissional, só pode ser entendida se considerada em sua relação com as demais. Diz o autor que "a capacidade de uma profissão manter a sua jurisdição apoia-se parcialmente no poder e prestígio do seu conhecimento acadêmico".[22]

Diagnóstico, tratamento, inferência e conhecimento acadêmico compõe o complexo cognitivo da jurisdição, definindo tarefas dentro do conhecimento e os problemas profissionais. A isso se somam o monopólio da prática pro-

20 *Archivos de Dermatologia e Syphiligraphia de São Paulo*, vol. 1, n. 1, março 1937. p. 28.

21 ABBOTT, Andrew. *The System of professions:* na essay on the division of expert labor. Chicago: Chicago University Press, 1988.

22 Idem.. p. 53-54.

fissional, o pagamento público de serviços, o controle da formação, do recrutamento e das licenças para exercício da profissão.[23]

O PÊNFIGO TROPICAL OU "FOGO SELVAGEM": UMA DOENÇA SÓ NOSSA?

O pênfigo foliáceo é uma das doenças que ilustra esse esforço de consolidação da dermatologia como especialidade no estado de São Paulo. A discussão sobre sua etiologia e tratamento acabou por ocupar cada vez mais as páginas dos *Archivos de Dermatologia e Syphiligraphia de São Paulo*, a ponto deste periódico se tornar uma publicação oficial do Serviço do Pênfigo Foliáceo, criado em São Paulo no ano de 1938. O "fogo selvagem" parece ter se transformado em um dos projetos de um grupo da dermatologia paulista, que definiu práticas e locais bem claros de atuação. A enfermidade também foi representada em cera por Augusto Esteves, tendo como modelos os doentes do Hospital do Pênfigo Foliáceo.[24]

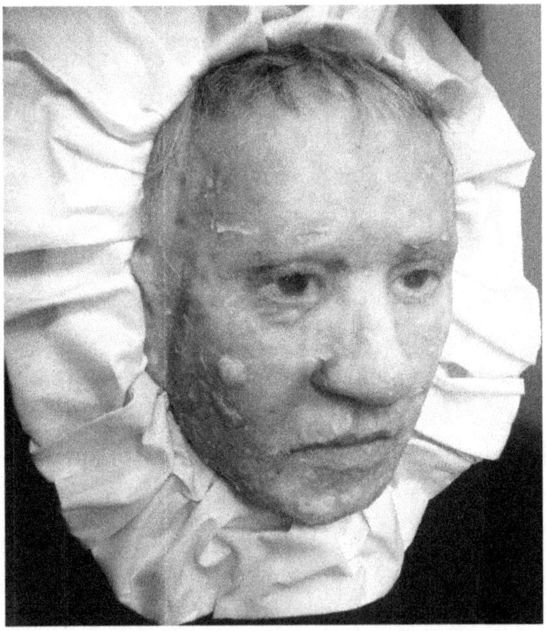

Aspectos das lesões do pênfigo foliáceo. Peça feita por Augusto Esteves, a partir de pacientes do Instituto Adhemar de Barros, provavelmente entre 1946 e 1948.
Fonte: Museu Emílio Ribas, s,d

23 RODRIGUES, Maria de Lurdes. *Sociologia das Profissões*. Oeiras: Celta, 2002. p. 97.

24 Augusto Esteves produziu ao menos vinte e uma peças representando tal afecção, hoje sob guarda do Museu Emílio Ribas, em São Paulo.

O pênfigo foliáceo, sabe-se hoje, é uma doença autoimune que provoca lesões dolorosas na pele de todo corpo e, nos casos agudos, pode levar à morte. Em fins dos anos 1930, desconhecia-se a natureza autoimune do pênfigo. A moléstia chamava a atenção dos médicos paulistas pelo grande número de casos registrados no estado, sobretudo no interior. Embora não fosse uma doença exclusivamente brasileira, era aqui que essa dermatose se apresentava mais disseminada.

A doença ganhou tal magnitude e disseminação que, em agosto de 1939, a Sociedade Paulista de Leprologia realizou a "Semana do Pênfigo Foliáceo", apoiada pelo governo estadual paulista presidido por Adhemar de Barros, interventor federal nomeado por Getúlio Vargas após o golpe de Estado de 10 de novembro 1937, que inaugurou o regime autoritário do Estado Novo. O encerramento do evento, sediado pelo Instituto de Leprologia Conde de Lara, foi noticiado pelo *Correio Paulistano* em 13 de agosto, enfatizando a gravidade da doença no estado de São Paulo e o "mistério de sua causa".[25]

A doença configurava-se, no entendimento dos médicos, como uma moléstia tropical, apesar de ser encontrada também em outros países não tropicais, sendo raríssima na Europa. A notícia do *Correio Paulistano* destaca a palestra ministrada pelo dr. João Paulo Botelho Vieira, chefe do Serviço do Pênfigo Foliáceo.[26] De acordo com ele, o pênfigo observado em certas regiões do Brasil se diferenciava da versão europeia devido a sete fatores: 1) sua grande frequência; 2) casos familiares (entre membros da mesma família); 3) incidência com focos em progressão; 4) as variedades encontradas: frustras, hiperpigmentadas, verrucosas, distróficas etc.; 5) não são comuns em indivíduos mais velhos e debilitados, tais como os casos europeus descritos por Darier; 6) atinge mais as mulheres; 7) é uma moléstia rural e familiar.[27]

O dr. Vieira destacava ainda que a doença progredia no interior paulista, mas curiosamente não era encontrada no litoral e no Vale do Paraíba, regiões marcadas pela "deficiência alimentar", o que afastava a hipótese de que a doença fosse causada pela má alimentação. Pelo desconhecimento da etiologia da doença, diversos tratamentos foram experimentados e apenas a administração de quinino se mostrava eficaz no alívio dos sintomas, reduzindo as bolhas e a sensação de calor

25 *CORREIO PAULISTANO*, 13/08/1937. p. 5.

26 O dr. João Paulo Botelho Vieira (1896-1962) foi o fundador do Serviço do Pênfigo Foliáceo em São Paulo, criado em 17 de setembro de 1938.

27 *CORREIO PAULISTANO*, 13/08/1939. p. 5.

e queimação experimentada pelo paciente. Adicionalmente, o médico confirma o uso de óleo chalmuoogra, associada à colesterina de óleo de fígado de bacalhau e cinamato de benzila, para melhorar o estado geral dos doentes.

É interessante notar que a doença não era necessariamente fatal, ou como afirma o médico, "não tem o caráter inexorável da fatalidade do pênfigo europeu". Cerca de dez por cento dos pacientes se cura pelo tratamento logo no início da moléstia. Além do caráter incapacitante da doença, há que se destacar a desfiguração que provocava no indivíduo acometido. É sintomático que o estudo do pênfigo fosse conduzido pela Sociedade Paulista de Leprologia e o serviço do pênfigo foliáceo funcionasse inicialmente no Instituto de Leprologia Conde de Lara.[28]

Mesmo após a criação do serviço do pênfigo, os recursos para a construção do hospital não foram imediatamente disponibilizados. Discursando no mesmo evento, o interventor federal Adhemar de Barros prometia para breve "um serviço hospitalar confortavelmente organizado", que promoveria a separação do serviço do pênfigo "da eficiente colaboração da Sociedade Paulista de Leprologia". O hospital do pênfigo poderia ser instalado em Perdizes ou na Penha, locais que contavam com manicômios a serem extintos. Ele veio a ser inaugurado em 31 de agosto de 1940 no complexo hospitalar do Mandaqui, construído com recursos dos impostos cobrados dos cassinos balneários e de doações particulares. Mais tarde, ficaria conhecido como Instituto Adhemar de Barros.[29] Tinha a feição de um "hospital-sanatório", de arquitetura original e completamente equipado para o asilamento dos doentes.

28 CANNABRAVA FILHO, Paulo. *Adhemar de Barros:* trajetórias e realizações. São Paulo: Terceiro Nome, 2004. p. 207.

29 Idem. p. 207.

Hospital do Pênfigo Foliáceo (Instituto Adhemar de Barros).
Fonte: Museu Emílio Ribas, s.d

Em abril de 1941 se iniciou a construção do pavilhão Leonor Mendes de Barros, destinado a aumentar a capacidade de atendimento do Instituto Adhemar de Barros. Em discurso feito durante a solenidade de colocação da pedra fundamental do edifício pelo interventor Adhemar de Barros, o dr. João Paulo Vieira, diretor do serviço do pênfigo, atestava que mais de 500 doentes haviam sido fichados pelo serviço. Também agradecia ao Instituto Conde de Lara pela colaboração valiosa e pela cessão de material para análises clínicas.[30]

Podemos perceber que as doenças de pele mantiveram a sua potencialidade de causar horror e repulsa e, assim, estimular o isolamento dos pacientes. Também se supunha que a doença era infecciosa e adotou-se a mesma estratégia de apartar os pacientes do convívio social para evitar a propagação da doença. Segundo notícia do *Correio Paulistano* (23 de junho de 1940. p. 3), a doença inspirava terror e, devido à aparência desfigurada de suas vítimas, as

30 *CORREIO PAULISTANO*, 23/04/1941. p. 1.

Santas Casas negavam a atender os doentes. Assim, os pacientes do pênfigo foram acolhidos e tratados no Instituto de Leprologia Conde de Lara.

A necessidade de isolar os pacientes tinha o intuito de permitir o tratamento da moléstia. Também devemos considerar a importância da criação de espaços próprios de exercício da dermatologia e de acumulação de conhecimento. Mas também não devemos ignorar a repugnância que as lesões provocavam. Um artigo do dr. João Paulo Vieira no *Correio Paulistano* reforça a hipótese de que o pênfigo se equiparava à lepra no que dizia respeito à desfiguração dos pacientes:

> Os leitores do *Correio Paulistano* já devem ter ouvido muito falar, ultimamente do "Fogo Selvagem", ou melhor, do Pênfigo Foliáceo, como é conhecida essa terrível dermatose. Para aqueles que não habitam as zonas de incidência máxima da moléstia há felizmente um certo desconhecimento do quadro mórbido do denominado "Fogo Selvagem". Mas para aqueles que já viram um portador desta moléstia o quadro de sofrimento fica bem gravado na mente como todo o seu cortejo dos mais tristes e funestos. (...) Iniciamos os tratamentos os mais diversos e hoje acreditamos que os casos em início se não forem curados, serão ao menos paralisados, nos seus terríveis sintomas. E esta nossa obra não é só científica, mas de grande humanidade, pois os portadores de "Fogo Selvagem" sofrem terrivelmente, vivem afastados de todo convívio, perseguidos e afugentados pela disformidade que determina a moléstia.[31]

O médico, por seu turno, explicava o porquê da descrição minuciosa e aterradora dos sintomas e consequências da doença: permitir "a construção de hospitais e favorecer nossos irmãos desprotegidos". De fato, a doença parecia preferir a população mais pobre e situada na zona rural, embora casos urbanos não fossem incomuns.

Como já mencionado, os *Archivos de Dermatologia e Syphiligrafia de São Paulo* inicialmente se ocupavam de temas variados da especialidade, mas, aos poucos, foram tomados pelos estudos sobre o "Fogo Selvagem", a ponto de se tornarem o órgão oficial do Serviço do Pênfigo Foliáceo. Os *Archivos*

31 *CORREIO PAULISTANO*, 27/07/1939. p. 7.

começaram a ser publicados em março de 1937, com periodicidade trimestral. Surgiram a partir da criação da seção de dermatologia e sifiligrafia da Associação Paulista de Medicina, seção esta presidida por Aguiar Pupo.[32]

Logo no primeiro número, na seção "Trabalhos originais", podemos encontrar alguns estudos sobre o pênfigo foliáceo. O primeiro, intitulado "Pemphigo sucessivo com kystos epidérmicos e formações albo-papuloides", era assinado pelos médicos Humberto Cerruti e Bicudo Jr. O texto, que descrevia o caso de um jovem de 16 anos, morador de Aldeinha em Itapecerica da Serra, vinha acompanhado de fotos em preto e banco das lesões presentes no corpo do paciente.[33]

O estudo seguinte, de autoria de João Paulo Vieira, que se notabilizaria como um investigador da moléstia, refere-se aos primeiros casos em São Paulo, datados de 1905, encontrados em São Carlos. Para o autor existia um pênfigo próprio do Brasil, o "Pênfigo Tropical". Interessante notar como a doença aqui, como mostra Hochman, fornece um traço constituinte para a noção de comunidade nacional e, sobretudo, paulista.[34]

O médico destacava algumas peculiaridades do pênfigo nacional, não descritas na literatura internacional, como o aparecimento de alopecia (queda dos cabelos), a papilomatose (tumor epitelial) do couro cabeludo (aspecto não relatado por autores estrangeiros) e o aspecto "elefantiásico" das orelhas. Vieira também notou em um paciente traços de infantilismo: embora contando com dezessete anos, o rapaz não aparentava mais que onze. Tinha voz de criança e ausência de pelos nas axilas e no púbis, além de órgãos genitais atrofiados. Por fim, havia lesões verrucosas nas pernas e nos pés.

Para Vieira, a etiologia da doença estaria relacionada à teoria infecciosa, tal como o dermatologista vienense Erich Urbach (1893-1943) defendera no IX Congresso Internacional de Dermatologia, realizado em Budapeste no ano de 1935. O agente seria um "ultravírus" presente nas bolhas que se formavam na pele dos pacientes. A ausência de meios terapêuticos era desanimadora, dizia Vieira. Usava-se arsênico para os casos de falso pênfigo (Doença

32 A Associação Paulista de Medicina foi criada em 1930.

33 *ARCHIVOS DE DERMATOLOGIA E SYPHILIGRAFIA DE SÃO PAULO*, n. 1, 1937. p. 9-16.

34 HOCHMAN, 2012. Op.cit. p. 61.

de Duhring), mas apenas a colobiase de Dausse injetável e óleo extraído de chalmuoogra (planta tropical usada também no tratamento da hanseníase) melhoravam os sintomas sem, no entanto, curar a doença.[35]

No final da década de 1930, prevalecia entre os dermatologistas brasileiros a hipótese infecciosa, Em estudo publicado no mesmo número dos *Archivos*, O dr. Adolpho Lindenberg, após rigorosos testes laboratoriais com animais, concluiu que se tratava de uma doença transmissível. O agente causador seria um "vírus hematogênico". Segundo o autor, no Brasil, o pênfigo teria se tornado endêmico dadas as condições ambientais favoráveis, ao contrário do que ocorria na Europa, onde a incidência da doença era bem menos frequente. Ele endossa a interpretação de Vieira, segundo a qual há um "pênfigo brasileiro", diferente do europeu, e que tal doença converteu-se em "um problema sanitário de grande relevância". E conclui: "O Fogo Selvagem não é só uma moléstia infectuosa, é também o mais infectuoso dos pemphigus".[36]

Os *Archivos* também traziam relatos e investigações sobre outras moléstias, mas a análise ao longo do tempo mostra como a diversidade de temas vai sendo reduzida e as discussões sobre o pênfigo foliáceo tornam-se dominantes. No volume V, referentes aos meses de junho a dezembro de 1941, congregando os números de 1 a 4, a publicação faz uma homenagem a Adhemar de Barros, criador do Serviço do Pênfigo Foliáceo. Todo o volume era composto de investigações sobre o pênfigo. Um "número especial" do periódico para "tão palpitante problema".

Em seu artigo, o dr. João Paulo Vieira, a essa altura já nomeado diretor do Serviço do Pênfigo Foliáceo, reafirma a excepcionalidade da doença no Brasil, o que motivou a construção de um hospital próprio, onde os doentes poderiam ser tratados. O autor ainda ressalta que as observações feitas naquele hospital possibilitaram a produção de trabalhos científicos que estabeleceram a diferença entre a dermatite de Duhring e o "nosso pênfigo". Tal feito teria sido "muito bem recebido pela escola francesa [de dermatologia]".[37]

35 Sobre os usos do óleo de chaulmoogra ver Santos, Souza, Siani (2008).

36 *ARCHIVOS DE DERMATOLOGIA E SYPHILIGRAFIA DE SÃO PAULO*, n. 1, 1937. p. 126.

37 *ARQUIVOS DE DERMATOLOGIA E SIFILIGRAFIA*, vol. V, n.1, 1941. p. 5. Seguimos nesta citação a mudança ortográfica do nome do periódico.

A contribuição única da dermatologia brasileira fica patente na fala de Vieira:

> No momento, encontram-se internados no "Instituto Adhemar de Barros" 92 casos enfermos das mais variadas formas, cifra esta única em todo mundo, pois só no Brasil é que se pôde reunir num hospital doentes de uma enfermidade tão rara nos países europeus. (...) Numerosas hemoculturas estão sendo feitas isolando-se os germes do sangue cuja virulência é comprovada em animais de laboratório. Estudos histopatológicos de todas as formas já foram feitos com sua classificação abrangendo casos clínicos, inclusive um estudo comparativo por nós feito sobre a síndrome de SENEAR USHER e as formas atenuadas de pênfigo tropical.[38]

Estaríamos diante de uma doença genuinamente nacional, para orgulho de nossos dermatologistas, ainda que de forma paradoxal. De fato, o esforço de compor uma nosografia nacional alia-se ao fortalecimento da especialidade dermatológica e aos esforços em outros campos para a definição da nacionalidade brasileira, no que tange tanto às suas ligações com a herança europeia (e aqui os olhos voltam-se sobretudo para os franceses), quanto às nossas particularidades e especificidades. Parece que estamos diante de uma espécie de "modernismo médico", numa curiosa e tortuosa aproximação ao campo da cultura e da arte.

O caráter regional e de doença do "interior" também é reiterada pelo dr. Rabelo Júnior, professor da Faculdade Nacional de Medicina do Rio de Janeiro. O pênfigo brasileiro seria raro nas grandes cidades e no litoral, correspondendo a uma especial distribuição geográfica, um paralelogramo que abrangia parte dos estados de São Paulo Mato Grosso e Minas Gerais. A moléstia era essencialmente rural, atacando mormente lavradores e camponeses. Ela atacava entre os 10 e 30 anos e, em termos de gênero, as mulheres eram as mais acometidas, representando cerca de 65% dos casos.

Assim, é possível discernir um claro esforço da dermatologia paulista em estabelecer um espaço próprio de atuação e circunscrever uma moléstia de relevância regional e nacional. A criação do Serviço do Pênfigo Foliáceo e a criação de um hospital próprio representa a constituição desse espaço.

38 *ARQUIVOS DE DERMATOLOGIA E SIFILIGRAFIA*, vol. V, n.1, 1941. p. 5-6.

Identificado o pênfigo tropical como doença preponderantemente rural, vislumbra-se o intento de sanear o sertão, retirando os entraves ao desenvolvimento. Em termos científicos, afirma-se a relevância da dermatologia nacional, que identificou uma moléstia única, ainda que aparentada à doença europeia. Um laço nosológico entre Europa e Brasil, como quer o dr. Rabelo Júnior, ao supor um provável elo entre o "nosso pênfigo" e o pênfigo europeu.

Referências bibliográficas

ABBOTT, Andrew. *The System of professions*: na essay on the division of expert labor. Chicago: Chicago University Press, 1988.

Archivos de Dermatologia e Syphiligrafia de São Paulo (1937-1958).

CAMPBELL, Iphis, ZAITZ, Clarisse e TEIXEIRA, João Evangelista (coord.). *História da Dermatologia Brasileira*: uma visão panorâmica. Rio de Janiero: MEDSI, 1999.

CAMPOS, José Aranha. *Pênfigo Folliáceo (Fogo Selvagem)*: aspectos clínicos e epidemiológicos. São Paulo: Melhoramentos, 1942.

CANNABRAVA FILHO, Paulo. *Adhemar de Barros*: trajetórias e realizações. São Paulo: Terceiro Nome, 2004.

Correio Paulistano (1937-1939).

Fundo Aguiar Pupo. Museu Histórico Carlos Silva Lacaz - FMUSP.

HOCHMAN, Gilberto. *A era do saneamento*: as bases da política de saúde pública no Brasil. São Paulo: Hucitec, 2012.

LACAZ, Carlos da Silva. Museu Ceroplástico "Augusto Esteves". *Revista da Sociedade Brasileira de Medicina Tropical*, vol. 26, nº 2, p. 125-126, abr.-jun., 1993.

MARINHO, Maria Gabriela S. M. C. *Norte-americanos no Brasil*: uma história da Fundação Rockfeller na Universidade de São Paulo, 1934-1952. São Paulo: Fapesp, 2001.

MOTA, André e SCHRAIBER, Lilia Blima. Mudanças Corporativas e tecnológicas da medicina paulista. *História, Ciências, saúde – Manguinhos*, Rio de Janeiro, v. 16, n. 2, abr.-jun. 2009, p. 345-360.

RIBEIRO, Maria Alice Rosa. Saúde pública e as empresas químico-farmacêuticas. *História, Ciências, Saúde — Manguinhos*, vol. VII(3), p. 607-626, nov. 2000-fev. 2001.

RODRIGUES, Maria de Lurdes. *Sociologia das Profissões*. Oeiras: Celta, 2002.

SÁ, Dominichi Miranda de. A voz do Brasil: Miguel Pereira e o discurso sobre o "imenso hospital". *História, Ciências, Saúde - Manguinhos*, v. 16, supl. 1, jul. 2009, p. 333-348.

SANTOS, Fernando Sergio Dumas dos; SOUZA, Letícia Pumar Alves de; SIANI, Antonio Carlos. O óleo de chaulmoogra como conhecimento científico: a construção de uma terapêutica antileprótica. *História, Ciências, Saúde - Manguinhos*, Rio de Janeiro, v. 15, n. 1, p. 29-46, mar., 2008.

SCHRAIBER, Lilia Blima. *O médico e seu trabalho*: limites da liberdade. São Paulo: Hucitec, 1993.

WEISZ, George. The Emergence of Medical Specialization in the Nineteenth Century. *Bulletin of the History of Medicine*, vol. 77, n. 3, 2003, p. 538-575.

WILSON, Philip K. Afterword: Reading the skin, discerning the landscape: A geo-historical perspective of our human surface. In: SIENA, Kevin, REINARZ, Jonathan (ed.). *A Medical History of Skin*: Scratching the Surface. London: Pickering and Chatto, 2013, p. 209-220.

O caramujo, o homem e São Paulo rural: A fotografia da esquistossomose nos documentos da Divisão do Serviço do Interior

Maria Talib Assad[1]

Maria Cristina da Costa Marques[2]

Introdução

A fotografia surge em meados do século XIX provocando um grande impacto cultural. Esse recurso foi utilizado para documentar diversos aspectos da realidade e expressões da vida, tornando acessíveis informações visuais à diferentes grupos sociais. Seu caráter testemunhal, derivado dos processos físico-químicos[3] que a compõe, levou à rápida incorporação da fotografia nos meios acadêmicos, científicos e institucionais.

Especulações em torno dos possíveis usos desse recurso geraram grandes debates, no entanto, observa-se sua fusão nas artes, curiosidades gerais e nos mais diversos campos de produção do conhecimento. Apesar das diferen-

1 Mestre em Ciência da Informação pela Escola de Comunicação e Artes da Universidade de São Paulo e documentalista no Museu de Saúde Pública Emílio Ribas do Instituto Butantan. E-mail: maria.assad@butantan.gov.br.

2 Doutorado e mestrado em História das Ciências/História Social pelo Departamento de História, FFLCH – USP e professora doutora pelo Departamento de Gestão, Política e Saúde da Faculdade de Saúde Pública da USP. E-mail: mcmarques@usp.br.

3 "Fotografia - Imagem produzida pela ação da luz sobre película coberta por emulsão fotossensível, revelada e fixada por meio de reagentes químicos" (ARQUIVO NACIONAL, 2005. p. 95).

tes abordagens, em todas as áreas havia uma crença comum: na confiabilidade e autenticidade da fotografia como evidência.[4]

Na virada do século XIX para o XX, paralelo ao desenvolvimento da técnica de registro fotográfico, em São Paulo criam-se as primeiras políticas de saúde pública e seus aparelhos institucionais. As políticas do período estavam ligadas ao combate das doenças infectocontagiosas e ao controle de epidemias,

> (...) facetas da íntima relação entre situação sanitária de São Paulo e o fluxo de imigrantes, influenciando a formulação das ações sanitárias estaduais nesse período.[5]

As fotografias também foram largamente produzidas pelos serviços de saúde no desempenho de suas atividades, como um recurso para o desenvolvimento de pesquisas, de políticas públicas instauradas, fonte de informação para intervenção social, dentre outras finalidades, como verificamos nas fotografias dos institutos de pesquisa, dos hospitais e órgãos de saúde diversos, onde há o registro das doenças, das campanhas de saúde e dos aparatos tecnológicos utilizados. A dimensão do uso fotográfico na documentação produzida pela saúde é um tema ainda pouco abordado, para além de sua capacidade ilustrativa.[6] Nesse sentido, nosso interesse volta-se para a produção fotográfica produzida durante a investigação do combate à esquistossomose no Estado de São Paulo na década de 1950, enquanto documento visual. Identificamos nesse material exemplares profícuos do uso da imagem fotográfica na construção do conhecimento, ferramenta para subsidiar ações e instrumento de registro para um movimento de interiorização do Estado.[7]

---

4 SCHWARTZ, Joan. M. "Record of simple Truth and Precision: Phtography, Archives, and the Ilusion of Control". *Archivaria: the jornal of the Canadian Archivists*, Ottawa, n. 50, 2000.

5 TELAROLLI JR, Rodolpho. "Imigração e epidemias no estado de São Paulo". *História, Ciências, Saúde - Manguinhos*. Rio de Janeiro: 1996. p. 271.

6 SILVA, James Roberto. *Doença, fotografia e representação:* Revistas médicas em São Paulo e Paris, 1869-1925. São Paulo: Editora da Universidade de São Paulo, 2009. Um dos autores que trabalham este tema.

7 Agradecemos imensamente a leitura atenta e as contribuições com relação ao rumo deste trabalho feitas por Suzana César Gouveia Fernandes, pesquisadora científica do Instituto Butantan e atual diretora do Centro de Memória da Instituição.

Fotografia e saúde pública no Estado de São Paulo

A fotografia passa a ser utilizada pelos aparatos institucionais como instrumento relativo à prática científica, registro da expansão dos equipamentos e ações de políticas públicas. Sua utilização com intenção documental ocorre pela verossimilhança aparente entre a imagem registrada e a própria realidade. Nesse sentido, a fotografia é compreendida como um recurso que contribui para a modernização do saber, sobretudo, até meados do século XX.[8]

O registro e a documentação em imagens das atividades dos serviços de saúde do Estado contemplavam o registro de trabalho de campo, de expansão e reforma de equipamentos, dos dirigentes da área da saúde e das condições sanitárias que a população estava submetida. Essas imagens posteriormente eram usadas em publicações científicas, material educativo, compunham relatórios e documentos administrativos. A presença de álbuns fotográficos institucionais bastante elaborados também é observada nos arquivos.

Duas dimensões derivam do caráter documental aplicado à fotografia inicialmente: arquivamento e ordenação. A fotografia facilita a produção de inventários por meio de seus registros. Já o álbum fotográfico compila diversas imagens em uma mesma unidade, reunindo fotografias de diversos domínios: arquitetura, obras públicas, viagens, descobrimentos, ciência, indústria, medicina, arqueologia, entre outros. O álbum e a fotografia avulsa funcionam muito bem associados, pois a ideia de inventário está ligada à coleta, registro e arquivamento:

> [O álbum] ele não agrupa, não acumula, não conserva nem arquiva sem classificar e redistribuir as imagens, sem produzir sentido, sem construir coerência, sem propor uma visão, sem ordenar simbolicamente o real.[9]

Vale frisar, a fotografia foi um elemento bastante presente nas atividades do Departamento de Saúde de São Paulo no âmbito de várias seções. Constituiu importante documentação sobre o uso chamado científico que se fazia do recurso fotográfico e sobre o discurso institucional que se produzia

8 ROUILLÉ, André. *A fotografia*: entre documento e arte contemporânea. São Paulo: Editora Senac, 2009. p. 108.

9 Idem. p. 101.

por meio das imagens. Chama atenção também por registrar a maneira pela qual esses serviços interferiam direta ou indiretamente no território, na expansão dos serviços de urbanização e saneamento, visando o controle de doenças, epidemias e endemias, dados que podem ser recuperadas pelas fotografias.

A expansão da saúde no território paulista: Divisão do Serviço do Interior (D.S.I.)

A ampliação dos serviços públicos de saúde nas demais regiões do Estado, para além da capital, remonta à época do Serviço Sanitário do Estado de São Paulo (1891-1938), de forma incipiente ainda com o Estado sendo dividido, em três regiões, como prevê a legislação em 1896:[10] Capital, Santos e Campinas, e demais localidades. Para melhor distribuição do serviço, as regiões eram divididas em distritos sanitários.[11]

Ainda durante o período de existência do Serviço Sanitário, o Inspetor Geral do Interior Dr. Humberto Pascale (depois Diretor da Divisão do Serviço do Interior) implementa, através de convênios, que Prefeituras do interior fornecessem numerário para a criação de centros de saúde. Essa rede de órgãos locais de saúde pública é absorvida posteriormente pelo Estado.[12]

Em 1942, o decreto-lei n. 12.784 reorganiza o Serviço do Interior do Departamento de Saúde, que passa a denominar-se Divisão do Serviço do Interior,[13] competindo a essa divisão a aplicação da legislação sanitária no interior do Estado, por meio de estrutura composta por: Diretoria (com sede na capital); Centros de Saúde do Interior; Posto de Assistência Médico-Sanitária do Interior e Serviço Médico-Sanitário de Colonização. Tinha como atribui-

10 SÃO PAULO (Estado). Lei n. 432, de 3 de agosto de 1896. Sobre o Serviço Sanitário. Diário oficial do Estado de São Paulo. São Paulo, 1896.

11 BLOUNT, III, John Allen. "A administração da saúde pública no estado de São Paulo o serviço sanitário 1892-1918". *Revista de Administração de empresas,* São Paulo, v. 12, n. 4, 1972.

12 MASCARENHAS. Rodolfo dos Santos. *Contribuição para o estudo da administração sanitária estadual em São Paulo.* Tese – Faculdade de Higiene e Saúde Pública da Universidade de São Paulo, São Paulo, 1949.

13 SÃO PAULO (Estado). Decreto-lei n. 12.784, de 24 de junho de 1942. Reorganiza o Serviço do Interior, do Departamento de Saúde. Diário oficial do Estado de São Paulo. São Paulo, 1942.

ção superintender, dirigir e orientar os serviços locais, promovendo a articulação das suas funções com as demais dependências do Departamento de Saúde; estudar e dar parecer fundamentado sobre todas as questões científicas relativas à Saúde Pública; promover, pelas unidades sanitárias do Interior ou em colaboração, a proteção da maternidade, infância e juventude, inclusive a realização do serviço de higiene escolar; propor as medidas sanitárias necessárias ao saneamento das localidades, habitações, estabelecimentos, lugares e logradouros públicos; adotar as providências a fim de prevenir e combater as doenças transmissíveis que por sua natureza possam revestir-se de caráter endêmico ou epidêmico; propor a distribuição do pessoal de acordo com a conveniência do serviço ou cometer-lhe função transitória, fazer cumprir as leis, regulamentos ou instruções sanitárias.

Em 1943, o decreto-lei n. 13.439 reorganiza a Divisão do Serviço do Interior (D.S.I.)[14] com relação aos seus equipamentos que passam a compreender: Centros e Delegacias de Saúde, alterando também os cargos criados no decreto anterior (1942). Em 1944, um novo decreto-lei amplia os Postos de Assistência Médico-Sanitária no Interior para 29 unidades.[15] Marca-se, portanto, nesse período uma política de promoção da interiorização da saúde pública no Estado. A ampliação dos postos de assistência e de ações institucionais em direção a uma política preventiva e de educação sanitária, viabilizada pelos Centros de Saúde, são destacadas.[16] Em um momento em que o interior estava sendo descortinado pelos profissionais de saúde, o DSI se configura como o órgão responsável pela implementação de uma política em saúde pública que tinha como tarefa investigar novas doenças, suas causas, transmissões e propor soluções.

Destaca-se, nesse sentido, os documentos fotográficos como recurso privilegiado e ponto de partida para análise das políticas públicas em saú-

---

14 SÃO PAULO (Estado). Decreto-lei n. 13.439, de 30 de junho de 1943. Dispõe sobre a reorganização da Divisão do Serviço do Interior, do Departamento de Saúde. Diário oficial do Estado de São Paulo. São Paulo, 1943.

15 SÃO PAULO (Estado). Decreto-lei n. 13.849, de 24 de fevereiro de 1944. Dispõe sobre criação de postos de assistência médico-sanitária na Divisão do Serviço do Interior, do Departamento de Saúde, e dá outras providências. Diário Oficial do estado de São Paulo. São Paulo, 1944.

16 MASCARENHAS, 1949. Op.cit.

de com relação às questões relativas ao meio rural em face ao problema da esquistossomose.

Inquérito sobre a esquistossomose mansônica no Estado de São Paulo

A esquistossomose mansoni é uma doença causada pelo parasita *Schistosoma mansoni*, cujas formas adultas habitam os vasos mesentéricos do hospedeiro definitivo (homem) e as formas intermediárias se desenvolvem em caramujos gastrópodes aquáticos do gênero *Biomphalaria.* Trata-se de uma doença, inicialmente assintomática, que pode evoluir para formas clínicas extremamente graves e levar o paciente a óbito. A magnitude de sua prevalência, associada à severidade das formas clínicas e a sua evolução, conferem a esquistossomose uma grande relevância como problema de saúde pública. No Brasil é conhecida popularmente como "xistose", "barriga d'água" e "doença dos caramujos".[17]

Álbuns Esquistossomose I, II, III e IV

A fotografia foi utilizada pelo D.S.I. nos estudos e pesquisas sobre a esquistossomose, na década de 1950 e apresentada no formato de álbuns. Analisamos quatro volumes do Álbu*m da Esquistossomose - Documentário de Pesquisas e Trabalhos*, produzidos pela Divisão do Serviço do Interior; Secretaria da Saúde Pública e da Assistência Social. As pesquisas se concentram entre 1958 e 1959, com dados recuperados de 1956 e 1957.

17 SECRETARIA DE ESTADO DA SAÚDE (SÃO PAULO). *Sobre esquistossomose.* [Homepage].

Figura 1 – Fazenda Mombaça. Colhendo água para uso doméstico. Abaixo do lançamento do esgoto - maio de 1958.

Fonte: Álbum Esquistossomose – Volume II. Divisão do Serviço do Interior; Secretaria da Saúde Pública e da Assistência Social. Acervo Museu de Saúde Pública Emílio Ribas/Instituto Butantan

Os álbuns analisados, parte do acervo do Museu de Saúde Pública Emílio Ribas do Instituto Butantan, chamam atenção com relação à sua configuração enquanto documento iconográfico, definido como:

> Gênero documental integrado por documentos que contêm imagens fixas, imagens impressas, desenhadas ou fotografadas, como fotografias e fotografias gravuras.[18]

Mas, a partir de uma análise mais detida com relação à sua composição e os documentos que o compõe é possível verificar características similares a de um relatório:

18 ARQUIVO NACIONAL, 2005. p. 76.

> Exposição de ocorrências, de fatos de despesas, de transações ou de atividades realizadas por autoridade com finalidade de prestar conta de seus atos a autoridade superior.[19]

Nesse caso, assumindo a forma tipológica de um relatório visual de atividades de pesquisa. Uma vez que, além das ampliações fotográficas apresenta uma série de documentos textuais, fichas, dados de pesquisa, tabelas, mapas, instruções e desenhos relativos às ações de enfrentamento ao problema da esquistossomose no Estado de São Paulo.

Ao classificar o conjunto simplesmente como álbum fotográfico – onde as fotografias são sequenciadas e dispostas a fim de compor uma narrativa imagética, não consideramos adequadamente o potencial informativo do documento. Que por sua vez, comunica e divulga as ações de combate à esquistossomose, expõe dados de pesquisa, normas e resoluções, apresenta ações *in loco*, locais de foco do caramujo e de alto índice de doentes, mesclando linguagem textual e visual. Esse documento é representativo em seu propósito e por esse motivo foi escolhido como objeto de análise.

Algumas considerações merecem ser tecidas acerca dos álbuns fotográficos. Em sua apresentação mais tradicional são formados pelos retratos familiares, depois passam a ser compostos a partir das mais variadas temáticas. Mas, para além do assunto e da composição estética que podem variar, o álbum possui uma lógica narrativa que induz uma leitura sequencial com início e fim.

> Sua visão produz a figura de um "salto" - (...) tendo em vista que devemos "saltar" de uma foto para outra, para recompor um propósito global.[20]

Um tipo de imagem produzida e compilada em álbuns são as fotografias dos espaços urbanos, das cidades, vistas e jardins, que se relacionam com a imagem e concepção de saúde presente na primeira metade do século XX:

---

19 UNIVERSIDADE DE SÃO PAULO, 1997. p. 38-39.

20 SILVA, Armando. *Álbum de família:* a imagem de nós mesmo. São Paulo: Editora Senac São Paulo: Edições SESC SP, 2008. p. 32.

> Quando se diz então que a saúde pública estava preocupada com a imagem da cidade e do estado é possível entender por imagem a aparência mesma do espaço urbano, do campo e da população. Esses propósitos, assim como as disposições saneadoras, caminhavam juntos com a ideia de plasticidade, a qual permeou tanto as ações higienistas como a expressão desses propósitos em imagens positivas de uma realidade almejada. Essa dimensão estava representada nas fotografias de nossas instituições de saúde, nos álbuns de vistas de São Paulo e nos cartões postais; e estava presente também no noticiário impresso.[21]

Nos álbuns da esquistossomose as imagens comunicam sobre a falta de saneamento, fossas inadequadas, lagos com presença de caramujos ou rios com focos de infestações que são utilizados para irrigação de lavouras. A comunicação desses referentes presta contas às autoridades superiores sobre o estado atual dos problemas identificados e em contrapartida, apresentam as ações realizadas para minimizá-los. Aparecida, Pindamonhangaba, Roseira, Ourinhos, Alto Sorocabana e Vale do Paranapanema são algumas das regiões retratadas. Uma seleção de imagens e documentos que compõem os álbuns é apresentada a seguir:

21 SILVA, James Roberto. Op.cit. p. 96-97.

Figura 2 - Esquistossomose / Volume I - Secretaria da Saúde Pública e da Assistência Social / Divisão do Serviço do Interior / Esquistossomose / Documentário de Pesquisas e Trabalhos (capa)

Fonte: Álbum Esquistossomose – Volume I. Divisão do Serviço do Interior; Secretaria da Saúde Pública e da Assistência Social. Acervo Museu de Saúde Pública Emílio Ribas/Instituto Butantan

O Volume I traz logo no início, uma série de documentos textuais que contextualizam os dados de pesquisa, ações de combate à doença, atividades desenvolvidas e resoluções implementadas pelo órgão competente.

Figura 3 - Desenho com o ciclo da doença.

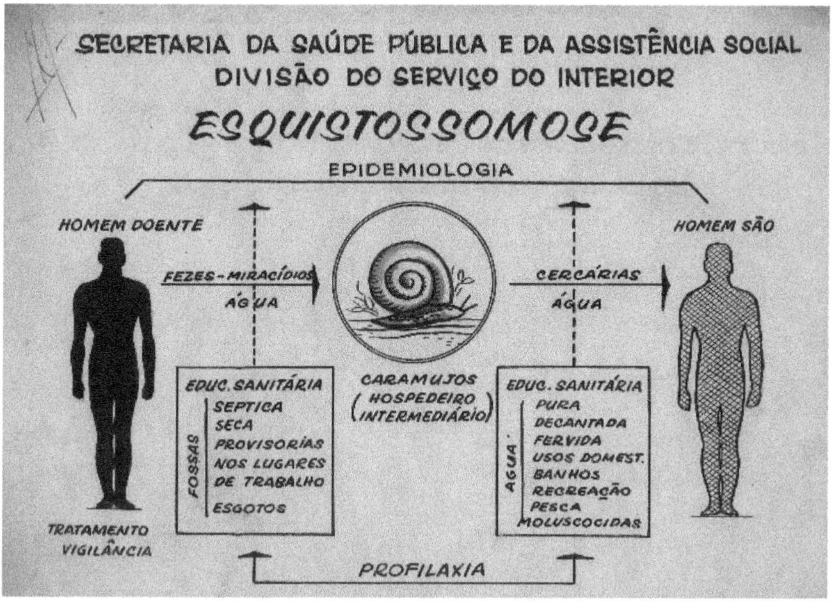

Fonte: *Álbum Esquistossomose – Volume I.* Divisão do Serviço do Interior; Secretaria da Saúde Pública e da Assistência Social. Acervo Museu de Saúde Pública Emílio Ribas/Instituto Butantan

Uma ficha de registro (modelo) para indivíduos doentes é anexada ao álbum. Esse documento compilava as seguintes informações da população: N° da ficha, data, número de registro, unidade sanitária e dados de residência atual, residência anterior, locais de trabalho ou estudo (endereço, bairro, município, estado, frequência da coleta de águas, localização e água para ingestão, tratada ou fervida, tempo de moradia) e dados dos familiares (nome, idade, sexo, cor, naturalidade). Na sequência traz instruções para a coleta e remessa de caramujos para análise, no caso de suspeita de contaminação. Apresenta dados estatísticos por meio de tabelas (Figura 4), como um quadro comparativo dos brasileiros fixados no estado de São Paulo e a corrente migratória de outras unidades da federação (censo demográfico de 1940/1950). Fonte: "O Estado de São Paulo" 21/04/1957.

A elevação sensivel de número de nordestinos entrados em São Paulo nos anos de 1952 e 1953, conforme o gráfico acima, verificou-se em decorrência da grande sêca que assolou aquela região nessa época.[22]

FIGURA 4 - TRABALHADORES NACIONAIS ENTRADOS NA HOSPEDARIA EM PRIMEIRO ESTABELECIMENTO (1954-1956).

IMIGRAÇÃO

TRABALHADORES NACIONAIS ENTRADOS NA HOSPEDARIA EM PRIMEIRO ESTABELECIMENTO

PROCEDÊNCIA	1952	1953	1954	1955	1956
Bahia	113.758	38.409	26.289	20.724	19.789
Minas Gerais	44.480	21.551	23.892	19.551	16.885
Pernambuco	31.731	17.744	14.855	16.450	17.207
Alagoas	28.125	13.650	15.442	16.631	17.114
Ceará	15.025	9.814	5.789	3.865	3.231
Sergipe	9.182	3.333	3.928	6.998	7.039
Paraiba	3.140	2.457	1.556	1.334	1.811
Piauí	2.625	1.496	979	963	1.012
Rio Grande do Norte	620	995	557	547	308
Outras procedências	892	1.031	1.039	1.424	1.925

A elevação sensivel do número de nordestinos entrados em São Paulo nos anos de 1952 e 1953, conforme o gráfico acima, verificou-se em decorrência da grande sêca que assolou aquela região nessa época.

MOVIMENTO DE IMIGRANTES NACIONAIS E ESTRANGEIROS REGISTRADOS NA HOSPEDARIA, NO QUINQUÊNIO 1951-1956

1951	Nacionais	205.560	Total 206.840
	Estrangeiros	1.280	
1952	Nacionais	249.586	Total 256.240
	Estrangeiros	6.654	
1953	Nacionais	110.380	Total 114.504
	Estrangeiros	4.124	
1954	Nacionais	94.326	Total 98.650
	Estrangeiros	4.324	
1955	Nacionais	88.487	Total 89.827
	Estrangeiros	1.340	
1956	Nacionais	86.401	Total 87.377
	Estrangeiros	976	

"O Estado de São Paulo"
21.4.1957

---xXx---

Fonte: *Álbum Esquistossomose – Volume I.* Divisão do Serviço do Interior; Secretaria da Saúde Pública e da Assistência Social.
Acervo Museu de Saúde Pública Emílio Ribas/Instituto Butantan

A migração interna, sobretudo, aquela advinda da região nordeste é compreendida como um fator de disseminação da esquistossomose no estado de São Paulo. Atribui-se ao período de seca, o movimento migratório em

22 Álbum Esquistossomose – Volume I. Divisão do Serviço do Interior; Secretaria da Saúde Pública e da Assistência Social. Acervo Museu de Saúde Pública Emílio Ribas/Instituto Butantan.

elevada escala rumo ao sudeste. Os dados do movimento de imigrantes nacionais e estrangeiros registrados na Hospedaria de Imigrantes,[23] no quinquênio 1951-1956 são apresentados. E a tabela de despesa com assistência e colocação dos trabalhadores nacionais no Estado de São Paulo, em 1956, também.[24]

Outros dados numéricos são mobilizados, como por exemplo: casos autóctones de esquistossomose (março de 1959) nas regiões do Vale do Paraíba, Capital, Vale do Paranapanema, Alto Sorocabana e Litoral. Censos Coprológicos (exame das fezes) com a quantidade de exames realizados nas regiões de Aparecida, Ibirarêma, Itariri, Ourinhos, Pindamonhangaba, Santos, São Vicente também são apresentados.

A investigação do meio transmissor também é detalhada, com dados dos exames realizados em caramujos (Figura 5): Tabela I - Pesquisas de planorbídeos (caramujos) em 61 municípios do Estado. De abril a 31/12/1958 e janeiro de 1959. Com informação de número de caramujos: colhidos, examinados, negativos e positivos. Total: colhido 57.798; examinado 33.365; negativo 33.344; positivos 21 (0,06%). Dados relativos a esses exames são cruzados com informação dos municípios e espécies de caramujos encontradas. Os municípios onde foram identificados caramujos infectados pelo S. Mansoni (Schistosoma mansoni) - Ano de 1957-1958 e 1959: Aparecida (Faz. Albertina) 8,5%; Pindamonhangaba (diversos locais) 1%; Ourinhos (Faz. Sta. Maria) 11,8%.[25]

---

23 A Hospedaria de Imigrantes, antes de ser instalada no Brás, entre 1886 e 1888, funcionou no bairro do Bom Retiro, no local onde em 1893 foi construído o Desinfectório Central, órgão do Serviço Sanitário responsável pela desinfecção pública, execução das medidas sanitárias e transporte de doentes acometidos por moléstias infectocontagiosas. Hoje, o prédio abriga o Museu de Saúde Pública Emílio Ribas, que preserva um importante acervo da área da saúde do Estado de São Paulo, inclusive os álbuns do D.S.I., objetos de análise desse estudo.

24 Despesa por migrante nacional / Total da despesa: Cr.$ 36.729.589,30 / Total de trabalhadores: 86.381 = Cr.$ 425,20. Fonte: "O Estado de São Paulo" 21/04/1957. Álbum Esquistossomose – Volume I. Divisão do Serviço do Interior; Secretaria da Saúde Pública e da Assistência Social. Acervo Museu de Saúde Pública Emílio Ribas/Instituto Butantan.

25 *Álbum da esquistossomose – Volume I.* Divisão do Serviço do Interior; Secretaria da Saúde Pública e da Assistência Social. Acervo Museu de Saúde Pública Emílio Ribas/Instituto Butantan.

A expressividade dos dados apresentados chama atenção. Tornando sua caracterização enquanto *relatório fotográfico* facilmente identificada por uma leitura atenta.

Figura 5 – Coleta de caramujos

Fonte: Álbum Esquistossomose – Volume I. Divisão do Serviço do Interior; Secretaria da Saúde Pública e da Assistência Social.
Acervo Museu de Saúde Pública Emílio Ribas/Instituto Butantan

Outro dado interessante, são as atividades realizadas no âmbito da educação sanitária, visando a promoção de hábitos de higiene a fim de evitar a propagação da doença (Figura 6).

Figura 6- Ipauçu - Educação sanitária de alunos das escolas feita por professores e médico da Unidade Sanitária.

Fonte: *Álbum Esquistossomose – Volume* IV. Divisão do Serviço do Interior; Secretaria da Saúde Pública e da Assistência Social. Acervo Museu de Saúde Pública Emílio Ribas/Instituto Butantan

Um resumo das campanhas de educação sanitária de combate a esquistossomose nos municípios de Aparecida, Pindamonhangaba, Roseira e Santos traz informação das ações indicando o local, fazenda, bairro, número de famílias e indivíduos com e sem fossa participantes. Evidenciando, mais uma vez, o caráter de relatório dos álbuns ao enfocar dados para balizar as futuras pesquisas ou intervenções.

São contabilizadas as seguintes ações realizadas: palestras educativas - 2.110; Visitas; Projeções cinematográficas; Nº de expectadores - 103.620; Encaminhamentos - Centros de Saúde, exame de fezes, Educ. Sanitária de Saúde Escolar, Assistência social - total 3.066; Material de propaganda distribuído - Folhetos *O que é esquistossomose* (Figura 7) - 6.726, Cartazes *Combata a esquistossomose* - 100; Cartazes *Mate as moscas* - 200. São Paulo, 23 de março de 1959.[26]

26 Álbum Esquistossomose – Volume IV. Divisão do Serviço do Interior; Secretaria da Saúde Pública e da Assistência Social. Acervo Museu de Saúde Pública Emílio Instituto Butantan.

Figura 7 – Folheto "O que é esquistossomose"

Fonte: Seção de Propaganda e Educação Sanitária. Departamento de Saúde do Estado de São Paulo. Acervo Museu de Saúde Pública Emílio Ribas/Instituto Butantan

Outros recursos iconográficos foram utilizados, como plantas e mapas do território estadual paulista a fim de dimensionar a localização dos casos de ocorrência de esquistossomose. Abaixo (Figura 8), planta de fazenda em Pindamonhangaba, incorporada ao álbum, com os locais de foco da doença identificados pelo caramujo desenhado à mão.

Figura 8 - Planta da Fazenda Albertina. Município de Pindamonhangaba. Localização dos casos de esquistossomose. Cia. Agrícola e industrial Cícero Prado

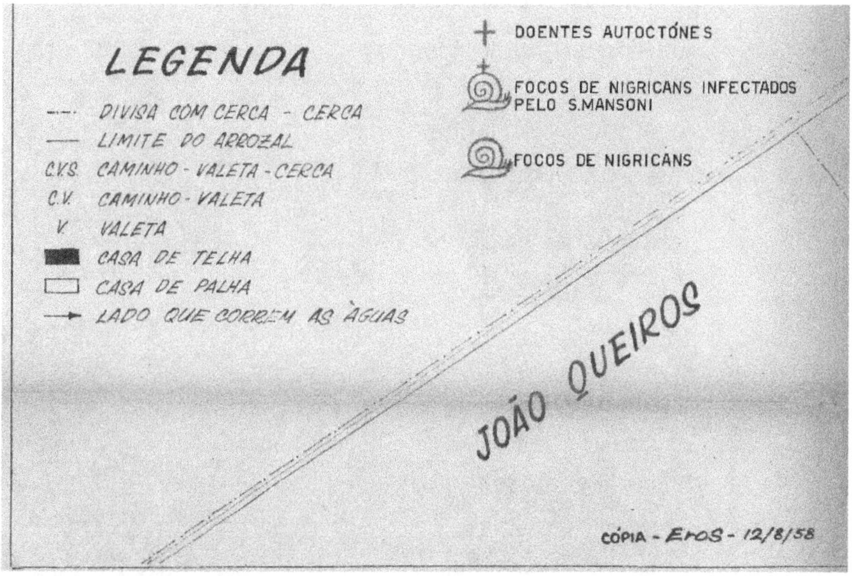

Fonte: *Álbum* Esquistossomose - Volume III. Divisão do Serviço do Interior; Secretaria da Saúde Pública e da Assistência Social.
Acervo Museu de Saúde Pública Emílio Ribas/Instituto Butantan

Apresenta também diretrizes de tratamento da esquistossomose pelo medicamento *Eparseno (Rhodia)*, com informações das diferentes doses que deveriam ser aplicadas para adultos e crianças, segundo orientação de posologia do próprio fabricante e uma proposta de dosagem orientada pelo médico Moacyr Ribeiro dos Santos (Presidente Prudente - SP).

Para além das diferentes tipologias documentais reunidas nos álbuns, a escolha das imagens também é bastante expressiva em seu propósito. As ampliações fotográficas são encadeadas com legendas explicativas detalhadas em minúcia (Figura 9).

Figura 9 – Ipauçu. Diversos aspectos do tanque de pedra, no fim da R. Prof. Julio Monteiro, alimentado pelos córregos S. Luiz e Ipauçu, criadouro de glabratus, suspeito de ser o foco infectante

Fonte: Álbum Esquistossomose - Volume IV. Divisão do Serviço do Interior; Secretaria da Saúde Pública e da Assistência Social. Acervo Museu de Saúde Pública Emílio Ribas/Instituto Butantan

As ações realizadas com o objetivo de conter a esquistossomose e direcionadas ao meio ambiente (Figura 10), como a aplicação de substâncias para controle do caramujo por meio do lançamento de Rhodiacid em canais, córregos e valetas contaminados, são exemplificadas por meio dos registros e detalhadas nos textos incorporados.

Figura 10 – Pindamonhangaba. Lançamento de *Rhodiacid* em valeta da cidade e Comissão de Esquistossomose e visita ao Parque Princeza. 26/04/1958

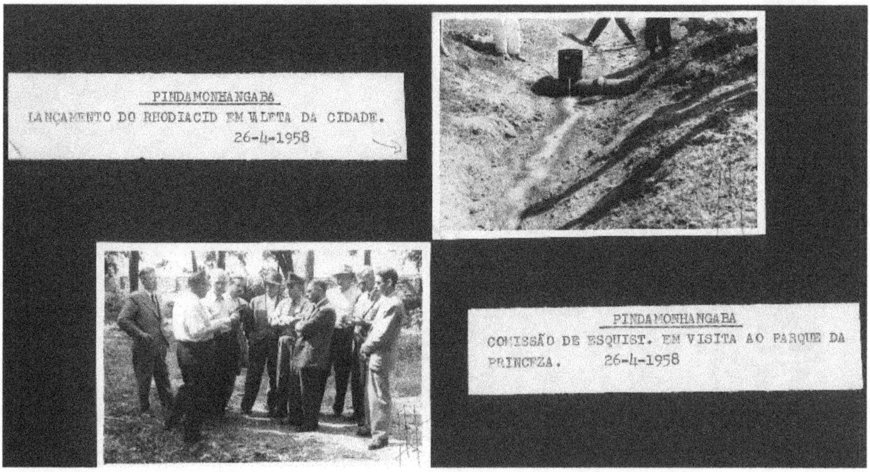

Fonte: Álbum Esquistossomose – Volume II. Divisão do Serviço do Interior; Secretaria da Saúde Pública e da Assistência Social. Acervo Museu de Saúde Pública Emílio Ribas/Instituto Butantan.

Já as imagens das vistas rurais são motivadas pelo risco ambiental de contaminação: áreas de várzea, córregos e rios, locais onde a população se banha e que depois irrigam plantações (Figura 11). Propícios ao desenvolvimento do ciclo da esquistossomose.

FIGURA 11 - ROSEIRA. BANHO NUM CANAL DE IRRIGAÇÃO PRÓXIMO À FAZENDA ALBERTINA. GRANDE FOCO

Fonte: Álbum Esquistossomose – Volume II. Divisão do Serviço do Interior; Secretaria da Saúde Pública e da Assistência Social.
Acervo Museu de Saúde Pública Emílio Ribas/Instituto Butantan

Finalmente, são compiladas fotografias onde foram encontrados doentes e de ações sanitárias de investigação (Figura 12) nesses territórios:

FIGURA 12 – TAUBATÉ. ASPECTOS DA CHÁCARA GUISARD, ONDE DOIS DOENTES AUTÓCTONES REFEREM TER-SE BANHADO. NÃO FORAM ENCONTRADOS CARAMUJOS

Fonte: Álbum Esquistossomose – Volume IV. Divisão do Serviço do Interior; Secretaria da Saúde Pública e da Assistência Social.
Acervo Museu de Saúde Pública Emílio Ribas/Instituto Butantan

Migração, saúde e doença na interiorização do Estado de São Paulo

Um dos estudos relativos à esquistossomose mansônica, em São Paulo, produzido na década de 1950, pelo Serviço de Profilaxia da Malária foi publicado na Revista Instituto Adolfo Lutz em 1959, com autoria de David Coda,[27] Nicolino Falci[28] e Francisco Augusto Teixeira Mendes.[29] O artigo expõe uma condensação de dados apresentados em relatório ao governador do Estado.

> Oferecemos os dados obtidos nos Relatórios da Seção de Esquistossomose do Serviço de Profilaxia da Malária, com os estudos e trabalhos relacionados com o hospedeiro intermediário do *S. mansoni*, o caramujo, frisando que essas atividades dizem respeito à sua pesquisa, coleta e exames durante o período considerado e que terminou em julho de 1956.[30]

A pesquisa foi realizada em 26 municípios dos 435 do estado de São Paulo de agosto de 1954 a julho de 1956. Os municípios compreendidos foram: Araraquara, Bauru, Caraguatatuba, Catanduva, Colina, Cubatão, Guarujá, Iguape, Itariri, Ourinhos, Palmital, Pindamonhangaba, Pirassununga, Ribeirão Preto, Santos, São Joaquim da Barra, São José do Rio Preto, Votuporanga, entre outros. Nesse período caramujos foram coletados, classificados e examinados; investigando-se a contaminação por *S. mansoni*.

O Serviço de Profilaxia da Malária (S. P. M.) realizou inquérito coprológico (estudo das fezes humanas com objetivo de auxiliar no diagnóstico de doenças) no Departamento de Imigração do Estado (Hospedaria de Imigrantes). Os exames teriam confirmado estatística divulgada anteriormen-

27 Ex-médico do Serviço de Profilaxia da Malária e ex-médico do Instituto Adolfo Lutz.

28 Ex-médico do Serviço de Centros de Saúde da Capital e médico do Departamento de Profilaxia da Lepra.

29 Ex-diretor da Hospedaria dos Imigrantes e ex-chefe do Serviço de Imigração, da Secretaria da Agricultura.

30 CODA, David; FALCI, Nicolino; MENDES, Francisco A. T. "Contribuição para o estudo e a profilaxia da esquistossomose mansônica no Estado de São Paulo". *Revista Instituto Adolfo Lutz.* Vol. único, n. 19, São Paulo, 1959. p. 27.

te em inquérito escolar helmintólógico de 11 estados do Nordeste (1950)[31] com relação às localidades de origem dos indivíduos contaminados.

> As amostras que mais impressionam, pertencem a indivíduos com bilharziose aqui chegados, vindos dos Estados de Alagoas, Bahia, Minas Gerais, Pernambuco e Sergipe.[32]

O processo de interiorização da esquistossomose no estado de São Paulo é explicado em face ao fenômeno da migração interna no país. Os autores chamam atenção para o risco de uma infestação maciça do território paulista pela doença parasitária. E identificam como um grande problema nacional a migração de populações doentes.

> (...) que o principal fator de infestação do território do Estado, com referência à esquistossomose, se constitui pelas correntes migratórias internas, que carreiam, para esta Capital e para o interior de São Paulo, em grande número, os portadores de helminto, cujas formas evolutivas vêm infestar a fauna planorbídica, estabelecendo, assim, em terra paulista, focos autóctones da moléstia.[33]

O Serviço Médico de Imigração e Colonização serviu de observatório para compreensão das correntes migratórias e identificação das relações entre fenômenos sanitários e aspectos econômicos-sociais.

São Paulo passa a ser um centro de atração de correntes migratórias desde 1887, decorrência da expansão cafeeira. Após 1930, as restrições impostas à imigração estrangeira levaram à mais um intenso movimento interno de circulação de indivíduos oriundos de outras regiões do país ao estado. Segundo o relatório em 1939 passaram pela Hospedaria de Imigrantes 100.139 "retirantes" e em 1952, devido à seca nordestina, o movimento atingiu 252.743 pessoas. Em 1954 e 1955 o número médio foi de 100.000 pessoas em trânsito,

---

31 PELLON, A. B.; TEIXEIRA, I. *Distribuição geográfica da esquistossomose mansônica no Brasil.* VIII Congresso Brasileiro de Higiene, Recife, 1950.

32 CODA; FALCI; MENDES, 1959. Op.cit. p. 35.

33 Idem. p. 44.

maioria provenientes de Minas gerais, Bahia, Rio de Janeiro, Espírito Santo, Pernambuco, Alagoas, Sergipe, Rio Grande do Norte, Paraíba, Ceará, Piauí e Maranhão. Esses territórios apresentavam focos da doença. Estimou-se que dos 100.000 que adentraram o território a taxa de indivíduos portadores de parasitas fosse de 20%. Como consequência do cenário de migração sem a devida assistência social, os autores apontam:

- Propagação da moléstia no território paulista pelos trabalhadores migrantes.
- Declínio das condições eugênicas da população; sobretudo, da classe trabalhadora.
- Redução do nível de vida dos trabalhadores rurais e urbanos sem qualificação.
- Nomadismo do proletariado rural.[34]

Chamam atenção também para a falta de recursos e estrutura do Departamento de Imigração e Colonização, sobretudo do Serviço Médico.

> A administração paulista relegou, de fato, a plano secundário, as suas obrigações para o povoamento, e, concomitantemente, as de higiene e saúde, que lhe são indissociavelmente ligadas.[35]

A esquistossomose é apontada pelos autores como uma doença que provoca a declinação da força de trabalho, produzindo lesões irreparáveis, invalidez precoce e *degenerescência da raça.*[36] Essa interpretação dos problemas de saúde e sociais aparece com forte cunho eugênico. No entanto, é importante ressaltar a presença desse tipo de discurso permeando a produção teórica no campo das ciências médicas no Brasil e consequentemente pautando diversas políticas públicas em saúde, o que pode ser observado na

34 Ibidem. p. 46-47.

35 Ibidem. p. 48.

36 Termo cunhado no relatório pelos autores. CODA, David; FALCI, Nicolino; MENDES, Francisco A. T, *op. cit.*. p. 50.

documentação produzida pelo Departamento de Saúde[37] e nas publicações da área da saúde, no período.

Para além das migrações interestaduais, os autores também creditam às migrações intermunicipais, ocasionadas pelos ciclos da lavoura, fator de risco. Outra questão ligada à produção agrícola diz respeito à irrigação das plantações, a técnica levou à criação de inúmeros lagos artificiais. Havendo a necessidade de se considerar a proteção do homem e do meio ambiente (terra e água) nesses territórios.

A partir do inquérito, os autores propõem algumas medidas práticas de profilaxia da esquistossomose mansônica: procura orientada do hospedeiro intermediário, o planorbídeo, e do homem doente. Estudo das condições climáticas e a ecologia dos moluscos, para controle do hospedeiro intermediário, o que levaria à racionalização dos recursos e circunscrição da campanha "anti-esquistossomose"; pesquisa de planorbídeos (densidade de focos, classificação e infestação) e seu combate.

> A existência de esgotos, constitui principal medida tendente a evitar a difusão da esquistossomose pela preservação da contaminação de cursos e de coleções de águas pelo ovo ou pelo miracídio *S. mansoni.* (...). Deve-se impedir, também, que certas culturas, que demandam irrigação, sejam contaminadas com águas poluídas pelas fezes, que virão a infestar os caramujos e constituir focos de transmissão da doença ao homem.[38]

O acesso ao saneamento básico e redes de esgoto se constitui como principal fator para mitigação do problema. Citando a Constituição da Organização Mundial de Saúde, os autores apontam o desenvolvimento desigual no controle de doenças e promoção em saúde nos diferentes Estados como um desafio,[39] pois dezenas de milhares de trabalhadores doentes provenientes de regiões infectadas acabariam contribuindo para o desenvolvimento do ciclo da doença, prejudicando os trabalhos profiláticos que visavam a destruição do hospe-

37 Parte do acervo arquivístico do Museu de Saúde Pública Emílio Ribas do Instituto Butantan.

38 CODA; FALCI; MENDES, 1959. Op.cit. p. 54.

39 Ibidem. p. 58.

deiro intermediário (caramujo) do *S. mansoni*. Chamam atenção, portanto, para as relações de dependência social entre grupos, que avançam divisas e fronteiras, sobretudo, quando se fala em saúde e trânsito de pessoas.

> A consciência da interdependência social é um elemento crucial na constituição de uma coletividade, na percepção da existência de laços com uma comunidade nacional.[40]

Gilberto Hochman[41] tem como hipótese que as políticas de saúde pública no Brasil na primeira República tiveram um papel crucial na capacidade do Estado de intervir no território. A transmissibilidade das doenças expõe as fronteiras entre poder central e local, público e privado, uma vez que a interrupção do contágio e a produção de condições de vida salubres estão diretamente ligadas a capacidade de cooperação e produção de ações coletivas. Portanto, políticas públicas de saúde derivam da ideia de consciência da interdependência.

O autor utiliza o conceito de "configuração" para a compreender a ideia de coletivização do bem-estar de Norbert Elias (1980; 1993), definida como um padrão estruturado de dependências recíprocas entre seres humanos.

> A configuração seria um instrumento conceitual, com o qual se escaparia do antagonismo *indivíduo versus sociedade*, e a interdependência a condição prévia para a formação e identificação de uma configuração *(idem)*.[42]

No mundo moderno, industrial e urbano, as cadeias de interdependência se tornam complexas e seu desenvolvimento gera consequências sociais não planejadas, mas diretamente relacionadas às dinâmicas e ações dos grupos que a compõem.[43]

---

40 HOCHMAN, Gilberto. *A era do saneamento*: as bases da política de saúde pública no Brasil. São Paulo: Hucitec, 2006. p. 39.

41 Ibidem. p. 38.

42 Ibidem. p. 24.

43 Ibidem. p. 24.

Com relação à saúde e suas complexas relações de interdependência, sobretudo, no tange o adoecimento, os autores da *Contribuição para o estudo e a profilaxia da esquistossomose mansônica no Estado de São Paulo*,[44] propõem medidas restritivas de controle de circulação dos indivíduos - controle do portador, evitando migração interna sem conhecimento das autoridades sanitárias; controle do tratamento que o doente será submetido e exigência de medidas de higiene e profilaxia nos locais de trabalho e notificação dos casos positivos da doença. Estudos com relação à terapêutica da doença também seriam necessários pois, ainda eram falhos os medicamentos empregados.[45]

Outras medidas são pontuadas como necessárias para contenção da doença: educação sanitária (*correção* de hábitos por meio da propaganda e da educação sanitária); atualização da legislação sanitária relativa a profilaxia da esquistossomose, visando a promoção de melhorias das habitações, das condições de trabalho, da proteção do homem e da obrigatoriedade de redes de abastecimento de água e esgoto. Sugerem também, a formação de uma comissão de estudos, planejamento e profilaxia da esquistossomose.

> É incontestável a gravidade da doença de Manson-Pirajá da Silva[46] no Estado de São Paulo, evidenciada pela presença de espécies de caramujo bons hospedeiros e de milhares de portadores ativos dos ovos de *S. mansoni* nas fezes de pessoas provenientes de outros Estados da União.[47]

CONSIDERAÇÕES FINAIS

Os esforços de pesquisa, documentação e ações realizadas na década de 1950, no âmbito de combate à esquistossomose apresentados de forma bastante detalhada nos documentos fotográficos analisados chamam atenção para o problema sanitário, econômico, social e biológico que a contaminação do planorbídeo da esquistossomose provocava.

44 CODA; MENDES, 1959. Op.cit. p.58.

45 Idem.

46 Manson-Pirajá da Silva (1873-1961) - médico e pesquisador brasileiro, responsável pela identificação do agente patogênico e do ciclo fisiopatológico da esquistossomose (MARCOLIN, 2012).

47 CODA; MENDES, 1959. Op.cit. p. 60.

A situação agrava-se, e na década seguinte uma *Campanha de Combate à Esquistossomose - CACESQ* é criada.[48] Justifica-se sua criação pela gravidade dos problemas de saúde pública provocados pela esquistossomose e à sua elevada incidência, levando à redução da capacidade de trabalho e morte prematura da população. Considerando a precariedade dos sistemas de esgotos sanitários e o aumento de focos da endemia, chegando a 31 municípios do Estado na época, o desenvolvimento de um plano de trabalho dessa magnitude demandaria que a Secretaria de Saúde Pública e a Secretaria de Serviços e Obras Públicas atuassem em conjunto. A Campanha tinha como atribuição: promover o levantamento epidemiológico e sanitário referente ao problema, organizar planos de saneamento, promover a colaboração entre Estado, municípios e Governo Federal visando o combate à doença, promovendo a educação sanitária e a divulgação de ensinamentos relacionados a prevenção e combate da contaminação. Todas essas questões foram identificadas previamente nos documentos analisados.

O exame dos registros fotográficos produzidos pelos órgãos de saúde durante o combate à esquistossomose, nas décadas de 1950 e 1960 no Estado de São Paulo, permitiu a observação do tema de uma forma profícua. A análise por meio das imagens tem como ponto de partida o registro do caramujo, dos igarapés, dos rios, fossas, despejos de esgotos inadequados e das condições sanitárias da população do entorno rural; para expansão do olhar com o auxílio das legendas, das imagens encadeadas, sua apresentação discursiva no formato de álbum, a sistematização de dados estatísticos, fontes de pesquisa e atividades executadas anexas. Movimento que nos leva a compreender as implicações do ponto de vista da saúde pública que se articulam com questões socioeconômicas, ligadas à migração interna, à busca por melhores condições de vida, à ocupação desordenada, falta de acesso às condições básicas de vida, como saneamento e redes de esgoto e à informação com relação aos hábitos de higiene. Esse panorama pode ser apreendido pelo discurso visual dos registros fotográficos e reiterado pela documentação textual correlata disponível.

---

48 SÃO PAULO (Estado). Decreto N. 50.081, de 24 de julho de 1968. Dispõe sobre a constituição da Campanha de Combate à Esquistossomose - CACESQ, e dá outras providências. Diário oficial do Estado de São Paulo. São Paulo, 1968.

As fotografias, nesse caso, se configuram como um importante recurso que registra as atividades desenvolvidas pelos órgãos públicos no âmbito da saúde no interior e atesta as condições sanitárias em que a população (sobre) vivia. Também testemunha os aspectos da vida rural, as atividades de pesquisa e intervenção social conduzidas no combate à esquistossomose. Produz uma vasta fonte de pesquisa e investigação que subsidia as políticas desenvolvidas, uma vez que o registro *in loco* facilita a divulgação dos casos e constitui elemento informativo nos relatórios. Possibilitando ao interessado ter acesso a caracterização do problema de maneira clara e direta, mesmo que distante do "meio socioambiental doente".

Ao analisar as imagens produzidas com intenção documentária é preciso levar com consideração também o órgão que as produziu e seu público-alvo. Isto porque, as imagens podem ser obtidas para um objetivo específico, como o registro de um dado de pesquisa, ou para ações de divulgação e exposição, direcionadas à um público mais amplo, compondo materiais educativos e informativos. Assim, adquirem outra dimensão ou ampliam seu alcance, como por exemplo, as imagens utilizadas em *fotorreportagem* publicada pela revista *O Cruzeiro*, em 1951 sob o título:

> *Barrigua-D'água: onde se conta a história da moléstia transmitida através dos caramujos* – Três milhões de brasileiros são portadores dessa doença incurável: a esquistossomose – Você sabe distinguir um caramujo maligno de um inofensivo? – Morte lenta e penosa.[49]

Com texto de Arlindo Silva e fotos de Peter Scheier (1908-1979), importante fotógrafo do século XX. A matéria é "emoldurada" por fotografias de caramujos *in loco* e exemplares de laboratório, retrato de criança contaminada com sua aparente "barriga-d'água" e pesquisadores trabalhando na dissecação de animais cobaias contaminadas em ambiente controlado. Nesse caso, as imagens são o elemento central da matéria que pretende informar e relatar o drama da uma doença que assolava grande parcela da população e até então era incurável, sobretudo, por meio da linguagem visual.

49 SILVA, Arlindo; SCHEIER, Peter. "Barriga d'água". *O Cruzeiro*, ano XXIV, n. 2, 27/10/1951. p. 108-109. Acervo Instituto Moreira Salles.

Diversos aspectos do artefato fotográfico, que não se esgotam no conteúdo da imagem, também são fontes de análise. No caso do álbum da esquistossomose as legendas que acompanham as imagens são bastante elaboradas e detalhadas, texto e imagem produzem um discurso intencional e incrementam a leitura visual. Os álbuns direcionam também à outras tipologias documentais produzidas institucionalmente (relatórios, folhetos e cartazes), jogam luz sobre certos aspectos e ampliam as informações sobre a esquistossomose em São Paulo na década de 1950, de maneira contextual e relacionada.

Portanto, a cobertura fotográfica das atividades relativas ao problema da esquistossomose no Estado de São Paulo é um importante meio de registro das ações institucionais voltadas à investigação e ao combate da doença que mitigava a população paulista. E os retratos das paisagens rurais, marcados pela contaminação e pela busca de focos de caramujos, podem ser analisados em perspectiva com os discursos e as políticas implementadas sobre migração, saneamento, desenvolvimento científico, ações profiláticas, educação sanitária, entre tantos outros aspectos.

Referências bibliográficas

ARQUIVO NACIONAL (Brasil). *Dicionário Brasileiro de Terminologia Arquivística. Rio de Janeiro: Arquivo Nacional*, 2005. Disponível em: <http://www.arquivonacional.gov.br/images/pdf/Dicion_Term_Arquiv.pdf>. Acesso em: 02 fev. 2020.

BLOUNT, III, John Allen. "A administração da saúde pública no estado de São Paulo o serviço sanitário 1892-1918". *Revista de Administração de empresas,* São Paulo, v. 12, n. 4, p. 40-48, dez., 1972. Disponível em: <http://www.scielo.br/scielo.php?script=sci_arttext&pid=S0034=75901972000400003-&lng=en&nrm-iso>. Acesso em: 18 fev. 2020.

CODA, David; FALCI, Nicolino; MENDES, Francisco A. T. "Contribuição para o estudo e a profilaxia da esquistossomose mansônica no Estado de São Paulo". *Revista Instituto Adolfo Lutz.* Vol. único, n. 19, São Paulo, 1959. Disponível em: <http://www.ial.sp.gov.br/resources/insituto-adolfo-lutz/publicacoes/rial/50/rial-191-2_1959/e262.pdf>. Acesso em 10 fev. 2020.

HOCHMAN, Gilberto. *A era do saneamento*: as bases da política de saúde pública no Brasil. São Paulo: Hucitec, 2006.

MASCARENHAS. Rodolfo dos Santos. *Contribuição para o estudo da administração sanitária estadual em São Paulo.* Tese (Concurso de livredocência da Cadeira de Técnica da Saúde Pública) – Faculdade de Higiene e Saúde Pública da Universidade de São Paulo, São Paulo, 1949.

MARCOLIN, Nelson. "Vocação bem-sucedida". *Revista Pesquisa Fapesp*. São Paulo. Edição 198, ago., 2012. Disponível em: <https://revistapesquisa.fapesp.br/2012/08/10/voca%C3%A7%C3%A3o-bem-sucedida/>. Acesso em: 21 fev. 2020.

PELLON, A. B.; TEIXEIRA, I. *Distribuição geográfica da esquistossomose mansônica no Brasil.* VIII Congresso Brasileiro de Higiene, Recife, 1950.

ROUILLÉ, André. *A fotografia: entre documento e arte contemporânea.* Tradução Constancia Egrejas. São Paulo: Editora Senac, 2009.

SENNE, Catia Alves de; URZUA, Flávia Andréa Machado. "A constituição do acervo do Museu de Saúde Pública Emílio Ribas: subsídios para a análise de sua trajetória institucional". *Cadernos de História das Ciências,* 2010, vol. 6, n. 2, p. 05-06.

SÃO PAULO (Estado). Lei n. 432, de 3 de agosto de 1896. Sobre o Serviço Sanitário. Diário oficial do Estado de São Paulo. São Paulo, [1896]. Disponível em: <https://www.al.sp.gov.br/repositorio/legislacao/lei/1896/lei-432-03.08.1896.html>. Acesso em: 20 fev. 2020.

______. Decreto n. 9.247, de 17 de junho de 1938. Cria o Departamento de Estado da Saúde. Diário oficial do Estado de São Paulo. São Paulo, [1938]. Disponível em: <https://www.al.sp.gov.br/repositorio/legislacao/decreto/1938/decreto-9247-17.06.1938.html>. Acesso em: 20 fev. 2020.

______. Decreto-lei n. 12.784, de 24 de junho de 1942. Reorganiza o Serviço do Interior, do Departamento de Saúde. Diário oficial do Estado de São Paulo. São Paulo, [1942]. Disponível em: <https://www.al.sp.gov.br/repositorio/legislacao/decreto.lei/1942/decreto.lei-12784-24.06.1942.html>. Acesso em: 20 fev. 2020.

______. Decreto-lei n. 13.439, de 30 de junho de 1943. Dispõe sobre a reorganização da Divisão do Serviço do Interior, do Departamento de Saúde. Diário oficial do Estado de São Paulo. São Paulo, [1943]. Disponível em:

<https://www.al.sp.gov.br/repositorio/legislacao/decreto.lei/1943/decreto.lei-13439-30.06.1943.html>. Acesso em: 20 fev. 2020.

______. Decreto-lei n. 13.849, de 24 de fevereiro de 1944. Dispõe sobre criação de postos de assistência médico-sanitária na Divisão do Serviço do Interior, do Departamento de Saúde, e dá outras providências. Diário Oficial do estado de São Paulo. São Paulo, [1944]. Disponível em: <https://www.al.sp.gov.br/repositorio/legislacao/decreto.lei/1944/decreto.lei-13849-24.02.1944.html>. Acesso em: 20 fev. 2020.

______. Decreto-lei n. 17.339, de 28 de junho de 1947. Dispõe sôbre criação da Secretaria de Estado dos Negócios da Saúde Pública e da Assistência Social e dá outras providências. Diário oficial do Estado de São Paulo. São Paulo, [1947]. Disponível em: <https://www.al.sp.gov.br/repositorio/legislacao/decreto/1938/decreto-9247-17.06.1938.html>. Acesso em 20 fev. 2020.

______. Decreto N. 50.081, de 24 de julho de 1968. Dispõe sobre a constituição da Campanha de Combate à Esquistossomose - CACESQ, e dá outras providências. Diário oficial do Estado de São Paulo. São Paulo, [1968]. Disponível em: <https://governo-sp.jusbrasil.com.br/legislacao/223783/decreto-50081-68>. Acesso em 27 fev. 2020.

SECRETARIA DE ESTADO DA SAÚDE (SÃO PAULO). *Sobre esquistossomose*. [*Homepage*]. Disponível em: <http://www.saude.sp.gov.br/resources/cve-centro-de-vigilancia-epidemiologica/areas-de-vigilancia/doencas-de-transmissao-por-vetores-e-zoonoses/esquistossomose.html>. Acesso em: 10 fev. 2020.

SILVA, Arlindo; SCHEIER, Peter. "Barriga d'água". *O Cruzeiro*, ano XXIV, n. 2, 27/10/1951, p. 108-109. Acervo Instituto Moreira Salles.

SILVA, Armando. *Álbum de família:* a imagem de nós mesmo. Trad. Sandra Martha Dolinsk. São Paulo: Editora Senac São Paulo: Edições SESC SP, 2008.

SILVA, James Roberto. *Doença, fotografia e representação:* Revistas médicas em São Paulo e Paris, 1869-1925. São Paulo: Editora da Universidade de São Paulo, 2009.

SCHWARTZ, Joan. M. "Record of simple Truth and Precision: Phtography, Archives, and the Ilusion of Control". *Archivaria: the jornal of the Canadian Archivists*, Ottawa, n. 50, p. 1-40, 2000.

TELAROLLI JR, Rodolpho. "Imigração e epidemias no estado de São Paulo". *História, Ciências, Saúde - Manguinhos*. Rio de Janeiro, v. 3, n. 2, p. 265-283, out., 1996. Disponível em: <http://www.scielo.br/scielo.php?script=sci_arttext&pid=S0104-59701996000200004&lng=en&nrm=iso>. Acesso em: 25 mar. 2020.

UNIVERSIDADE DE SÃO PAULO. *Glossário de espécies/formatos e tipos documentais da Universidade de São Paulo*. [Universidade de São Paulo: USP] Sistema de Arquivo da Universidade de São Paulo: SAUSP, outubro/1997. Disponível em: <https://edisciplinas.usp.br/pluginfile.php/4177763/mod_resource/content/1/glossario1.pdf>. Acesso em: 20 fev. 2020.

Campos do Jordão:

de povoado à estância climática

Ana Enedi Prince[1]

Introdução

O mundo vivenciava uma epidemia de tuberculose altamente contagiosa e mortal no final do século XIX. No Brasil, a enfermidade era responsável por quase 70% das mortes por infecções e não havia remédios e vacinas para combatê-la. O próprio bacilo causador da tuberculose só foi descoberto em 24 de março de 1882, denominado de Koch, em razão do seu descobridor, o médico alemão Robert Koch. Eram atribuídas como fatores da exposição do bacilo de Koch: as más condições de moradia, a alimentação precária e a insalubridade dos locais de trabalho, dentre outros.

Em virtude da inexistência de profilaxias e de medicamentos específicos para a cura da tuberculose, as medidas mais utilizadas eram a ida às estâncias climáticas e o repouso absoluto. Surgia assim a Climatoterapia[2], um dos pro-

---

1 Pós- doutora e doutora em história pelo Departamento de História, FFLCH-USP. Coordenadora do curso de história da Univap- Universidade do Vale do Paraíba. E-mail: prince@univap.br.

2 O primeiro estudo brasileiro a associar a cura da tuberculose com a Serra da Mantiqueira por causa do seu clima frio e seco, com pouca nebulosidade e muita insolação, havia sido publicado em 1880 por Clemente Ferreira, mas, no mundo, a climatoterapia já era considerada condição essencial para a cura da tuberculose. Essa terapia persistiu até meados de 1940, quando foi comprovado ser ineficiente.

cedimentos usuais do século XIX, para o tratamento desta enfermidade, recomendados pela medicina da época, que preconizavam a mudança de ares das cidades para o ar seco das montanhas. Aqueles que possuíam melhor poder aquisitivo e predisposição para esse tratamento, mudavam-se, até, para outros países em busca da cura. Cidades e localidades onde os doentes que partilhavam do mesmo mal, e ali se restabeleciam, eram descritas como 'Estâncias Climáticas" e tornaram-se famosas por meio do seu clima. Em razão da climatoterapia, Campos do Jordão começou a ser procurada por doentes para o tratamento e a cura da tuberculose.

Por volta do ano de 1870, a localidade de Campos do Jordão, já era conhecida em virtude da sua vasta área territorial, que compreendia seis léguas de comprimento por três de largura, localizada na região da Serra da Mantiqueira, era toda recoberta de vegetação abundante e belezas naturais.

De acordo com Paulo Filho,[3] esse cenário impressionou Matheus da Costa Pinto, português radicado em Pindamonhangaba, proprietário de três fazendas na Serra da Mantiqueira, sendo elas: Humaitá, Baú e Imbiri. Dotado de espírito empreendedor, ele se instalou com sua família na Fazenda Imbiri e passou a desenvolver atividades relacionadas ao comércio. Ergueu uma pensão, destinada inicialmente para pousada dos negociadores de gado, campeiros e forasteiros, pousada esta, que depois de alguns anos, acabou transformada em abrigo para os "doentes do peito".[4]

De acordo com Antenor Barreto Romano,[5] durante os trabalhos de instalação das três fazendas, Matheus da Costa Pinto viu confirmadas as notícias sobre as excepcionais qualidades climáticas do lugar. Havia necessidade de que os tuberculosos, marcados pela sentença, até então inapelável, de morte, soubessem que o seu mal, teria cura, pois pelo menos um ou outro caso de cura, já se registrara. Realmente a cura ocorrera, depois de alguns meses, no último quartil do século XIX, em alguns doentes que se beneficiaram do repouso absoluto dos ares de Campos do Jordão. Estes doentes que ali estiveram

3 PAULO FILHO, P. *A História de Campos do Jordão.* Aparecida: Editora Santuário, 1986.

4 Alcunha da época designada aos portadores de tuberculose pulmonar.

5 Descrição publicada na Revista do Instituto Histórico e Geográfico de São Paulo. Volume LXXI.

sob a proteção de Matheus da Costa Pinto, e que se curaram, logo propagaram as excelências do clima, o milagre das curas.

No ano de 1887, o Inspetor Geral da Província em seu relatório[6], fez um alerta relativo ao grande número de tuberculosos existentes no Estado de São Paulo. Decorridos dez anos, a tuberculose ainda era a responsável pelo maior número de óbitos ocorridos na Capital Paulista, representando 56,7%, do total das doenças transmissíveis, como pode-se verificar na Tabela 1:

Tabela 1 – Mortalidade das Doenças Transmissíveis na Capital de São Paulo, em 1897[7]

Doenças Transmissiveís	Número de óbitos	% em relação ao total
Tuberculose	406	56,7%
Febre Tifóide	223	31,1%
Difteria	33	4,6%
Febre Amarela	28	3,9%
Varíola	26	3,6%
Total	716	100%

Em consequência dessa terrível moléstia que assolava o país e diante da necessidade de se ter locais propícios para o tratamento e a cura da tuberculose, no que se refere às atividades de empreendedorismo de Matheus da Costa Pinto na Serra da Mantiqueira, Paulo Filho (1986) relata que,

> (...) aos poucos, a atividade de Matheus Pinto – como muitos o chamavam- foi transformando o Imbiri em pólo de maior densidade demográfica, em meio à vasta área que compreendia os Campos do Jordão, toda ela entrecortada de extensas fazendas, aqui e acolá, com moradores dispersos que muito pouco se co-

6 Relatórios sobre as doenças infecto-contagiosas elaborados anualmente pelo Inspetor Geral da Província de São Paulo.

7 Fonte: MOTA, André. *Tropeços da Medicina Bandeirante.* Medicina Paulista entre 1892-1920. São Paulo: EDUSP, 2005. p. 87. Grifo da Autora.

> municavam. Não foi fácil; Matheus "dava terras para os que queriam construir e auxiliava-os em tudo".[8]

No ano de 1879, foi construída uma capela em homenagem a São Matheus, e no mesmo ano, foi implantada uma escola que funcionou durante vários anos.

O nascente povoado recebeu diversas denominações: Vila de São Matheus do Imbiri, Sítio ou Retiro de Matheus Pinto.

Em relação à constante chegada de tuberculosos à localidade, Matheus da Costa Pinto construiu a Pensão São Matheus para abrigá-los, pensão esta que foi ampliada e tornou-se o Hotel Imbiri no ano de 1879, conforme descrição do jornal, A Província de São Paulo.

> O Hotel do Imbiri, fica situado em um local magnífico, em uma espécie de ligeiro planalto e rodeado de diversas habitações pitorescas; ahi se fornecem aos hóspedes todas as comodidades desejáveis, sendo, além disso, os doentes tratados com todo o desvelo pelo sr. Claudio Moreira de Mello, um dos proprietários, o qual preenche com o maior zelo as funções de um cauteloso enfermeiro. Os doentes tem à sua disposição magníficos animaes, exccellentes cavalos, de modo que, aos benefícios do clima, se junta a influencia favorável ao exercício da equitação.[9]

Considerando o fato da localidade ser de difícil acesso, em razão dos caminhos íngremes, realizado somente em lombo de burro, os viajantes que desejavam chegar a Campos do Jordão deveriam utilizar a trilha que se seguia pelo Pico de Itapeva ou Paiol Velho. Matheus da Costa Pinto com sua visão progressista, contratou um engenheiro, objetivando a abertura da estrada de rodagem para Pindamonhangaba.

> No dia 5 de dezembro de 1876, a máquina "Aricanduva" da Companhia Estrada de Ferro Rio de Janeiro - São Paulo, em viagem inaugural, passou por Pindamonhangaba, ante as perspectivas traçadas pelo grande acontecimento, José Inácio dos

8 PAULO FILHO, P. 1986. Op.cit. p. 65.

9 *A PROVÍNCIA DE SÃO PAULO*, 24 de março de 1881. s/p.

> Santos Bicudo, construiu uma "Companhia de Transportes para os Campos do Jordão".[10]

É inegável a influência que Matheus da Costa Pinto teve no desenvolvimento da localidade jordanense, assim resumido por Paulo Filho (1986):

> Homem singular foi o velho Matheus - casas para doentes, prédio para Hotel, banda de música, igreja, escola para crianças e adultos, estrada de rodagem, assistência material e espiritual aos enfermos, propaganda do clima de Campos do Jordão, e até para os que subiram a Serra, desenganados, para morrer - fez construir, às suas expensas, o cemitério para evitar que as famílias enlutadas, padecessem de sofrimentos, no transporte de seus entes queridos para Santo Antonio do Pinhal e Pindamonhangaba.[11]

No que se refere a ida dos doentes para Campos do Jordão, a cidade de Pindamonhangaba, era um ponto de parada obrigatória de tuberculosos, que se utilizavam dos meios de locomoção disponíveis na época.

Em razão do difícil acesso e, muitas vezes, até pelo estado de saúde debilitado dos viajantes, foi organizado um serviço de "trolley", na estação de Pindamonhangaba, para buscar os passageiros com destino à Vila Jaguaribe, oportunizando assim a hospedagem no Hotel Imbiri. No início, essa viagem era realizada a cavalo, mas como a maioria dos viajantes era doente, foi elaborado e colocado em prática, um novo sistema de transporte: os Banguês e as Liteiras.

Os Banguês eram destinados às pessoas sadias e aos doentes em bom estado, constituídos por um modelo de cadeira de braços, com cobertura de lona, armados como uma charola, com quatro pernas compridas com encaixes nas cangalhas dos dois cavalos ou burros que a transportavam, colocados um na dianteira e outro na traseira. Já as Liteiras, eram reservadas aos doentes bastante debilitados, tinham as mesmas características dos banguês, porém se diferenciavam apenas no fato de que tinham cadeiras ao invés de padiolas.

10 ANDRADE, Condelac Chaves de. *Album Almanaque Histórico de Campos do Jordão*. Campos do Jordão, 1947. p. 14.

11 PAULO FILHO, P. 1986. Op.cit. p. 75.

Em razão da sua altitude elevada, Campos do Jordão, no século XIX, possuía um clima frio e seco, com pouca nebulosidade e muita insolação, o que era considerado propício, segundo vários especialistas da época, ao tratamento da tuberculose, e até para a sua cura. O médico Clemente Ferreira,[12] em sua tese, defendida para obter o Grau de Doutor pela Faculdade de Medicina do Rio de Janeiro, em 30 de setembro de 1880, intitulada "Phthisica Pulmonar", teceu algumas considerações, naquele período, dentre as quais ressaltava o fato de que Campos do Jordão reunia as condições propícias ao tratamento da tuberculose. O doutor Clemente Ferreira se refere ao clima das montanhas, e as condições oferecidas por Campos do Jordão, no que diz respeito ao atendimento aos doentes.

> Os Campos do Jordão hoje oferecem numerosos recursos, diversos meios confortáveis para um passadio agradável; existem habitações em grande número, podendo acomodar muitos doentes. É sobretudo ao benemérito Senhor Matheus da Costa Pinto importante fazendeiro, que se devem os melhoramentos e progressos dessa esplendida localidade. Incansável e cuidadoso, ele tem se empenhado com afã na construção de casas pitorescas, que em grande número se oferecem agora ao agasalho e acomodação de tantas pessoas, que lá vão buscar lenitivos aos seus males.[13]

Clemente Ferreira reconhecia em sua tese, o esforço empreendido por Matheus da Costa Pinto em relação ao desenvolvimento da localidade, assim como a preocupação deste quanto ao atendimento aos tuberculosos.

---

12 Em 28 de dezembro de 1880, ao receber o grau de doutor em Medicina, iniciou sua carreira profissional como médico da Santa Casa de Misericórdia, sem remuneração. Em 1883 publicou um ensaio pioneiro sobre "O Clima de Campos do Jordão no tratamento da tuberculose". Em 17 de julho de 1899 fundou a Associação Paulista de Sanatórios Populares para Tuberculosos, depois chamada de Liga Paulista contra a Tuberculose, tornando-se seu presidente perpétuo. A partir de então, encabeçou uma ferrenha luta contra a "Peste Branca" que dizimava a população paulistana.

13 FERREIRA, Clemente Miguel da CUNHA. *Phtísica Pulmonar.* These de Doutorado, Faculdade de Medicina do Rio de Janeiro, 1880. p. 381.

> Cheio de entusiasmo pelos Campos, o Sr. Matheus dedica a sua vida ao engrandecimento e renome do lugar e envida os seus esforços todos, para que a confortabilidade desejável caiba aos doentes, tratando mesmo de proporcionar-lhes passatempos e distrações agradáveis, que possam amenizar a vida aos que aborrecem os recessos agrestes.[14]

No ano de 1959, as autoridades de Campos do Jordão determinaram a data de 29 de abril de 1874, como sendo esta, a data da fundação do Município, pois nesta data havia sido lavrada a escritura de compra e venda das terras de Matheus da Costa Pinto, considerado como um benfeitor, por ter dado início aos "alicerces" da cidade de Campos do Jordão: uma venda, uma estrada, uma capela e uma pensão que se transformou no hotel para atendimento aos tísicos.

As propriedades de Matheus da Costa Pinto foram vendidas ao Doutor Domingos Jaguaribe, que fixou residência na Vila São Mateus do Imbiri em 1891. Entusiasmado com o povoado, Domingos Jaguaribe começou a trabalhar para o seu progresso. Colaborou com o desenvolvimento da Vila, por meio de incentivos a quem estivesse disposto a investir, dentre eles, Dr Salvador Miranda que construiu um sobrado, que posteriormente foi transformado no Hotel Melo.

> Na Vila Jaguaribe, o Dr. Jaguaribe construiu de 1894 a 1895, mais dois bons prédios que estão servindo de hotel, estando a frente dele o Dr. Pimentel, conhecido engenheiro e Hyppolito Quirino dos Santos. Está a 1600 metros acima do nível do mar. Há farmácia, armazém e outras comodidades. O General Quintino Bocayuva adquiriu uma propriedade,junto ao povoado.Há ali dois construtores suecos: Augusto Jonson e Carlos Carlsquist. Uma serraria do Dr. Jaguaribe supre madeira às construções. Os moradores representaram ao Governo para que os estudos da estrada de ferro fossem feitos até lá, visto o ponto forçado da Estrada de Ubatuba às divisas de Minas passar apenas a 18 quilometros do povoado. Esse pedido foi atendido.[15]

---

14 Idem.

15 THORMAN, Canuto. *Completo Almanak Administrativo, Comercial e Profissional do Estado de São Paulo.* São Paulo, 1896. p. 6.

Os moradores da Vila, constatando o grau de desenvolvimento da localidade, enviaram um abaixo-assinado ao Diretor dos Correios do Estado, pelo fato de receber uma população flutuante composta de pessoas que chegavam todos os anos em busca do tratamento e cura da tuberculose. Sendo assim, o nome Vila Jaguaribe foi oficialmente reconhecido no ano de 1891. A Vila Jaguaribe foi a primeira a ser criada, seguida posteriormente pela criação da Vila Nova denominada posteriormente de Vila Abernéssia.

A Vila Nova foi fundada por Robert John Reid,[16] que mais tarde a denominou de Vila Abernéssia, nome composto da cidade de seus pais, ABERdeen, Condado de invernes, na Escócia, formando, então, a palavra Abernéssia. A evolução histórica de Campos do Jordão atraiu aventureiros e inúmeras pessoas portadoras de doenças respiratórias, que tomaram conhecimento das possibilidades curativas do clima da região, por meio dos relatos de proprietários de terras, que para lá enviavam escravos tuberculosos.

De acordo com Andrade,[17] o fazendeiro Ignácio Francisco Romeiro, residente em Pindamonhangaba, costumava comprar escravos a preços insignificantes por serem tísicos, e mandava-os para sua fazenda situada nos Campos do Moreira, onde, no fim de pouco tempo, ficavam curados, graças, unicamente, à ação do clima. Em parte, isso é confirmado pelo Dr. Jaguaribe que assim escreveu, no "Jornal do Comércio" do Rio de Janeiro, em 1896: "Antigamente, quando a tísica pulmonar era um medonho inimigo sem cura, um fazendeiro comprava, por nada, os escravos tuberculosos e mandava–os para sua fazenda nos Campos do Jordão".

Ao que parece, em uma sociedade escravista, ainda atuante nessa época, o maior interesse dos proprietários não era somente pela recuperação da saúde dos escravos, mas principalmente esperavam a garantia da manutenção

---

16 Robert John Reid (1868-1937). Formou-se em Engenharia na Universidade de Oxford, na Inglaterra. Membro da Colônia Britânica de São Paulo trouxe para Campos do Jordão as famílias Baker, Wilson, Mac Lean e Davids, que fizeram grandes empreendimentos em Campos do Jordão. Foi o fundador da Vila Abernéssia. Doou terrenos para a construção do mercado, escola, cinema, Igreja Matriz e Casa Paroquial; construiu o Convento dos Padres Franciscanos e a primeira Usina Elétrica de Campos do Jordão.

17 ANDRADE, Condelac Chaves de. *Album Almanaque Histórico de Campos do Jordão*. Campos do Jordão, 1947.

do capital investido. Devido ao difícil acesso, no ano de 1892 foi projetada a construção de uma estrada de ferro para Campos do Jordão, partindo de Pindamonhangaba, o que acabou não acontecendo. Por volta de 1908, ao retornar de uma viagem pela Europa para estudar a profilaxia da tuberculose, o médico sanitarista Emílio Ribas[18] teve a ideia de transformar o vilarejo paulista em vila sanitária para tuberculosos.

Graças aos esforços dos doutores Emílio Marcondes Ribas e Victor Godinho,[19] no ano de 1911, foi concedida autorização para a construção da almejada estrada de ferro que foi oficialmente inaugurada no dia 15 de novembro de 1914. Essa ferrovia foi primordial para a fase sanatorial de Campos do Jordão, pois além do transporte dos doentes, ela propiciou, também, o transporte de materiais utilizados para a construção dos sanatórios. Por intermédio da lei número 1471, de 29 de outubro de 1915, foi criado o Distrito de Paz, com sede na Vila Jaguaribe. No final de 1918, a Câmara Municipal de São Bento do Sapucaí criou a subprefeitura do Distrito de Campos do Jordão.

De acordo com Andrade,[20] em 19 de agosto de 1920, foi realizado um recenseamento em Campos do Jordão, cujos resultados apresentados demonstravam que o povoado estava aos poucos se desenvolvendo e assumindo as características de cidade.

18 Emílio Ribas (1862-1925) foi um médico sanitarista. Trabalhou no combate ao mosquito transmissor da febre amarela.Formado pela Faculdade de Medicina do Rio de Janeiro em 1897. Em 1898, foi nomeado diretor do Serviço Sanitário do Estado de São Paulo, onde exerceu o cargo durante 19 anos. Prestou valiosa cooperação ao Instituto Butantan. Desenvolveu atividades para erradicar as epidemias que assolavam o Estado. Colaborou para a criação do Sanatório de Campos do Jordão, para o tratamento da tuberculose. Deixou vários trabalhos sobre a febre amarela, a febre tifoide e a lepra.

19 Victor Godinho(1862-1922). Formado pela Faculdade de Medicina do Rio de Janeiro, em 1887. Presidiu a Sociedade Estrada de Ferro Campos do Jordão entre os anos de 1912 a 1914, no qual fez cumprir os objetivos iniciais que motivaram a sua construção, embora tenha encontrado dificuldades financeiras para prossegui-lo.

20 ANDRADE, 1947. Op.cit.

TABELA 2 – RESULTADOS DO RECENSEAMENTO DE CAMPOS DO JORDÃO-1920

Estabelecimentos	Total
Comércio	09
Casa de Pensão	10
Hotel	01
Padaria	01
Açougues	02
Olarias	04
Loterias	01
Salão de Barbeiros e Bilhares	01
Moinhos de Fubá	03
Farmácia	01
Médico Residente	01
Empreiteiros de Obras	01
Veículos	08 carroças
	04 carros de bois
Prédios	Vila Abernéssia-75
	Vila Jaguaribe- 25
	Vila Capivari - 03
População	Adultos – 835 homens e 472 mulheres
	Menores – 485 homens e 438 mulheres
	Vila Abernéssia – 500 habitantes Vila Jaguaribe – 325 habitantes
	Vila Capivari – 15 habitantes
	Zona Rural – 1870 habitantes

Fonte: Tabela elaborada pela Autora com dados de ANDRADE, Condelac. Chaves de. Almanaque Histórico de Campos do Jordão. Campos do Jordão, 1947

De acordo com os dados do recenseamento realizado em Campos do Jordão, no ano de 1920, podemos concluir que a sua população era composta por 2230 pessoas, considerando o número de adultos e crianças, e que a maior parte delas, cerca de 62%, residia na zona rural.

No ano de 1934, de acordo com a publicação "Quereis Saúde? Ide a Estancia Climática de Campos do Jordão"(1934), a população era composta por 10 mil habitantes, dos quais 5 mil deles residiam nas 3 vilas principais: Vila Abernéssia, Vila Jaguaribe e Vila Capivari.

Esse aumento considerável de 14 anos no que se refere ao número de pessoas se deve ao fato da localidade estar sendo reconhecida como Estância Climática.

Clemente Ferreira defendia a estruturação de Campos do Jordão, como estação sanitária para os tísicos e, também para os valetudinários, que eram pessoas com saúde frágeis, e que demonstravam abatimentos físicos. Ideia também defendida pelo parecer do médico Dr. Luiz Pereira Barreto,[21] que ainda enfatizava o fato de Campos do Jordão propiciar uma ação terapêutica em relação à tuberculose, e recomendava que fossem até lá os doentes com os pulmões comprometidos e, também aqueles que haviam sofrido qualquer tipo de moléstia, que estivessem com o organismo depauperado por qualquer motivo e que necessitassem de uma atmosfera límpida e restauradora.

O Distrito de Paz de Campos do Jordão foi transformado em Prefeitura Sanitária, de acordo com a Lei número 2.140, de 1º de outubro de 1926, e elevado à categoria de município, aos 19 de junho de 1934. Pelo Decreto – lei 6.967, de 14 de dezembro de 1934, foi anexado ao Distrito de Santo Antônio do Pinhal. Pelo Decreto 7034, de 26 de abril de 1935, o município foi anexado à comarca de Pindamonhangaba, mas pelo Decreto 9.775, de 30 de novembro de 1938, voltou à Comarca de São Bento do Sapucaí. E, por fim, em 1944, o Distrito de Santo Antônio do Pinhal foi anexado ao município de São Bento do Sapucaí, quando foi criada a Comarca de Campos do Jordão. Sendo assim, por meio do Decreto - lei número 15.717, de 13 de fevereiro de 1946, a Prefeitura Sanitária passou a se chamar Prefeitura da Estância de Campos do Jordão.

O primeiro prefeito nomeado para o cargo foi o Coronel Dr. Oscar Barcellos, que tomou posse em 4 de junho de 1927. Diante do fato de não ter conseguido colocar em prática o plano de melhoramentos que elaborou para o seu governo, nove meses depois, juntamente com o seu pedido de demissão, enviou um relatório, relatando as péssimas condições locais.

> Sem boas vias de comunicações, tão necessárias em uma Estancia de Cura, procurada por convalescentes e tuberculosos, os socorros médicos são constantemente procurados a todo momento; só existindo o serviço de abastecimento d'agua, alias

21 Dados extraídos da Carta escrita por Luiz Pereira Barreto, reproduzida integralmente na tese apresentada a Faculdade de Medicina do Rio de Janeiro em 30 de setembro de 1880 " Phthísica Pulmonar" - Clemente Ferreira.

> deficientíssimo em Capivary e Abernéssia;ausência completa de rede de exgottos; possuindo detestável serviço de iluminação pública e particular, que fazem lembrar, com saudades, os velhos tempos coloniaes, da candeia de azeite ou kerozene; finalmente imundos mercados e matadouros, somente comparáveis aos que tive ocasião de visitar em Marrocos, e um apavorante cemitério em ruínas. Impunha-se a construção de edifícios destinados a hotéis, sanatórios ou pensões, pois as pensões existentes instaladas em casas de residências são verdadeiros pardieiros ou viveiros de bacilos e focos de infecção de toda espécie.

O segundo prefeito nomeado Sr. Bento Cerqueira Cezar, assumiu o cargo em 15 de maio de 1928, e também reforçou as deficiências da localidade jordanense, no programa da sua administração.

> Os doentes, os predispostos ou as pessoas sãs que os acompanham,precisam encontrar nesta Estância climatérica elementos que tornem a sua estadia agradável e sem perigo de contágio:casas isoladas, construídas de conformidade com os mais rigorosos e modernos preceitos hygiênicos, de preferência obedecendo a typos padrões, nas quaes, a luz e o ar amplamente penetrem por todas as faces; serviços de água, exgottos e iluminação perfeitos; ruas bem cuidadas, jardins e parques tratados com carinho, em cujas alamedas, de distância em distância, ao abrigo de sombras, bancos propiciem descanso a todos em um ambiente de doçura e paz.

De acordo com Paulo Filho,[22] Campos do Jordão, no ano de 1926, tinha 3200 habitantes, a maioria dos quais proletários que habitavam casas situadas em lugares extremamente úmidos. O saneamento básico era precaríssimo devido às caixas d'água e redes poluídas. Não existia uma ligação entre as Vilas Nova, Jaguaribe e Capivari. Não havia, em 1926, uma pensão sequer em Campos do Jordão que pudesse abrigar pessoa sã, sem perigo de contágio. Os seus prédios eram considerados muito antigos e anti-higiênicos. O Posto de

22 PAULO FILHO, 1986. Op.cit.

Higiene de Campos do Jordão foi inaugurado no ano de 1926, na Vila Capivari e seus boletins publicados em 1927, alertavam a população sobre a tuberculose, e distribuíam panfletos com instruções relacionadas às noções de higiene.

Foram determinadas pelo Código Sanitário, dentre outras medidas, que os talheres e louças, deveriam ser fervidos durante 15 minutos antes de servir à mesa; a exigência de livros nas pensões, onde deveria ser anotado o nome do hóspede, entrada e saída, procedência e destino; limpeza nos quartos com panos úmidos; uso pelos hóspedes de escarradeiras portáteis, destruindo-se o catarro, com soda caustica; assim como o uso dos copos que deveriam ser individuais. Em 1927, um grupo de senhoras da elite jordanense e das associações religiosas locais, decidiram fundar uma associação de combate à Tuberculose infantil.

Receberam como doação do Dr. José Carlos de Macedo Soares, uma gleba de terras de 16 alqueires, que por este ato, ficava assim, juridicamente constituída, a Associação Sanatório Santa Clara. Sem apoio oficial, e contando apenas com campanhas comunitárias, dentre elas, a Campanha do Selo da Tuberculose, teve início a construção do primeiro pavilhão que foi primordial para o atendimento das crianças que eram filhos de pais tuberculosos.

De acordo com os dados coletados no Livro de Registro de entrada de Crianças no Preventório Santa Clara, no período de abril de 1931 a 28 de novembro de 1949, foram atendidas 4083 crianças.[23]

No ano de 1931, foi inaugurado um Dispensário em Campos do Jordão denominado "Dr. Emílio Ribas", cujo terreno da sua construção foi doado pelo Embaixador Dr. José Carlos de Macedo Soares que, além dessa área, doou diversas outras para a construção de alguns sanatórios em Campos do Jordão, sendo considerado, por muitos, como figura benemérita da cidade.

O Dispensário "Dr. Emílio Ribas" era o local de cadastramento e atendimento às pessoas que procuravam Campos do Jordão na busca do tratamento e da cura para a tuberculose. Prestava serviços de Raio X, pneumotórax, dentre outros, e disponibilizava vacinas e outros medicamentos para pacientes sem recursos financeiros. Dispunha de amplas salas para consultório, laboratório de pesquisas clínicas, aparelho de Raio X, aparelho de pneumotórax,

23 Dados coletados pela Autora no Livro de Registro de Entrada de Crianças no Preventório Santa Clara, no período de abril de 1931 a 28 de novembro de 1949.

dentre outros. Providenciava também as abreugrafias exigidas para os turistas que chegavam à cidade, seja a passeio, férias ou lazer, pois os hotéis da cidade somente hospedavam os turistas mediante a apresentação da abreugrafia atestada pelo médico.

O Relatório referente às condições de funcionamento da Prefeitura Sanitária de Campos do Jordão, em, 1938, apresentado pelo médico Antonio Gavião Gonzaga, então prefeito sanitário, durante o período de 1931 a meados de 1938, fazia a seguinte advertência: "É incrível que, em São Paulo, se crie uma Prefeitura Sanitária sem os recursos sanitários".[24] Nesse sentido, o Prefeito Sanitário Antonio Gavião Gonzaga, num autêntico desabafo, afirmava que a deficiência maior residia nas responsabilidades administrativas da área pública.

Era considerado lamentável o estado de abandono que se encontravam as vias de comunicação entre as Vilas e as vias públicas, em geral, de modo a se tornarem intransitáveis, no período das grandes chuvas. Anos mais tarde, foram iniciados os trabalhos de construção de uma avenida arborizada e pavimentada, de modo a evitar a poeira, tão perniciosa em uma estação de cura de tuberculosos, ligando os principais núcleos habitados, proporcionando melhoramentos gerais nas demais vias públicas.

Apesar do horrível quadro social apresentado, o Dr. Raphael de Paula Souza, em uma Conferência realizada na Seção de Tisiologia da Associação Paulista de Medicina, em maio de 1935, assim resumiu a importância de Campos do Jordão, naquele momento: "Campos do Jordão é a estação climatérica para a tuberculose que mais tem sido destacada, sendo hoje a mais bem organizada do Estado".[25] As pensões sanatoriais tinham a função de acolher os doentes que chegavam à cidade em busca do tratamento e cura da tuberculose. Geralmente, ofereciam aos seus hóspedes um regime disciplinar específico, que era o de obrigar os doentes a seguirem as prescrições médicas, além das refeições, banhos de sol e repouso.

---

24 CAMPOS DO JORDÃO. Relatório da Prefeitura Sanitária de Campos do Jordão elaborado pelo prefeito Antonio Gavião Gonzaga (1938).

25 SOUZA, Raphael de Paula. Conferência realizada na Seção de Tisiologia da Associação Paulista de Medicina, em maio de 1935.

Ao analisar os registros das pensões sanatoriais[26] instaladas no município de Campos do Jordão, no período de 1926 a 1941, constata-se que elas totalizavam 31. Sua distribuição geográfica ocorreu da seguinte maneira: 25 na Vila Abernéssia, 4 na Vila Capivari; e 2 na Vila Jaguaribe. Os dados referentes aos doentes atendidos pelas pensões, no período de 1926 a 1941, foram os seguintes: a maioria dos doentes era do sexo masculino, solteiros, faixa etária dos 21 a 30 anos e funcionários do comércio.

Uma das informações relevantes dos resultados apresentados pela coleta de dados, referente às pensões esclarece que dos 3563 doentes acolhidos, apenas 106 eram de Campos do Jordão, ou seja, aproximadamente, 3%, reforçando a tese de que a grande maioria dos doentes atendidos pelas pensões sanatoriais era proveniente de várias partes do Brasil. Sendo assim, o município de Campos do Jordão passou a receber o título de "Cidade Enferma", devido a demanda de tuberculosos que chegavam em busca do tratamento e cura da tuberculose, e não baseado na crença de que seus habitantes fossem tuberculosos, conforme foi constatado, ao analisar os dados relativos às pensões.

De acordo com os dados pesquisados, presume-se a eficácia das pensões no tratamento da tuberculose, o que pode ser comprovado, pois dos 3.563 doentes atendidos nas pensões, 2.554 sobreviveram, ou seja, 71,7%. Índice este, considerado na época muito bom. Além disso, constata-se que o período de permanência nas pensões foi relativamente pequeno, para a maioria das pessoas que ali se instalaram.

Outro dado relevante se refere ao destino dos doentes após saírem das Pensões, pois dos 3563 doentes, 1021 ficaram em Campos do Jordão, e 1001 tiveram o destino ignorado, ou seja, 28,7% declararam permanência em Campos do Jordão. Se considerados os dados ignorados, o número de pessoas que se fixou na cidade é bastante significativo. Como complemento às pensões senatoriais, foram implantados os sanatórios, que funcionavam como internatos, onde a disciplina era mais ou menos rígida, com horários de entrada e saída, horários determinados de refeições e repouso exigidos aos doentes, bem como as medidas gerais e especiais do regime higieno-dietético adotado no estabelecimento, prescrito pelo respectivo corpo clínico. Possuíam regula-

26 Dados coletados pela autora no "Livro de Registro de Doentes nº 1", no período de 1926 a 1941.

mentos que eram afixados nas paredes ou distribuídos aos doentes, com informações relativas ao cumprimento da sua rotina sanatorial.

Segundo Nogueira,[27] os sanatórios de Campos do Jordão eram considerados como casas de cura, quase que exclusivamente masculinas ou femininas, pois raramente elas eram mistas. Mesmo nos sanatórios mistos, geralmente existiam uma segregação espacial e disciplinar entre os doentes dos dois sexos. Paralelamente ao funcionamento das pensões, foram inaugurados nas décadas de 1920 e 1930, alguns sanatórios para receberem os tuberculosos que procuravam a cidade para o tratamento e a cura dessa moléstia: Associação Preventório Santa Clara (1927); Sanatório São Paulo (1929); Sanatório Divina Providencia (1929); Sanatório Ebenezer (1929); Sanatórios Populares (Sanatorinhos) (1931); Sanatório Maria Auxiliadora (1932), Sanatório Santa Cruz (1933), Abrigo São Vicente de Paula (1933), Sanatório da Sociedade dos Chauffers do Estado de São Paulo (São Cristóvão) (1934); Sanatório da Santa Casa de Misericórdia na cidade de Santos (1935); Sanatório Dojinkai / São Francisco Xavier (1936).

Objetivando o atendimento de pessoas sem recursos que chegavam à Campos do Jordão para o tratamento e cura da tuberculose foi criada a "Bandeira Paulista Contra a Tuberculose", que no período de 1947 a 1955, atendeu 557 pessoas, oriundas de 116 localidades diversificadas, que procuraram a cidade de Campos do Jordão para o tratamento e cura da tuberculose. A maioria delas, ou seja, 48%, era proveniente da cidade de São Paulo. Ressaltamos que essa compilação de dados referência apenas os doentes que procuraram a "Bandeira Paulista Contra a Tuberculose", ou seja, eram doentes desprovidos de recursos financeiros. Certamente, esse número seria bem maior se computássemos os outros doentes que chegaram à cidade e não procuraram essa Instituição Filantrópica.

Adotando essa mesma estratégia, no dia 22 de novembro de 1931, foi inaugurado o Hospital S1, com 24 leitos, nos moldes e estilo dos sanatórios europeus. Uma construção simples, mas que oferecia o conforto e atendimento de qualidade, sem qualquer custo para o paciente. Dois anos mais tarde, foi construído o S2, um hospital com capacidade para 80 leitos, acrescida para 180

---

27 NOGUEIRA, ORACY. *Vozes de Campos do Jordão* - Experiências Sociais e Psíquicas do Tuberculoso Pulmonar no Estado de São Paulo. Rio de Janeiro: Editora Fiocruz, 2009.

nos anos seguintes. Em virtude da alta procura dos Hospitais Sanatorinhos que já não davam conta da demanda por internações, a organização da Instituição decidiu construir um terceiro hospital, o S3. Inaugurado no dia 20 de junho de 1948, possuía uma estrutura considerada excelente, com 330 leitos e aparelhos médicos e cirúrgicos modernos.

No ano de 1948, o maior número de Sanatórios no Estado de São Paulo, para o atendimento aos tuberculosos, estava localizado no município de Campos do Jordão, com 1597 leitos, sendo que 951 deles eram oferecidos gratuitamente e 646, reservados aos pensionistas, abrangendo todas as faixas etárias. Estes sanatórios, em sua maioria, apresentavam uma boa infraestrutura, no que se referia ao atendimento médico-hospitalar.

Os médicos que atendiam os tuberculosos nesses sanatórios eram provenientes de várias partes do Brasil e atuavam nas clínicas e no dispensário, sendo que, no ano de 1943, Campos do Jordão, era, no Estado de São Paulo, o segundo município com o maior número de médicos por habitantes, superado apenas pela Capital paulista.

A introdução, no mercado de antibióticos eficazes, proporcionou uma mudança irreversível no quadro médico e social em relação à tuberculose. Situação que ocorreu ao longo das décadas de 1950 e 1960, modificando o tratamento que passou definitivamente a ser ambulatorial. Com a descoberta dos antibióticos, os tuberculosos passaram a realizar o tratamento de sua doença em suas próprias cidades, não havendo mais a necessidade de se deslocarem para Campos do Jordão. A presença de turistas em Campos do Jordão já era registrada no final da década de 1940, de acordo com Andrade (1947):

> Campos do Jordão, porém, não é somente procurada por tuberculosos, não! Todos os anos, centenas de turistas, alquebrados pela vida agitada da planície, aqui chegam e se instalam nas pensões e nos luxuosos hotéis a eles destinados. Há também os turistas fixos, ou sejam, os que tem casas montadas aqui e constituem o que há de mais representativo na política, nas letras, nas artes, no comércio, na indústria e nas finanças. Eles enchem a Vila Capivari e toda a zona turística de luxo e de elegância.[28]

28 ANDRADE, CONDELAC CHAVES, *Album Almanaque Histórico de Campos do Jordão*, 1947. p. 68.

A temática desenvolvida ficou em grande parte restrita aos limites da investigação histórica da fase de tratamento e cura da tuberculose em Campos do Jordão, até os meados do século XX. Em consequência da descoberta dos antibióticos, descortinou-se um novo panorama oferecido pelo clima de altitude, mas não mais para ajudar no tratamento da tísica, mas para promover o turismo, ao permitir que novos visitantes desfrutassem das belíssimas paisagens, cobertas de vegetação abundante, e rica em florestas de pinheiros.

Considerações Finais

O reconhecimento da localidade de Campos do Jordão para o tratamento e cura da tuberculose pulmonar no final do século XIX e início do século XX, motivou a construção de pensões e sanatórios para o recebimento dos tísicos. O fluxo migratório na localidade jordanense foi intenso ao longo desse período, fazendo com que outras mudanças fossem necessárias nas questões da infraestrutura, tais como tratamento de água, ruas asfaltadas, coleta de lixo, dentre outros, para comportar de forma adequada, o contingente de pessoas que vinham de diversas partes do Brasil e do mundo em busca do tratamento e cura da tuberculose.

A fase sanatorial foi primordial para a transformação de um simples povoado para a cidade turística da atualidade, pois influiu diretamente no crescimento populacional e na economia local. Em razão de suas belas paisagens naturais e do clima, Campos do Jordão passou a ser explorada como uma Estância Climática, e toda a infraestrutura montada para esse propósito, além dos excelentes hotéis que foram construídos nesse período serviram como estrutura para a transformação da cidade que passou a ser reconhecida internacionalmente, oportunizando de maneira significativa, o desenvolvimento econômico da população local, em virtude dos inúmeros empregos gerados. Sendo assim, de um simples povoado, a localidade jordanense passou a ser uma Estância Climática, e posteriormente passou a ser uma Estância Turística.

Referências bibliográficas

ANDRADE, Condelac Chaves de. *Album Almanaque Histórico de Campos do Jordão*, Campos do Jordão, 1947.

CAMPOS DO JORDÃO. *Quereis Saúde? Ide a Estância Climática de Campos do Jordão*, 1934.

______. *Relatório da Prefeitura Sanitária de Campos do Jordão, elaborado pelo prefeito Antonio Gavião Gonzaga* (1938).

FERREIRA, Clemente Miguel da CUNHA. *Phtísica Pulmonar*. These de Doutorado, Faculdade de Medicina do Rio de Janeiro, 1880.

JORNAL, *A Província de São Paulo*. 24 de março de 1881.

MOTA, André. *Tropeços da Medicina Bandeirante*. Medicina Paulista entre 1892-1920. São Paulo: EDUSP, 2005.

NOGUEIRA, ORACY. *Vozes de Campos do Jordão* - Experiências Sociais e Psíquicas do Tuberculoso Pulmonar no Estado de São Paulo. Rio de Janeiro: Editora Fiocruz, 2009.

PAULO FILHO, P. *A História de Campos do Jordão*. Aparecida: Editora Santuário, 1986.

PRINCE, Ana Enedi. *O Estado de São Paulo e a luta contra a tuberculose no século XIX e meados do século XX*. Série: Tuberculose e História, Volume 1. Taubaté: Cabral Editora e Livraria, 2017.

______. Campos do Jordão como Centro de Tratamento e Cura da Tuberculose. Série: *Tuberculose e História*, Volume 2. Taubaté: Cabral Editora e Livraria, 2017.

______. Estância Climática de Campos do Jordão: Sanatórios e Pensões e a Luta contra a Tuberculose. Série: *Tuberculose e História*. Taubaté: Cabral Editora e Livraria, 2017

ROMANO, ANTENOR B. *Revista do Instituto Histórico e Geográfico de São Paulo*. Volume LXXI.

SOUZA, Raphael de Paula. *Conferência realizada na Seção de Tisiologia da Associação Paulista de Medicina*, em maio de 1935.

THORMAN, Canuto. *Completo Almanak Administrativo, Comercial e Profissional do Estado de São Paulo*. São Paulo, 1896.

Perícias e peritos entre a capital e a boca do sertão paulista: limites da Medicina Legal Positivista, em 1920

João Denardi Machado[1]

Introdução

Originalmente ocupada por aldeias indígenas guaianás, a região de Araraquara tornou-se símbolo da colonização benfazeja do sertão paulista no início do século XX, considerada uma faixa territorial de fronteira do café e de outras culturas, favorecidas pela terra roxa.[2] Nas primeiras décadas do século XX, juntamente de Campinas, Jundiaí, Itu, Ribeirão Preto, São Carlos e Santos, estava entre os municípios mais populosos do Estado abaixo da capital, e seu papel como entroncamento ferroviário e centro produtivo de bens agrícolas e de serviços concorreu para tornar a oligarquia local de coronéis importante bancada do Partido Republicano Paulista, organizada no diretório seccional.[3]

O café e as ferrovias, como em diversos pontos do sertão de São Paulo, transformaram a paisagem e as vivências em Araraquara de diversas formas: antes de 1880, as tropas de mulas faziam o trajeto a capital em cinco semanas –

1 Historiador, doutorando do Programa de Saúde Coletiva do Departamento de Medicina Preventiva da Faculdade de Medicina da USP. Bolsista CNPQ. E-mail: joao.machado@fm.usp.br.

2 MESSIAS, Rosana. *O cultivo do café nas bocas do sertão paulista*. 1ª ed. São Paulo: Editora UNESP, 2006. p. 19-26. p. 53-77.

3 TELAROLLI, Rodolpho. *O poder local na República Velha*. 2° ed. São Paulo: Ed. Nacional, 1977. p. 33-34.

após 1890, o percurso de trem tomava apenas quatro horas, e até 1935 a região se tornaria o maior centro produtor de café de São Paulo e do Brasil, permitindo o acúmulo de grandes fortunas e amplas oportunidades de reinvestimento.[4] O que algumas décadas antes eram os sertões de Araraquara, aldeamentos indígenas ainda não devassados pela agricultura onde degredados fugindo de processos criminais viviam "seu cristo-jesus, arredado do arrocho de autoridade",[5] tornaram-se a partir do fim do XIX, lar de uma plutocracia agrária firmemente estabelecida, que buscava urbanizar-se e diferenciar-se como elite progressista aderida aos signos da modernidade paulista.[6] Com isso, puderam empurrar as fronteiras civilizacionais e de seus próprios negócios rumo a Marília, Catanduva, Barretos, São Joaquim da Barra, em nome do progresso que apenas a raça de gigantes paulistas a que julgavam pertencer estava predestinada a instituir:

> Não fôra o valor e o arrojo desses caçadores de homens, gente "mais ardida que os primeiros conquistadores" e a costa do Brasil ao sul de Paranaguá seria hoje hespanhola, hespanhóes veriamos nos sertões de Matto Grosso e Goyaz, outro povo occuparia as nossas melhores zonas, respiraria os nossos ares mais benignos, cultivaria as nossas mais desejadas terras. Aqui retinem agóra todas as forjas do progresso e os rumores do porvir se orchestram na symphonia heroica da esperança; dir-se-ia que das entranhas da terra se escuta o sentir da energia creadora em ondas sucessivas, sente-se o crescer da força, a exuberância da seiva, o amor da vida, na intumecencia dos seios mysteriosos que debruçam para o berço das raças predestinadas.[7]

4 MILLET, Sérgio. *O Roteiro do café e outros ensaios*. 4° ed. São Paulo: Hucitec, 1982. p. 24; SAES, Flávio. *As ferrovias de São Paulo*. 1° ed. São Paulo: Hucitec, 1981. p. 44.

5 ROSA, João Guimarães. *Grande Sertão: Veredas*. 19ª ed. São Paulo: Nova Fronteira, 2001. p. 1.

6 Cláudia Vargas. *As várias faces da cidade:* Bento de Abreu e a modernização de Araraquara (1908-1916). Dissertação (Mestrado em História) - UNESP, Franca, 2000. p. 106.

7 BARBOSA, Ruy. "Paulistas". *Álbum de Araraquara*. 1ª ed. Araraquara: João Silveira Editora, 1915. p. 3.

> As palavras do texto "Os Paulistas" de autoria de Rui Barbosa, estão impressas com destaque e adornos na apresentação do "Álbum de Araraquara" de 1915, um empreendimento com trezentas laudas e centenas de imagens fotográficas dos locais engrandecedores e dos varões araraquarenses, encomendado pela Câmera Municipal - órgão central de agremiação das oligarquias locais - que buscava, através do Álbum, expor ao Brasil e a posteridade que ali viviam genuínos paulistas, forjadores da modernidade e defensores da nação tais como os antigos bandeirantes.[8]

Apesar disso, ao investigar esses modernos bandeirantes araraquarenses, ou seja, a elite de coronéis, majores e doutores locais no início do século XX, a historiografia destaca que a imagem interiorana de rincão bem paulista, de fronteira civilizacional pacificada, justapõem-se a história de uma região organizada para ser violenta, e nem sempre civilizada em seus costumes: exemplarmente, após o linchamento dos irmãos Brito em 1897, a cidade foi apelidada pela imprensa da capital de "linchaquara", em episódio repercutido nacionalmente, no qual um farmacêutico e um jornalista foram torturados e esquartejados em praça pública, após conflito com a oligarquia local.[9] Para além do caso fatídico, a historiografia aponta como a presença de centenas de imigrantes de todo mundo e desfavorecidos de toda ordem, num contexto social excludente e hierarquizado pela violência, pela carestia e pela desigualdade, concorreu para proliferação de epidemias e aumento da atividade antissocial na região, que além dos surtos de febre amarela e varíola (anteriores a devastadora epidemia de gripe espanhola), registrou também a maior ocorrência histórica de homicídios, furtos e crimes sexuais durante a década de 1900.[10]

---

8 CAMPOS, Raquel de. "Os Álbuns Ilustrados do sertão paulista: a modernidade encarnada (1900-1930)". *Educação em Revista, Belo Horizonte,* v. 33, set., 2017. p. 14-16.

9 TELAROLLI, Rodolpho. *Britos: República de Sangue.* 1º ed. Araraquara: Edições Macunaíma, 1997. p. 58-59.

10 MARQUES, Ada Pereira. *Crime e violência na comarca de Araraquara.* (Dissertação de Mestrado). PUC, São Paulo, 2009. p. 11. p. 127.

> Diante disso, conforme transcorreram as primeiras décadas do século XX, os poderes local e estadual passaram a instituir equipamentos que visavam minorar a barbárie e amenizar o cenário sertanejo que atravancava a modernidade da região: num contexto em que a modernização por todo país associava-se ao binômio *educação e saúde*, a elite araraquarense mobilizou-se para criação de grupos escolares, jardins de infância, escolas normais e ginásios; no âmbito das ações concernentes à saúde, nas primeiras décadas do século XX foram feitas campanhas de vacinação de doenças infectocontagiosas na região, e em complemento ao hospital da beneficência portuguesa, observa-se a fundação da Santa Casa de Misericórdia em 1902, de três postos de higiene, um hospital de isolamento, além do matadouro, farmácias, e centros de educação sanitária, até a década de 1930.[11]

É possível que em conjunto com o café, as ferrovias, os projetos educativos e sanitários, tenha-se difundido também o olhar do legista positivista sobre o corpo, de São Paulo para os territórios interioranos do Estado? Em outras palavras, a averiguação médica dos corpos em processos penais foi prática que transpôs-se rumo as fronteiras dos sertões paulistas no início do XX? É possível identificar algum equivalente da tecnologia política do corpo em desenvolvimento na capital, em territórios centenas de quilômetros a oeste?

Na busca de encontrar apontamentos assertivos para essas perguntas, este texto analisa a produção de documentos periciais em processos crimes na cidade de Araraquara, no ano de 1922, e os compara formal e qualitativamente a laudos escritos por Oscar Freire de Carvalho, médico legista na capital no mesmo ano. Tendo como referência a medicina legal positivista que Oscar Freire e outros médicos buscaram instituir durante o início do século XX em São Paulo, investigar pareceres sob judice em Araraquara torna possível demarcar diferenças e proximidades entre as práticas periciais dos dois locais, o que permite delinear possíveis fluxos e fronteiras entre o centro e a periferia

11 CAMPOS, Raquel de, *op. cit.*. p. 2-3. TELAROLLI, Rodolpho. Medicos *História da Medicina e dos Médicos de Araraquara.* 1ª ed. São Paulo: Legnar Informática & Editora, 2002. p. 223-293.

do Estado, e também trazer a tona características dos discursos técnico-científicos que subscreviam o funcionamento dos aparatos repressivos locais.

Em 1922, o soteropolitano Oscar Freire de Carvalho estava dentre os mais influentes médicos legistas de São Paulo, onde teve sua opinião como médico e perito reconhecida em alta estima no meio acadêmico e na imprensa: discípulo do mitológico Nina Rodrigues, fundou instituições, entidades, e exerceu cargos de liderança administrativa na Pauliceia, até sua morte repentina em 1923;[12] dezessete laudos e outros documentos perícias de sua autoria estão preservados hoje no Instituto Oscar Freire da FM-USP, e seu potencial de pesquisa ainda não foi plenamente explorado pela historiografia – sendo muitos dos exemplares do acervo jamais publicados. Por outro lado, o município de Araraquara, que englobava outras sete cidades atuais, era reconhecido como "a boca do sertão noroeste" nos primeiros anos do século XX: fronteira agrícola, social e étnica, a partir de Araraquara enveredavam caminhos até zonas inocupadas pela cultura cafeeira, e para lá se dirigiam colonos de diversas partes do Brasil e mesmo do mundo, em busca de refúgio, riqueza ou ambos.[13]

É na fronteira do sertanejo e do moderno que cabe inquirir o olhar pericial em processos crimes de Araraquara: num momento de transição, pôde a medicina legal se infiltrar em processos criminais na região? Existem provas documentais disso? Se sim, que medicina legal era essa, e quem a praticava? Nesse sentido, qualquer que seja a história em Araraquara, é possível tomar o exemplo comparativo de laudos de Oscar Freire no mesmo período na capital do Estado: expostos lado a lado, os documentos periciais de Araraquara e de São Paulo delineiam afastamentos e paralelos entre a história dos dois territórios, e permitem tecer elos entre fragmentos de tempo social de outrora, reconhecíveis, mas, ainda assim, estranhos ao nosso próprio presente.

Paralelos e afastamentos entre perícias sob juízo: São Paulo e Araraquara, 1922.

Os exames periciais requerem a produção de um documento pelo perito nomeado, que deve converter seus saberes especializados em predicados inte-

12 CORRÊA, Mariza. *As ilusões da liberdade*: a Escola Nina Rodrigues e a antropologia no Brasil. Bragança Paulista: EDUSF. 1998. p. 207. p. 219.

13 MESSIAS, 2006. Op.cit. p. 174-177.

ligíveis e utilizáveis no meio policial e jurídico: documentos como os autos, os pareceres e os laudos periciais serviram para aderir os conhecimentos criminológicos ao repertório de diferentes autoridades, de forma a aprofundarem as relações de poder-saber da medicina legal no conjunto do aparato repressivo do Estado. Ao circularem exemplares cada vez mais complexos desses documentos através de instituições policiais, judiciárias e médicas na cidade São Paulo a partir de 1910, as perícias converteram-se em estágio essencial do processo penal, e concorreram para definir destinos pessoais de milhares de homens e mulheres.[14]

Existiriam documentos periciais que cumpriram semelhante papel em Araraquara – de moeda jurídica que auxilia a lubrificar o funcionamento do processo judicial com seus predicados médico-científicos – no início da década de 1920?

Ao realizar pesquisa nos acervos do Arquivo Municipal de Araraquara e do Arquivo Professor Rodolpho Telarolli em busca de documentos periciais datados do primeiro quarto do século XX, foram encontrados 89 autos de corpo de delito entre 1915 e 1925, anexados a processos crimes relativos as comarcas de Araraquara e Matão. Nos mesmos processos também constam autos de qualificação do réu, autos do exame do local do crime, e raras, mas incisivas, descrições dos criminosos pelas autoridades. Não foram encontrados laudos de avaliação médico-psicológica dos criminosos pelos peritos de Araraquara no período, o que não significa, necessariamente, que não tenham sido feitos e não possam estar preservados em algum fundo ignorado pela pesquisa.

Ainda assim, os documentos encontrados reclamavam a posição de textos técnico-científicos, sendo frequentemente referidos na decisão do juiz e do juri não apenas como atestado do dano físico ou patrimonial feito a vítima, mas também como comprovação dos atos antissociais cometidos pelo réu – impressos no corpo do ofendido e no local do crime.

O primeiro auto evocado, integra o processo-crime do réu João Ferreira, denunciado pelo crime de defloramento da menor Carolina Keller, que no dia 5 de maio de 1922 dirigiu-se da fazenda Carangola, em Rincão, até a Delegacia Regional de Araraquara para ser submetida ao exame de corpo de delito. Para

14 FERLA, Luís. *Feios, Sujos e Malvados*. Tese (Doutorado em História) - USP, São Paulo, 2005. p. 137.

consecução do exame foram convocados pelo delegado dois médicos, e além da mãe de Carolina, Paulina Keller, acompanharam o procedimento o escrivão e outras duas testemunhas oficiais.[15]

A primeira parte do documento está parcialmente datilografada, pois consiste numa ficha padronizada de exame de corpo de delito em casos de crimes sexuais, com partes específicas para o preenchimento a mão, em que consta a apresentação dos agentes envolvidos e das questões judiciais da peritagem:

> Auto de Corpo de Delicto
>
> Aos cinco do mês de maio do anno de mil novecentos e vinte dois, nesta cidade de Araraquara, em a sala de Delegacia Regional de Polícia, ai persente Dr Florindo Louge, Delegado, comigo escrivão de seu cargo adiante nomeado e assignado, os peritos Doutores José Campos de Almeida e Genésio da Silva, e as testemunhas abaixo assignadas, o Delegado, sob compromisso legal dos peritos de bem e com lealdade, sem dolo nem malicia desempenharem sua missão, lhes encarregou de procederem o exame de corpo de delito em Carolina Kelller e de responderem aos quesitos seguintes: 1° si houve defloramento; 2° Qual o meio empregado; 3 si houve cópula carnal; 4 – si houve violência para fim libidinoso; 5 – qual o meio empregado, si força physica ou outros meios que privassem a mulher de suas faculdades e assim da possibilidade de resistir e defender-se. Em consequência passaram os peritos a fazer o exame ordenado e as investigações precisas, findas as ques, declararam o seguinte.[16]

Na primeira parte do documento pericial apresentado, constam cinco perguntas feitas em nome do delegado Lougo para que os peritos médicos respondessem através do exame. As questões judiciais presentes no documento visam tanto auxiliar na caracterização do crime de defloramento, quanto ajudar na diferenciação desse crime frente a ofensa de estupro no Código Penal, o primeiro caracterizado pela sedução e pela cópula extraconjugal com a mu-

15 Sumário Crime, Réu João Ferreira, 16/02/1922. Araraquara: acervo do Arquivo Municipal Rodolpho Telarolli. Anais de Processos Crimes, Caixa 16. p. 4.

16 Idem. p. 9.

lher virgem, o segundo pelo assalto sexual violento em que a mulher buscou defender-se e evadir da situação. Formuladas como aparecem na lauda datilografada em Araraquara, os quesitos são semelhantes as indagações requeridas em laudos de São Paulo que investigavam defloramento no mesmo período,[17] mas com base na bibliografia, essa semelhança deve ser atribuída menos a influência de médicos legistas através do território paulista, e mais a circulação de saberes e dispositivos entre agentes de segurança do Estado, que incluía a apropriação (normalmente simplificada) do raciocínio biomédico no ambiente policial e jurídico por estes, como mecanismo de legitimação da idoneidade do processo penal.[18]

Os peritos responsáveis pelo exame, José Campos de Almeida e Genésio da Silva constam como médicos no Registro Municipal de Impostos sobre Indústrias e Profissões junto de outros 13 profissionais no ano de 1925, ambos formados na Faculdade de Medicina do Rio de Janeiro e com consultórios situados na Rua São Bento: eram clínicos generalistas providos de reconhecimento local, visto que além da nomeação para peritagem, seus consultórios estavam situados na principal rua da cidade, onde também ficava a Delegacia Regional e a Câmara Municipal.[19]

A razão institucional do documento é a requisição da autoridade judicial, no caso o delegado Florindo Lougo, responsável pelo inquérito policial. Lougo permaneceria por mais cinco anos como delegado regional de Araraquara, e não foram encontradas informações biográficas ou familiares sobre seu passado ou destino. Mais dados estão disponíveis sobre o delegado anterior de Araraquara, que deixara o posto dois anos antes, Emílio Castelar Gustavo: sabe-se que foi advogado, bacharel pela Faculdade de Direito do Largo São

17 Por exemplo, nos laudos n° 7 e n° 12, em: Oscar Freire & Flamínio Fávero. *Livro n1 de Exames e Pareceres Médico Legais (Laudos de número 1 ao 77)*. Acervo do Instituto Oscar Freire. São Paulo, 1924.

18 MARINHO, Maria Gabriela; SALA, Fernando. "Medicina legal e perícias médicas em processos criminais". In: MOTA, MARINHO (orgs). *Medicina Saúde e História*. São Paulo: CD.G Casa de Soluções e Editora, 2014. p. 142-143.

19 TELAROLLI, Rodolpho. *História da Medicina e dos Médicos de Araraquara*. 1ª ed. São Paulo: Legnar Editora, 2002. p. 105. p. 111. Segundo Telarolli, Campos de Almeida possuía conexões com a maçonaria, e foi vice-prefeito da cidade e diretor da Faculdade de Farmácia e Odontologia na posteridade.

Franscisco em 1902, e que galgou posterior carreira de delegado na capital.[20] Quando de sua aposentadoria em São Paulo, na década de 1930, ao homenageá-lo, um de seus colegas elencou os traços definidores da função de delegado no interior paulista, e definiu o trajeto da ascensão profissional da categoria:

> Numa peregrinação penosa, numa via crucis que durou treze anos, Castellar Gustavo andou daqui pra ali, por Tatuí, Araraquara, Botucatu, Guaratinguetá. Não será preciso descrever-vos, meus caros colegas, porque conheceis tão bem, quiçá melhor do que eu, o que seja a vida de um delegado de polícia no interior. É a deficiência de meios. (...) A luta contínua contra as expansões do mandonismo absorvente, do quero porque quero (...) A cilada tecida na sombra. O interior, vós todos sabeis, é o cadinho por onde tem de passar todo o delegado da Capital. Assim, quando uma autoridade ascende a São Paulo, o menos que se poderá dizer é que ela o mereceu, por ser digna.[21]

O trajeto do agente do Estado presente no interior, vindo da capital, e ávido por voltar a São Paulo numa posição de maior prestígio, deve ser retomado a frente, visto que por hora é preciso ater-se ao auto de corpo de delito de Carolina Keller. Após a parte introdutória, o auto segue para a descrição do exame pelos peritos José Campos de Almeida e Genésio da Silva:

> Carolina Keller, de cor branca, brasileira, dezoito annos de idade, residente em Rincão, 1.54 é de estrutura média e constituição bôa. Foi nos apresentada para ser submetida a exame de corpo delicto e refere: que há cerca de seis mezes, foi offendida em sua virgindade por um indivíduo, de cor preta e de seu conhecimento, com que teve copula carnal por duas vezes, sentindo alguma dor somente na segunda. Não mais teve as regras, e notou que seu ventre crescia de volume. Colocada a paciente em uma mesa e em posição gynecológica passamos a examia-la

20 MARTINS, Marcelo. *A Civilização do Delegado*. Tese (doutorado em História). FFLCH USP, São Paulo, 2012. p. 102-103.

21 "Homenagem ao Dr. Castellar Gustavo do Dr. Costa Neto", 1936, apud: MARTINS, 2012. p. 103.

> e verificamos: a) serem os órgãos genitaes bem conformados, e de desenvolvimento normal; b) estar o hymem, que é carnoso, redusido a três talhos com as bordas já cicatrizadas; c) a normalidade da furcula e do clytoris; d) encontrar-se o ventre augmentado de volume, alcançando o sem fundo, verificação feita pela apalpação quase a altura da depressão umbilical; e) pela ausculta, a existência de pulsações do coração fetal; f) apresentarem os seios que deixam surdir colostro pela pressão, um círculo pálido em torno do mamillo; g)intensa pigmentação da linha alva. Pelo observado e exposto concluímos que Carolina Keller está deflorada, e grávida de cerca de seis mezes. Respondendo, pois, aos quesitos que nos foram propostos da maneira seguinte: ao primeiro, sim; ao segundo, o penis em ereção; ao terceiro, sim; ao quarto, não; ao quinto, prejudicado.[22]

Essa parte do documento foi manuscrita pelo escrivão José de Miranda, enquanto os médicos descreviam as etapas da perícia aos presentes. Durante o exame foram pormenorizados seis procedimentos de natureza clínica: verificação da conformação dos órgãos genitais externos; inspeção do hímen; inspeção da fúrcula e do clítoris; palpação dos seios; palpação obstétrica e ausculta. Durante o processo, foram distinguidas nove partes diferentes do corpo de Carolina, e foi feita uma medição antropométrica.

Em posição ginecológica na mesa da delegacia, em frente de homens desconhecidos, tomada como corpo medicalizado e judicializado em função da capacidade de copular, gestar, parir e amamentar, Carolina e sua situação traduzem o processo de submissão do corpo da mulher pelo Estado através das ciências médicas, fundado na percepção de que a biologia da mulher é condicionada pelo comportamento maternal, submisso, doméstico pretensamente intrínseco a natureza feminina.[23]

O documento descreve brevemente o episódio que levou Carolina a submeter-se ao exame de corpo de delito, e pelo conjunto do processo-crime é

---

22 Sumário Crime, *op. cit.*. p. 10.

23 VIEIRA, Elisabeth Meloni. "A medicalização do corpo feminino". In: GIFFIN & COSTA, (orgs). *Questões da saúde reprodutiva.* Rio de Janeiro: Ed. FIOCRUZ, 1999. p. 68.

possível obter maiores apontamentos sobre a trama ocorrida: Paulina Keller, viúva, acompanhada de sua filha, Carolina, a trabalho na fazenda Banquinho, em Ribeirão Preto, conheceu "o camarada da fazenda João Ferreira" e que após conversas "este propunha casamento" a Paulina. Resultou que Paulina Keller e João Ferreira foram morar juntos no distrito de Rincão, e após meses de convívio, pressionado para que cumprisse sua palavra de casamento, João Ferreira respondeu "que não podia se casar porque já era casado em Casa Branca".[24] Ainda assim, Paulina manteve-se morando com João Ferreira, isso até que:

> extranhando o estado interessante de sua filha, de nome Carolina, e pondo esta em confissão ficou sabendo que João Ferreira era o autor do defloramento de sua filha. Que João Ferreira estava se preparando para fugir com sua filha Carolina quando a declarante descobriu e veio dar parte a polícia.[25]

Após a acusação, João Ferreira, de quarenta e quatro anos, natural da Bahia, em depoimento afirmou que num dia de serviço, na tentativa de escapar da chuva em uma cabana onde estava acidentalmente Carolina, "perdeu as ideias e convidou Carolina para o ato libidinoso", mas que não havia deflorado a jovem porque "três dias fazendo o mesmo não conseguiu por seu membro dentro de Carolina (...) não sabendo porque meio ela ficou grávida".[26] Após o depoimento do réu, Carolina foi levada por sua mãe até Araraquara para o exame de corpo de delito, e os peritos atestaram o defloramento e o início da gravidez no mesmo período em que ambos confessaram ter relacionado-se. Com o andamento do processo, o juiz de direito Eduardo Oliveira decretou a prisão preventiva de João Ferreira pelo "risco de fuga" e ao fim e ao cabo, o réu foi enquadrado no artigo 267 e condenado por decisão unânime do juri a três anos de cadeia.[27]

Cerca de trezentos quilômetros dali, dias antes do exame de Keller, o médico Oscar Freire de Carvalho performara em São Paulo outro exame de defloramento numa menor de idade, no caso em Maria do Nascimento, de

24 Idem. p. 7.

25 Idem, ibidem. p. 12.

26 Idem, ibidem. p. 16.

27 Idem, ibidem. p. 37.

dez anos. O exame expressa um olhar médico para o corpo distinto que o dos médicos araraquarenses, e indica funcionamentos diferentes entre os aparatos de ordem pública da capital e do interior.

Nesse sentido, ainda que a feitura da peritagem deveu-se a requisição da autoridade judicial como de praxe, na capital a ordem partiu do Juiz Adolpho de Mello, juiz de direito da primeira vara criminal de São Paulo, que fez outras três requisições a Oscar Freire durante o ano de 1922.[28] Os juízes de direito das varas criminais da capital estavam no topo das hierarquias do meio jurídico de São Paulo, acima dos demais magistrados, de promotores, de delegados e policiais, eram eles que deveriam fazer valer os princípios de governabilidade do Estado republicano, e alavancar a racionalização do poder judiciário defendida tanto por liberais quanto por conservadores em palanque, particularmente no que se referia ao controle burocrático dos demais membros do aparato jurídico e policial, e na repressão aos impulsos revoltosos das classes sociais subalternas.[29] Atualizados com as doutrinas positivistas, juízes como Adolpho de Mello reconheceram o poder das diretrizes biodeterministas: membro da Sociedade Paulista de Criminologia e Medicina Legal de São Paulo, fundada por Oscar Freire em 1921, Mello foi o juiz que mais requereu o parecer de Oscar Freire durante sua carreira como legista em São Paulo, segundo indicam os registros pesquisados.[30]

No laudo pericial acorrido, Adolpho de Mello requereu o parecer de Oscar Freire após o exame de corpo de delito feito pelos peritos da polícia constatar que Maria do Nascimento estava com vulvite bacteriana e não estava deflorada, e o juiz buscou outra opinião médica para confirmar esse parecer.[31]

28 FREIRE, Oscar; FÁVERO, Flamínio. *Livro n 1 de Exames e Pareceres Médico Legais (Laudos de número 1 ao 77)*. Acervo do Instituto Oscar Freire. São Paulo, 1924.

29 ALVAREZ, Marcos C. *Bacharéis, criminologistas e juristas: saber jurídico e a nova escola penal no Brasil (1889-1930)*. Tese (Doutorado em Sociologia) - USP, São Paulo, 1996. p. 67-70. p. 176-178.

30 Oscar Freire & Fláminio Fàvero, *op. cit.* Sobre a participação de Mello na SPCML, ver Ferla, 2005. p. 367.

31 FREIRE, Oscar; FÁVERO, Flamínio. "Laudo nº 7 20/03/1922". *Livro n. 1 de Exames e Pareceres Médico Legais (Laudos de número 1 ao 77)*. Acervo do Instituto Oscar Freire. São Paulo, 1924. p. 49.

Em função do documento ser demasiado extenso, é viável transcrever apenas parte do excerto que enuncia o exame propriamente dito:

> Maria do Nascimento é uma criança franzina, medindo 1,29m de altura, proporcionalmente conformada, de desenvolvimento proporcional a edade que allega. O monte de Venus, inteiramente desporvido de pellos. Grandes labios normalmente dispostos, espessura de cerca de 6 millimetros justapostos, deixando porem ver na parte superior o capus do clitoris. Orgams genitaes profundamente situados. Pequenos labios rudimentares de cerca de 16 millimetros na sua maior largura, com espessura de 4 millimetros, ligeiramente pigmentado de coloração rosea. (...) Logo ao distendermos os labios chamou-nos a attenção a coloração vermelha do bolbo da urethra e a face anterior do hymem, com a sede vascular finalmente desenhada. O hymem profundamente situado semilunar de bordas lisas apresenta 6 millimetros de maior largura na proção inferior de 3 millimetros nas porções lateraes, limitando um orificio de maior diametro longitudinal com 6 millimetros. Na borda da metade esquerda do hymem na altura do seu terço entra-se uma úlcera superficial, em via de cicatrização de forma irregular que se propaga para a face inferior do hymem em demanda da vagina. (...) Não ha mais suppuração e com muita dificuldade conseguimos colher uma pequna porção de serosidade com o que fizemos 2 esfregaços para pesquisa do gonococco, exame este que deu resultado negativo.[32]

O documento está plenamente datilografado e é mais extenso que o auto de Araraquara, especialmente na seção de descrição do corpo examinado, que possui 275 palavras, o dobro do número das escritas no auto de corpo de delito do interior. Os médicos da capital discerniram treze partes dos órgãos genitais da criança e performaram 21 procedimentos clínicos, inclusive oito medições antropométricas, além de um exame laboratorial;[33] três das medições foram feitas no hímen, caracterizado como "semilunar".

32 Idem. p. 50.

33 Ibidem. p. 50-51.

Se no auto de Araraquara pode-se notar o processo de medicalização do corpo da mulher, no documento lavrado por Freire e Fávero fica evidente o aprofundamento do olhar normatizador para melhor mapeamento desse corpo, especialmente de sua dimensão sexual reprodutiva, correlato ao desenvolvimento de técnicas de medição e classificação de seus órgão genitais pela himenologia e sexologia.[34]

Os médicos Oscar Freire e Flamínio Fávero, que subscrevem o exame apresentado, são personalidades mais bem conhecidas que seus pares araraquarenses, e seu papel como agentes sociais foi contextualizado pela historiografia recente: ambos foram professores catedráticos de medicina legal durante a primeira metade do século XX, e chefiaram instituições relevantes em seus respectivos períodos de atuação, tais como a Sociedade de Criminologia, a Penitenciária do Estado, a Universidade Mackeinze, dentre outras.[35]

Tal como o documento de Araraquara, o laudo pericial de Freire e Fávero propicia auferir informações contextuais a partir da trama relatada, e fornece relances de uma cidade de São Paulo não urbanizada em suas periferias, envoltas por roças e sítios: Maria do Nascimento, moradora do "Sítio do Buraco" na região oeste da cidade, estava "no matto onde se achava lenhando", quando foi abordada por um roceiro local, que "depois de fazer-lhe promessas (...) deitou-se sobre ella produzindo-lhe muitas dores".[36] Dias se passaram antes de que a menor informasse o fato a seus responsáveis, porque de acordo com o documento, "nada relatou à sua família por lhe ter prometido o offensor uma boneca". Porém, "alguns dias depois começou a sentir muita ardência nas partes sexuaes", o que resultou na ida de Maria e de sua mãe à 2ª Delegacia Policial e na abertura do processo criminal que levou a consecução do exame dos médicos da polícia, e depois do exame de Freire e Fávero.[37]

34 RUSSO, J.; GIAMI, A. "The Diversity of sexologies in Latin America: Emercence, Development, and Diversification." In: *International Journal of Sexual Health*. v. 2, n. 4, mar. 2013. p. 1-12.

35 CORRÊA, Mariza, *op. cit.*. p. 210-221. Alvarez, Salla & Alvez, "Medicina legal, criminologia e punição: aspectos da trajetória intelectual e profissional de Flamínio Fávero (1895-1982)". In: *Saúde, Ética & Justiça*, v. 17, n. 2, 2012, São Paulo. p. 57-65.

36 FREIRE, Oscar; FÁVERO, Flamínio, *op. cit.*. p. 49.

37 Idem. p. 48.

Assaltos, agressões e escaramuças entre vizinhos estavam entre os principais motivos de abertura de inquéritos policiais durante os séculos XIX e XX no Brasil, tanto nas cidades quanto nas fronteiras agrárias, sendo tal gênero de disputa uma das razões prementes para existência do juiz de paz, magistrado leigo e eleito localmente para intermediar acordos e presidir o julgamento de pequenos crimes.[38] O segundo documento de Araraquara apresentado, trata-se de um auto de corpo de delito requerido após conflito entre vizinhos, em que o colono da fazenda Santa Luíza, Francisco da Silva, agrediu a garota Sebastiana Pereira, de 12 anos, estrangulando-a e escoriando seu peito com uma tesoura, por conta de um porco que seu pai, Joaquim Pereira, abateu na ausência de Francisco.[39] Após confrontado pelos demais colonos, Francisco esbravejou palavrões e ameaças contra os presentes, e deixou a fazenda.[40] O evento parece ter indignado os demais colonos e mesmo o proprietário Ângelo Bellini, que consta entre as testemunhas do crime na abertura do inquérito policial. Três dias após o ocorrido, Sebastiana, seu pai, e quatro testemunhas, inclusive Belini, foram a delegacia para feitura do exame de corpo de delito, cuja descrição vai a seguir:

> Aos vinte e dois do mês de janeiro de mil novecentos e vinte dois nesta cidade (...) os peritos Dr. Alfredo da Fonseca Cabral e Pharmaceutico Benedito Venus Florencio (...) o Delegado lhes encarregou de procederem a exame de corpo de delicto em Sebastiana Pereira, e de responderem aos quesitos seguintes: primeiro, si ha offensa physica produzindo dor ou alguma lesão no corpo, embora sem derramamento de sangue; segundo, qual o instrumento ou meio que ocasionou; terceiro, si foi ocasionada por veneno, substâncias anestésicas, incendio, asfixia ou innundação; quarto, si produziu incomodo da saude que inhabilite a offendida do serviço activo por mais de trinta dias. (...) Em con-

38 VIEIRA, Rosa. *O Juiz de Paz:* do Império a nossos dias. Brasília: Editora da Universidade de Brasília, 2002. p. 20-22.

39 Sumário Crime, Réu Francisco da Silva, 09/08/1922. Araraquara: acervo do Arquivo Municipal Rodolpho Telarolli. Anais de Processos Crimes, Caixa 17. p. 5.

40 Idem. p. 6.

> sequência passaram os peritos a fazer o exame ordenado e as investigações precisas, concluídas as quaes declararam o seguinte: Que examinando Sebastiana Pereira, de côr branca, com doze anos de idade, somente mostra-se com as seguintes ofensas físicas: oito equimoses nas sedes supra, média e infra do pescoço; três ferimentos (sic) na região mamaria esquerda; todas essa ofensas físicas são consideradas leves. E portanto respondemos aos quesitos pela forma seguinte: Ao 1 – Sim. Ao 2 – as mãos e instrumento pérfuro-cortante; Ao 3 – prejudicado. Ao 4 e demais – Não. E por nada mais haver, após findar o presente exame de tudo se lavrou este auto, assinado pelo delegado, peritos e testemunhas, comigo José Miranda Teixeira escrivão que (sic) e boa fé.[41]

Este é um dentre vinte dois autos encontrados em Araraquara em que a seção com a apresentação das autoridades, mais os quesitos judiciais, é mais extensa do que a descrição do exame e as respostas periciais. A breveza do exame não é ocasional: por definir-se em função das lesões inquiridas no ofendido, diante de uma agressão leve é de se esperar que o auto seja curto. Ainda assim, existem indícios de que a produção do documento reveste-se de certa prescindibilidade para o processo: não consta a lauda de convocação dos peritos pela autoridade judicial, e ambos os convocados não são médicos: o Dr. Alfredo de Cabral era advogado, e Benedito Florêncio era farmacêutico, e não aparece como perito em nenhum outro auto de corpo de delito averiguado; ademais, nenhuma medição antropométrica ou observação sobre o estado de saúde de Sebastiana foi feita pelos peritos leigos.

Ao esmiuçar o processo-crime do réu Francisco da Silva, caracterizam-se possíveis razões para celeridade do laudo: o acusado Francisco da Silva era "mal quisto" e "sempre desazado e hostil", ao passo que o "camarada da fazenda Joaquim Pereira" era "homem trabalhador, que ajuda", segundo duas das testemunhas arroladas.[42] Ao mobilizarem-se contra Francisco após seus atos, os colonos e o patrão da fazenda Santa Luíza empoderaram-se do acesso de Francisco à sociedade civil e política local, e ainda que tenham contido o ímpeto por "justiça de sangue", acionaram em conjunto a força pública para puni-lo – impelindo

41 *Ibidem*. p. 7-8.

42 Idem, ibidem. p. 26. p. 33.

Francisco, que havia fugido após a ocorrência, apresentar-se ao posto policial de Matão e enfrentar a denúncia e o juízo de seus conterrâneos.[43] Nesse sentido, a perícia não pôde contradizer o anseio de punição de Francisco, e mesmo as lesões sendo caracterizadas como "leves" pelo auto, o "sim" a primeira questão judicial foi o suficiente para respaldar a acusação de agressão física pelo promotor, que na primeira denúncia imputou também o crime prescrito no artigo 315, de calúnia e injúria, com base nos testemunhos colhidos.[44]

O evento documentado, por um lado, indica que em fazendas locais como a Santa Luíza, o convívio entre as pessoas intermediava-se também através de atos de violência, porém mecanismos disciplinadores estavam disponíveis para estabelecer hierarquias e impor uma ordem de convívio aos vários perfis de colonos e transeuntes; por outro lado, através do processo-crime conjectura-se possíveis pressões sociais sobre o inquérito e o processo judicial, que por meio das autoridades transpassava-se para o procedimento de peritagem – senão manipulando o olhar médico, influenciando na escolha dos peritos, na centralidade atribuída ou no escanteamento do auto através do processo, no peso relativo conferido aos depoimentos das testemunhas.

Enquanto os peritos de Araraquara descreveram o exame físico de Sebastiana com 66 palavras, na capital durante aquele mesmo ano Oscar Freire lavrou um documento com 1216 vocábulos para descrever o exame de sanidade física de Benedicto de Almeida, outra vítima de agressão.[45] Novamente requerido pelo juiz Adolpho de Mello, os quesitos judiciais que orientavam esta peritagem, tais como aqueles apresentados no auto de Sebastiana, serviriam para definir a gravidade das lesões perpetradas e o enquadramento penal do ofensor. Não obstante os semelhantes propósitos judiciais, na apresentação do documento já ficam demarcadas diferenças entre os exames da capital e do interior:

43 Idem, ibidem. p. 19.

44 Idem, ibidem. p. 33.

45 FREIRE, Oscar; FÁVERO, Flamínio. "Laudo n°11 - 22/08-1922". *Livro n. 1 de Exames e Pareceres Médico Legais (Laudos de número 1 ao 77)*. Acervo do Instituto Oscar Freire, São Paulo, 1924. p. 81-85.

> Nós, abaixo-assignados, Drs Oscar Freire de Carvalho e Flamínio Favero, medicos legistas, residentes nesta capital, nomeados pelo Exmo Senhor Dr Adolpho Mello, M. M. Juiz de Direito da 1ª Vara Criminal de São Paulo, para, procedendo ao exame de sanidade física na pessôa de Benedicto de Almeida, de 40 anos de idade, pardo, brasileiro, natural de Rio Claro, casado, oleiro, residente em Pinheiros, respondermos aos quesitos abaixo transcriptos, damos a seguir o nosso parecer.
> Quesitos
> 1) Si dos ferimentos recebidos pelo paciente resultou privação permanente do uso do braço esquerdo?
> 2) Si esses ferimentos produziram incômodo de saúde que inabilitasse o paciente do serviço activo por mais de 30 dias?
> 3) Qual o estado geral de saúde do paciente?[46]

Em primeiro lugar, o designativo dos peritos como *médicos legistas* é um diferencial importante, que não foi encontrado em nenhum documento pericial em Araraquara no período. Em segundo posto, a qualificação do examinado como *paciente*, conformando o binômio clínico fundamental médico-paciente no âmbito da jurisprudência, que também não foi localizada durante a pesquisa no interior. Por fim, a preocupação com a "saúde geral" que o terceiro quesito expressa, indicativa da flexibilização legal dos limites para os procedimentos de averiguação, que passam a ser mais determinados pelo perito e menos pela autoridade judicial.

O evento por detrás do processo e do exame, foi o ataque que Benedito de Almeida sofreu "no bairro do Caxinguy", onde "foi aggredido a pau, recebendo vários ferimentos pelo corpo – na cabeça, no nariz, na perna, na mão direita, e no braço esquerdo, na região do punho".[47] Depois da surra, Benedito ficou desacordado, apenas "voltando a si no Posto da Assistência Policial, onde foi prensado". Em seguida ao exame de corpo de delito, deu entrada no Hospital da Santa Casa, e após receber curativos, foi para sua residência, onde repousou e conservou talas no antebraço por 30 dias, findos os quais ele próprio removeu-as. Ao remover o aparelho, notou que o antebraço "começou a

46 Idem, ibidem. p. 81.

47 Ide, ibidem. p. 82.

inchar" e mesmo retornando ao seu trabalho de oleiro, por conta da lesão no antebraço precisava "após um dia de serviço, descansar dois".[48]

O exame de Oscar Freire foi requisitado pelo juíz um mês após a agressão sofrida por Benedito de Almeida e a feitura do auto de corpo de delito pelos peritos da polícia, para que Oscar Freire determinasse se as lesões distinguidas pelo auto tiveram a gravidade afirmada, em virtude dos peritos da polícia terem respondido "sim" e "sim, pode resultar anquilose da articulação do punho esquerdo"[49] para os quesitos de regra. Mesmo a descrição do exame é muito vasta para transcrição na íntegra, portanto alguns trechos foram suprimidos, e mesmo assim é possível ter dimensão do detalhismo do procedimento em relação aos exames em Araraquara:

> Benedicto de Almeida é um indivíduo de cor parda, bem constituido, de compleição regular, medindo 1,73 m de estatura, não apresentando vício de conformação esqueletica apparente e com bom desenvolvimento do systema muscular. O seu estado geral é bom. Passando ao exame do membro superior esquerdo, conforme o exigiam os quesitos apresentados, verificamos desde logo, acentuado desvio da mão sobre o ante-braço, desvio deste para fora, e formando um ângulo de cerca de 25 a 30 graus. No antebraço esquerdo, em seu limite inferior, attingindo a região da articulação do punho, na face anterior e invadindo a borda cubital, existe uma elevação da pelle, sem modificação alguma de colorido, de forma irregularmente ovoidal, de grande eixo dirigido de cima para baixo e de traz para deante, terminando na altura da 1ª interlinha articular, a 6 milimtetros da 2ª interlinha articular e começando a 25 cm da epitróclea, e situada a 3 cms da linha mediana do antebraço. Essa elevação mede de altura cera de 7 mm e 3 e meio de comprimento por 3 de largura. (...) Uma chapa radiográfica, que conseguimos obter no serviço clínico da Santa Casa, onde esteve internado, e tirada no dia seguinte ao da lesão, não mostra fractura ossea nenhuma, porém desvio dos ossos do carpo. (...) De acordo com essas conclusões

48 Idem, ibidem.

49 Idem, ibidem. p. 81.

> e descrição supra, respondemos aos quesittos propostos pela maneira seguinte:
> Ao 1° - Não.
> Ao 2° - Não.
> Ao 3° - Bom.[50]

Durante o conjunto do exame, os médicos legistas designaram quarenta e uma qualidades do corpo e da lesão de Benedicto, incluindo doze medições antropométricas, e decompuseram o corpo examinado em 17 partes conceituais.[51] A análise minuciosa das saliências e elevações cicatriciais no braço do paciente - de formato "irregularmente ovoidal" - como a anormalidade orgânica que espelhava a lesão a qual o corpo foi submetido, somada a evidência "radiográfica" (a qual os peritos policiais não tiveram acesso), embasaram Freire e Fávero a afirmarem que os peritos da polícia estavam equivocados em suas respostas, tanto no que tange a definição da gravidade da lesão para enquadramento penal do acusado, quanto no que diz respeito a averiguação da aptidão física de Benedicto de Almeida para o trabalho.

O documento alegoriza distanciamentos fundamentais entre as perícias policiais de Araraquara e as peritagens especializadas de Oscar Freire em São Paulo no mesmo período. Na capital, as caracterizações e definições anatômicas eram referidas aos sistemas de classificação antropométrica e os médicos legistas divisavam-se dentro do aparato repressivo local, de modo que a perícia era requisitada aos profissionais em diferentes etapas, e não reduzida ao corpo de delito e aos exames do início do inquérito. Por sua vez, na região araraquarense, ainda a pouco tempo as autoridades insistiam aos membros da Câmara Municipal para que os peritos fossem remunerados durante seus serviços oficiais, num cenário em que as perícias eram performadas por leigos sem aparente constrangimento, e onde mesmo a visão de médicos sobre o corpo judicializado orientava-se mais pelos princípios da medicina liberal generalista que pelo olhar normatizador da especialidade médico-legal.[52]

50 Idem, ibidem. p. 83-84.

51 Idem, ibidem. p. 83-85.

52 TELAROLLI, 2002. Op.cit. p. 311.

Os documentos apresentados induzem o pesquisador a reconhecer que o programa biodeterminista da medicina legal que se instaurava em São Paulo não logrou concomitante desenvolvimento na região de Araraquara, e com base nesse dado é cabível presumir que tampouco realizou-se no sertão noroeste que se abria a partir daquela região. Ainda assim, os testemunhos possibilitam perceber que tanto em Araraquara quanto na capital, as perícias compunham uma jurisprudência instaurada com base na garantia legal do processo, na toada republicana de aperfeiçoar os procedimentos burocráticos e controlar caciquismos nos tribunais e delegacias, o que em vez de minorar, contribuiu para ampliação do potencial dessas instituições de defender a ordem civil e política encabeçada por doutores, comendadores e coronéis. Por esse ângulo, documentos como os laudos e os processos crimes fornecem lampejos da determinação social sobre a prática pericial em ambos territórios, em que a *manipulação de instrumentos técnico-científicos a serviço da justiça não conseguiu evadir-se das hierarquias e* poderes locais, do contexto do trabalho médico, do andamento do processo judicial.[53]

Considerações Finais

> A missão heroica de São Paulo, bem o sabeis não está finda. Novas bandeiras hão de irradiar-se daqui, como outrora, devassando os sertões brasileiros e levando-lhes a saúde e a instrucção; não mais impellidas pelas seducções da fortuna incerta, mas pelo ideal maravilhoso da criação de uma pátria melhor e mais forte no trabalho e na honra de seus filhos. (...) É que S. Paulo, se o quizerdes sincera e firmemente, meus senhores, constituirá, dentro de poucos annos, um nucleo de elaboração scientifica de tanto vigor, que não receio prognosticar se tornará sob vários aspectos, o fulcro da atividade médica do paiz.[54]

53 ALVAREZ, *op. cit.*. p. 68. MARINHO, Maria Gabriela; SALLA, Fernando. Op.cit. p. 153.

54 FREIRE, Oscar. "Lição Inaugural do curso de Deontologia Médica da cátedra de Medicina Legal da Faculdade de Medicina de São Paulo, proferida no ano de 1921." Acervo do Instituto Oscar Freire. São Paulo, 1921. p. 3.

O médico Oscar Freire proferiu essas palavras em 1921, na abertura do curso de Deontologia Médica na Faculdade de Medicina de São Paulo. O curso de "Deontologia, Jurisprudência Médica e Medicina Profissional" foi ministrado por Oscar Freire nos anos de 1921 e 1922 e integrou a grade obrigatória do quinto ano das turmas da Faculdade de Medicina: a disciplina decorreu de um desdobramento do curso de Medicina Legal autorizado pela Congregação, e tinha o objetivo de "dar ao futuro médico uma visão de conjunto das condições do exercício profissional da medicina e de seus direitos e deveres".[55] Pelo discurso glorificante na abertura, é possível vislumbrar como a disciplina de formação superior incutia uma ética civilizatória nos estudantes, veiculada inclusive através das imagens do bandeirantismo.

A partir do paralelo entre palavras significantes, é possível tecer linhas lógicas entre o discurso de Oscar Freire e o poema "Paulistas" de Rui Barbosa, que a elite araraquarense imprimira no Álbum da cidade seis anos antes: a "sinfonia heroica" ali mencionada, de "energia creadora em ondas sucessivas", é no discurso de Oscar Freire a "criação de uma pátria melhor" a partir da "irradiação" dos paulistas e de seus atributos civilizacionais, inclusive a "elaboração científica"; o testemunho do legista em São Paulo também complementa a fala do delegado apresentada, em que evoca-se a "peregrinação penosa" que autoridades faziam pelos confins do Estado antes de regressar a capital para assumirem cargos proeminentes: essa marcha é, inversamente, as "bandeiras" devassando os sertões geográficos e sociais paulistas para levar-lhes a "elaboração scientifica", o progresso republicano, a "saúde e a instrucção" através do fluxo de jovens cientistas, bacharéis e educadores pelo território interiorano, após formação superior nos centros regionais.

Como professor de medicina legal, Oscar Freire lecionava para seus alunos sobre a pertinência dos conhecimentos criminológicos, antropométricos e classificatórios de sua disciplina para a formação do médico, a defesa da sociedade e o progresso nacional.[56] Mesmo assim, ao que tudo indica, esses

55 "Horarios e Programmas do 5° ano do Curso Geral – Faculdade de Medicina e Cirurgia de São Paulo". Acervo do Científico do Instituto Oscar Freire. São Paulo: Casa Duprat, 1922. p. 35.

56 FREIRE, Oscar; FÁVERO, Flamínio. "Livro 1 de Registro de Aulas (Curso Regular de 1919 a 1928)". Acervo do Instituto Oscar Freire. Manuscrito. São Paulo. 1928. p. 6-7.

saberes não lograram alcançar Araraquara enquanto Freire era vivo, e a região seguiu como área não espreitada pelo olhar biodeterminista dos médicos legistas durante a década de 1920. Isso não significa dizer que em Araraquara não operavam mecanismos regulatórios do comportamento antissocial: havia protocolos de inspeção do corpo agredido e lesionado, autos qualificatórios do agressor, autoridades e profissionais mobilizados, e não era estapafúrdio que a sociedade civil se organizasse para responsabilizar desvios.

Nesse sentido, é importante recordar que nos vários e diversos territórios brasileiros e mesmo paulistas, as perícias não obedeciam apenas a perspectiva positivista de auditagem organicista do corpo judicializado: existiam outras linhagens ativas de pensamento penal exercendo influência sobre médicos, delegados, juízes e advogados envoltos no aparelho repressivo.[57] Exemplarmente, a chamada Escola Clássica de Direito Penal a mais tempo estabelecera rituais e procedimentos aderidos as instituições policiais e judiciárias brasileiras: o foco no corpo do ofendido, inclusive, alinhava-se ao objetivo de identificar impressões do crime para responsabilização moral do agressor, e prescindiam de exames extensos do corpo do criminoso para inquirir possíveis patologias, como requeriam os positivistas.[58]

Entre diversas formas de performar exames sob juízo, os responsáveis pelas peritagens em São Paulo eram profissionais de formação eclética no início do século XX, com um vasto campo de temáticas de abordagem, sendo que mesmo os médicos peritos ainda eram pouco especializados segundo os parâmetros pregados por Oscar Freire e Flamínio Fávero na Faculdade de Medicina. Assim, se positivistas como Oscar Freire, Alcântara Machado, Franco da Rocha, dentre outros, tinham assegurado posições de poder na capital em 1920, nesse mesmo contexto é possível apontar barreiras para difusão do programa positivista de tutelar procedimentos jurídicos em função da ciência, tais como a alta especialização e remuneração requerida dos profissionais médicos, o tempo investido e os recursos excessivos destinados a exami-

57 CANCELLI, Elizabeth. *A cultura do crime e da lei (1889-1930)*. Brasília: Editora UNB, 2001. p. 231-2.

58 ALVAREZ, 1996. Op.cit. p. 237-8.

nação de cada ofendido e ofensor, e na usual redundância das conclusões para o carreamento prático do processo.[59]

Analisar documentos de territórios como Araraquara contribui para situar, outrossim, fronteiras geográficas dessas intervenções e, na mesma medida, evidenciar que para os objetos dessas intervenções, as pessoas "de baixo" cujas vidas transcorriam no sítio do buraco ou na fazenda Carangola, os fluxos tecnológicos e modernizadores desenvolviam-se a margem das tramas de perigo que compunham suas vivências, na capital ou no interior: aquém dos discursos e dispositivos compartidos pelas elites médicas e jurídicas, as experiências de muitos indivíduos comuns era determinada pela rude sobrevivência, por vezes acudida noutras constrangida pelos equipamentos públicos locais.[60] Indubitavelmente, através das histórias brutas, singelas e violentas, os novos e velhos sertões impunham sentidos diferentes para o bandeirante paulista moderno e para as Sebastianas desconhecidas, em regiões limítrofes ou centrais – "Sertão é isto: o senhor empurra para trás, mas de repente ele volta a rodear o senhor dos lados."[61]

Referências

ALVAREZ, M; SALLA, F. & ALVES, K. "Medicina legal, criminologia e punição: aspectos da trajetória intelectual e profissional de Flamínio Fávero (1895-1982)". *Saúde, Ética & Justiça*, São Paulo, n. 2, v. 17, dez., 2012, p. 57-65.

ALVAREZ, Marcos C. *Bacharéis, criminologistas e juristas*: saber jurídico e a nova escola penal no Brasil (1889-1930). 1° ed. São Paulo: IBCCRIM, 2003.

ALVIM, Zuleika. "Imigrantes: a vida privada dos pobres do campo". In: SEVCENKO, Nicolau. (org.). *História da vida privada no Brasil.* República: da Belle Époque à Era do Rádio. 1° ed. São Paulo: Companhia das Letras, 2006, p. 215-287.

59 FERLA, 2005. Op.cit. p. 294-295.

60 ALVIM, Zuleika. "Imigrantes: a vida privada dos pobres do campo". In: SEVCENKO, Nicolau. (Org.). *História da vida privada no Brasil.* República: da Belle Époque à Era do Rádio. São Paulo: Companhia das Letras, 2006. p. 216-7.

61 ROSA, João Guimarães. *Grande Sertão:* Veredas 19° ed. São Paulo: Nova Fronteira, 2001. p. 218.

BARBOSA, Ruy. “Paulistas”. In: Álbum de Araraquara. Organizado por Antonio França. Acervo do Arquivo Municipal de Araraquara. Araraquara: João Silveira Editor, 1915.

CAMPOS, Raquel de. Os Álbuns Ilustrados do sertão paulista: a modernidade encarnada (1900-1930). *Educação em Revista, Belo Horizonte,* v. 33, set., 2017, p. 1-32. Disponível em: <https://www.scielo.br/pdf/edur/v33/1982-6621-edur-33-e162511.pdf>. Acesso em 24/02/2020.

CANCELLI, Elizabeth. *A cultura do crime e da lei (1889-1930).* Brasília: Editora UNB, 2001.

CORRÊA, Mariza. *As Ilusões da Liberdade*: a Escola Nina Rodrigues e a Antropologia no Brasil. 2° ed. Bragança Paulista: EDUSF, 1998.

FERLA, Luís A. *Feios, Sujos e Malvados* – do crime ao trabalho, a utopia médica do biodeterminismo em São Paulo (1920-1945). 1° ed. São Paulo: Alameda/FAPESP, 2009.

FREIRE, Oscar. “*Lição Inaugural do curso de Deontologia Médica, proferida no ano de 1921.*” Acervo do Instituto Oscar Freire. São Paulo, 1921.

______; FÁVERO, Flamínio. “*Livro n. 1 de Exames e Pareceres Médico Legais.- Laudos número 1 ao número 77*”. Acervo do Instituto Oscar Freire. São Paulo. Datilografado. Laudos datados de 1921 a 1924.

______; ______. “*Livro 1 de Registro de Aulas (Curso Regular de 1919 a 1928)*”. Acervo do Instituto Oscar Freire. Manuscrito. São Paulo. 1928.

“*HOMENAGEM ao Dr. Castellar Gustavo do Dr. Costa Neto*”. In: Archivos de Polícia e Identificação, vol. I. São Paulo: Typ. do Gabinete de Investigações,1936, p. 171-172.

“*HORARIOS e Programmas do 5° ano do Curso Geral – Faculdade de Medicina e Cirurgia de São Paulo*”. Acervo do Instituto Oscar Freire. São Paulo: Casa Duprat, 1922.

MARINHO, Maria Gabriela & SALLA, Fernando. “Medicina legal e perícias médicas em processos criminais”. In: MOTA; MARINHO (orgs). *Medicina Saúde e História.* São Paulo: CD.G. Casa de Soluções e Editora, 2014.

MARQUES, Ada Pereira Ramos. *Crime e Violência na Comarca de Araraquara.* Dissertação (mestrado em História) - PUC-SP, São Paulo, 2009.

MESSIAS, Rosana. *O cultivo do café nas bocas do sertão paulista*. São Paulo: Editora UNESP, 2006.

MILLET, Sérgio. *O Roteiro do Café e outros ensaios*. 4ª ed. São Paulo: Hucitec, 1982.

MOTA, André. *Tropeços da Medicina Bandeirante:* Medicina Paulista entre 1892 - 1920. 1ª ed. São Paulo: EDUSP, 2005.

ROSA, João Guimarães. *Grande Sertão: Veredas*. 19ª ed. São Paulo: Nova Fronteira, 2001.

RUSSO, J.; GIAMI, A. "The Diversity of sexologies in Latin America: Emercence, Development, and Diversification." In: *International Journal of Sexual Health*. v. 2, n. 4, mar., 2013, p. 1-12.

SUMÁRIO CRIME, Réu Francisco da Silva, 09/08/1922. Araraquara: acervo do Arquivo Municipal Rodolpho Telarolli. Anais, caixa 16.

SUMÁRIO CRIME, Réu João Ferreira 16/02/1922. Araraquara: acervo do Arquivo Municipal Rodolpho Telarolli. Anais, caixa 17.

TELAROLLI, Rodolpho. *Britos: República de Sangue*. 1º ed. Araraquara: Edições Macunaíma, 1997.

TELAROLLI, Rodolpho. *História da Medicina e dos Médicos de Araraquara*. São Paulo: Legnar Informática & Editora, 2002.

TELAROLLI, Rodolpho. *O poder local na República Velha*. 2° ed. São Paulo: Ed. Nacional, 1977.

VARGAS, C. R. *As várias faces da cidade:* Bento de Abreu e a modernização de Araraquara (1908-1916). Dissertação (mestrado em História) - UNESP, Franca, 2000.

VIEIRA, Elizabeth Meloni. "A medicalização do corpo feminino". In: GIFFIN, & COSTA, (orgs). *Questões da saúde reprodutiva*. Rio de Janeiro: Ed. FIOCRUZ, 1999.

VIEIRA, Rosa Maria. *O Juiz de Paz:* do Império a nossos dias. Brasília: Editora da Universidade de Brasília, 2002.

A loucura, a disciplina e o sertão: o campo como mecanismo terapêutico e de controle social – O Hospital de Juquery (1892-1923)

Daniela Uga[1]

Gustavo Tarelow[2]

Introdução

No final do século XIX, a abolição dos escravos e a proclamação da República no Brasil estabeleceu novas prerrogativas para o exercício da liberdade e igualdade de direitos civis que, apesar de asseguradas em Constituição, efetivamente, não se realizavam como fato social. Com o fim da escravidão, um grande número de negros alforriados passou a se instalar nos centros urbanos de São Paulo e de outras cidades do interior desafiando a ordem pública estabelecida pelas elites paulistas. Adicionalmente, entre os anos de 1900 e 1930, quase 1 milhão de estrangeiros aportou em terras brasileiras com a promessa de que aqui encontrariam trabalho e progresso.[3] Foi neste contexto de país que congregava aspirações de uma república recém proclamada e temores

---

1 Mestre e Doutora pelo Instituto de Psicologia da Universidade de São Paulo/USP. Coordenadora e Docente do Curso de Psicologia da Universidade Nove de Julho. E-mail: daniuga@usp.br.

2 Doutor em Saúde Coletiva pelo Departamento de Medicina Preventiva da Faculdade de Medicina da USP e Mestre em História Social pela FFLCH-USP. Pesquisador do Museu Histórico da FMUSP. E-mail: g.tarelow@fm.usp.br.

3 FAUSTO, Boris. *Crime e cotidiano*: a criminalidade em São Paulo, 1880-1924. 2º ed. São Paulo: Edusp, 2001.

diante de uma grande massa livre, composta eminentemente por pretos e imigrantes, que o projeto médico sanitário ganhou contornos em defesa de uma "nova identidade nacional".

O projeto de modernidade vislumbrado pelos médicos e instituições de saúde nas primeiras décadas do regime republicano, estava orientado para o propósito de criar uma raça forte e completamente regenerada dos males e flagelos "tipicamente nacionais". Condenado à indolência, à preguiça e à incivilidade por sua própria natureza miscigenada, o brasileiro, sobretudo aquele que se situava para além-mar, era um "outro" geográfico que deveria ser desbravado, higienizado e educado pelo projeto sanitário que se desenhava no início do século XX. O combate às epidemias e doenças que tanto grassavam com o adensamento das capitais, também deveria ser estendido ao interior dos Estados. Nesse empreendimento de difusão das práticas médicas de cuidado e cura, os chamados "Sertões Paulistas" tornaram-se territórios, em sua dimensão concreta e simbólica, de conquistas e disputas. Especialmente a partir da década de 1910, a preocupação do sanitarismo voltou-se fundamentalmente para o interior do país. Adentrar os sertões, tornou-se medida urgente para viabilizar o projeto de modernização e civilidade e, em meio às expedições científicas conduzidas por Oswaldo Cruz, Arthur Neiva e Belisário Pena, a realidade encontrada por esta medicina bandeirante[4] revelava-se muito distante da alegórica imagem idílica frequentemente utilizada para representar o interior do país. As expedições médicas que penetravam e se dispersavam sertão adentro, desnudava toda soma de padecimentos e males vividos pelo homem sertanejo.

À luz do discurso médico e historiográfico que se organizava na época, o sertão era assim uma espécie de purgatório devassado pelo atraso e por doenças que proliferavam ameaçando o projeto de futuro do Brasil (HOCHMAN, 1998). O sertão, esse "outro" abandonado e vazio que se expandia para além-mar tornou-se uma espécie de ameaça ao progresso republicano. Assim, as aspirações médicas depositadas no projeto sanitário dos sertões paulistas, visavam expiar a incredulidade que se estabelecera sobre o brasileiro e regenerar, pelas vias científicas, a identidade nacional.

---

4 MOTA, André. *Quem é bom já nasce feito*: sanitarismo e eugenia no Brasil. Rio de Janeiro: DP&A Editora, 2003.

No que cabe especificamente à São Paulo, essa perspectiva de interiorização das instituições e práticas de saúde sertão adentro, assumiu delineamentos simbólicos bastante particulares. A narrativa histórica que se forjou sobre as raízes da identidade paulista recuperava a figura bandeirante de forma mitológica, conferindo-lhe atributos de coragem, superioridade e conquista que tanto representavam os anseios de progresso do Estado. Se todo sertanejo, era antes de tudo um forte,[5] todo paulista era antes de tudo, um bandeirante. Portanto, foi atravessado por esse paradigma identitário de progresso e modernidade, que o projeto sanitário se ordenou em São Paulo.

Um recorte particularmente importante ao tema, se refere à compreensão de como a Psiquiatria e o surgimento dos asilos, serviram ao ideário médico sanitário para a construção da nova identidade nacional e de uma política de defesa social. Dito isto, parte inicial deste capítulo será destinada a analisar como se deu, historicamente, a implantação, no final do século XIX, do maior hospital psiquiátrico da América Latina na região de *Juquery*, localizada ao norte da capital paulista e ainda pouco habitada naquele período. Além disso, observando a chegada do hospício naquela região como uma via de dois sentidos, também será abordado o espaço central que a vida no campo ocupou nos tratamentos psiquiátricos paulistas no início do século XX, bem como os relatos presentes nos documentos de registro de entrada dos indivíduos que ali chegavam na enfermaria de pacientes criminosos oriundos de diversas regiões do Estado de São Paulo.

O sertão em nome da razão: Juquery e o projeto psiquiátrico de Franco da Rocha

O primeiro estabelecimento paulista destinado exclusivamente a receber pessoas que sofriam com algum transtorno mental foi o *Asilo Provisório de Alienados de São Paulo*, posteriormente denominado *Asilo de Alienados de São Paulo*, que esteve em funcionamento entre 1852 e 1898 em um casarão na região da Várzea do Carmo, próximo de onde hoje se encontra o Mercado

5 Referência à frase de Euclides de Cunha no livro *Os Sertões*. Em sua viagem a Canudos, Euclides da Cunha se deparou uma a existência de um homem sertanejo que a despeito de todas as adversidades impostas pela fome, pobreza e batalha, resistia bravamente.

Municipal. Tal instituição foi dirigida inicialmente por Frederico Alvarenga e, após seu falecimento, por Tomé de Alvarenga, um alferes que pleiteou por décadas condições mais adequadas ao cuidado com os indivíduos ali internados junto à administração paulista. O *Asilo*, inicialmente, se encontrava em uma região afastada do núcleo mais populoso e dinâmico da cidade, contudo, com o passar das décadas e com o rápido crescimento da capital paulista, na década de 1890 a instituição passou a ser circundada por residências e comércios.

Foi nesta derradeira década do século XIX que o *Asilo* passou a ter entre seus funcionários dois psiquiatras: Claro Homem de Mello e Francisco Franco da Rocha. A partir de então a instituição, que era tida apenas como um grande abrigo para "assistência aos psicopatas", segundo um termo da época, passou a ser entendida como uma entidade de assistência médica, abordando os transtornos mentais como entidades patológicas e, por isso, passíveis de intervenções clínicas pela psiquiatria.[6]

Em 1896, com a morte de Frederico Alvarenga, Franco da Rocha, psiquiatra nascido em Amparo e formado pela Faculdade de Medicina do Rio de Janeiro, tornou-se o diretor da instituição e o responsável por toda a organização das políticas de assistência psiquiátrica em São Paulo. A partir de então, foi dado início a um ambicioso projeto de reformulação das políticas de acolhimento e tratamento dos pacientes internados no *Asilo de Alienados*. No cerne do projeto de Franco da Rocha estava a sua pretensão de transferir os pacientes para outro edifício que pudesse ser construído em um local distante do núcleo urbano e, de preferência, fora da cidade de São Paulo.

Ao menos três razões parecem ter pautado, a coordenação de esforços para a criação de um novo sanatório em substituição ao casarão da Várzea do Carmo: a pressão de parte dos paulistanos que viam nas pessoas que sofriam com algum transtorno mental o estigma da periculosidade e da desordem; a superlotação da instituição somada à crescente demanda por novos leitos e, finalmente, o alinhamento de Franco da Rocha aos preceitos do alienismo francês, que o fazia compreender que o ambiente rural seria o espaço mais

6 URQUIZA, Lygia Maria França Pereira. *Um tratamento para a loucura*: Contribuição à história da emergência prática psiquiátrica no estado de São Paulo. Dissertação de Mestrado apresentada à Faculdade de Ciências Médicas da Unicamp. Campinas, 1991. p. 47.

propício ao tratamento das doenças mentais. Evidentemente, todos esses aspectos se conectaram a partir da percepção ideológica então corrente de que a loucura e os "loucos" deveriam ser excluídos e segregados da vida em sociedade em nome de uma suposta "manutenção da ordem".

Segundo consta nos Relatórios da Secretaria de Interior do estado de São Paulo, em 1893, Franco da Rocha foi designado por Cesário Mota Junior, Secretário de Estado, para coordenar uma comissão que estudava as ações para implantação de um novo e amplo hospício. Inicialmente o governo paulista ambicionou criar asilos regionais ao longo do interior do estado. Um deles chegou a ser criado em Sorocaba, contudo, este serviu apenas como uma colônia temporária para desafogar a superlotação do sanatório existente em São Paulo, visto que Franco da Rocha posicionou-se contrariamente a tal proposta por entender ser necessário um espaço centralizado de internação, observação e tratamento da loucura.[7]

A escolha do local para sediar o manicômio foi pautada pelos princípios expressos no Congresso Internacional de Alienistas realizado em 1889, em Paris. Tal certame aconselhou em seu relatório final que somente os médicos especializados em psiquiatria deveriam gerir os espaços destinados ao abrigo e tratamento das pessoas que sofriam com algum transtorno mental. Além disso, recomendava que tais espaços deveriam ser edificados em locais distantes dos grandes centros urbanos e em regiões que permitissem que as atividades agrícolas e pecuárias pudessem ser praticadas pelos pacientes a fim de servirem como recurso terapêutico. A tal técnica foi dada o nome de *laborterapia.*[8]

Deste modo, Franco da Rocha e os representantes da administração paulista prospectaram diversas regiões da capital e do interior que poderiam abrigar o novo sanatório psiquiátrico. Na capital, foram avaliadas as possibilidades de instalação nos distritos de Santana, na região norte da cidade e da Mooca, na zona leste. Entretanto, a preferência de Franco da Rocha por uma área rural fez com que as opções na cidade de São Paulo fossem descartadas. No interior

---

7 BARBOSA, Rosana Machin. *A presença negra numa instituição modelar* - O Hospício de Juqueri. Dissertação. São Paulo: Faculdade de Filosofia, Letras e Ciências Humanas - USP, 1992. p. 36.

8 TARELOW, Gustavo Querodia. *Entre comas, febres e convulsões*: O Hospital de Juquery administrado por Pacheco e Silva (1923-1937). Santo André: UFABC, 2013. p. 25.

paulista foi cogitada a compra de fazendas para abrigarem o hospício nas cidades de Mogi das Cruzes e São José dos Campos, mas, por razões diversas como preços dos terrenos, dificuldades de acesso por via férrea, baixa disposição de recursos naturais, entre outros, nenhum desses projetos foi levado adiante.[9]

Neste sentido, um território ao norte da cidade, próximo à Serra da Cantareira, além dos limites da capital, chamou a atenção de Franco da Rocha. A região de Juquery, onde hoje se localizam as cidades da franja norte e do extremo norte da região metropolitana de São Paulo, como Caieiras, Francisco Morato, Franco da Rocha e Cajamar, lhe pareceu a mais adequada para o seu empreendimento médico-psiquiátrico. Segundo ele,

> A vigorosa expansão da riqueza pública, que coincidia neste Estado com o advento do regime republicano, facultou aos governos dessa época a necessária largueza de verba para a reforma da assistência aos insanos. A construção do novo asilo, entretanto, só teve início em fins de 1895, após quatro anos de delongas ocasionadas por diversos fatos que não nos importa mencionar, mas simplesmente lembrar que, entre eles, estava a Revolta da Armada, em 1893, que perturbou bastante o Estado. Este período foi ocupado na busca de um terreno adequado ao intuito. Era preciso que o terreno satisfizesse ao maior número possível de condições exigidas: baixo preço, espaço bastante para a colônia agrícola, pequena despesa de terraplanagem, abundância de água, rio para esgotos, boa estrada de ferro para comunicação com a Capital e distância de nunca mais de uma hora de viagem.
>
> Todos os arredores de São Paulo foram visitados, e tal trabalho consome tempo. Não era fácil a tarefa. Os arredores de São Paulo são constituídos por terrenos acidentados; as planícies são quase todas sujeitas a inundações. O melhor terreno que se encontrou foi esse, onde está hoje o estabelecimento. Em 1895 começou-se a construir o novo Hospício num terreno de 150 hectares à mar-

9 FRALETTI, Paulo. *Juqueri:* presente, passado e futuro. Arquivos de Saúde Mental do Estado de São Paulo, vol. 46, 1986-1987. p. 159.

> gem da linha Inglesa, junto da Estação de Juqueri, limitado de um lado pelo Rio Juqueri, que deu o nome à localidade.[10]

De fato, a escolha da região de Juquery por Franco da Rocha não foi fruto de um acaso, mas, na verdade, resultado de um amplo estudo que revelou uma reunião de características naturais e topográficas peculiares naquele espaço. Tais aspectos fizeram com que ela fosse conhecida e habitada, historicamente, por diferentes povos indígenas, pequenos e grandes agricultores, além de ter sido uma importante parada das tropas de muar que percorriam rotas entre a capital paulista e Minas Gerais. No momento em que o psiquiatra paulista visitou a região lá encontrou uma elite agrária enriquecida através do plantio de trigo que se iniciou no século XVII e perdurou até meados do século XIX. Segundo John Manuel Monteiro:[11]

> A produção especializada do trigo começou a generalizar-se na década de 1620, logo assumindo uma concentração geográfica. Três áreas tornaram-se centros de triticultura: os bairros rurais de Santana de Parnaíba, a oeste de São Paulo; o bairro de Cotia, ao sul de Parnaíba; e a região denominada Juqueri, banhada pelo rio do mesmo nome, ao norte de São Paulo e de Parnaíba (...). Surgiram também, nesta conjuntura, as primeiras fazendas de grande extensão, situadas sobretudo no bairro de Juqueri, tendo evoluído evidentemente das sesmarias ali concedidas entre 1617 e 1639. Este aumento da escala de produção foi devidamente acompanhado pelo desenvolvimento da escravidão indígena, aparecendo, a partir desse período, diversas propriedades rurais que ostentavam plantéis com mais de cem índios.

Nos anos seguintes, acompanhando o movimento já presente em outras regiões brasileiras, os produtores rurais de Juquery foram substituindo paulatinamente o trabalho compulsório de indígenas pela escravização de po-

---

10 ROCHA, Francisco Franco. *O Hospital de Juqueri*. São Paulo, 1920 [mimeo]. Acervo do Museu Histórico da FMUSP. p. 86.

11 MONTEIRO, John Manuel. *Negros da terra:* índios e bandeirantes nas origens de São Paulo. São Paulo: Companhia das Letras, 1994. p. 113.

pulações africanas. Deste modo, no âmbito local se reproduziu os resultados desta política exploratória e segregacionista: ao longo dos séculos XVIII e XIX estabeleceu-se uma profunda desigualdade social, consolidou-se um denso racismo estrutural e foram expropriados e devastados gigantescos lotes de terra pertencentes aos povos nativos.

Cabe destacar que além de abrigar fazendas e, posteriormente, chácaras produtoras de diversos gêneros alimentícios, a região de Juquery também foi recortada por uma importante rota de tráfego de tropeiros e mercadores. O "Caminho de Juquery", como ficou conhecido e oficializado pela administração estadual, ligava a capital paulista às sesmarias em Juquery, Atibaia e Bragança alcançando o sul de Minas Gerais. Por esta rota eram transportados, inicialmente, trigo e açúcar e no século XIX tal caminho serviu como via de escoamento do café produzido no interior e para o transporte de alimentos para a capital paulista. Estudos arqueológicos apontam a existência de diversas construções e de vestígios materiais que remetem à passagem e parada de tropas de muares em diversos pontos do Caminho de Juquery [12]. No último quarto do século XIX os pontos de parada das tropas deram origem à diversos povoados na região, sendo a base do primeiro movimento de povoamento de Juquery.

Outro aspecto importante para a escolha da região por Franco da Rocha foi a presença de uma estação da linha férrea que cortava a região. Tal linha foi construída entre 1862 e 1867, contando com forte presença de capitais ingleses, sendo chamada inicialmente de *São Paulo Railway*. A estrada de ferro tinha como objetivo central fazer a interligação entre o porto de Santos e a cidade de Jundiaí – que nucleava grande parte da produção de café do interior paulista destinada à exportação. Em 1888 a companhia responsável pela gestão da ferrovia inaugurou a *Estação de Juquery*, que a partir de 1934 passou a ser denominada *Estação Franco da Rocha*, como é conhecida até os dias atuais. Tal estação foi fundamental para a estruturação e desenvolvimento da região, pois foi responsável por atrair os núcleos populacionais ali existentes, deslocando-os das proximidades das rotas de tropas e congregando-os no entorno

12 CARVALHO, Marcos Rogério Ribeiro. *Nos caminhos da serra:* Arqueologia, História, Patrimônio e Memória. A ocupação humana na Serra da Cantareira entre os séculos XVII e XX. Tese de Doutorado apresentada ao Museu de Arqueologia e Etnologia da Universidade de São Paulo. São Paulo, 2012. p. 150.

da estrada de ferro[13] (CYRINO, 2004. p. 58). Diante disso, Franco da Rocha avaliou que ferrovia, que promovia o acesso da região à capital em cerca de uma hora, seria capaz de garantir o deslocamento dos pacientes, médicos e demais profissionais da Saúde de maneira satisfatória. A seu ver a distância da capital seria benéfica para o tratamento dos seus pacientes, contudo o acesso rápido à cidade de São Paulo seria fundamental para garantir que o sanatório pudesse ter as suas demandas atendidas. E, neste sentido, a região de Juquery apresentava condições particularmente favoráveis.

Deste modo, Franco da Rocha sinalizou ao governo paulista a escolha de Juquery para sediar o suntuoso e amplo manicômio por ele planejado e projetado pelo célebre arquiteto Ramos de Azevedo. Entre 1894 e 1895 a administração estadual adquiriu grandes fazendas na região e deu início às obras, que duraram três anos para serem concluídas. Assim, o *Hospício de Juquery* foi inaugurado em 1898 como um dos símbolos do projeto modernizante dos republicanos paulistas e por muitos anos foi o maior e mais bem estruturado manicômio brasileiro. A instituição, segundo a pretensão de seu fundador, iria inserir São Paulo no circuito internacional do saber médico-psiquiátrico e representaria um significativo avanço para as políticas sociais do Estado.

Aos loucos, o hospício: o projeto de defesa social do Estado de São Paulo

A emergência do conceito de periculosidade[14] e a relação que dele se estabeleceu com a loucura no século XIX acabou por constituir a ideia de que para todo e qualquer louco havia a possibilidade de um crime.[15] A presunção que colocava a loucura na borda do delito e da ameaça social, fundamentou diversas ações da Psiquiatria nos âmbitos da higiene moral e do tratamento

13 CYRINO, Fábio. *Café, Ferro e Argila*: a história da implantação e consolidação da The San Paulo (Brazilian) Railway Company Ltd. através da análise de sua arquitetura. São Paulo: Landmark, 2004. p. 58.

14 A periculosidade, também denominada de temibilidade, foi um conceito cunhado por Ferri e Garófalo no século XIX que, em linhas gerais, se referia à "perversidade constante e ativa do delinquente" e ao mal que ele poderia produzir ao seu entorno.

15 FOUCAULT, Michel. *Os anormais:* curso no Collège de France (1974-1975). 2ª ed. São Paulo: Martins Fontes, 2002. p. 318.

moral.[16] A higiene moral correspondia a um conjunto de providências médicas que atravessavam os coletivos e instituições civis com o objetivo de promover a identificação do alienado e de realizar o seu confinamento a um espaço de existência onde pudesse se tornar objeto exclusivo da intervenção médica. O surgimento dos hospícios e a prática da internação deram materialidade a esse modelo.

No final do século XIX e início do século XX, a Psiquiatria paulista ainda era fortemente influenciada pelos princípios básicos do alienismo francês, e defendia o isolamento do doente mental como condição fundamental para o seu processo de reabilitação. Nesta concepção, compreendia-se que a origem dos distúrbios mentais residia nos chamados "males da civilização", isto é, a dinâmica do trabalho, as preocupações de ordem familiar, econômica, social, religiosa, bem como o uso de bebidas alcoólicas, substâncias alucinógenas e o sexo fora do casamento. Apartar o doente mental desses contextos e colocá-lo em um ambiente "higiênico" e "saudável" seria o primeiro passo para a eliminação da loucura. Neste sentido, a própria opção pela construção do Juquery (e de praticamente todos os hospitais psiquiátricos construídos em outros países) em uma região razoavelmente afastada dos grandes centros urbanos, neste caso, da capital paulista, já fazia parte da estratégia de isolar o doente mental em um ambiente que lhe conferisse afastamento do local onde a sua doença havia se manifestado.

Para além da ação terapêutica, entretanto, o isolamento viabilizaria ainda outra importante operação: a prevenção ao crime e a defesa social. O híbrido que se pactuou chamar de "loucura criminosa" e que se travestia nas primeiras classificações dos manuais de psicopatologia foi importante avanço da medicina mental pela conquista e legitimação do seu espaço. Ao pleitear para si o saber sobre os crimes e tragédias da vida cotidiana, a Psiquiatria promoveu o delito ao lugar de sintoma de uma natureza obscura do sujeito que cabia a ela reconhecer, classificar, intervir e isolar. O consenso psiquiátrico pelo isolamento do alienado-criminoso fundamentava-se pela premissa de

16 BIRMAN, Joel. *A psiquiatria como discurso da moralidade.* 1° ed. Rio de Janeiro: Graal, 1978.

que a sociedade não deveria estar exposta ao risco de conviver com alguém que, tomado por um impulso súbito, poderia praticar uma bestialidade.[17]

Pouco tempo depois da fundação dos primeiros hospícios, um inconveniente se estabeleceu em torno da questão de alienados que já haviam cometido crime e que seguiam internados junto aos alienados "comuns": ainda que o isolamento fosse aconselhado para todo e qualquer doente, a internação de tipos criminosos nos hospícios existentes era considerada imprópria pela Psiquiatria. Em primeiro lugar, alegava-se que os manicômios não dispunham de recursos de vigilância suficientes para monitorar os casos de loucura criminosa, e isso ampliava, portanto, as possibilidades de fuga.[18] O segundo ponto, e talvez o mais relevante deles, referia-se à dimensão moral e ao mal-estar que a convivência de alienados comuns com alienados criminosos gerava. Supunha-se que a coexistência debaixo no mesmo teto, pudesse levar os doentes a praticar os mesmos vícios de degeneração daqueles que tinham transgredido a Lei.[19]

Ainda assim, a despeito da defesa de juristas e alienistas em prol da construção de um Manicômio Judiciário que pudesse abrigar a crescente massa de alienados criminosos oriundos da capital e interior paulista, só em 1933, efetivamente, isso se realizou. Até essa data, a fim de cumprir o previsto no Código Penal Republicano (1890), todos aqueles que apresentassem condição de imbecilidade nativa/enfraquecimento senil ou que se encontrassem em "estado de completa perturbação de sentidos" no momento do delito, não poderiam ser considerados criminosos e deveriam ser entregues às suas famílias ou aos hospícios públicos se oferecessem um risco à integridade social.

Em 1903, o Decreto nº 1.132, que estabelecia a construção dos manicômios judiciários e a reestruturação da assistência aos alienados no Brasil, foi sancionado a fim de mitigar as acirradas disputas travadas entre campo médico e jurídico pelo enquadramento legal da loucura criminosa. Pela nova Lei, ficava estabelecido que qualquer pessoa que comprometesse a ordem pú-

---

17 MACHADO, Roberto; LOUREIRO Angela; LUZ, Rogério; MURICY, Kátia. *Danação da norma*: a medicina social e Constituição da Psiquiatria no Brasil. 1º ed. Rio de Janeiro: Edições Graal, 1978.

18 BIRMAN, Joel. A *psiquiatria como discurso da moralidade.* 1º ed. Rio de Janeiro: Graal, 1978.

19 PACHECO E SILVA, Antonio Carlos. *Psiquiatria clínica e forense.* 2ª Ed. São Paulo: Renascença, 1951.

blica por apresentar sinais de moléstia mental, congênita ou adquirida deveria ser encaminhada a um hospício depois de ter sua alienação comprovada. Os qualificadores sobre o autor do delito, a priori, só poderiam ser dados pelo psiquiatra após realização do exame médico legal. Essa resolução significou importante vitória para a Psiquiatria, porque ampliava a participação dos alienistas no processo jurídico e tornava o exame médico legal procedimento obrigatório para o julgamento de certos tipos de crimes. A proibição de alienados mentais entre criminosos nas cadeias públicas, também tornou necessária a presença de um médico que pudesse atestar os casos que se enquadravam no inciso da Lei. Desse modo, até que cada estado dispusesse de um manicômio judiciário para acolher os alienados criminosos, provisoriamente os casos que indicassem ameaça social, deveriam ser recolhidos aos hospitais existentes.

No início do século XX, São Paulo despontava como a maior metrópole brasileira. Sua expansão econômica e demográfica foi marcada por grandes fluxos imigratórios que traziam italianos, espanhóis, portugueses e tantos outros que chegavam ao país seduzidos pelo sonho de que encontrariam oportunidades de realização e prosperidade. Com a crescente demanda por mão de obra barata, especialmente no interior do Estado de São Paulo, diversas famílias, seguiam viagem pela recém construída linha férrea rumo aos municípios paulistas. O Estado crescia à custa da exploração de uma farta mão de obra disciplinada e orientada para o trabalho e progresso. Em razão do crescente contingente de pessoas que chegavam todos os dias na capital e interior paulista, bem como das desigualdades sociais que se agravavam, os delitos se espalhavam pelas ruas das cidades demandando cada vez mais a ação da polícia.

Especialmente na última década do século XIX, observa-se uma "preocupação de controlar, de classificar, ligada ao objetivo das elites de instituir uma ordem urbana".[20] Determinados segmentos da população como as prostitutas, os menores vadios e os contraventores despontavam como problemas incipientes à disciplina urbana demandando uma gestão do Estado. Crime, sexo, vícios, vadiagem dentre tantos outros temas que diariamente eram noticiados nos folhetins da época, significavam uma espécie de esfacelamento da moral e ameaça ao progresso. Especialmente entre os anos de 1892 e 1905, a

20 FAUSTO, Boris. *Crime e cotidiano:* a criminalidade em São Paulo, 1880-1924. 2° ed. São Paulo: Edusp, 2001. p. 21.

ação policial se tornou mais ostensiva em relação às prisões correcionais. As chamadas prisões por averiguação ou correcionais eram capturas realizadas pela polícia a fim de que se pudesse avaliar a "atitude suspeita" de um eventual infrator. Ainda que não houvesse um flagrante delito que justificasse a ação, as apreensões eram executadas de modo arbitrário com o pretexto de manter a ordem das cidades e combater os desocupados. Esta ação repressiva, claramente, tinha sentido moral: a criminalização do ócio e o combate à vadiagem funcionava como uma espécie de medida disciplinadora para promover o "controle do comportamento urbano".[21]

No centro destas operações realizadas pela polícia, os alvos, em sua maioria, eram estrangeiros e negros que se encontravam em condições de pobreza e marginalidade social. O fato de a polícia priorizar estrangeiros e negros como objetos de suas ações encontrava respaldo nas próprias teses da Medicina Legal que tratavam o crime como consequência da periculosidade inerente a certos tipos de sujeitos. Neste caso, prender para corrigir ou "averiguar" significava combater o criminoso antes de a ação criminal ser perpetrada e, ainda que não encontrasse legalidade no Código Penal, apoiava-se no ideal científico de defesa social. As teorias que tratavam da existência de um tipo criminoso[22] foram amplamente assimiladas por advogados, juízes e policiais na detecção e no reconhecimento da periculosidade a partir de um biótipo. Os vestígios dessa influência estão registrados nos boletins de ocorrência, ofícios e inquéritos policiais de inúmeros casos que passaram pelas investigações das Delegacias do Estado e terminaram na Penitenciária do Estado ou no Hospício.

Desde a sua fundação em 1898, sistematicamente, o Hospício de Juquery passou a receber alienados criminosos oriundos de todo o estado de São Paulo. Para o desalento de Franco da Rocha, que tinha assumido a direção dos Serviços de Assistência a Psicopatas, 15 criminosos do velho Hospício da Várzea do Carmo tinham sido removidos para o Juquery e lá viviam em "promiscuidade" com os demais alienados. Apesar do seu esforço em manter os loucos crimino-

---

21 TEIXEIRA, Alessandra. *Construir a Delinquência, articular a criminalidade*: um estudo sobre a gestão dos ilegalismos na cidade de São Paulo. Tese. Doutorado. FFLCH -USP, São Paulo, 2015.

22 Em especial, as teses de Lombroso, que eram mais elementares do ponto de vista conceitual.

sos isolados dos demais internos, na prática, isso não se sustentou por muito tempo. Todas as solicitações de internação endereçadas ao Hospício de Juquery tinham suas autorizações reguladas pela Secretaria de Estado dos Negócios da Justiça e Segurança Pública. Os ofícios, encaminhados então ao Dr. Franco da Rocha, geralmente faziam referência a um "réu louco" (sic) que por sofrer das faculdades mentaes" poderia oferecer risco à segurança social ou de outros encarcerados. O trecho a seguir, extraído de um prontuário de 1904 solicita a internação de L.B que se encontrava preso na Cadeia Pública:

> Afim de ser internado nesse estabelecimento até a sua completa cura, com este vos faço apresentar, acompanhado dos devidos documentos, o réu louco L.B.G., que se achava recolhido na Cadeia Pública à disposição do Exm. Dr. Juiz de Direito da 4° Vara Criminal desta capital.

Além da demanda criada pelas delegacias da capital, o número de casos encaminhados pelas repartições e delegacias do interior do estado de São Paulo também era grande. São José do Rio Preto, Araraquara, Piracicaba, Araras, Catanduva, entre outros municípios, mantinham trânsito frequente de réus para São Paulo. Do ano de sua fundação até 1920, o Juquery recebeu 222 casos de alienados criminosos: cerca de 30% deles eram originários de municípios do interior do Estado de São Paulo[23] e mais da metade eram estrangeiros. Boa parte desses encaminhamentos ao Hospício se deram fundamentalmente pela prática do crime de homicídio. Como nessas cidades não haviam recursos suficientes para internação psiquiátrica, os casos eram encaminhados ao Hospício de Juquery para a realização de um exame médico-legal que pudesse atestar ou não a responsabilidade do acusado. Os despachos judiciais que permitiam a remoção para a capital frequentemente eram apensados com uma avaliação realizada por um "perito de opinião" da própria delegacia da cidade ou região onde o crime tinha acontecido. O "perito de opinião" [sic] era um médico, não necessariamente um psiquiatra, convocado a examinar o acusado a fim de detectar algum indicativo de alienação mental. Uma vez concluído o

23 UGA, Daniela Alessandra. *Crime e Castigo:* o que os arquivos do Manicômio Judiciário do Estado de São Paulo têm a dizer. Tese. Doutorado em Psicologia – Instituto de Psicologia - USP, São Paulo, 2018.

diagnóstico de afecção, o juiz da comarca era notificado e só então a transferência ao Hospício de Juquery era solicitada.

Os registros médicos destas internações são reveladores da incidência do pensamento eugenista nas teorias e práticas psiquiátricas. O trecho abaixo, extraído de um exame médico legal realizado em 1898, destaca com alguma ironia, o fato de o acusado supostamente vangloriar-se de seus crimes em espanhol.

> Criminoso vindo da cadeia. Depois de ter ferido muitas pessoas e matado duas foi perseguido e preso no mato de um arrebalde da cidade. Lembra-se do fato. Vangloria-se disso, expendendo nessas ocasiões uma série de considerações perfeitamente hespanholas... sobre a sua dignidade e honra. Não tem noção normal de moral (sinão selvagem) porque diz estar muito bem nesta casa, desde que lhe dão comida e cama (Laudo médico-legal, Hospital do Juquery, 1898).

Na medida em que o crime é cada vez mais associado à presença maciça de estrangeiros, o preconceito se difunde por diversos dispositivos de poder que propagam em seus discursos as evidências desta naturalização. Os ofícios encaminhados pela Repartição da Polícia do Estado de São Paulo descrevem a necessidade de que sejam recolhidos os fracassados e vagabundos que infestam as ruas. Nos registros policiais investigados por Fausto (2001), o estrangeiro é descrito como este indolente que perambula pela cidade causando desordem. Estranhamente, apesar dos autos policiais descreverem o estrangeiro como um "ocioso", os registros médicos de alienados criminosos internados no Hospício de Juquery na primeira década do século XX, revelam um contraponto interessante à esta caracterização: a maior parte dos internos tinham uma profissão e trabalho na ocasião do crime.[24] O manicômio estava habitado por jornaleiros, alfaiates, ferreiros, carpinteiros, barbeiros e especialmente lavradores. O que esse dado deixa evidente é que a loucura-criminosa parecia circunscrita a uma classe social muito específica: a trabalhadora, em especial, aquela que dispunha de menores aportes financeiros.

24 UGA, Daniela Alessandra. *Crime e Castigo:* o que os arquivos do Manicômio Judiciário do Estado de São Paulo têm a dizer. Tese. Doutorado em Psicologia – Instituto de Psicologia - USP, São Paulo, 2018.

Dentre os crimes, o homicídio, figura entre os de maior frequência. Os registros policiais e médicos sobre suas circunstâncias, são lacônicos e esparsos: "matou a mãe (sic)", "matou 2 (sic)". Apesar de poucas referências às contingências e supostas razões relacionadas, as alusões aos traços de periculosidade do louco-criminoso, e em especial, ao uso excessivo de álcool, são frequentes:

> O pai usava bebida alcoólica e era um homem doente; a mãe tinha ataques e ficava estrebuchando pelo chão. Também usava álcool". Nestes termos, a indicação de um traço ordenador da transmissão hereditária da degeneração confirma o diagnóstico: "fraco de espírito", designação clínica comum dada aos dependentes de álcool.

Nas primeiras décadas do século XX, o álcool passou a ser apontado como um dos principais responsáveis pelos sintomas de desordem mental. A expressão "fraco de espírito", comumente era utilizada pelos alienistas para designar aqueles que combinavam o vício com traços constitutivos de degeneração mental. Em resposta à esta e outras dimensões de "esfacelamento moral" Franco da Rocha, ao elaborar o plano de assistência aos alienados mentais e esboçar o que seria o complexo de prédios do Juquery, considerou aplicar o regime de laborterapia aos pacientes internados. De acordo com suas concepções, o trabalho serviria para distrair o doente, gerar receitas para a manutenção do hospício e contribuiria para que o interno se responsabilizasse com rotinas fundamentais de uma "vida normal". Habitualmente, pacientes que ofereciam maior temibilidade cumpriam apenas atividades internas, enquanto os de menor risco eram convocados para atividades externas e trabalhos nas colônias agrícolas até que estivessem preparados para transferência de unidade ou alta definitiva.[25] A fim de que esta terapêutica pudesse ter os resultados esperados, Franco da Rocha propunha parcerias com famílias que vivessem próximas ao hospital para que essas pudessem receber pacientes para trabalharem em suas terras, num regime chamado de "outdoor".[26]

No Juquery, a funcionalidade no desempenho do trabalho e a obediência às normas da rotina institucional tornaram-se duas importantes medidas para

25 FRALETTI, Paulo. *Juqueri:* presente, passado e futuro. Arquivos de Saúde Mental do Estado de São Paulo, vol. 46, 1986-1987. p. 159.

26 PACHECO E SILVA, Antonio Carlos. *Psiquiatria clínica e forense.* 2ª ed. São Paulo: Renascença, 1951. p. 159.

aferição da "periculosidade" que interferiam na decisão pela alta ou extensão do período de reclusão do interno. O processo de "docilização" e disciplinarização dos corpos à rotina diária de labuta, funcionava como um indicativo de melhora clínica. Neste caso, a desinternação, ficava condicionada a realização de um novo exame médico legal que atestasse a possibilidade de saída por "cessação de periculosidade". Embora esse procedimento de avaliação devesse ocorrer com regularidade, na prática, isso não se realizava. Muitos alienados eram examinados apenas durante o ato de admissão no Hospital e depois disso, não havia nenhum outro registro médico que reportasse, sistematicamente, o seu estado mental. Essa ausência de registro ao longo dos anos, é reveladora da sobrecarga que se estabeleceu no Hospício de Juquery pouco tempo após sua inauguração.

Considerações finais:

Desde sua inauguração, o Hospital de Juquery ocupou papel central em toda a gestão da loucura do Estado de São Paulo, até sua desativação já no início do século XXI. Sua fundação em um contexto de desenvolvimento de um projeto sanitário e disciplinar ambicioso, acenava para a constituição de uma nação civilizada, regenerada dos seus flagelos e assegurada de que para os loucos e para a loucura só havia um lugar: o manicômio. Mesmo com os esforços de todos os seus médicos e funcionários, o Hospício de Juquery degradou-se sobremaneira no início da década de 1920 e viu sua população de internados mais que triplicar nas duas décadas seguintes. A instituição se tornou um grande depósito de indivíduos que, sem perspectivas de cura, superlotavam os seus suntuosos pavilhões, pois

> Marcado por uma baixa eficácia terapêutica, recobrimento da pretendida "vocação curativa" pela assistencial, tendência crescente de superlotação, grande demanda reprimida às suas portas, baixo nível de recursos de pessoal, ausência de "avanços significativos" da ciência psiquiátrica o hospício científico de Franco da Rocha vai, gradativamente, se distanciando de sua medicalidade.[27]

---

27 PEREIRA, Lygia Maria França. *Reformas da ilusão*: terapêutica psiquiátrica em São Paulo na primeira metade do século XX. Tese. Doutorado em Medicina. Faculdade de Ciências Médicas da Unicamp. Campinas, 1995. p. 75.

Desta forma, os primeiros 25 anos da instituição foram marcados pela constante tentativa de modernizar as práticas e as suas estruturas ao passo em que preservou o caráter excludente, moralizador e disciplinar, bem como as condições precárias de cuidado aos pacientes ali internados. Como a efetividade da atenção médica proporcionada aos pacientes não estava no centro da preocupação das corporações e daqueles que detinham o poder político, pouco importava que a realidade vivida pelos indivíduos submetidos à internação psiquiátrica fosse bem diferente do que as publicações científicas e os relatórios pomposos apresentavam.

Assim, os sertões paulistas que, no limiar do século XIX, foram bucolicamente apresentados como o espaço privilegiado para a regeneração moral dos indivíduos acometidos por transtornos mentais ou que haviam cometido algum tipo de crime em decorrência de sua "loucura", se tornaram efetivos símbolos da exclusão, reclusão e abandono. Se para o ideário bandeirante paulista a ida aos sertões representava desbravamento e modernização, para os "loucos" a viagem aos distantes campos de Juquery, na maioria dos casos, se tornava um caminho sem volta em nome de um projeto que previa a disciplina dos corpos e de uma suposta preservação de uma sociedade paulistana cada vez mais urbanizada e contraditória.

Referências

BARBOSA, Rosana Machin. *A presença negra numa instituição modelar* – O Hospício de Juqueri. [Dissertação]. São Paulo: Faculdade de Filosofia, Letras e Ciências Humanas – USP, 1992.

BIRMAN, Joel. *A psiquiatria como discurso da moralidade.* 1º ed. Rio de Janeiro: Graal, 1978.

CARVALHO, Marcos Rogério Ribeiro. *Nos caminhos da serra:* Arqueologia, História, Patrimônio e Memória. A ocupação humana na Serra da Cantareira entre os séculos XVII e XX. Tese de Doutorado apresentada ao Museu de Arqueologia e Etnologia da Universidade de São Paulo. São Paulo, 2012.

CYRINO, Fábio. *Café, Ferro e Argila*: a história da implantação e consolidação da The San Paulo (Brazilian) Railway Company Ltd. através da análise de sua arquitetura. São Paulo: Landmark, 2004.

CUNHA, Maria Clementina Pereira. *O espelho do mundo Juquery, a história de um asilo.* 1º ed. Rio de Janeiro: Paz e Terra, 1986.

FAUSTO, Boris. *Crime e cotidiano*: a criminalidade em São Paulo, 1880-1924. 2° ed. São Paulo: Edusp, 2001.

FERRETI, Danilo Zioni. Euclides da Cunha historiador: a reinvenção do bandeirante em *Os sertões*. *Revista de História*, nº 160, 2009, p. 261-284.

FOUCAULT, Michel. *História da loucura*: na idade clássica. São Paulo: Perspectiva, 2000.

______. *Os anormais:* curso no Collège de France (1974-1975). 2ª ed. São Paulo: Martins Fontes, 2002.

FRALETTI, Paulo. Juqueri: presente, passado e futuro. *Arquivos de Saúde Mental do Estado de São Paulo*, vol. 46, 1986-1987, p. 159.

HOCHMAN, Gilberto. A era do saneamento: as bases da política de Saúde Pública no Brasil. São Paulo, Hucitec/Anpocs, 1998.

JACINTO, Cláudia Graziolli Somma. *O lugar destinado ao negro liberto na sociedade branca do século XIX*. Dissertação de Mestrado apresentada à Pontifícia Universidade Católica de São Paulo. São Paulo, 2007.

MACHADO, Roberto; LOUREIRO Angela; LUZ, Rogério; MURICY, Kátia. *Danação da norma:* a medicina social e Constituição da Psiquiatria no Brasil. 1° ed. Rio de Janeiro: Edições Graal, 1978.

MONTEIRO, John Manuel. *Negros da terra*: índios e bandeirantes nas origens de São Paulo. São Paulo: Companhia das Letras, 1994.

MOTA, André. *Quem é bom já nasce feito sanitarismo e eugenia no Brasil*. Rio de Janeiro: DP&A Editora, 2003.

NEVES, Afonso Carlos. *O emergir do corpo neurológico no corpo paulista*: Neurologia, psiquiatria e psicologia em São Paulo a partir dos periódicos médicos paulistas (1889-1936). Tese. Doutorado em História Social, FFCLH - USP, São Paulo, 2008.

PACHECO E SILVA, Antonio Carlos. *Psiquiatria clínica e forense*. 2ª ed. São Paulo: Renascença, 1951.

PEREIRA, Lygia Maria França. *Reformas da ilusão*: terapêutica psiquiátrica em São Paulo na primeira metade do século XX. Tese. Doutorado em Medicina –Faculdade de Ciências Médicas da Unicamp, Campinas, 1995.

ROCHA, Francisco Franco. *O Hospital de Juqueri*. São Paulo, 1920 [mimeo]. Acervo do Museu Histórico da FMUSP, p. 86.

TARELOW, Gustavo Querodia. *Entre comas, febres e convulsões*: O Hospital de Juquery administrado por Pacheco e Silva (1923-1937). Santo André: UFABC, 2013.

TEIXEIRA, Alessandra. *Construir a Delinquência, articular a criminalidade:* um estudo sobre a gestão dos ilegalismos na cidade de São Paulo. Tese. Doutorado. FFLCH-USP, São Paulo, 2015.

URQUIZA, Lygia Maria França Pereira. *Um tratamento para a loucura*: contribuição à história da emergência prática psiquiátrica no estado de São Paulo. Dissertação de Mestrado apresentada à Faculdade de Ciências Médicas da Unicamp, Campinas, 1991.

UGA, Daniela Alessandra. *Crime e Castigo:* o que os arquivos do Manicômio Judiciário do Estado de São Paulo têm a dizer. Tese. Doutorado em Psicologia – Instituto de Psicologia - USP, São Paulo, 2018.

A leishmaniose pelos sertões paulistas: uma longa endemia

André Mota[1]

Lilia Blima Schraiber[2]

Introdução

As discussões que pautaram a definição, o conhecimento e a posse das áreas designadas como sertão se deram em São Paulo na virada do século XIX para o XX, na conjuntura da expansão cafeicultora, passando a exigir que parte desse território considerado desconhecido e vazio fosse mapeado e chamado de "mancha paulista", ou seja, as áreas que seriam consideradas ainda desconhecidas deveriam ser tomadas, e definidas suas possíveis potencialidades:

> A "lacuna" cartográfica significa ao mesmo tempo o símbolo do obstáculo do prejuízo econômico ao deixar inculta uma terra "úbere" e sem acesso aos "agentes dos poderes" públicos e privados. Segundo essa visão, a natureza do sertão era representada como o lugar da opulência de riquezas ainda fora do alcance da exploração econômica e da administração pública, ou seja, do campo do político. Nesse sentido, a "lacuna" indicava um espa-

1 Historiador, professor associado do Departamento de Medicina Preventiva-F-MUSP e coordenador do Museu Histórico-FMUSP. E-mail: a,mota@fm.usp.br.

2 Médica, professora associada do Departamento de Medicina Preventiva-FMUSP. E-mail: liliabli@usp.br.

ço vazio, uma falta da intervenção humana produtiva, politizada e firme, bem como colocava em sumária opacidade as gentes que aí viviam, suas formas de vida, seus pequenos negócios e/ou modo de ocupar a terra e dela extrair o sustento.[3]

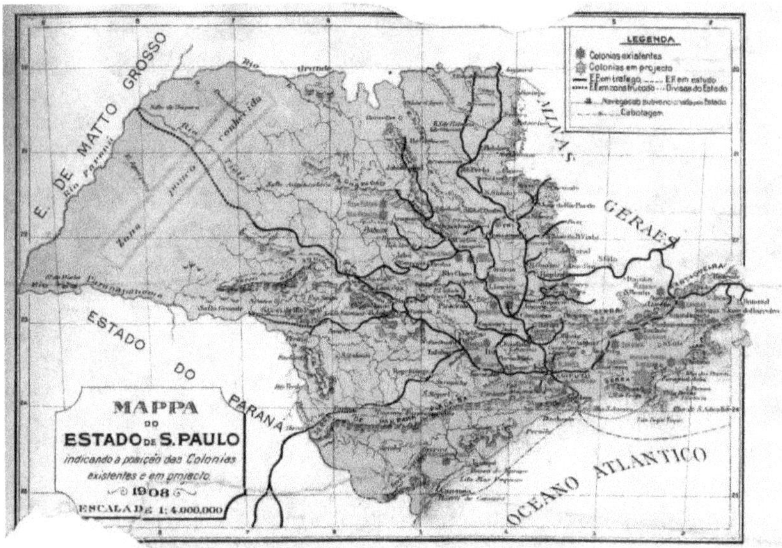

Mapa do estado de São Paulo, 1908 (posição das colônias existentes e em projeto). Fonte: ARANHA, Antonio Carlos Botelho Souza. *Carlos Botelho.* São Paulo: Ed. Autor, 2011. p. 59.

A criação da Comissão Geográfica e Geológica de São Paulo em 27 de março de 1866 representaria uma saída considerada científica para as ações dessa magnitude, ou seja, as estratégias que seriam utilizadas para a tomada dessas terras e de suas potencialidades para a cafeicultura, negando reconhecimentos territoriais e populacionais anteriores, tendo sua primeira expedição exploratória ocorrido ainda nesse mesmo ano de 1866 com o objetivo de detalhar as áreas que abrangeriam os rios Itapetininga, Paranapanema e afluentes, resultando em seu primeiro relatório no ano de 1889:

---

3 MOI, Claudia. *Explorações do olhar:* ciência e arte nas fotografias da Comissão Geográfica e Geológica de São Paulo. Dissertação (Mestrado em Multimeios) – Instituto de Artes, Universidade Estadual de Campinas, Campinas, 2005. p. 63.

> [...] é um estudo bastante detalhado e preciso, exibindo perfis sistemáticos dos rios com as desejadas informações sobre navegabilidade e sugestões de obras nos locais que apresentariam problemas para essa finalidade (...) em seguida a Comissão paulista iniciou o levantamento da carta geográfica, geológica e topográfica da província.[4]

Foi dessa materialização espacial de reconhecimento e da legitimidade oficial estadual de posse que começou a construção do que seria conhecido por Oeste Paulista, que deve ser entendido como uma área bastante genérica, abrangendo:

> [...] a Oeste, Nordeste ou Noroeste do Estado. Consideramos que só depois do reconhecimento do sistema fluvial do lado ocidental de São Paulo é que as regiões serão designadas conforme os limites dos rios, pois estes guardam algum paralelismo. São eles: Tietê, Aguapeí/Feio, Peixe e Paranapanema, todos tributários do Rio Paraná.[5]

Do reconhecimento como cidade em 1855 e comarca em 1866, Botucatu seria uma das chamadas bocas do sertão das regiões entre os rios Tietê e Aguapeí/Feio (noroeste), bem como daquela entre o Peixe e o Paranapanema. Mais a noroeste, é criado o município de Lençóis Paulista em 1865, e só depois o de Bauru, em 1896:

> [...] as ocupações do Vale do Paranapanema, da microrregião da Alta Sorocabana e do Pontal do Paranapanema, apontam para as ações costumeiras de grilagens de terra, destruição das áreas de preservação ecológica, dizimação das populações indígenas e expulsão dos posseiros em favor do latifúndio. Num âmbito maior, o estado de São Paulo também carrega consigo, desde

4 FIGUERÔA, Silvia F. de M. Ciência, elites e modernização: a Comissão Geográfica e Geológica de São Paulo (1886-1931) In FERREIRA, Antonio Celso; LUCA, Tania Regia de; IOKOI, Zilda Grícoli (orgs.) *Encontro com a história: percursos históricos e historiográficos de São Paulo*, São Paulo, Unesp/Fapesp/ANPUH, 1999. p. 113-114.

5 GHIRARDELLO, Nilson. *À beira da linha:* formações urbanas da Noroeste Paulista. São Paulo: Ed. Unesp, 2002. p. 69.

> a sua expansão geográfica nos séculos XVI, XVII e XVIII, o sinônimo desse cenário de violência. Por entradas e bandeiras, as expedições se caracterizavam pela mobilidade e truculência daqueles que as conduziam diante dos "obstáculos" que encontrassem pelo caminho. Alargando fronteiras, derrubando matas, dizimando as populações indígenas que pelos sertões paulistas viviam, foram desenhando o histórico do "bandeirante", mais tarde "pioneiro".[6]

Como mostra a pesquisa de José Rogério Beier, o primeiro momento da questão indígena nessa região paulista foi com a consagração da ideia de um sertão representado por um espaço territorial vazio e desconhecido, mesmo que haja documentação que aponte o mapeamento desse território em 1841. Por isso, a afirmação sobre aquelas paragens, difundida na virada dos séculos XIX-XX, merece a atenção, pois revela, acima de tudo:

> [...] que a representação cartográfica de áreas sabidamente habitadas como um grande vazio e identificadas como "desconhecidas" traz consigo elementos discursivos muito claros que buscam atender aos interesses de quem encomendou a confecção daquela carta.[7]

Obviamente, tal posição confirma a presença indígena como um obstáculo a ser ultrapassado, no deslocamento de sua potencial força de trabalho para a questão da propriedade da terra e de seu uso, numa tentativa de confirmar a ideia de que os indígenas desapareceriam. Por isso, na definição de um sertão que seria não apenas desconhecido, mas sobretudo desabitado, os indígenas ali estabelecidos deveriam sofrer ações específicas:

---

6 BORGES, Maria Celma. "No extremo-oeste paulista: o extermínio e a resistência indígena". *Fronteiras – Revista de História*, Dourados, MS, v. 9, n. 16. p. 73-81, 2007. p. 75.

7 BEIER, José Rogério. "Sertão desconhecido? A representação do 'oeste paulista' no Mappa Chorographico da Província de São Paulo (1841)". *Tempos Históricos*, Marechal Cândido Rondon: Unioeste, v. 18, n. 2. p. 457-490, 2014. p. 461.

> [...] primeiro, reduz-se em um aldeamento uma população indígena que estava dispersa em uma área na qual a administração tinha interesse, liberando aquela área para a ocupação da lavoura; em troca, oferece-se aos indígenas uma pequena porção de terra dentro daquele aldeamento; em seguida, estimula-se a presença de populações não índias nas cercanias, quando não, dentro das próprias terras do aldeamento; extingue-se o aldeamento sob a justificativa de que os índios não cultivam suas terras ou já se encontram mesclados com o restante da população; reverte-se as terras do aldeamento para o Estado, vendendo as mesmas em hasta pública. Conclui-se, assim, o processo que retirou dos índios não apenas a terra em que haviam se estabelecido originalmente, mas até mesmo as terras que lhes foram oferecidas em troca para serem aldeados.[8]

A complexidade que envolvia a imposição dos aldeamentos também foi estudada por Soraia Sales Dornelles, que apresentou um relatório de 1862 escrito por Joaquim Antonio Pinto Junior, diretor das aldeias de Carapucuyba e Baruery e advogado dos indígenas da província. Segundo a autora:

> O diretor geral chamou a atenção das autoridades sobre a "aglomeração de índios, a que se ajunta a denominação de mansos, por sua procedência dos aldeamentos", ser responsável pelos assassinatos e roubos que os povoados de Botucatu e São Domingos vinham sofrendo nos últimos tempos. Como prova disso, dizia que as notícias que chegavam ao diretor do aldeamento de São Pedro de Alcântara, no Paraná, através dos índios por lá aldeados, confirmavam tal especulação.[9]

Fruto da carta constitucional de 1891, essa tomada de terras se daria pela transferência ao governo estadual de terras públicas pertencentes ao go-

8 Idem. p. 483.

9 DORNELLES, Soraia Sales. *A questão indígena e o Império:* índios, terra, trabalho e violência na província paulista, 1845-1891. Tese (Doutorado em História) – Instituto de Filosofia e Ciências Humanas, Universidade Estadual de Campinas, Campinas, 2017. p. 121.

verno central, o que levou à venda de parte dessas terras, caso de São Paulo ao promulgar a venda de grandes áreas de seu território localizado no Oeste Paulista.[10] Dean reforça essa perspectiva ao avaliar que o governo estadual paulista, mesmo bem burocratizado, furtava-se à responsabilidade de fazer o levantamento cadastral das terras:

> [...] consequentemente, poucos títulos de terras em São Paulo derivavam de compra; quase todos tinham base em direitos originalmente estabelecidos pela ocupação. Esses direitos eram com frequência fraudulentos ou vergonhosamente exagerados. Títulos fraudulentos sobre terras públicas – muitos dos quais atropelando direitos de ocupantes legítimos.[11]

No caso específico do Noroeste Paulista, a presença indígena, em número expressivo e com grupos diversos, foi um dos pilares a demarcar uma série de conflitos considerados centrais para essa tomada da terra e sua posse:

> Uma grande parte do estado de São Paulo era habitada não apenas pelos índios Kaingang, mas também por Cayuas e Xavantes – grupos do tronco lingüístico Gê. Desses grupos indígenas, os Kaingang, denominados Coroados, eram considerados pela elite letrada como os "índios bravios", alvo constante de perseguições, em oposição aos Caywis, Xavantes e Guaranis, tidos como "mansos". Desde a década de 1890 foram registrados os primeiros confrontos entre índios e colonos brancos, com as primeiras invasões das suas terras no Oeste Paulista. Os homens ditos "sertanejos" abriam clareiras na mata com o intuito de ocupar as terras indígenas e implantar fazendas.[12]

---

10 Sobre a presença indígena nessa região nos tempos atuais, acompanhar o trabalho de LOURENÇO, Marília Sene de. *A presença dos antigos em tempo de conversão:* etnografia dos Kaigang do oeste paulista. Dissertação (Mestrado em Antropologia Social) – Universidade Federal de São Carlos, São Carlos, 2011.

11 DEAN, Warren. *A ferro e fogo:* a história e a devastação da mata atlântica brasileira. São Paulo: Companhia das Letras, 1996. p. 229.

12 MOI, Op.cit. 2005. p. 75-76.

Como atestam estudiosos, esse processo de massacre indígena se deu então por meio do posseamento das terras para o plantio do café, não havendo titularidade anterior comprovada e garantindo a ação impetrada na criação da Companhia Estrada de Ferro Noroeste do Brasil em 1904, ligando São Paulo ao Mato Grosso, o que concorreu para que esse movimento se efetivasse mais rapidamente:

> [...] a ferrovia de alguma maneira constituirá solução para os dois problemas: o de acesso a áreas praticamente inatingíveis e, ao mesmo tempo, parceira na eliminação do gentio. As "dadas" ou "batidas" organizadas para o extermínio dos índios não eram práticas novas. Começam a acontecer na região com a ocupação pelos grandes fazendeiros no final do século XIX, em razão da exigência de grandes áreas para suas plantações. Porém, a escala e a brutalidade com a abertura da ferrovia tornaram-se infinitamente maiores. Há clara união de interesses por parte daqueles que desejavam apropriar-se de terras devolutas e daqueles que almejavam avançar com as obras da estrada. É importante observar, ainda, a rapidez com que se dá todo o processo.[13]

Esse contexto começou a configurar um lugar de endemias que logo passaram a ser noticiadas pelos jornais locais e pelo Chefe de Profilaxia contra o Impaludismo, Arthur Neiva. Para ele, seriam "a malária, o guarantã dos índios Kaingangs e a úlcera de Bauru como elementos que contribuíram para deteriorar a vida operária naquela região".[14] No entanto, dizia-se que era quase impossível abandonar o trabalho naquelas paragens, tendo-se ouvido dos operários da estrada de ferro que:

> [...] "quem entra no inferno não sai". Arthur Neiva sabia muito bem o significado daquela metáfora. O caminho em direção ao caixão era realmente uma estrada curta para homens com a saúde comprometida em uma região insalubre. Entretanto, não era somente a falta de tratamento médico adequado, nem o alto

13 Idem. p. 83.

14 Ibidem. p. 120.

> grau de degeneração do organismo que aceleravam o caminho para a morte, mas, segundo o médico, especialmente o fato de que "a estrada cuidadosamente cortava a retirada. Voltasse a pé quem quisesse".[15]

E se teria devido a ação predatória no território, envolvendo exploração de trabalhadores, invasão de terras indígenas e avanço sobre as florestas, que a se leishmaniose se haveria propagado de forma rápida e profunda:

> Sendo as leishmanioses zoonoses, doenças infecciosas propagadas entre animais das quais o homem não é um elo obrigatório, mas eventual [...] elas têm um ciclo natural que não depende do homem. Porém, ao se intrometer nesse ciclo, o homem pode adquirir a moléstia. Por isto, a doença é particularmente frequente entre trabalhadores e habitantes das floresta.[16]

Saúde Pública em São Paulo na Primeira República: a questão sertão-município em pauta

O projeto sanitário do estado de São Paulo nesse período tocou exatamente nessa estrutura de poder, a partir da criação e efetivação do Serviço Sanitário em 1892, ressurgindo pendências alusivas à autonomia municipal, de modo a impedir que se implementasse o projeto sanitário arquitetado, mesmo que os discursos oficiais quase sempre tentassem mostrar o contrário, quer em suas ações de controle do espaço a ser esquadrinhado, quer nos discursos voltados à organização da profissão e da prática médicas.[17] Nascia,

15 MORATELLI, Thiago. *Os trabalhadores na construção da Estrada de Ferro Noroeste do Brasil:* experiências operárias num sistema de trabalho de grande empreitada. Dissertação (Mestrado em História Social) – Instituto de Filosofia e Ciências Humanas, Universidade Estadual de Campinas, Campinas, 2009. p. 116.

16 CAMARGO, Luis Marcelo Aranha; BARCINSKI, Marcello André. "Leishmanioses, feridas bravas e kalazar". *Ciência e Cultura*, São Paulo, v. 55, n. 1. p. 34-37, 2003. p. 36.

17 BERTUCCI, Liane Maria. "Remédios, charlatanices... e curandeiros: práticas de cura no período da gripe espanhola em São Paulo". In: CHALHOUB, Sidney *et al.* (Org.). *Artes e ofícios de curar no Brasil.* Campinas: Ed. Unicamp, 2003. p. 197-227.

assim, um jogo de forças, num primeiro momento, que gestaria um padrão de legislação ambígua, mantendo indefinidos os limites das atribuições do estado e de seus municípios.[18]

O debate sobre a quem confiar os destinos da saúde pública local configurava dois polos. Os municipalistas, "que se alinhavam com a defesa incondicional das prerrogativas municipais", e os centralistas, que não viam "ofensa à autonomia municipal quando o Estado normatizava a higiene local, pois, apesar de a lei prescrever a liberdade e autonomia dos municípios, estes eram subordinados às leis federais e estaduais".[19] Conforme se definiam garantias à força da centralização estadual, alterava-se a legislação atinente às atribuições municipais e estaduais, retirando-se paulatinamente dos chefes locais o controle sobre a higiene e a organização espacial dos municípios. Explicitou-se a visão administrativa e científica dos responsáveis pelas mudanças que se foram implementando e que tinham na figura do dr. Emílio Marcondes Ribas, o médico que conduziu toda a política sanitária, responsável por fazer de São Paulo um polo científico e sanitário no Brasil.

A importância de Emílio Ribas nessa contenda não só reafirmava sua vinculação às elites republicanas e cafeicultoras dirigentes, como também indicava sua postura centralista nos cargos que assumiria ao longo de sua carreira de inspetor sanitário, chefe da Comissão Sanitária de Campinas em 1896 e de diretor geral do Serviço Sanitário em 1898, cargo que ocupou durante dezenove anos.[20] Segundo sua avaliação da realidade sanitária dos municípios paulistas, todos estariam reprovados, com exceção apenas de Santos, de Campinas e da própria capital. Segundo ele, as outras cidades do interior estavam imersas em doenças e epidemias, frutos das dificuldades criadas pela autonomia municipal:

18 TELAROLLI JUNIOR, Rodolpho. *Poder e saúde:* as epidemias e a formação dos serviços de saúde em São Paulo. São Paulo: Ed. Unesp, 1996. p. 198.

19 Idem. p. 201.

20 ALMEIDA, Marta de. *República dos invisíveis:* Emílio Ribas, microbiologia e Saúde Pública em São Paulo (1898-1917). Dissertação (Mestrado em História Social) – Faculdade de Filosofia, Letras e Ciências Humanas, Universidade de São Paulo, São Paulo, 1998.

> Do que tem esta Diretoria conseguido na Capital, em Santos e Campinas, já tivestes a ocasião de ser informado nas páginas que ficaram escritas. Cabe-nos agora deixar estampado [...] o muito que resta fazer nas outras localidades, graças aos maus resultados que [...] nos tem revelado a tão apregoada autonomia dos municípios.[21]

Em sua visão, urgia uma modificação constitucional que retirasse das instâncias municipais todo o controle sobre as ações sanitárias, visto que o caos de muitos municípios devia-se a seus próprios dirigentes, que não entendiam do assunto e impediam qualquer ação por parte do estado na questão da saúde pública. Nas palavras do próprio Ribas:

> [...] [diante de] indivíduos que decidem dos magnos problemas de higiene mal sabendo assinar o próprio nome, não há outro remédio para sanar os males que deixamos apontados nas páginas anteriores, males talvez inevitáveis por muitos anos, se não forem minorados pela fiscalização severa e imediata do Estado. [...] Estamos perfeitamente habilitados a abafar o incêndio para o qual a incúria municipal tiver acumulado combustível. No que diz respeito à prevenção, estamos na contingência de quem vê o perigo, adverte o descuidado de longe e nada pode fazer para evitar o desastre.[22]

Argumentos dessa natureza foram responsáveis por arrematar legalmente, com ações dirigidas, a extensão dos poderes municipais sobre a higiene de seus limites administrativos.[23] Mesmo datando de sua entrada na direção do Serviço Sanitário, em 1898, essa exigência Dr. Ribas só se efetivou em 1906, quando ele procurou extinguir praticamente todas as atividades municipais de

21 RIBAS, Emílio (Director do Serviço Sanitário). Relatório apresentado ao Dr. Cardoso de Almeida (Secretário dos Negócios do Interior e da Justiça) – referência – 1904. São Paulo: Typ. do Diario Official, 1905. p. 21.

22 Idem. p. 45-46.

23 MASCARENHAS, Rodolfo dos Santos. *Contribuição para o estudo da administração sanitária estadual de São Paulo*. Tese (Livre-Docência) – Faculdade de Saúde Pública, Universidade de São Paulo, São Paulo, 1949. p. 57.

saúde pública, sem que para isso tivesse que revogar a Lei n. 432, sobre cuja base dividiu o estado em distritos sanitários, instalando suas sedes justamente nas maiores cidades e delegando toda a ação sanitária local ao inspetor sanitário estadual indicado.[24]

As funções estaduais estavam enfeixadas nas seguintes medidas:

> (1) Executar, em todo o território do Estado, quaisquer providências de natureza defensiva, como as que têm por fim a instituição de rigorosa vigilância sanitária, assistência hospitalar, isolamento e desinfecção; (2) Inspecionar os serviços feitos pelas municipalidades; (3) Organizar ou criar nos municípios os serviços que julgar convenientes ao bem da saúde pública; (4) Chamar a si em épocas anormais, sempre que o interesse público o aconselhar, os serviços de higiene que, pela lei, forem confiados à municipalidade.[25]

Evidentemente, a reação municipal não tardou, e sob diversas formas. A mais comum foi o não cumprimento das normas e leis implementadas pelos Códigos Sanitários, que pretendiam pautar as ações dos municípios pelas do estado, e, numa posição mais extremada, chegou-se a impedir tais intervenções estaduais pelo uso da violência.[26]

A decisão de Emílio Ribas de tomar para si a responsabilidade de dirigir completamente as ações para estancar a propagação da "amarela", por exemplo, gerou uma crise institucional e encontrou muitos óbices. Segundo os estudos de Maria Alice Rosa Ribeiro sobre a organização sanitária paulista, a complexidade das ações e dos resultados, como no caso da *amarela*, ia além da dimensão política, pois as técnicas e tecnologias aplicadas na prática não obtinham os efeitos esperados. Assim, apesar da desinfecção das casas e da queima de piretro e

24 TELAROLLI JUNIOR, 1996. Op.cit. p. 223.

25 REIS, Carlos. *Repertório da Legislação sobre o Serviço Sanitário do Estado de São Paulo*. São Paulo: Typ. do Diario Official, 1907. p. 17.

26 GAMBETA, Wilson Roberto. *Soldados da saúde:* formação dos serviços em saúde pública do estado de São *Paulo*. Dissertação (Mestrado em História do Brasil) – Faculdade de Filosofia, Letras e Ciências Humanas, Universidade de São Paulo, São Paulo, 1989. p. 101.

enxofre, "acossado pela fumaça, o mosquito saía e voltava quando a fumaça se extinguia. As casas não tinham forros e as paredes eram crivadas de buracos, verdadeiras peneiras".[27] Mesmo com ações localizadas no combate ao mosquito, como definiam as medidas microbianas – interferência na arquitetura das casas e na organização material e espacial da população local –, a falta de uma vacina impôs grandes derrotas às concepções sanitárias estaduais.

Ante essa série de dificuldades políticas e práticas, fez-se uma nova reforma em 1911, que "significou um recuo dos serviços sanitários estaduais, transferindo para estes [municípios] a responsabilidade pela vacinação, manutenção de hospitais de isolamento e geração de estatísticas para o serviço estadual [...] enfim, ampliaram-se as responsabilidades e as despesas das autoridades municipais".[28] Houve uma sistemática redução de gastos por parte do estado, reflexo de interesses políticos, limitando a organização do modelo implementado de modo a viabilizar minimamente a estruturação do capitalismo monopolista e exportador, e não um projeto sanitário em toda a extensão pretendida.[29]

Por essa opção, o governo estadual perdeu parte de seu poder de coordenar e manter o domínio sobre as ações relativas à saúde pública em quase todas as esferas municipais, mas reduziu seus gastos e conteve, em nível local, as divergências políticas que envolviam a organização dos municípios e seus chefes políticos. Agora aguçada pela nova configuração das doenças e epidemias que grassavam e mesmo das estratégias de combate que se veiculavam, a responsabilidade municipal acirrou as lutas políticas internas, exatamente por serem "as questões de saúde pública" objetos de contenda política e divisão de poder entre as instâncias locais. As doenças ditas "tropicais" adentrariam esse debate, quer porque impediam o desenvolvimento da cafeicultura e do capitalismo agrário, quer por representarem uma ideia de mal das terras tórridas que deveria ser enfrentado.

---

27 RIBEIRO, Maria Alice Rosa. *História sem fim...* inventário da saúde pública. São Paulo: EDUNESP, 1993. p. 82.

28 HOCHMAN, Gilberto. *A era do saneamento:* as bases da política de Saúde Pública no Brasil. São Paulo: Hucitec/Anpocs, 1998. p. 218.

29 MERHY, Emerson Elias. *O capitalismo e a saúde pública.* São Paulo: Papirus, 1985. p. 70.

Da úlcera de Bauru à leishmaniose: a marcha civilizatória pelo sertão do Noroeste Paulista

Diante do complexo movimento de interiorização do Oeste Paulista, com a chegada da Estrada de Ferro Noroeste do Brasil aliada ao desmatamento predatório das florestas, ao combate aos índios e à posse de terras legitimada pelo governo estadual, identificou-se o primeiro caso da chamada "úlcera de Bauru" no estado de São Paulo em 1884, quando imigrantes italianos acometidos pela doença voltaram para sua terra natal e foram observados pelo famoso dermatologista Breda,[30] que publicaria um estudo em 1895 dando conta de que tais italianos adoeceram "nel territorio compreso tra l'Oceano ed il rio Paraná, il rio Grande ed il Tietê", apontando as localidades de São Carlos do Pinhal, com nove doentes, Piracicaba com dois e Ribeirão Bonito, Sorocaba, Ribeirãozinho e Leme, cada qual com um doente.[31]

Segundo um estudo realizado por Moratelli, a úlcera de Bauru atingiria sobretudo operários da estrada de ferro Noroeste, que, diante do abandono das autoridades, procuravam ajuda em hospitais de cidades próximas como Botucatu, em 1908-1909:

> Enquanto a Companhia Noroeste procurava, por meio da grande imprensa, desmentir as acusações da imprensa operária, as doenças endêmicas, entre elas, a então denominada genericamente como "úlcera de Bauru", afligiam os trabalhadores da construção. "Os fatos", conforme afirmava o jornal botucatuense, contradiziam o suposto cuidado que a ferrovia e os empreiteiros alegavam dispensar à força de trabalho. A ausência de tratamento médico adequado, ou a assistência precária fornecida no local da empreitada, somado ao procedimento da ferrovia em recusar a concessão de passes de retirada, constituíam condições as quais somente os trabalhadores poderiam reverter.

30 BREDA, Achille. Beitrag zum klinischen und bacteriologischen studium der brasilianischen framboesie oder Boubas. In: *Archiv für Dermatologie und Syphilis*. Wien u. Leipizig: Wilhelm Braumüller, 1895. p. 1-26.

31 SILVEIRA, Romeu Carlos da. *Freqüência e distribuição da leishmaniose em São Paulo*. Tese (Doutorado) – Cadeira de Hygiene, Faculdade de Medicina e Cirurgia de São Paulo, São Paulo, 1919. p. 9.

> Não deixa de ser interessante o fato de que numa estrada de ferro em construção, cuja denominação "Noroeste" ganhava por aquela época cada vez mais o significado de "ferrovia da morte", homens cobertos de feridas lutavam tenazmente em defesa da própria vida. Parece ser muito claro para os trabalhadores da construção a importância do tratamento médico e, por isso, conseguiam superar todos aqueles obstáculos ocasionados pela negação do transporte e pela distância a ser vencida em busca de ajuda nos hospitais da região.[32]

Ainda em 1908, alguns desses doentes também conseguiram chegar à capital paulista, à Santa Casa de Misericórdia, afetados por uma dermatose então desconhecida, "e, com denominações várias, ia a moléstia se incrementando; assim é que chamavam-na de úlcera de Bauru, *botão de Bauru, feridas bravas*, e identificando-a à moléstia descrita por Breda, chamavam-na também de *moléstia de Breda*".[33] Convém lembrar que essa discussão se atrelava ao próprio movimento de institucionalização da medicina tropical no Brasil a partir da criação do Instituto Oswaldo Cruz,[34] cabendo:

> [...] destacar que o tema da leishmaniose figura entre as contribuições de Manguinhos, em seus primeiros anos, ao campo da medicina tropical. Estudada por Gaspar Vianna na década de 1910, a leishmaniose tegumentar (também considerada por ele como tendo uma modalidade "americana") assumiu destaque na agenda de pesquisa do IOC.[35]

---

32 MORATELLI, 2009. Op.cit. p. 124.

33 SILVEIRA, 1919. Op.cit. p. 11.

34 Acompanhar debate brasileiro sobre leishmaniose em BENCHIMOL, Jaime Larry; JOGAS JUNIOR, Denis Guedes. *Uma história da leishmaniose no Novo Mundo:* fins do século XIX aos anos de 1960. Rio de Janeiro: Fiocruz, 2020.

35 GUALANDI, Frederico da Costa. *Medicina Tropical no Brasil:* Evandro Chagas e os estudos sobre a leishmaniose visceral americana na década de 1930. Dissertação (Mestrado em História das Ciências e da Saúde da Casa de Oswaldo Cruz) – Fiocruz, Rio de Janeiro, 2013. p. 21-22.

Tais considerações, é bom que se diga, já vinham sendo palmilhadas por outros médicos nas áreas interioranas do estado de São Paulo, levantando a situação de penúria e abandono em que viviam diversas paragens, muitas delas sem nenhuma estrutura médico-hospitalar ou sanitária. Inicialmente, com a presença de Adolpho Lutz, que assumiu postos voltados ao estudo de parasitas, caso do Instituto Bacteriológico de São Paulo, bem como de seu lugar de pesquisador no Instituto Oswaldo Cruz a partir de 1908.

E é nesse contexto médico-científico que se inicia em São Paulo o estudo clínico da ainda úlcera de Bauru, que se alastrava por diversas partes do território e adentrava os sertões paulistas, empreendendo-se seu estudo a partir de trabalho "de cooperação de cientistas de diferentes instituições científicas e hospitalares – no caso, o Instituto Pasteur de São Paulo, a Santa Casa da Misericórdia de São Paulo e o Instituto de Manguinhos –, que potencializava os resultados das investigações",[36] ganhando a primeira divulgação científica em São Paulo dos resultados das pesquisas lideradas pelo médico Adholpho Lindemberg.

A primeira notícia jornalística sobre o tema foi publicada em *O Estado de S.Paulo* em 1909, apontando a própria identificação e a construção clínica da doença, envolvendo grupos científicos diversos:

> Notas e informações – Somos informados de que o Sr. Dr. Adolpho Lindemberg, ajudante do Instituto Bacteriológico, estudando as úlceras de Bauru, que ultimamente tem aparecido na Santa Casa dessa Capital, encontrou um micróbio que julga ser o causador desta infecção até agora desconhecida. Trata-se de um micro-organismo do grupo dos protozoários, tingível pelo método de Romanowski, de forma redonda ou oval, de 2 a 4 milímetros de diâmetro, semelhando um anel, tendo na periferia um pequeno núcleo de cromatina. Estes parasitas apresentam-se em grupos de 10 ou mais dentro do tecido inflamatório da lesão, formando aglomerados que dão a ideia de um corpo em segmentação. No dia seguinte à descoberta, Antonio Carini

36 RIBEIRO, Maria Alice Rosa. "Lições para a história das ciências no Brasil: Instituto Pasteur de São Paulo". *História, Ciências, Saúde – Manguinhos*, Rio de Janeiro, v. 3, n. 3. p. 467-484, 1996. p. 476.

> e Ulisses Paranhos descrevem os resultados de suas pesquisas dizendo que tinham conseguido isolar um protozoário que fôra corado pelo método de Giemsa e Leishmann; além destas e outras pesquisas, haviam feito inoculações em animais. Eles acharam em esfregaços de úlcera de Bauru pequenos corpúsculos em diminuto número que reconheceram como análogos aos observados por outros autores no botão do Oriente. Estava, pois, descoberto o agente causal das úlceras de Bauru que tanto havia impressionado os clínicos paulistas, e esse parasita era sem mais nem menos uma Leishmania idêntica à Leishmania trópica do botão do Oriente.[37]

A partir de 1914, com a criação da Enfermaria de Clínica Dermatológica e Sifiligráfica da Santa Casa de Misericórdia de São Paulo, fundada pelo professor Adolpho Lindemberg, os casos de leishmaniose avolumaram-se ano a ano, atingindo duas áreas centrais dos sertões interioranos, identificados centralmente aqueles que estavam sendo devassados pelas estradas de ferro: a Noroeste e a de Paranapanema.[38]

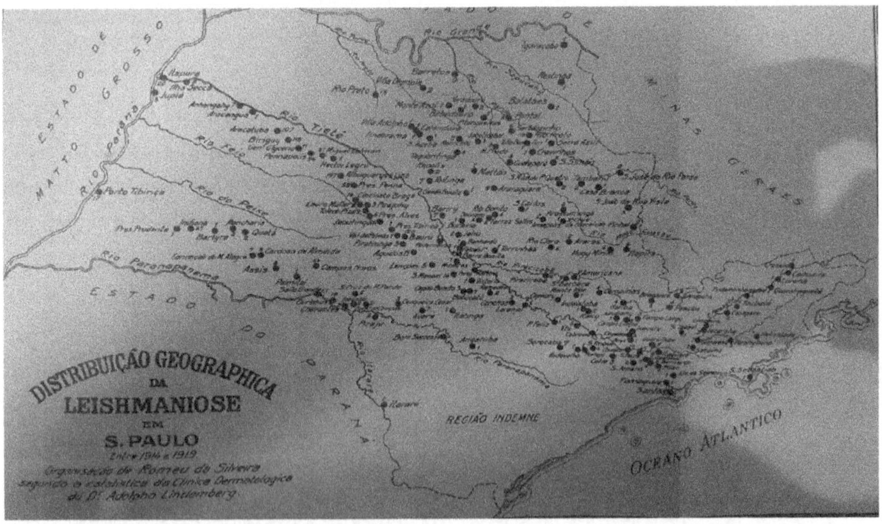

Distribuição geográfica da leishmaniose no estado de São Paulo, 1919

37 SILVEIRA, 1919. Op.cit. p. 13.

38 Idem. p. 25.

Como consequência desse primeiro movimento de identificação e estudo da leishmaniose diagnosticada no país, Benchimol afirma que:

> [...] as leishmanioses tornaram-se objetos de intensa produção científica em diversas partes do mundo. A partir de 1909, médicos latino-americanos passaram a ter participação importante nessa rede internacional com seus trabalhos sobre as singulares manifestações na pele e nas mucosas da doença que, na região, apresentava outra singularidade: era adquirida apenas em zonas florestais e não em centros urbanos, como no Velho Mundo. A aceitação na década de 1930 do conceito de leishmaniose tegumentar americana indica a projeção conquistada pelos latino-americanos.[39]

Exemplarmente, em 1935, Evandro Chagas publicou o *Manual de doenças tropicaes e infectuosas*, trazendo conceitos desenvolvidos por Carlos Chagas sobre a etio-pathogenia de algumas doenças nos chamados trópicos, mas demonstrando certos avanços no campo profilático. Entre os temas discutidos, o capítulo 7 se dedicou à leishmaniose, onde eram apresentadas as primeiras observações da doença, ainda em 1869, na cidade de Assan, na Índia, até as descobertas de Leischamn ao "examinar o braço de um soldado morto em 1900, encontrando corpúsculos que supôs serem formas degeneradas de um tripanossoma".[40]

Sobre sua possível cura, Carlos Chagas retomaria os estudos de Gaspar Vianna em torno da ainda úlcera de Bauru, seguidos de outros medicamentos que foram sendo introduzidos, conforme os estudos avançavam:

> [...] a cura dessa doença com tártaro emético, em solução de 1%. O tratamento preconizado por esse pesquisador consistia no emprego de doses diárias de 10 centigr. Do medicamento, seguidas de intervalos de alguns dias e de novas séries. Os numerosos

---

39 BENCHIMOL, Jaime. "Leishmanioses do Novo Mundo: uma rápida incursão histórica". In: BENCHIMOL, Jaime; AMARAL, Isabel (Org.). *Medicina e ambiente:* articulação e desafios no passado, presente e futuro. Belo Horizonte: Fino Traço, 2019. p. 167.

40 CHAGAS, Evandro; CHAGAS, Carlos. *Manual de doenças tropicaes e infectuosas.* Rio de Janeiro: Almanak Laemmert, 1935. v. 1. p. 147.

> acidentes tóxicos produzidos pelo tártaro emético determinaram sua substituição por outros derivados do antimônio que fornecem resultados igualmente úteis. Atualmente, são usados o Stibosan, o Stibenyl, o Neostibosan e alguns outros que, além de vantagem de não exercerem qualquer ação tóxica, podem ser administrados por via intramuscular.[41]

Nesse período, esse quadro sofreu uma importante inflexão paulista, particularmente na área de parasitologia, dirigida pelo médico e professor da Faculdade de Medicina da Universidade de São Paulo Samuel Barnsley Pessoa nos anos 1930, cujas interpretações de cunho médico-social implicavam muitas das contradições que envolviam o fenômeno do adoecimento, de alguma forma já traçadas em tempos anteriores, em torno das doenças tropicais. Sua trajetória internacional,[42] desde cedo reconhecida, permitiu que, aos poucos, se fosse construindo um campo de estudo e pesquisa mediado por questões médicas, políticas e partidárias: "ensinou, escreveu e disseminou o que denominamos hoje 'determinantes sociais da saúde'. A concentração de terras e o latifúndio foram por ele incluídos como dimensões cruciais para a compreensão das doenças endêmicas do Brasil rural".[43]

Com a morte de Evandro Chagas em 8 de novembro de 1940, então dirigente das pesquisas sobre a doença no Instituto Oswaldo Cruz, para desace-

---

41 Idem. p. 157.

42 Samuel Barnsley Pessoa (1898-1976) estudou na Faculdade de Medicina e Cirurgia de São Paulo entre 1916-1922, defendendo sua tese doutoral *Estudo dos componentes do óleo essencial de* chenopodio: *sua aplicação na profilaxia da ancilostomíase*. Em 1923, foi nomeado inspetor sanitário do Posto Experimental, anexo aos Serviços de Profilaxia Geral do Estado de São Paulo. Em 1925, foi assistente do Instituto de Higiene de São Paulo, organizando a Seção de Parasitologia. Em 1926, recebeu o título de "docente livre" do Instituto de Higiene de São Paulo, partindo para uma viagem de trabalho e estudo na Europa, a convite da Seção de Higiene da Sociedade das Nações. Em 1931, assumiu a cátedra de parasitologia, reunindo uma plêiade de pesquisadores que ajudaria a construir um internacionalismo em torno de pesquisas e ideias que concorreriam para criar o campo da parasitologia médica.

43 HOCHMAN, Gilberto. "Samuel Barnsley Pessoa e os determinantes sociais das endemias rurais". *Ciência & Saúde Coletiva*, Rio de Janeiro, v. 20, n. 2. p. 425-431, 2015. p. 426.

lerar o estudo sobre sua modalidade visceral, "teve início o primeiro grande inquérito epidemiológico sobre leishmaniose tegumentar americana realizado por Samuel Barnsley Pessoa, chefe do Departamento de Parasitologia da Faculdade de Medicina da Universidade de São Paulo".[44] Esse ideário aliava-se a sua vasta produção em instituições nacionais e internacionais e a sua breve passagem pela máquina pública estadual em 1942.[45] Em 1946, publicou *Parasitologia médica*, obra que circulou no meio acadêmico brasileiro por décadas; em 1948 e 1949, publicou respectivamente *Leishmaniose tegumentar americana* e *Problemas brasileiros de higiene rural*. Produziu 352 trabalhos científicos, mais de 50 artigos em jornais e periódicos e nove livros e monografias. Para Paiva:

> [...] o foco de Samuel Pessoa, de um ponto de vista bastante amplo, projetava-se em dois sentidos interligados: (1) o primeiro era a idéia da importância da saúde pública e do saneamento como filão de construção de uma gente saudável e em condições de se apresentar como cidadãos de uma nação moderna, característica mais elementar do movimento sanitário dos anos 20; (2) o outro ponto era o investimento na formação de quadros de cientistas especializados, em sintonia com as práticas da ciência moderna, isto é, profissionais pagos pelo Estado, com dedicação exclusiva ao mundo das descobertas e pesquisas científicas, traço novo e característico do mundo intelectual a partir dos anos 20, prematuramente, como dissemos, em São Paulo.[46]

---

44 BENCHIMOL, 2019. Op.cit. p. 171.

45 Em 1918, no segundo ano da Faculdade, Samuel Pessôa teve sua primeira prova de fogo na profissão ao participar da assistência à população durante a epidemia de gripe espanhola que assolou o país. Em 1920, ele ingressou como auxiliar acadêmico no Departamento de Higiene, no final da gestão de Samuel Darling." In BENCHIMOL, Jaime Larry; JOGAS JUNIOR, Denis Guedes. *Uma história da leishmaniose no Novo Mundo: fins do século XIX aos anos de 1960.* Op.cit. p. 207.

46 PAIVA, Carlos Henrique A. "Samuel Pessoa: uma trajetória científica no contexto do sanitarismo campanhista e desenvolvimentista no Brasil". *História, Ciência, Saúde - Manguinhos*, Rio de Janeiro, v. 13, n. 4. p. 795-831, 2006. p. 818.

No sertão paulista estudado por Samuel Pessoa, identificava-se claramente uma série de doenças consideradas evitáveis, mas que, segundo ele, teimavam em existir devido a questões de ordem sociopolítica, conforme menciona num discurso contundente em 1940. Versava sobre temas nacionais e regionais e deu sua interpretação do problema agrário e das doenças, o que quase lhe valeu uma prisão, a pedido do então interventor federal Adhemar de Barros. Pessoa abriu seu discurso anunciando dois temas: a necessidade de médicos rurais no país e a necessidade urgente de assistência médica e higiênica às populações rurais brasileiras. Acabou tratando do segundo, mas o primeiro esteve implícito o tempo todo – faltavam médicos nas zonas rurais brasileiras.

Entretanto, deu particular atenção à população rural do estado de São Paulo, começando com os números da mortalidade infantil no país e em certas zonas do interior paulista, que teriam chegado a 30% dos nascidos. Imputava a responsabilidade por esse quadro sobretudo à mentalidade dos fazendeiros:

> [...] qualquer criador de gado mudaria imediatamente de negócio, caso a mortalidade nos seus rebanhos alcançasse 30% dos nascidos. Entretanto, vemos que entre nós é justamente o fazendeiro, em geral, o responsável, em larga medida, pelo grau de maior ou menor adiantamento sanitário, do estado de higiene de suas propriedades e da saúde de seus colonos. Mesmo quando está a par das mais modernas conquistas da ciência, só se mostra capaz de agir enérgica e cientificamente, quando se trata de proteger suas criações de porcos ou gado, combater qualquer praga que por acaso apareça em seus algodoais, cafezais, canaviais; ignora ou mostra-se refratário à aplicação de meios simples e econômicos para salvaguardar seus colonos e suas famílias contra as moléstias parasitárias ou bacterianas mais perigosas. Tal fato não indica unicamente egoísmo, ainda que o mostre em grande parte, antes, porém, revela uma mentalidade.[47]

---

47 PESSOA, Samuel Barnsley. "Discurso de paraninfo aos doutorandos de 1940 da Faculdade de Medicina de São Paulo". In: BONFIM, José Rubens Ferreira de Alcântara; COSTA FILHO, David Capistrano (Org.). *Samuel Pessoa:* ensaios médico-sociais. São Paulo: Cebes/Hucitec, 1978. p. 243.

Trouxe o exemplo do que chamou de "Vila X", na Alta Paulista, onde cidades estariam surgindo dentro da "lógica do patrimônio", ou seja, quando o proprietário via suas terras valorizadas por ferrovias ou rodovias, em meio a um aglomerado de colonos garantindo a colheita e os serviços necessários, e resolve vendê-las, ganhando esse terreno um fundador:

> [...] o fundador simplesmente derruba as matas e traça as ruas em xadrez. Organiza belíssima planta do patrimônio onde se podem ver projetadas avenidas, igrejas, escola, etc., o que servirá de propaganda para a venda. Na realidade, não constrói nem rede de água e esgotos e não se preocupa em saber se o local, por suas condições topográficas, será posteriormente assolado pela malária. Abre apenas uma via de acesso [...] qual a situação sanitária da Vila X? Ei-la na dura realidade dos números: 100% dos habitantes são mal nutridos e opilados; 70% são afetados da malária, sendo que 40% sofrem de malária maligna; 40% apresentam-se com leishmaniose, sendo que em 60% destes a moléstia invadiu as mucosas e em 10% as formas são mutilantes; 15% apresentam úlcera tropical fagedênica e 10% estados ulcerosos da pele e várias outras etiologias; 100% são afetados de sarna, que complica em numerosos casos, com ectima, impetigo, etc.[48]

Termina sua fala fazendo talvez a primeira referência pública na instituição à importância de os cursos médicos se dedicarem a formar médicos com mentalidade preventiva:

> [...] é necessário também que nas nossas escolas médicas se desenvolva a mentalidade preventiva nos alunos. Como disse Sir George Newmann, "o Espírito em Medicina Preventiva deve impregnar todo o ensino médico", realizando as palavras do pai da medicina – Hipócrates – "se é glorioso cuidar dos doentes para restabelecer-lhes a saúde, não é menos cuidar dos sãos para evitar que fiquem doentes". Modifiquem radicalmente o ensino médico, para servir à mais alta finalidade da medicina – evitar a morte precoce. Estou mesmo com os que acham que os nossos

48 Idem. p. 244.

> médicos recém-formados deveriam passar alguns meses no sertão, a fim de se porem ao par das necessidades médicas e mesmo sociais de nossos sertanejos.[49]

Entre 1936 e 1937, Luís Manuel de Rezende Puech apresentou ao então presidente da Comissão de Assistência Hospitalar um estudo que não deixava dúvidas sobre a situação considerada lastimável, de penúria e deficiência da assistência hospitalar em todo o estado, tendo uma população de 6,7 milhões de habitantes, com um índice do conjunto de todos os hospitais de 18.403 leitos, ou seja, um leito para 363 habitantes. Quando excluídos os hospitais para psicopatas, militares e contagiosos, esse número sofreria uma queda de 13.079 leitos, resultando em um leito para 512 habitantes.[50]

Prevendo para 1940 uma população de 7.479.922 habitantes, só a população rural seria de 4.875.377, denotando a complexidade da situação e exigindo, antes de tudo, segundo o relatório, uma ação reparadora nessas paragens, pois tais medidas ajudariam, sobretudo, a capital. Acreditava-se, que suprindo suas necessidades:

> [...] atenuar-se-á em muito, indiretamente, a deficiência observada na capital, que sofre uma situação de penúria hospitalar, causada não tanto pelo que se observa em relação às necessidades diretas do município, como pela restrição feita às suas possibilidades, conseqüência da invasão de doentes do interior que recorrem à capital, procurando uma assistência que não encontram ou que não as satisfaça na zona ou município de sua residência normal.[51]

É nesse impulso que encontramos o estudo de Samuel Pessoa com Mauro Pereira Barreto, *Leishmaniose tegumentar americana* (1944). Para os autores,

---

49 Ibidem. p. 250.

50 PUECH, Luís Manuel de Rezende. *Relatório da Comissão de Assistência Hospitalar:* o problema da assistência hospitalar no estado de São Paulo, 1936-1937. São Paulo: Imprensa Oficial do Estado, 1939. p. 139.

51 Idem. p. 37.

a doença seria mais frequente no estado de São Paulo, interior e capital, sendo as mais atingidas as zonas de Paranapanema e o Noroeste:

> Pupo, em 1923, chama a atenção das autoridades governamentais para o aumento de caso de leishmaniose internados na Casa. Em 1914, 13% dos doentes internados na Enfermaria de Pele e Sífilis eram leishmaniose, em 1913, a proporção atingia 26% para alcançar, em 1919, 48% [...]. Pessoa e Pestana em 1940, em inquérito junto aos Centros de Saúde, estudaram a leishmaniose no Estado e verificaram uma alta zona de endemicidade, em que calculam que 10 a 20% dos habitantes da zona rural estejam infectadas. As zonas de alta endemicidade abrangem o Noroeste a partir de Araçatuba, a Alta Sorocabana a partir de Presidente Prudente e Alta Paulista a partir de Marília.[52]

Aqui, reaparecia a questão do sertão noroeste paulista evocando a abertura de florestas virgens, a chegada do homem e a propagação da doença como uma tríade avassaladora:

> Assim é que eram as florestas virgens de Bauru, a grande fonte donde emanavam as úlceras, o que fez com que as mesmas tomassem a denominação da cidade. Depois, até 1917, eram já as zonas mais distantes aquelas que forneciam maior número de doentes; a leishmaniose insinuava-se pelo sertão correndo a par com a civilização e tomava por sede todo o município de Pirajuí. Depois, até 1919, eram os municípios de Penápolis, Birigui e Araçatuba que constituíram os grandes focos da infecção.[53]

Considerações finais

Nos anos de 1950, o sanitarista Rodolpho Mascarenhas observa que a leishmaniose cutâneo-mucosa estaria desaparecendo do estado devido à derrubada das matas, e não pelo resultado de programas esporádicos contra essa

52 PESSOA, Samuel Barnsley; BARRETO, Mauro Pereira. *Leishmaniose tegumentar americana*. Rio de Janeiro: Imprensa Nacional, 1948. p. 33.

53 Idem. p. 369.

endemia que surgiam e desapareciam, não tendo tido execução contínua nenhum plano geral de profilaxia.[54] No entanto, o estudo de Forattini (1953) na bacia do rio Paraná envolvendo parte dos estados do Paraná, do Mato Grosso e de São Paulo interpretava esses espaços recém-explorados. Na área paulista estudada, abrangendo parte da Alta Sorocabana, da Alta Paulista e do Noroeste, persistiria a mesma atividade de derrubada da mata para o plantio aliada a péssimas condições de trabalho:

> [...] labutando num mister árduo, os derrubadores não possuem os rudimentos de conforto e assistência que qualquer outro trabalhador na cidade tem. De hábito nômade, pela própria natureza de sua profissão, constroem para dormir moradias transitórias, verdadeiras choças construídas da maneira mais rudimentar possível. Tais choças são colocadas na beira da derrubada ou mesmo dentro da própria mata, são freqüentadas por grande quantidade de insetos hematófagos, entre os quais, flebótomos. Eis a razão pela qual, entre esses trabalhadores, vamos encontrar alta incidência de leishmaniose.[55]

Esse quadro avançava nessas localidades contra os trabalhadores rurais, que moravam em casas de pau-a-pique ou mesmo na sede das fazendas, pelos telhados sem forro, diminuindo em áreas que eram, aos poucos, urbanizadas e transformavam-se em cidades. No entanto, esse não seria um jogo ganho com o tempo. Em artigo publicado em 1976 por Forattini e outros autores, a leishmaniose tornava a aparecer como uma questão não resolvida:

> A recente constatação de endemia ativa de leishmaniose tegumentar no estado de São Paulo veio, novamente, trazer problema epidemiológico que se supunha não mais existente nessa

54 MASCARENHAS, Rodolfo dos Santos. "Problemas de saúde pública no Estado de São Paulo". *Arquivos da Faculdade de Higiene e Saúde Pública da Universidade de São Paulo*, São Paulo, v. 8, n. 1. p. 1-13, 1954. p. 8.

55 FORATTINI, Oswaldo Paulo. "Algumas observações sôbre biologia de flebôtomos (diptera, psychodidae) em região da bacia do rio Paraná (Brasil)". *Arquivos da Faculdade de Higiene e Saúde Pública da Universidade de São Paulo*, São Paulo, v. 8, n. 1. p. 15-136, 1954. p. 19.

> região do Brasil. Tanto em focos isolados no interior, como em áreas mais extensas do litoral, a ocorrência de casos humanos tem alertado para a necessidade de maiores estudos na procura de possível método preventivo.[56]

Estudos atuais apontam a leishmaniose nessa região como uma endemia que ainda persiste, sendo considerada endêmica e demonstrando que a própria historicidade da área tem permanências ainda não solucionadas ou atualizadas por novos desafios, indicando que, mesmo sendo considerada uma região rica do estado de São Paulo, ainda carrega rasgos de outrora, permanências sertanejas que insistem em reaparecer, como certas endemias, entre elas, a leishmaniose:

> [...] embora programas governamentais federais, estaduais e municipais sejam executados desde o aparecimento da leishmaniose visceral, a doença vem se espalhando por todo o Estado e particularmente nessa região [Oeste Paulista]. Diferentes fatores ambientais, tais como: clima, solo, malha viária, grande número de pequenas cidades e distritos, grandes lagos artificiais; fator econômico, como baixo índice de desenvolvimento humano, grande número de assentamentos rurais, a deficiência no controle do vetor e reservatórios, concomitante à falta de conhecimento da população, podem constituir fatores de risco para a dispersão da doença.[57]

56 FORATTINI, Oswaldo Paulo; RABELLO, Ernesto Xavier; SERRA, Oswaldo Pinto; COTRIM, Maria das Dores; GALATI, Eunice Aparecida Bianchi; BARATA, José Maria Soares. "Observações sobre a transmissão de leishmaniose tegumentar no estado de São Paulo, Brasil". *Revista de Saúde Pública*, São Paulo, n. 10. p. 31-43, 1976. p. 31.

57 FERRO, Rodrigo Sala. *Novo cenário da distribuição espaço-temporal da leishmaniose visceral no Estado de São Paulo, com ênfase no Oeste Paulista.* Dissertação (Mestrado em Meio Ambiente e Desenvolvimento Regional) – Universidade do Oeste Paulista, Presidente Prudente, 2018. p. 32.

Referências

ALMEIDA, Marta de. *República dos invisíveis:* Emílio Ribas, microbiologia e Saúde Pública em São Paulo (1898-1917). Dissertação (Mestrado em História Social) – Faculdade de Filosofia, Letras e Ciências Humanas, Universidade de São Paulo, São Paulo, 1998.

BEIER, José Rogério. "Sertão desconhecido? A representação do 'oeste paulista' no Mappa Chorographico da Província de São Paulo (1841)". *Tempos Históricos*, Marechal Cândido Rondon: Unioeste, v. 18, n. 2, p. 457-490, 2014.

BENCHIMOL, Jaime. "Leishmanioses do Novo Mundo: uma rápida incursão histórica". In: BENCHIMOL, Jaime; AMARAL, Isabel (Org.). *Medicina e ambiente:* articulação e desafios no passado, presente e futuro. Belo Horizonte: Fino Traço, 2019, p. 167-188.

______; JOGAS JUNIOR, Denis Guedes. *Uma história da leishmaniose no Novo Mundo:* fins do século XIX aos anos de 1960. Rio de Janeiro: Fiocruz, 2020.

BERTUCCI, Liane Maria. "Remédios, charlatanices... e curandeiros: práticas de cura no período da gripe espanhola em São Paulo". In: CHALHOUB, Sidney et al. (Org.). *Artes e ofícios de curar no Brasil.* Campinas: Ed. Unicamp, 2003, p. 197-227.

BORGES, Maria Celma. "No extremo-oeste paulista: o extermínio e a resistência indígena". *Fronteiras – Revista de História*, Dourados, MS, v. 9, n. 16, p. 73-81, 2007.

CAMARGO, Luis Marcelo Aranha; BARCINSKI, Marcello André. "Leishmanioses, feridas bravas e kalazar". *Ciência e Cultura*, São Paulo, v. 55, n. 1, p. 34-37, 2003.

CARVALHO, José Murilo de. "Mandonismo, coronelismo e mandonismo: uma discussão conceitual". In: CARVALHO, José Murilo de. *Pontos e bordados:* escritos de história e política. Belo Horizonte: Ed. UFMG, 1998, p. 130-153.

CHAGAS, Evandro; CHAGAS, Carlos. *Manual de doenças tropicaes e infectuosas*. Rio de Janeiro: Almanak Laemmert, 1935. v. 1.

DEAN, Warren. *A ferro e fogo:* a história e a devastação da mata atlântica brasileira. São Paulo: Companhia das Letras, 1996.

DORNELLES, Soraia Sales. *A questão indígena e o Império:* índios, terra, trabalho e violência na província paulista, 1845-1891. Tese (Doutorado em História) - Instituto de Filosofia e Ciências Humanas, Universidade Estadual de Campinas, Campinas, 2017.

FERRO, Rodrigo Sala. *Novo cenário da distribuição espaço-temporal da leishmaniose visceral no Estado de São Paulo, com ênfase no Oeste Paulista.* Dissertação (Mestrado em Meio Ambiente e Desenvolvimento Regional) - Universidade do Oeste Paulista, Presidente Prudente, 2018.

FIGUERÔA, Silvia F. de M. Ciência, elites e modernização: a Comissão Geográfica e Geológica de São Paulo (1886-1931). In: FERREIRA, Antonio Celso; LUCA, Tania Regia de; IOKOI, Zilda Grícoli (orgs.) *Encontro com a história: percursos históricos e historiográficos de São Paulo.* São Paulo: Unesp/Fapesp/ANPUH, 1999, p.117-124.

FORATTINI, Oswaldo Paulo. "Algumas observações sôbre biologia de flebótomos (*diptera, psychodidae*) em região da bacia do rio Paraná (Brasil)". *Arquivos da Faculdade de Higiene e Saúde Pública da Universidade de São Paulo*, São Paulo, v. 8, n. 1, p. 15-136, 1954.

FORATTINI, Oswaldo Paulo; RABELLO, Ernesto Xavier; SERRA, Oswaldo Pinto; COTRIM, Maria das Dores; GALATI, Eunice Aparecida Bianchi; BARATA, José Maria Soares. "Observações sobre a transmissão de leishmaniose tegumentar no estado de São Paulo, Brasil". *Revista de Saúde Pública*, São Paulo, n. 10, p. 31-43, 1976.

GAMBETA, Wilson Roberto. *Soldados da saúde:* formação dos serviços em saúde pública do estado de São Paulo. Dissertação (Mestrado em História do Brasil) - Faculdade de Filosofia, Letras e Ciências Humanas, Universidade de São Paulo, São Paulo, 1989.

GHIRARDELLO, Nilson. *À beira da linha:* formações urbanas da Noroeste Paulista. São Paulo: Ed. Unesp, 2002.

GUALANDI, Frederico da Costa. *Medicina Tropical no Brasil:* Evandro Chagas e os estudos sobre a leishmaniose visceral americana na década de 1930. Dissertação (Mestrado em História das Ciências e da Saúde da Casa de Oswaldo Cruz) - Fiocruz, Rio de Janeiro, 2013.

HOCHMAN, Gilberto. *A era do saneamento:* as bases da política de Saúde Pública no Brasil, São Paulo: Hucitec/ANPOCS, 1998.

______. "Samuel Barnsley Pessoa e os determinantes sociais das endemias rurais". *Ciência & Saúde Coletiva*, Rio de Janeiro, v. 20, n. 2, p. 425-431, 2015.

LOURENÇO, Marília Sene de. *A presença dos antigos em tempo de conversão:* etnografia dos Kaigang do oeste paulista. Dissertação (Mestrado em Antropologia Social) - Universidade Federal de São Carlos, São Carlos, 2011.

MASCARENHAS, Rodolfo dos Santos. *Contribuição para o estudo da administração sanitária estadual de São Paulo.* Tese (Livre-Docência) - Faculdade de Saúde Pública, Universidade de São Paulo, São Paulo, 1949.

______. "Problemas de saúde pública no Estado de São Paulo". *Arquivos da Faculdade de Higiene e Saúde Pública da Universidade de São Paulo*, São Paulo, v. 8, n. 1, p. 1-13, 1954.

MERHY, Emerson Elias. *O capitalismo e a saúde pública.* São Paulo: Papirus, 1985.

MOI, Claudia. *Explorações do olhar:* ciência e arte nas fotografias da Comissão Geográfica e Geológica de São Paulo. Dissertação (Mestrado em Multimeios) - Instituto de Artes, Universidade Estadual de Campinas, Campinas, 2005.

MORATELLI, Thiago. *Os trabalhadores na construção da Estrada de Ferro Noroeste do Brasil:* experiências operárias num sistema de trabalho de grande empreitada. Dissertação (Mestrado em História Social) - Instituto de Filosofia e Ciências Humanas, Universidade Estadual de Campinas, Campinas, 2009.

PAIVA, Carlos Henrique A. "Samuel Pessoa: uma trajetória científica no contexto do sanitarismo campanhista e desenvolvimentista no Brasil". *História, Ciência, Saúde - Manguinhos*, Rio de Janeiro, v. 13, n. 4, p. 795-831, 2006.

PESSOA, Samuel Barnsley. "Discurso de paraninfo aos doutorandos de 1940 da Faculdade de Medicina de São Paulo". In: BONFIM, José Rubens Ferreira de Alcântara; COSTA FILHO, David Capistrano (Org.). *Samuel Pessoa:* ensaios médico-sociais. São Paulo: Cebes/Hucitec, 1978, p. 238-250.

______; BARRETO, Mauro Pereira. *Leishmaniose tegumentar americana.* Rio de Janeiro: Imprensa Nacional, 1948.

PUECH, Luís Manuel de Rezende. *Relatório da Comissão de Assistência Hospitalar:* o problema da assistência hospitalar no estado de São Paulo, 1936-1937. São Paulo: Imprensa Oficial do Estado, 1939.

REIS, Carlos. *Repertório da Legislação sobre o Serviço Sanitário do Estado de São Paulo*. São Paulo: Typ. do Diario Official, 1907.

RIBAS, Emílio (Director do Serviço Sanitário). Relatório apresentado ao Dr. Cardoso de Almeida (Secretário dos Negócios do Interior e da Justiça) - referência - 1904. São Paulo: Typ. do Diario Official, 1905.

RIBEIRO, Maria Alice Rosa. *História sem fim...* inventário da saúde pública. São Paulo: EDUNESP, 1993.

RIBEIRO, Maria Alice Rosa. "Lições para a história das ciências no Brasil: Instituto Pasteur de São Paulo". *História, Ciências, Saúde - Manguinhos*, Rio de Janeiro, v. 3, n. 3, p. 467-484, 1996.

SILVEIRA, Romeu Carlos da. *Freqüência e distribuição da leishmaniose em São Paulo*. Tese (Doutorado) - Cadeira de Hygiene, Faculdade de Medicina e Cirurgia de São Paulo, São Paulo, 1919.

TELAROLLI JUNIOR, Rodolpho. *Poder e saúde:* as epidemias e a formação dos serviços de saúde em São Paulo. São Paulo: Ed. Unesp, 1996.

______. *A organização municipal e o poder local no Estado de São Paulo na Primeira República*. Tese (Doutorado em História) - Faculdade de Filosofia, Letras e Ciências Humanas, Universidade de São Paulo, São Paulo, 1981.

Alameda nas redes sociais:

Site: www.alamedaeditorial.com.br
Facebook.com/alamedaeditorial/
Twitter.com/editoraalameda
Instagram.com/editora_alameda/

Esta obra foi impressa em São Paulo na primavera de 2021. No texto foi utilizada a fonte Minion Pro em corpo 10,5 e entrelinha de 15,5 pontos.